圖1　巴布羅・艾斯科巴扮成他的偶像，美國黑幫老大艾爾・卡彭。

圖2　從左到右：雨果．阿基拉少校、雨果．馬丁尼茲上校及其子小雨果．馬丁尼茲，攝於與巴布羅．艾斯科巴決戰前兩天。（照片來源：雨果．馬丁尼茲）

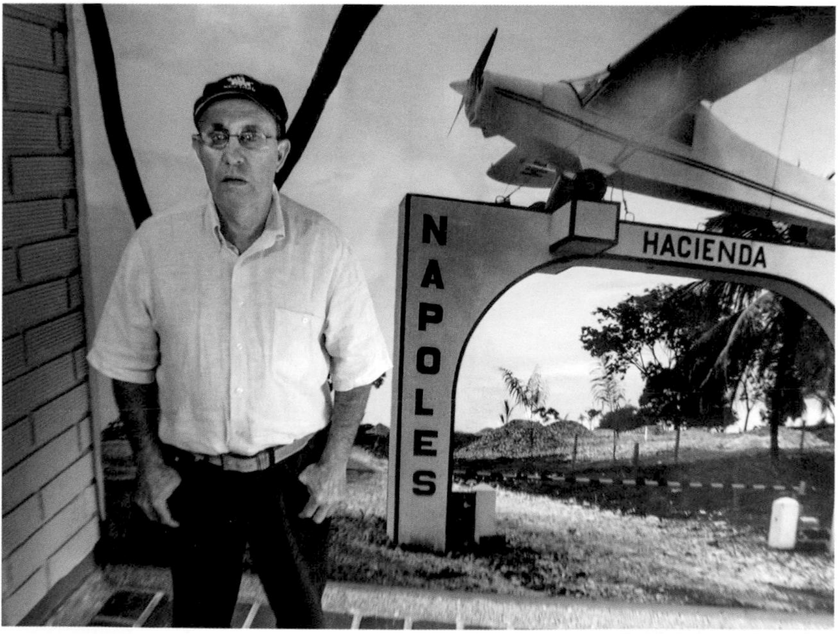

圖3　羅貝托．艾斯科巴在麥德林的住家。身後那面牆的照片是拿坡里莊園的入口，以及運送巴布羅第一批古柯鹼到美國的小飛機的複製品。

圖4　查爾斯．達爾文三十一歲時，搭小獵犬號返回英國四年後。

圖5　羅伯特．費茨羅伊，小獵犬號的船長。他的宗教觀最終致使他與他曾經聘用的查爾斯．達爾文發生齟齬。

圖6　「光輝道路」領導人阿維馬埃爾．古茲曼為一切未雨綢繆，唯獨沒料到會被逮捕。被捕十天後，即一九九二年九月二十四日，他於秘魯利馬獄中的照片首次公開。（照片來源：Getty Images）

圖7　一九一二年，即海勒姆．賓漢教授發現馬丘比丘一年後，於當地拍攝。（照片來源：國家地理雜誌）

圖8　秘魯馬丘比丘，十五世紀印加帝國的遺址。

圖9　「安帕托冰姑娘」編織比賽的前三名優勝。最右邊的是冠軍奧爾嘉·胡安曼。

圖10　妮爾達·卡雅尼奧帕（左）在秘魯欽切羅的tinkuy會場示範用天然染料幫羊駝毛染色。

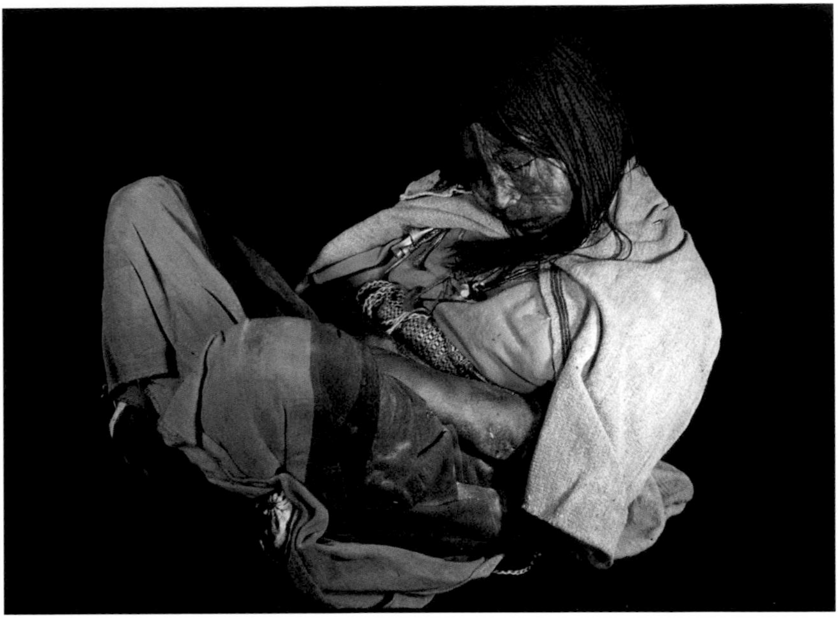

圖11　被獻祭的十五歲印加女孩，人稱「尤耶亞科山姑娘」（Llullaillaco Maiden），一九九九年考古學家喬安・萊恩哈特發掘。女孩是在橫跨智利北部和阿根廷邊界的尤耶亞科山被發現，已冰凍五百多年，在死前喝過酒、吃過古柯葉。（照片來源：喬安・萊恩哈特）

圖12　玻利維亞的蒂亞瓦納科，十噸巨石建造的「太陽門」，是單一塊安山石雕刻而成。

圖13　玻利維亞的華塔哈塔，托托拉蘆葦船建造大師鮑林諾．艾斯特班。

圖14　挪威探險家托爾．海爾達爾，一九八八年在秘魯土庫姆考察千年歷史的金字塔。

圖15　秘魯普諾附近的的喀喀湖上的烏羅斯浮島。

圖16　玻利維亞拉伊格拉的切・格瓦拉半身像，這位革命家就是在這個村子被處決的。

圖17　切・格瓦拉的代表性照片，由阿爾貝托・柯爾達（Alberto Korda）拍攝。

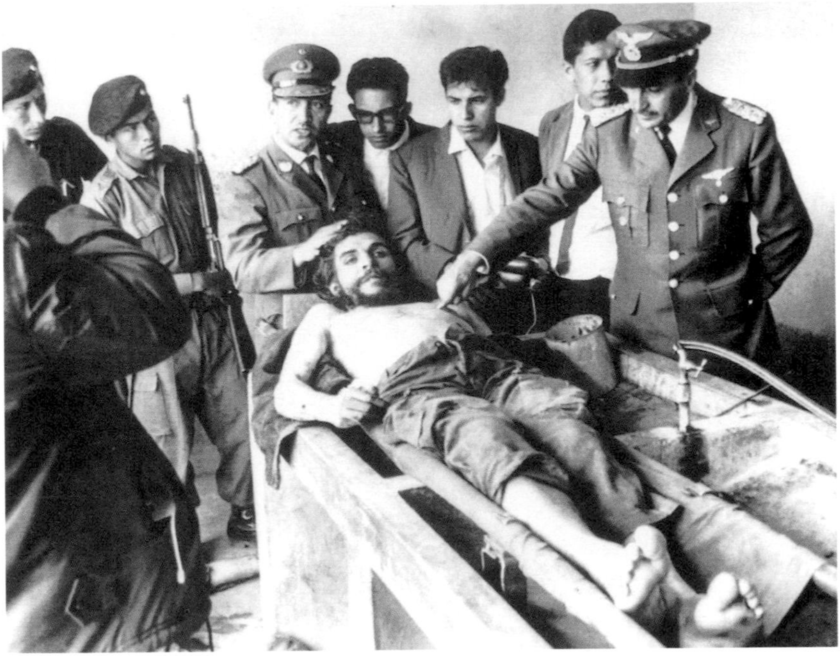

圖18　一九六七年十月十日，切・格瓦拉處決後被置於玻利維亞巴耶格蘭德的一間洗衣房。一位玻利維亞警官檢查他身上的彈孔。

圖19　茱莉亞・寇提茲十九歲時遇到人生最後一日的切・格瓦拉，並與他交談。這張照片是在她巴耶格蘭德的家中拍攝。

圖20　一九〇〇年狂野幫在德州沃斯堡（Fort Worth）合影。前排左起：日舞小子、高德州人（the Tall Texan）和布屈・卡西迪。幾個月後，布屈和日舞將前往巴塔哥尼亞。這五個人都將在未來八年死於非命。

圖21　菲力·查拉爾法官在玻利維亞圖皮薩的家中。

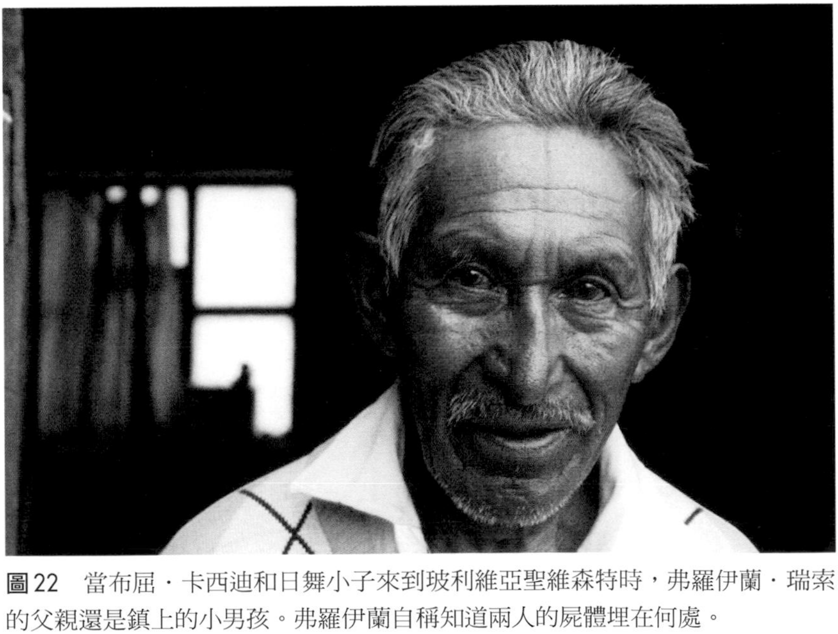

圖22　當布屈·卡西迪和日舞小子來到玻利維亞聖維森特時，弗羅伊蘭·瑞索的父親還是鎮上的小男孩。弗羅伊蘭自稱知道兩人的屍體埋在何處。

圖23　阿根廷烏蘇懷亞，湯瑪斯・布里奇斯在此雅馬納人的居住地建立他的佈道團。

圖24　小獵犬號航行於後來名為比格爾海峽的水域，前為乘坐兩艘獨木舟的雅馬納原住民。（康拉德・馬特恩斯〔Conrad Martens〕繪製）

圖25　傳教士湯瑪斯・布里奇斯一八八六年在火地島建立哈爾伯頓農場。今天他的後代仍在經營。

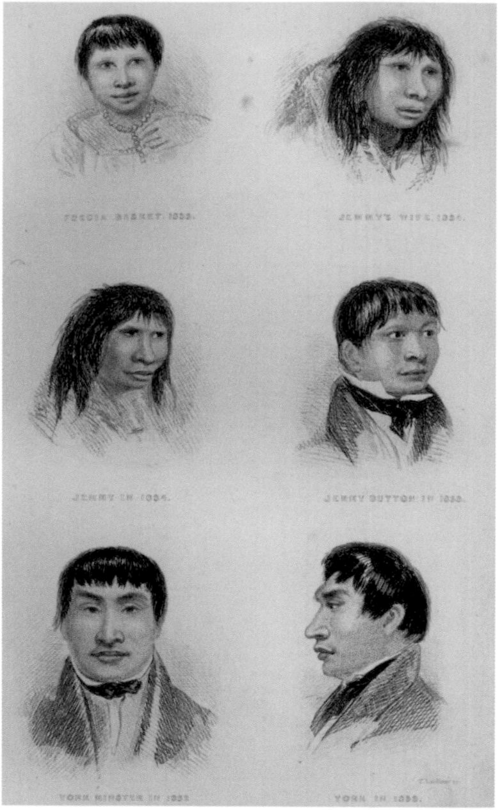

圖26　三個巴塔哥尼亞原住民的畫像：火地島籃子（上）、傑米・鈕扣（中）和約克大教堂。達爾文先是在英國碰到三人，後來陪他們回到巴塔哥尼亞。（照片來源：Darwin Online）

圖27　克莉絲汀娜・柯德隆住在威廉斯港（智利納瓦里諾島），世界最南的城市。她是世上最後一個說雅馬納語的人。

LIFE And DEATH In The ANDES

On the Trail of Bandits, Heroes, and Revolutionaries

大盜、英雄與革命者之路

安地斯山脈的傳奇故事——

Kim MacQuarrie
金恩・麥奎利
洪世民——譯

人都會做夢，只是做法不同。夜裡在心靈灰濁深處做夢的人會在白天醒來，發現那是虛幻；但白天做夢的人就危險了，因為他們可能睜著眼，按照夢境去行動，讓夢成真。[1]

——湯瑪斯・愛德華・勞倫斯（Thomas Edward Lawrence）《智慧七柱》（*Seven Pillars of Wisdom*）

目次

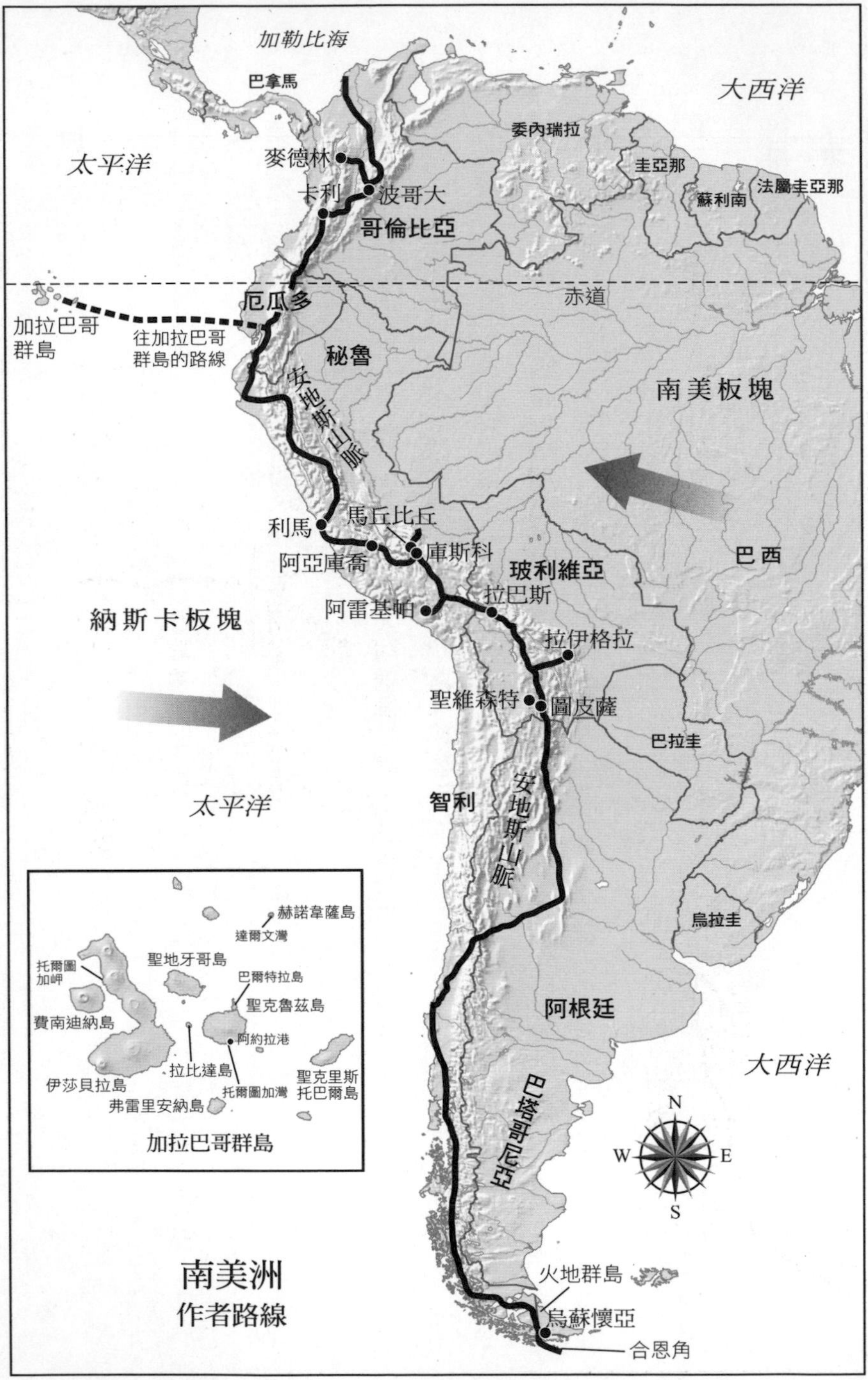

加勒比海
巴拿馬
大西洋
委內瑞拉
太平洋
麥德林
圭亞那
卡利
波哥大
蘇利南
法屬圭亞那
哥倫比亞
厄瓜多
赤道
加拉巴哥
群島
往加拉巴哥
群島的路線
秘魯
安地斯山脈
南美板塊
利馬
馬丘比丘
阿亞庫喬
庫斯科
玻利維亞
巴西
阿雷基帕
拉巴斯
納斯卡板塊
拉伊格拉
聖維森特
圖皮薩
巴拉圭
太平洋
智利
安地斯山脈
赫諾韋薩島
達爾文灣
托爾圖加岬
聖地牙哥島
巴爾特拉島
聖克魯茲島
費南迪納島
阿約拉港
拉比達島
伊莎貝拉島
托爾圖加灣
聖克里斯
托巴爾島
弗雷里安納島
加拉巴哥群島
烏拉圭
阿根廷
大西洋
巴塔哥尼亞
N
W
E
S
南美洲
作者路線
火地群島
烏蘇懷亞
合恩角

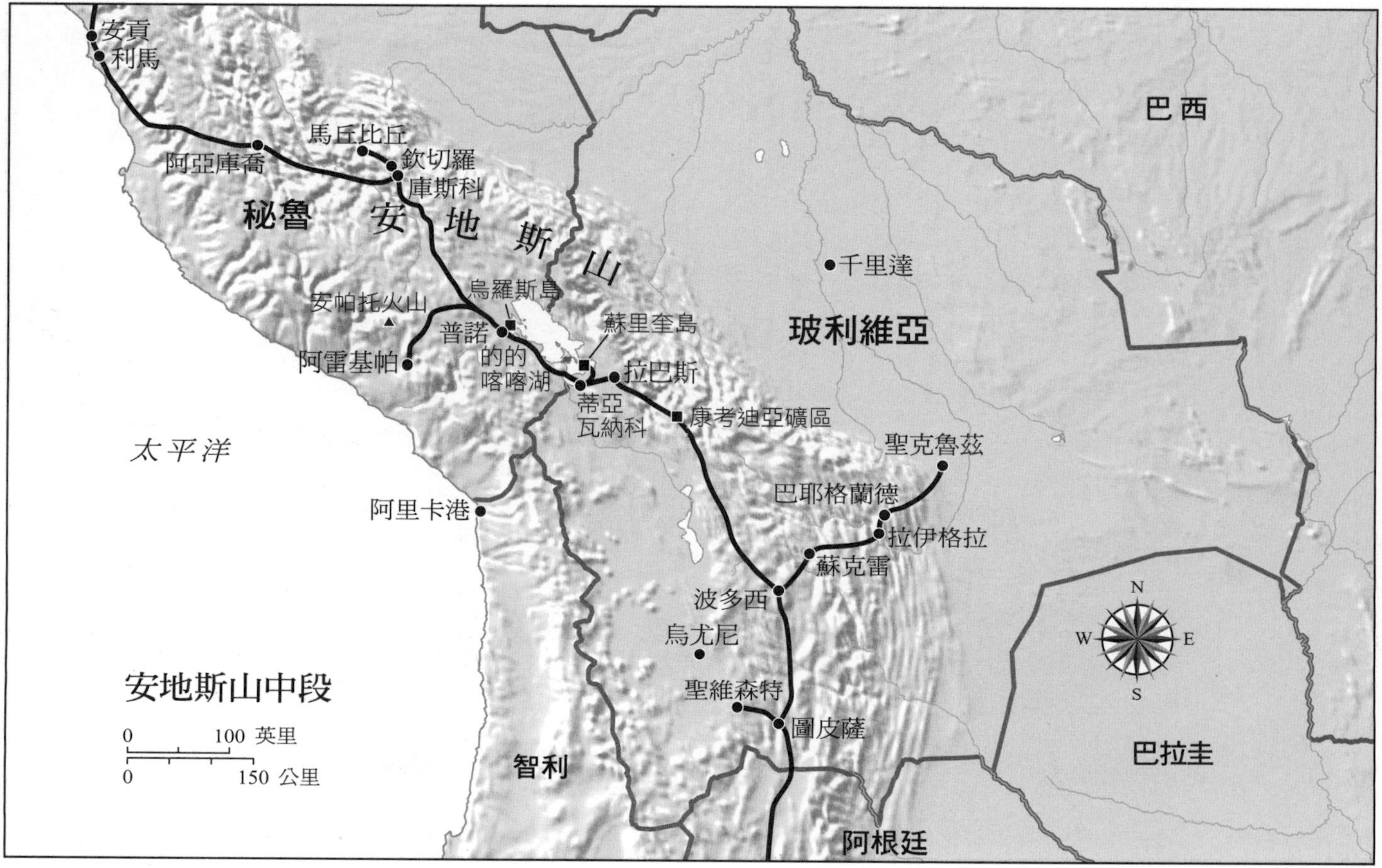
安地斯山中段
0 100 英里
0 150 公里
巴西
玻利維亞
秘魯
安地斯山
智利
阿根廷
巴拉圭
太平洋
N
S
E
W
安貢
利馬
阿亞庫喬
馬丘比丘
欽切羅
庫斯科
安帕托火山
阿雷基帕
烏羅斯島
普諾
的的喀喀湖
蘇里奎島
拉巴斯
蒂亞瓦納科
康考迪亞礦區
千里達
聖克魯茲
巴耶格蘭德
拉伊格拉
蘇克雷
波多西
烏尤尼
聖維森特
圖皮薩
阿里卡港

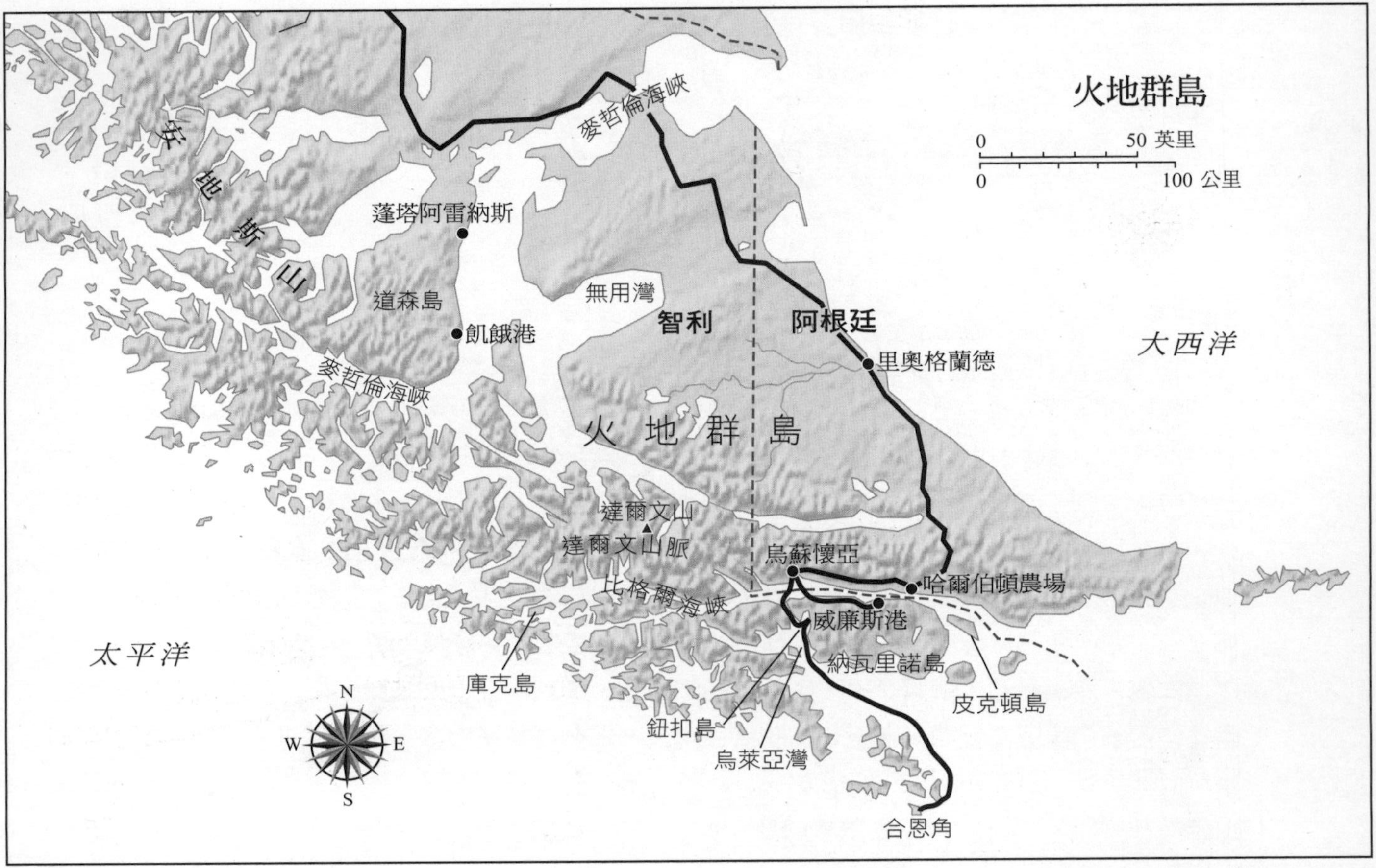
火地群島
0
50 英里
0
100 公里
麥哲倫海峽
安地斯山
蓬塔阿雷納斯
道森島
飢餓港
無用灣
智利
阿根廷
大西洋
里奧格蘭德
麥哲倫海峽
火地群島
達爾文山
達爾文山脈
烏蘇懷亞
哈爾伯頓農場
比格爾海峽
威廉斯港
太平洋
納瓦里諾島
庫克島
皮克頓島
N
W
E
S
鈕扣島
烏萊亞灣
合恩角

前言

我在內華達長大，小時候，在漫長炎熱的夏日，我會讀很多書。在豔陽高照、烈日灼身、室外溫度始終盤旋在華氏一百度以上的白天，當你試圖穿越柏油街道，腳丫子就會像兩塊烤蔬菜那樣燒焦的時候，我會待在室內，躺在我家花卉圖案的沙發上，打開一本書，馬上就能縱身躍過冰冷的海洋，或鑿洞鑽入另一個世界。我成長期間最喜歡的作家是一位名叫威廉・威利斯（William Willis）的德裔美籍船員，他寫下自己多次歷險的真實紀錄。威利斯十幾歲就曾駕駛橫帆船航行，後來更一路抵達南美洲西岸的秘魯。到了秘魯，他把巴爾沙木的原木捆紮在一起，橫渡太平洋，只為冒險，別無他因。直到今天，威利斯那些描述，包括怎麼在夜裡獨自乘筏，怎麼望入半透明的幽暗海水，親眼目睹巨大螢光生物從深處升起，仍令我魂牽夢縈。約莫同時，八、九歲的我也偶然讀到艾格・萊斯・布洛（Edgar Rice Burroughs）的「地心空洞」系列，講述一名男子如何用機器鑿穿地殼，發現一個名叫佩魯希達（Pellucidar）、奇風異俗的地底世界。原來地球內部隨處都是半裸的部落、強猛的野獸（大多是恐龍）、繁茂的植物、美麗的女人和許許多多的冒險，讓我一整個夏天都泡在那裡，把內華達沙漠遠遠隔絕在外，也許就像地球距離火星那樣遙遠。

事隔多年，在我最終成為作家和紀錄片導演之後，帶著一支近期拍攝、介紹某支亞馬遜部落的影片巡迴各地時，一名雜誌撰稿人問，我是受到什麼樣的刺激，才會在南美洲花了那麼多時間。「艾格．萊斯．布洛。」我衝口而出，碰巧那名記者跟布洛的孫子念同一所公立中學，大概一個月後，一件包裹送抵我家門口。裡面是布洛的《地底王國》（*At the Earth's Core*），即「地心空洞」系列第一集，一九一四年出版的原著。布洛的孫子在書上簽名，並表示祖父如果知道他的作品激勵我遠赴亞馬遜，一定非常開心。就在翻閱那本書時，我恍然明白這個事實：我們童年在書中造訪過的世界，有些會深深埋進我們的心田，就算遭到掩蓋，未來仍可能促使我們下意識去搜尋，就像被收養者尋找親生父母，或成年人尋找失聯已久的兒時玩伴那樣。

儘管動機猶不可知，我確實相信，是布洛創造了最終引領我前往南美洲的想像，畢竟那塊大陸幾乎包含了布洛作品裡最好的一切：雄偉壯麗、無比重要的山脈；持續不斷地碰撞，擠出火山，甚至讓所有湖泊升至一萬兩千英尺高空的大陸板塊；還有一座雲霧繚繞、蔓延半個大陸以上的雨林。那是一座到處都是樹懶、巨蛇、奇珍異獸和未經外界接觸部落的叢林，讓你以為自己已離開現代世界，偶然來到像佩魯希達那麼原始的世界。

我個人的南美洲之旅始於一九八〇年代晚期，在光輝道路（Shining Path）游擊戰如火如荼時前往秘魯。幾個月後，在實施宵禁的利馬，我開始以新聞記者的身分進入戒備森嚴的監獄，採訪光輝道路的隊員。接著，我開始穿越一些光輝道路的解放區，走訪安地斯山。那些地區的泥土路旁，都插著繪有榔頭和鐮刀的紅旗，橋梁剛被炸個粉碎，游擊隊員會照例把替政府工作的人拉下巴士，轟他們的腦門。一天，我在天主教大學忙人類學的研究生課業時，從報上讀到一則小啟：一艘名叫烏魯（Uru）的蘆葦筏準備啟程，展開橫渡太平洋的旅程。威廉．威利斯的記憶湧上心頭，我火速趕往港口，得知他們剛好缺少一名船員，便自告奮勇。可惜那是一支西班牙考察隊，船長只想找西班牙船員。烏魯離開卡亞俄港（Callao）當天，我在那裡遇到挪威探險家，以康提基號（Kon-Tiki）聞名的托爾．海爾達爾（Thor Heyerdahl），他後來邀請我陪他一同挖掘秘魯北部古莫切文明（Moche）的金字塔。

於是我拜訪了海爾達爾（詳見後文記述），然後在秘魯的亞馬遜上游地區，與近期才和外界接觸的尤拉部落（Yora）同住半年。我在那段期間參與了尤拉的死藤水（ayahuasca）儀式，也傾聽他們先前如何看待外界的迷人故事。他們有些人相信，外面的世界就是死者之境。尤拉人告訴我許多他們和外人的小衝突，像是他們怎麼朝入侵的石油工人射六英尺長的箭，有個倒楣的闖入者甚至被連射好幾支，活像一棵尤康戈樹（Huicungo），一種針棘如豪豬刺的棕櫚樹。後來，我發現印加人曾經在距離尤拉部落不遠處建立過叢林首都，並且在**西班牙人征服之後**與其對抗四十年之久，神魂顛倒的我寫了一本書來描述這兩個世界的碰撞，名為《印加帝國的末日》（*The Last Days of the Incas*）。

住在秘魯的四年期間，有個念頭始終埋伏在我腦海：有朝一日我要走完全長四千三百英里的安地斯山脈，從頭到尾。有什麼比這更美好的冒險？在終於上路那天，我心裡想的不是從A點到B點，而是要去考察南美最有趣的故事。縱走安地斯山，蒐集故事，就像別人拿籃子裝成熟、奇異的水果那樣。我想探索那些讓我一直心醉神迷的故事和人物，也想尋找可能有助於凸顯南美洲某些今昔面向的歷史事件。南美洲的第一批居民來自何方？是越過北方的地峽而來，還是從海上而來？這塊大陸的第一批文明是來自哪裡？是獨立形成，還是像托爾．海爾達爾所相信，由白皮膚、神一般的特使從其他大陸引進？安地斯山脈怎麼會像冰山一樣漂浮在地殼上，印加人為什麼要在峰頂獻祭孩子？西班牙征服者亟欲尋找的黃金國王（El Dorado），那個傳說中坐擁無限黃金的原住民王者，他和殘酷無情的毒梟，如麥德林集團（Medellin Cartel）首腦巴布羅．艾斯科巴（Pablo Escobar）之間，有什麼關聯？我打算探究許多問題，深入南美核心的問題，以上只是其中一些。不過，我隨即發現，每一個故事竟彼此交織，就像一張廣袤而錯綜複雜的掛毯覆蓋整座大陸。

例如在哥倫比亞，我藉由尋找一名曾拒絕巴布羅．艾斯科巴六百萬美元賄賂的高階警官來研究古柯鹼交易。那名警官不只拒絕被收買，後來更親自追捕艾斯科巴。我想要了解，是什麼樣的人，在面對幾乎難逃一死和成為百萬富翁的抉擇時，會選擇前者。我走訪哥倫比亞各地，遠赴波哥大、瓜達維塔湖和麥德林查明真相。

在厄瓜多外海，加拉巴哥群島間，我探尋查爾斯．達爾文（Charles Darwin）究竟是在何時何地想出他的演化論。是在加拉巴哥？或是在更早的巴塔哥尼亞？還是回英國才想到？他是否真如傳說那般，在加拉巴哥搞砸鳥類研究，所以始終無法拿那些證據支持他的演化理論？

沿安地斯山脈再往南走，在秘魯，我追尋一個先前聽聞的故事：光輝道路游擊隊運動的領袖最後並非被軍方，而是被某位高階警官捕獲，十幾年來，他的身分仍是國家機密。這個故事是真的嗎？據傳，有位頂尖芭蕾舞伶藏匿光輝道路的領袖，就算階級制度對她有利，她還是保護那個致力推翻階級制度的革命者，她又是誰？

在秘魯和玻利維亞邊界，我被一連串安地斯山中段的高海拔考古學發現給迷住，前往追尋一個最近才被發現的印加女孩，她在高兩萬零七百英尺的火山頂被獻祭，經五百多年仍全身結凍。這女孩是誰，為什麼被獻祭的是她？她和其他孩子是怎麼到達安地斯山脈最高的幾座山峰，近乎完美地保存至今？

再往南行，我尋找一萬兩千五百英尺的安地斯高山中，的的喀喀湖上獨特的浮島。我很想知道，為什麼曾乘坐康提基號木筏橫渡太平洋的托爾．海爾達爾，後來會帶三名艾馬拉族（Aymara）的造船者，從的的喀喀湖一路飛往埃及，來到古金字塔底下。海爾達爾相信這三個男人懷有什麼樣的祕密，讓他後來將**自己的生命**託付給他們的創作？在的的喀喀湖畔，距傳奇性的蒂亞瓦納科（Tiahuanaco）城市遺跡不遠處，我追蹤到其中一位，而他跟我說了他出人意表的故事。

緊接著，在玻利維亞東部，我對世界觀與現實如何產生衝撞感到好奇，於是尋找阿根廷革命者切．格瓦拉（Che Guevara）被擒獲的地點，見證他建立共產主義烏托邦的夢想，是如何在與世隔絕的安地斯山區破滅。在巴耶格蘭德鎮，我追蹤到一位給了負傷革命者最後一餐，並曾多次與他聊天的學校教師。那位現年六十三歲的老師告訴我，切·格瓦拉的最後一日究竟發生了什麼樣的精采故事，以及那些故事如何改變她的人生。

再來，我前往玻利維亞最南端，探查傳奇人物布屈·卡西迪（Butch Cassidy）和日舞小子（Sundance Kid）是如何了結一生。這兩個人真的是像好萊塢電影所描繪，在槍林彈雨中告別人世？還是「殺人後再自殺」的謠傳比較接近事實？當我抵達位於安地斯山海拔九千英尺、塵土飛揚的採礦小鎮聖維森特（San Vicente），遇到槍戰時住在那裡的居民子孫，才知道答案。

最後，在南美洲最南端，我追蹤到最後一個會說雅馬納語的人。她目前住在巴塔哥尼亞外海一座承受強風侵襲的島嶼。她有三個先人與查爾斯·達爾文共乘過一艘船，曾一起遊歷倫敦、拜會英國國王與王后，然後被送回巴塔哥尼亞做一場堂皇的社會實驗。他們後來怎麼了？一開始究竟是誰想出那麼瘋狂的點子？

本書收錄的故事（當時實為考察），都是我曲曲折折、沿著南美安地斯山脊而行的成果，我依地理位置從北到南將事件逐一連接，就像安地斯白皚皚的山峰，沿著遼闊的山脈綿延成串，宛如微光閃爍的珍珠。

最終讓所有故事環環相扣的，是故事中的人物，他們畢生起碼有一段時間住在南美，無不竭力掌控、適應或探索大陸西緣的崎嶇地貌。而那些人大多是湯瑪斯·愛德華·勞倫斯，也就是「阿拉伯的勞倫斯」所稱的「白天做夢的人」，他覺得那是最危險的人，因為那種人總是將夢想付諸行動。切·格瓦拉、托爾·海爾達爾、阿維馬埃爾·古茲曼（Abimael Guzmán Reynoso）、海勒姆・賓漢（Hiram Bingham）、妮爾達・卡雅尼奧帕（Nilda Callañaupa）、克莉絲和艾德・佛朗柯孟（Chris & Ed Franquemont）、布屈・卡西迪和日舞小子、查爾斯・達爾文、湯瑪斯・布里奇斯（Thomas Bridges），甚至是巴布羅・艾斯科巴，他們全都是積極試圖將夢想化為現實的夢想家。另外，無論他們的夢想是否成真，他們都透過自身文化和時代的鏡片觀看南美。在某些時候，這點證明相當致命，因為誠如作家J・索羅門（J. Solomon）所說：「世界觀扮演的角色有點類似眼鏡或隱形眼鏡……無論何者，不正確的度數可能相當危險。」

例如革命者切・格瓦拉和阿維馬埃爾・古茲曼，兩個人都對母國的社會狀態深感不滿，並且相信馬克思（Karl Marx）打造政治烏托邦的處方，因而試圖以槍桿改變社會。但他們的做法反而釋放出意外的力量，最終壓垮了他們。

查爾斯・達爾文也帶著自己的一套文化處方抵達南美，這讓他無法察覺一些現在看來顯而易見的事實。然而，他的世界觀在他漫長旅程的某處產生改變，他開始以嶄新、不同的眼光看待這個世界，這樣的轉變最終引領他想出演化論。

反觀印加人從未以近代科學的觀念看待安地斯山，而是將此處視為神明掌控的神聖大地。面對火山噴發、致命的地震和不可預期的乾旱，印加人對神奉獻，有時不惜獻出子嗣，希望藉此恢復印加世界的平衡。

近五百年前，一位名叫佩德羅・希耶薩・里昂（Pedro Cieza de León）的西班牙編年史作者兼傭兵，在南美遊歷十一年，往南穿過剛被征服的印加帝國（領土從現今的哥倫比亞綿亙至智利中部）。在一本獻給西班牙國王的書中，他於序言中寫道：

> 最尊貴、最仁慈的陛下……要描述這個廣大王國的奇妙事物……需要寫作功力媲美像〔古羅馬人〕蒂托．李維（Titus Livius）或瓦萊里烏斯（Valerius）的人，或其他曾出現於世上的偉大作家，而且，就連他們都會覺得這樣的工作有所困難。因為，誰能列舉如此強大的事物……我們前去征服進而發現的崇山峻嶺、無底深谷？一條條又廣又深的河？一個個景物各異、風情萬種的地區？一支支風俗儀式千奇百怪的部落？那麼多叫不出名字的鳥類、動物、樹木、魚類〔？〕……我寫下的大多是我親眼所見，為了解更多，我走遍許多地區。沒見到的東西，我也煞費苦心，向極具聲望的基督徒和印第安人請益。我向萬能的神祈禱……願祂讓您長命百歲，政躬康泰，將許多其他王國納入版圖。[2]

希耶薩．里昂未走完全南美就過世了，但走遍這塊大陸東南西北、造訪過許多他曾造訪之處的我可以證明，他所描述的奇景、奇物和奇風異俗並未消失，令人歎為觀止的南美，這個我從小就心生嚮往、長大後有幸經歷的世界，至今依然存在。

第一章

尋找巴布羅．艾斯科巴與黃金國王（哥倫比亞）

他指出〔哥倫比亞〕是一片富產綠寶石和黃金的土地……他說某位國王赤身裸體，在潭水上搭乘木筏向神獻祭……全〔身〕塗滿……大量碎金粒……像陽光一般閃閃發亮……〔於是西班牙〕士兵……給〔那個國王〕取了黃金國王之名。[1]

——璜．卡斯特拉諾斯（Juan de Castellanos），一五八九年

有時我是神，如果我說某人會死，他當天就會死……世上只能有一個王〔而那個王就是我〕。[2]

——巴布羅．艾斯科巴，麥德林集團領導人
連續七年名列《富比世》（*Forbes*）雜誌富豪排行榜（1987-1993）

有一天，我會拜託你幫我做件事。那天也許永遠不會來，但在那天來臨前，請接受這個〔報應〕……做為小女婚禮的禮物。[3]

——維托．柯里昂（Vito Corleone），《教父》（*The Godfather*, 1972）

叩，叩，叩！

雨果．馬丁尼茲上校（Hugo Martinez）家的敲門聲，暗示他的死期可能在那個星期三的上午十一點半到來，而波哥大的卡斯特拉那（Castellana）一帶就是他的葬身之地。敲門聲在麥德林緝毒戰如火如荼之際傳來，而馬丁尼茲知道，要上馬丁尼茲位於這棟高檔住宅大廈五樓的家，一定需要樓下的警衛包庇。確認住戶在不在、問訪客的姓名、透過對講機通知有訪客來，是警衛的職責。唯有住戶允許，訪客才會被放行進入這棟大多為哥倫比亞高階警官和家人居住的大樓。但這天上午，對講機悄然無聲。一定是鄰居吧，馬丁尼茲上校這樣想。可是，**怎會有人知道他在這兒呢**？這位負責追捕麥德林集團首腦的上校小心往門邊移動。四周地板散落著玻璃碎片，一個星期前，外面的炸彈爆炸震碎了窗戶和電視機。

叩叩叩！

現年四十九歲的上校身高六英尺，體格精瘦，有一頭褐色短髮和一雙相距甚近、咖啡色的眼睛。他原本正在打包財物，聽到敲門聲，他頓時呆住。這公寓已經一個星期無人居住，牆上的鐘仍默默地走，衣服四散各處，孩子的玩具還在房間裡，妻子和兩個孩子逃離前留置的地方。應該沒有人知道他人在這裡，在這時候的波哥大，單獨待在這間公寓。所以，到底是誰在敲門？

一個星期前，麥德林集團在底下的街道引爆一枚威力強大的炸彈，噴出鋸齒狀的碎片，煙霧直衝雲霄。雖無人喪命，但有多人受傷。當時馬丁尼茲人在兩百英里外的麥德林，一聽聞此事就急忙打電話給妻子。然後他飛回波哥大，安排妻兒到別處藏身。馬丁尼茲明白，集團原本可以殺掉他全家人，卻選擇用那枚炸彈來傳遞他們知道上校一定了解的訊息：

我們，麥德林集團，知道你的家人住在這裡。我們隨時可以殺光他們。如果你繼續追捕我們，你的家人就不復存在了。這是警告。

過去三年，馬丁尼茲上校一直在麥德林過著苦行僧般的生活。他和其他精挑細選的「搜索組」組員一起住在一個警察基地，那是他協助成立、目前親自領導的特別警察隊。一九八九年，哥倫比亞政府挑選馬丁尼茲領導他和同僚都相信與自殺無異的任務：追捕哥倫比亞最強悍、令人聞之色變的毒梟：巴布羅．艾斯科巴，並解散艾斯科巴的麥德林集團。

馬丁尼茲不想接這項任務。事實上，他的同事大多覺得他活不過幾個月，甚至幾星期。但馬丁尼茲認為，任命就是任命。畢竟，從進警官學校開始，他一輩子都投入警務了。職責就是職責。**如果他不接**，還是有人得奉命行事。在發布和接受命令那麼多年後，馬丁尼茲不打算違抗這一道。何況，上校心知肚明，或許這正是他雀屏中選的根本原因。馬丁尼茲的上司知道，換作其他人，也許會辭職或試著扔出燙手山芋，但他是少數絕對不會這麼做的人選之一。眾所皆知，他就是那種會努力把事情搞定的官員。他的紀錄乾乾淨淨。他不僅獲得上校官階，也以全班第一名的成績從法學院畢業。現在他已步入中年、結了婚、有三個孩子，正往晉升將軍邁進。但首先他得活著完成眼前的任務。

接獲新命令時，馬丁尼茲和家人還住在波哥大。那項任務需要馬丁尼茲立刻搬去麥德林。他得在一個當地警察大都被販毒集團收買的城市展開行動。畢竟，哥倫比亞的執法人員薪資微薄，毒品卻能創造數十億美元的獲利。當時的貪腐正值史上新高。好多麥德林的法官、警察和政客都拿集團的薪餉，一般認為，巴布羅．艾斯科巴在他的家鄉根本「不可碰觸」。

當然，麥德林集團付那麼多錢是為了保障它的主要事業：古柯鹼的出口。因此賄賂成了他們無可避免的營運支出。要是有難搞而無法收買的對象，或者如果有人欺騙或背叛，那麼艾斯科巴和集團就會雇用一支名為「刺客」（sicarios）①，名副其實由數千名職業殺手組成的部隊，遂行集團的意志。到一九八〇年代晚期，兩千多名大都是青少年的刺客，湧上麥德林擁擠的街道，常兩人同騎一部小型摩托車。坐前座的是指定駕駛，後面為槍手。據說十幾歲時也當過刺客的艾斯科巴，曾對他的年輕殺手訓示他屬意什麼樣的暗殺行動：兩顆子彈，射額頭，眼睛上方。艾斯科巴提出忠告：**一顆子彈**，也許有人大難不死；但**兩顆子彈**，絕無生機。

在麥德林，幫販毒集團行刺是非常有利可圖的工作，已經有一整個家族企業迅速崛起。隨著目標愈來愈多，提供乾淨俐落又不著痕跡的死法成為眾人追求的技術。一九八九年，即馬丁尼茲上校率搜索組四百壯士抵達麥德林追捕艾斯科巴的那一年，麥德林已被公認為世界最危險的城市。沒有其他哪個大都會每天都有那麼高比例的活人變成死人。

搜索組的成員暴露於極度危險是既知事實：正因如此，不論上校或組員都沒有帶家人同行，假使這麼做，他們的摯愛會馬上成為集團的目標。因此，搜索組的家人各自住在其他城市的住宅，並經常為安全起見搬遷。最近，由於哥倫比亞政府對集團施加更大壓力，暴力隨之激增，馬丁尼茲和妻子毅然中斷孩子的學業。連警衛隊也無法保障他們的安全。不行，在最近外面的爆彈事件後，上校明白，就連波哥大也變得太過危險。甚至哥倫比亞每個角落都不安全。對馬丁尼茲來說，集團愈來愈像一隻巨大的章魚，有無數條觸手，有的粗，有的細，還不斷冒出新的。沒有集團碰不到的人，甚至出了哥倫比亞也不例外。任何人，不管理由，只要試圖阻止或妨礙集團擴張，就會自動變成暗殺的目標。

叩，叩，叩！

門敲得更用力、更大聲、更急切了。

「哪位？」馬丁尼茲大喊。

一陣沉默。接著傳來模糊的聲音。

「**你是哪位？**」他再喊。

這一次，他聽到一個名字。一個他認識的名字。但那個名字，他很多年沒聽到了。

馬丁尼茲打開門。在他面前佇立著一個年約四十五歲、穿西裝打領帶的男人，皮膚呈褐色，表情痛苦。那是馬丁尼茲認識的男人，一個他四年多沒見的前任警官。那名警官曾於另一個城市

---

① 作者注：sicario 源自於拉丁文 sicarius，意為「用匕首的人」，原指西元前一世紀一小支猶太游擊隊，他們用隱藏的匕首行刺羅馬占領者，盼能將之驅逐。

住在他家隔壁，而馬丁尼茲曾因某件違法情事要他辭職。

那個男人站在門口，一臉羞愧夾雜恐懼，不敢接觸上校的視線。

「我的上校，我來是要帶口信給你。」他終於開口：「我是被迫來找你的。」

馬丁尼茲皺眉看著他。然後那個男人抬起頭來。

「是巴布羅．艾斯科巴的口信。」他說。

「如果我不來，他們會殺了我，或我的家人。那就是我受到的威脅。」

馬丁尼茲瞪著他的前同事，依然納悶他怎麼那麼容易來到他家門口。

「什麼口信？」他終於問了。

「艾斯科巴派我來給你六百萬美金。」

那個男人仔細看著馬丁尼茲，研判他的反應，才繼續說：

他緊盯著上校，補充道：「他唯一的請求是你繼續執勤、繼續你的工作、繼續展開行動，但如果你要發動逮捕他的行動，必須先撥個電話，讓我們知道。如果你答應，錢將轉到任何你想要的戶頭。」

「六百萬美金。」那個男人重複一遍。

馬丁尼茲上校瞪著這位前任警官，雖然天氣涼爽，但那人顯然很不自在、汗如雨下。這會兒兩個想法浮現上校的腦海。一是明白艾斯科巴正向他提出麥德林集團標準的條件：銀或鉛（plata o plomo），銀彈或鉛彈，錢或死。一個星期前的爆炸是條件的第一部分：鉛，也就是死亡威脅，除非馬丁尼茲改變作風。現在他的前同事帶著第二部分來了：銀，或就他的例子，六百萬美金。端看馬丁尼茲決定接受哪一種。

看著集團使者在眼前不安地扭來扭去，第二個進入馬丁尼茲腦海的念頭是，假如艾斯科巴沒感受到壓力，就不會開出這樣的條件了。上校和他的人馬已逮捕或殺死艾斯科巴幾名高階分子，包括他的左右手，大舅子埃納奧（Henao）。這下上校明白，艾斯科巴一定在煩惱了。因此，他開條件是軟弱的徵兆，而非實力的展現。

「告訴他們你找不到我。」馬丁尼茲輕聲說。

「可是，我的上校，我不能那樣說。」那男人懇求。

「我們沒講過話。」上校堅定地表示。

然後，無視那個男人的乞求，上校把門關上。

❖

當巴布羅·艾斯科巴七歲、他的大哥羅貝托（Roberto）十歲時，武裝暴民來到艾斯科巴一家人居住的迪蒂里布村（Titiribu），意欲屠殺村民。那一年是一九五九年，艾斯科巴的大哥羅貝托後來回憶道：

> 他們在半夜來到我們鎮上，把居民拖出屋子殺害。來到我們家時，他們開始拿開山刀拚

命撞門，叫喊著，說要殺掉我們。[4]

艾斯科巴的村民大多屬於哥倫比亞的自由黨（Liberal Party），武裝暴民則是保守黨員組成。十一年前，即一九四八年，哥倫比亞國內的緊繃情勢，在預期能贏得總統大選的自由黨候選人豪爾赫·蓋坦（Jorge Gaitán）遇刺身亡後來到緊要關頭。蓋坦的死觸發集體神經崩潰，進而引爆一種自家釀造、和四十年後的盧安達一樣血腥的暴力。倘若如普魯士將軍克勞塞維茨（Carl von Clausewitz）所言：「戰爭只是用其他方法延續政策罷了。」那蓋坦之死便是驅使哥倫比亞人從票箱取出他們的政治意見，帶入鄉間，用開山刀、小刀和槍械落實意識型態。暴亂繼之而起，很快地，這個人口只有一千一百萬的國家，有**三十萬哥倫比亞人**喪命，六十萬至八十萬人受傷。雪上加霜的是，在哥倫比亞，這場政爭演變成的內戰有一個特別野蠻的特性：暴民的目標不只在殺掉對手，而且要用最驚悚的方式下手。

在這場後來通稱為「暴力」（La Violencia）的集體歇斯底里期間，殺人手法可怕到出現一套新的語彙；必須發明新的語言形式來記述那些前所未見，或以往起碼沒那麼極端或規模沒那麼浩大的行為。許多口號迅速竄起，例如「像切墨西哥粽那樣切」（picar para tamal），在這裡指的是慢慢剁開一個人的身體，直到他斃命。至於bocachiquiar的死法，則源於哥倫比亞漁夫清理當地一種鯪脂鯉（bocachico）的方式：這種鯉魚鱗片很多，必須劃很多刀、切到肉裡才有辦法去除魚鱗。在人體的版本，就是反覆切割到失血過多致死。全村顛狂躁亂，有割耳朵的、掀活人頭皮的、拿刺刀刺小孩和嬰兒的，還有虐死男人的招牌手法「捆割」（corte de corbata），即割開某人的喉嚨，把他的舌頭從切口拉出來。因此，在蓋坦遇刺十一年後，當叫聲、光線和火把在半夜來到艾斯科巴的家門前，全家人知道可能有哪些遭遇在等著他們。據巴布羅大哥羅貝托的說法，當拳頭和開山刀開始砰砰砰地撞門，當鄰居的尖叫聲在夜裡此起彼落：

我媽哭了起來，不斷向阿托查的耶穌嬰孩（Baby Jesus of Atocha）禱告。她把我們一張床墊塞進床底，叫我們躺在裡面不要出聲，再拿毯子把我們蓋住。我聽到我父親說：「他們會殺了我們，但我可以救孩子。」我抓住巴布羅和我們的妹妹葛羅莉亞（Gloria），叫他們不要哭，我們不會有事的……門很堅固，攻擊者無法破門而入，所以他們潑了汽油，放火燒。[5]

就在千鈞一髮，艾斯科巴一家人眼看就要活活燒死之際，哥倫比亞政府軍來到，趕跑那些瘋狂的劫掠者。不久後，士兵敲了艾斯科巴家的門，告訴他們現在很安全、可以出來了，這家人一開始還不相信。最後，被火燒的酷熱逼出，這家人跌跌撞撞進入滿目瘡痍的村子，士兵帶領艾斯科巴一家人和其他生還者進入當地的校舍。羅貝托回憶道：

燃燒的屋子照亮了我們的去路。在那奇異的光下，我看到屍體橫臥街溝裡，吊在燈柱上。武裝暴民已對那些屍體潑了汽油，放火燒，而我會永遠記得那種血肉燃燒的味道。我背著〔七歲的〕巴布羅。巴布羅把我抱得好緊好緊，彷彿絕對不會放手。[6]

暴力如此突然而猛烈地暴發，讓世界其他地區清楚見到，哥倫比亞，不管原因為何，已變成一個像彈簧盤繞起來的國家，閂住手榴彈的彈簧。蓋坦遇刺案無疑震碎了這個國家平時彬彬有禮的外貌，讓它的內部緊張猛然爆破，就像岩漿偶爾會從安地斯山脈倏然迸開的裂縫噴出。但這並非哥倫比亞第一次蒙受如此猛烈的噴發。五十年前，在一八九九至一九〇二年間，也曾暴發另一場同樣殘暴的內戰，共有**八十萬人**，或哥倫比亞兩成的人口慘遭殺戮。

哥倫比亞小說家加布列・賈西亞・馬奎斯（Gabriel Garcia Márquez）在他一九八二年諾貝爾得獎演說中寫道：「我們史上那次無法測量的暴力和痛苦，是長年不平等和未曾透露的悲苦所致，而非我們家園三千里格（league，一里格即三英里）外〔共產黨〕的陰謀擘劃。」[7]

史學家會同意他的說法。多數史學家指出，哥倫比亞近代暴力的根源可一路回溯到西班牙征服之初。一五三七年，三十一歲的貢查洛・希梅尼茲・德・奎薩達（Gonzalo Jiménez de Quesada）率一批不到兩百人的西班牙征服者抵達一座遍布印第安村落的高原。那群西班牙人在尋找一個名叫波哥大（Bogotá）、據說擁有大量黃金的印第安酋長。他們很快碰到穆伊斯卡文化（Muisca），數個美洲原住民國家組成的鬆散邦聯，他們的居民住在圓錐形的小屋、於豐饒肥沃的原野務農、穿棉質上衣，開採並交易綠寶石、銅和黃金。每個穆伊斯卡國家都有一名酋長，而那些安地斯山區出現過數一數二複雜的邦聯，涵蓋了面積相當於瑞士的山區。

穆伊斯卡人說奇布查語（Chibcha），和曾盛行於中美洲南部的語言屬同一個語系。一如其他許多南美原住民，他們沒有個人財產。土地、水和捕獲的獵物皆為共有。反觀西班牙人來自剛發明資本主義的歐洲，眼裡沒有平民百姓，只有一片可以掠奪的土地，非常適合引進私有財產制度的地區。在這裡，田野、平原和森林皆可奪取、標界；資源可迅速開採、出口獲利。一位十六世紀的編年史作者這麼寫：

> 當西班牙人凝視〔哥倫比亞的〕那片大地，看來他們已抵達嚮往的目的地。因此，他們開始攻取。[8]

另一人寫道：

> 一路挺進，希梅尼茲〔德·奎薩達〕……開始占領這個新王國的……〔他們〕進入那一帶最重要統治者的領土；他們叫他波哥大……傳說他極為富有，因為這片土地的原住民聲稱他擁有一屋子黃金和大量非常珍貴的綠寶石。[9]

黃金、綠寶石，和迅速致富的想法讓征服者全都興奮得不得了，因為如史學家約翰·海明（John Hemming）指出：

那些從事冒險的人不是傭兵：他們不會從探險隊的首領那兒領到酬勞。他們是抱著發財的希望，遠渡重洋來到美洲的冒險者。征服初期，這些亡命之徒的報酬必須來自印第安人。他們是期待財物手到擒來的掠奪者。他們的食物和個人服務都來自他們意欲搶奪的印第安人……這群西班牙冒險者就像一群獵犬，在內陸徘徊流連，嗅黃金的氣味。他們滿懷勇氣和野心橫渡大西洋，隨即擠滿狹小的沿岸居住地，做當地人口的寄生蟲，盼能藉此致富。[10]

在肥沃的高原，即後來設立哥倫比亞首都之處，希梅尼茲．德．奎薩達率一百六十個男人（兩年前展開探險時原有九百人，如今剩下他們）繼續尋找印第安君主波哥大。一個編年史作者這樣敘述：

隔天，他們繼續前行兩里格，遇到一個全新的聚落，是偉大的領主……波哥大最近建立的。小鎮富麗堂皇；屋子不多，但都非常寬敞，是用作工精細的茅草搭成。那些房屋都圍了籬笆，有用甘蔗莖搭成的牆，相當別致……兩道牆圍繞整個小鎮，之間有偌大的廣場……傳了信息……叫他們的酋長出來跟基督徒做朋友。若不從，基督徒會把小鎮夷為平地，對選擇不和睦相處的人發動戰爭。[11]

波哥大酋長，基於在今天看來昭然若揭、但那些西班牙人不知怎麼就是不懂的理由，拒絕露面。於是西班牙人一如往常，立刻開始殺害和奴役當地人口、占領其綠寶石礦區、俘虜當地酋長、殺害或勒贖黃金，並盡可能蒐集可帶走的物資。最終殺害波哥大酋長後，西班牙人繼續獵尋穆伊斯卡邦聯僅存的幾名領導者之一，要他交出他們懷疑波哥大酋長藏起來的黃金。一位編年史作者寫道：

> 〔被俘虜的酋長〕薩吉巴（Sagipa）回應，他很樂意把黃金送給他們。他請他們讓他延後一段合理的時間，答應會拿波哥大的金子塞滿一間小屋，只是需要幾天蒐集……但當期限來到，薩吉巴沒有兌現承諾。他只交出約值三、四千披索的細碎劣等金。見狀，那些基督徒開始求希梅尼茲〔德．奎薩達〕中尉將薩吉巴上鐐銬，嚴刑拷打……在那之後，基督徒繼續拷問薩吉巴，以逼他交出波哥大的黃金，並供出他把金子藏在哪裡；最後，薩吉巴死了。[12]

當然，薩吉巴酋長不只是死，他是被凌虐到死。幾天後，那些西班牙人以他們剛殺害的酋長為名，建立聖菲波哥大（Santa Fé de Bogotá），意為波哥大的神聖信仰，相當諷刺。於是，就在被掠奪的穆伊斯卡高原，鮮血、黃金、綠寶石和死亡交融的汙跡中，開啟了哥倫比亞有文字記載的歷史，而這血淋淋的第一章，為未來更多的血淚奠定了基礎。

✣

一天，在距離麥德林車程三小時的拿坡里莊園（Hacienda Napoles），即巴布羅・艾斯科巴擁有的奢華鄉間別墅暨藏身巢穴，他在腎形泳池畔招待賓客，這時，一名員工被帶到他面前。遠處，在莊園的土地上，進口的長頸鹿、鴕鳥和瞪羚四處跳躍嬉戲。再遠一點，附近一條河流裡，凶猛的非洲河馬正用鼻孔噴水、擺動耳朵。艾斯科巴最早帶進其中四頭猛獸，這是非洲數一數二危險的動物，而牠們的數量還在增加中。在這特別的一天，艾斯科巴穿著他的招牌藍色牛仔褲、白色耐吉運動鞋，和T恤。艾斯科巴被告知，現正站在他面前、雙手被綑綁的員工，在莊園某個房間被抓到偷竊。他是小偷。

艾斯科巴用他慣有的輕聲細語，平靜地告訴被俘者：「幸好你坦承了，因為如此一來，你保住了你的家人。」當著懶洋洋躺在椅子上啜著飲料的賓客面前，艾斯科巴起身，開始有條不紊地對那個男人又踢又打，打到他摔倒在地。[13] 接下來，這位全球最有錢、最有權勢，彼時在哥倫比亞坐擁四百多筆房地產、在邁阿密擁有十九幢別墅且幢幢有直升機停機坪的毒梟，繼續粗暴地把那個男人踹進泳池。當那人蠕動的身軀慢慢沉入水底，艾斯科巴回到客人身邊。

「我們剛說到哪裡？」他笑著問。

✣

我拜會已退休的雨果・馬丁尼茲將軍，一個曾拒絕六百萬美金、不願把靈魂賣給巴布羅・艾斯科巴的男人。地點在波哥大小北區一棟高級住宅大樓，他一個朋友家。

他的朋友瑪利亞說：「將軍不喜歡在他家裡見訪客。」她曾在馬丁尼茲和搜索組對麥德林集團發動緝毒戰的高峰期採訪他們。

「他不認識的人，他比較喜歡在家外面見。」

我想，跟那個集團糾纏那麼多年，這可想而知。

將軍現年六十九歲，身材依舊高瘦，一頭黑髮已斑駁。他的嘴唇很薄、握手輕柔、眼距不寬，膚色像西班牙或歐洲人。一九八九年雨果・馬丁尼茲被指派追捕艾斯科巴和販毒集團的工作時，他還是上校。今天這位退休將領身穿寬鬆長褲、灰色毛線衣、熨過的細藍條紋襯衫，和藹而輕鬆。跟艾斯科巴和集團打完那場史詩戰役的二十年後，那段日子的回憶在他的腦海依舊鮮明。那也烙印在許多哥倫比亞人的共同記憶裡。或許不只如此，因為最近才有名叫《艾斯科巴：惡之首領》（*Pablo Escobar: El Patrón del Mal*）的電視系列影集在全國播映。這是哥倫比亞史上製作費最高，也最成功的電視連續劇，每天晚上有數百萬人收看。但這部影集其實只是哥倫比亞過度氾濫、以販毒為題的犯罪片之最新力作。那些戲劇大多把各大毒梟的生活描繪得多采多姿，同時把追捕他們的警官和政客描繪成貪官汙吏。

瑪利亞告訴我：「哥倫比亞人超迷這些劇，但他們並不知道真相，年輕一代不知道**事實有多殘酷**。」

這位獲派追捕艾斯科巴的男士出生於波哥大西北方約八十英里，名叫莫尼基拉（Moniquira）

的小鎮。以往，莫尼基拉是那種，民眾會穿著哥倫比亞傳統羊毛斗篷（ruana）、騎馬到處跑的城鎮。事實上，馬丁尼茲和艾斯科巴都生於中低階層，也都在大家庭中長大。艾斯科巴有六個兄弟姐妹；馬丁尼茲則有八個。艾斯科巴的父親是小農民；馬丁尼茲的父親則經營一家賣手提箱和皮革製品的小店。

但艾斯科巴的外祖父是知名的非法酒商，會把當地私釀的酒裝瓶、藏在棺材裡偷運出去。反觀馬丁尼茲家族則長期與軍隊關係密切。馬丁尼茲有個叔叔當過海軍上將。還有個親戚曾是陸軍將領。毫無意外地，馬丁尼茲很小就加入童子軍。

「我有幾張和其他童軍的合照。」馬丁尼茲想起那件事便大笑起來，他告訴我：「我們到處站，所有孩子都很輕鬆，只有我，穿著制服，全身僵硬、挺直得跟木板一樣，嚴肅得不得了。那時我差不多八歲。」他邊說邊搖頭。

馬丁尼茲就讀中學時，因為家鄉只有小學，家人便送他到附近的城鎮寄宿。馬丁尼茲住在一戶在地人家。復活節假期，多數學生返鄉過節，馬丁尼茲仍待在那裡，這時有兩個較年長的朋友帶另一個朋友來訪。那三人都是軍校生，住另一個城鎮。新來的朋友身材跟馬丁尼茲差不多，所以馬丁尼茲問可否試穿他的制服。軍校生答應了，遂換上便裝。「我脫掉衣服，穿上他的制服。」馬丁尼茲一邊坐直起來，一邊說：「然後我站在鏡子前，戴上帽子，上街去。我到處亂走，走了一整個下午，炫耀。甚至去打撞球打了一會兒。最後，那個軍校生四處找我，終於找到。」[14]

「**喂！你是怎樣啦？**」他說：「你差點害我被踢出軍校！」

做為寄宿生，馬丁尼茲多少有點被排擠，所以他花了很多時間讀書，多半閱讀描寫美國舊西部槍戰的通俗小說，還有犯罪小說。「我喜歡讀解決犯罪問題，還有強盜的故事。」他告訴我：「但好笑的是，當我終於加入警察，那跟小說裡寫的完全不一樣！」[15]穿制服和拿槍都跟他想的完全不一樣。在他也成為軍校生的時候，他得一直磨亮、熨燙他的制服，使他再也不喜歡穿。馬丁尼茲也很快對槍幻想破滅。

> 剛成為軍校生的時候，你會看到大家都攜槍佩劍，但你什麼也沒有，只有一根棍棒，發給你模擬步槍用。那持續了八個月，八個月內，你不能帶槍，但得學會清槍、擦槍和組裝。當八個月終於過去，你再也不想拿槍！也不想穿制服了！[16]

一名女傭拿了一盤餅乾、蛋糕和濃縮咖啡來，放在我們面前膝蓋高度的茶几上。馬丁尼茲沒有碰甜點，但喝了濃縮咖啡。他說話直接，善於表達，偶爾會跟很多哥倫比亞人一樣，觸碰對方的手臂表示強調。他一派輕鬆，完全沒有當過將軍的架子。馬丁尼茲喝了一口又苦又甜的咖啡，繼續說下去。

他說，雖然厭惡槍和制服，但他真的很喜歡上犯罪學的課。他喜歡研習社會學。當他終於畢業，授階陸軍少尉，上司第一次派他到波哥大實習一年。那一年過去，因為將被調往其他地方，他所在的駐地為他辦了派對歡送他。在那場派對上他遇到一個名叫瑪德蓮娜（Magdalena）的女孩，他說：「那是我見過最美的女孩。」那時馬丁尼茲二十三歲，而她十七歲；他跟她要電話號碼，她給了。他們第一次約會是去看電影。一年後，當上司告知他又要被調到別的城市，他知道必須做個決定。「她非常漂亮，所以我知道如果我不娶她，她就不再是我的了。」他告訴我，喝乾他的濃縮咖啡，把杯子放回茶几。馬丁尼茲問父親意見，父親奉勸：「如果你愛這個女孩，**就趕快娶她**！如果不愛她，**就放了她**！」[17]

於是馬丁尼茲娶了瑪德蓮娜為妻，建立家庭，並在軍中逐步晉升：少尉、中尉、上尉。但為未來著想，馬丁尼茲決定利用晚上的時間攻讀法律學位，他覺得那跟他白天的工作相輔相成。五年後，他以全班第一名的成績畢業。而他獲得的獎勵是：赴西班牙研究犯罪學一年的獎學金。四十歲時，雨果·馬丁尼茲已官拜國家警察上校、擁有法律學位，也在國外研究過先進的犯罪學。在波哥大警察學校擔任主官期間，他也負責督導情報官員分析哥倫比亞各地犯罪資料的工作。現在，馬丁尼茲夫婦有三個孩子，其中長子小雨果·馬丁尼茲剛成為警校生，看來注定會追隨父親的腳步。

一切看似平穩順利，直到一九八九年八月十八日，消息傳出總統候選人路易·葛蘭（Luis Galán）遇刺身亡，極可能是麥德林集團幹的。葛蘭在總統大選位居領先，已宣誓支持現行的引渡法，即允許哥倫比亞罪犯引渡至其他國家，例如美國的法律。在葛蘭遇刺幾天後，馬丁尼茲獲悉政府決定要從不同部門的菁英部隊，調集四百人組成特遣部隊，全數前往麥德林。這個新團體就叫「搜索組」。他們的任務就是追緝麥德林集團，逮捕巴布羅·艾斯科巴和集團其他領導人，或將他們就地正法。

原來，葛蘭遇刺案徹底激怒了哥倫比亞菁英，而政府的回應是向集團宣戰。就在馬丁尼茲得知要成立新特遣隊的那天，他接到警政總長打來的電話。總長通知馬丁尼茲，他被挑選來率領搜索組。他得收拾行囊，即刻前往麥德林。

❖

一五五一年，三十一歲的征服者佩德羅・希耶薩・里昂出版了第一本記述他赴南美旅行的年代記（共三本），包括他在哥倫比亞和秘魯的那些年。這個西班牙人對他的所見所聞深感好奇，描述了沒有歐洲人見過的動植物和人民。他也寫到安地斯山的原住民廣為使用，從他們稱為Coca的植物摘取的小樹葉：

> 在我行經的印度地方（指印第安地區），到處都看得到印第安人喜歡在嘴裡含草葉或根……他們會在上面塗一種裝在葫蘆裡的混合劑，是用某種像泥土一樣的石灰做成……當我問那些印第安人為什麼要含那種葉子而不吃下去……他們回答那能防止他們感覺飢餓，並給予他們充沛的精力和力量……他們……使用安地斯森林的Coca……那些樹很小，他們非常小心地栽培，如此才能長出那種叫Coca的葉子。他們把葉子放在太陽底下曬，然後分裝在很小的袋子裡……這種Coca非常珍貴……西班牙有些人因這種Coca的產品而致富，他們在

印第安市場拿東西交換、出售和轉賣。[18]

但在希耶薩．里昂描寫Coca後的幾百年間，這種植物何以對安地斯山原住民有如此強烈的吸引力，始終是個謎，而這個答案要到將近五百年後才揭曉。

❖

「你知道哥倫比亞最風行的運動是什麼嗎？」二十八歲、來自波哥大的哥倫比亞教師亞歷山大這麼問。他正載我和他兩個朋友去瓜達維塔湖（Lake Guatavita），黃金國故事誕生的聖湖。

「足球？」我猜，從前座凝視擋風玻璃外。

「不對。」他搖搖頭。

他轉過來看我，我也搖搖頭。

「殺人。」他一本正經地說，聳聳肩。亞歷山大轉了方向盤，跟公路右側一群緊湊的自行車騎士保持安全距離，他們戴著安全帽的頭擺得很低，黑黃相間的車裝在晨曦中閃閃發亮。騎單車和自行車賽是在哥倫比亞受歡迎的運動，每逢星期天，似乎有半數波哥大居民會穿上緊身短褲和車服，戴上安全帽，騎車上街。那些騎士讓我想起巴布羅．艾斯科巴的大哥羅貝托在加入弟弟蓬勃發展的毒品事業之前，曾是冠軍自行車手。

「所以哥倫比亞為什麼會**暴力橫行**？」我問。

「基因。」亞歷山大毫不遲疑地說。

他看著我，我又搖搖頭，不解其意。

他說：「我們被殺人兇手征服，我們的祖先是盜賊、野蠻人，暴力就在我們的基因中。」

亞歷山大車子的後座坐著身材瘦長的美國僑民赫曼・范迪芬（Herman Van Diepen），五十八歲的他過去五年都住在波哥大，在這裡教英文。赫曼有荷蘭血統，來自加州莫德斯托，有一雙藍眼睛和看似已永遠曬黑的皮膚。到波哥大一年後，赫曼娶了一個哥倫比亞花販為妻。（原來哥倫比亞不僅壟斷古柯鹼市場，也是世界第二大切花出口國。）她名叫瑪利亞，跟赫曼一樣離過婚。她有兩個兒子，已讓他們念完哥倫比亞最好的大學。瑪利亞工作勤奮，靠經營小規模花卉生意買下兩間磚造小公寓，並已繳清貸款。今天赫曼和瑪利亞並肩坐在亞歷山大豐田汽車的後座，跟我們一起上路。

我轉向穿著牛仔褲和毛線衣的瑪利亞，問她我剛問過亞歷山大的問題：

「長久以來，哥倫比亞為什麼有那麼多暴力？」

她毫不猶豫地說：「不平等。」

「少數人擁有一切，多數人一無所有，這就是問題的根源。」她邊說邊點頭，一頭黑長髮略帶幾絲灰白。

赫曼說：「不過，暴力歸暴力，哥倫比亞人卻是世上最快樂的一群人，也是我遇過最友善的一些人民。」

「但我們有自卑情結。」亞歷山大說。這時我們開過風景有點像瑞士或德國南部的鄉下，山巒起伏，有一片片蓊鬱的森林，耕地錯落其間。左側，一排排草莓樹蔓延過一座低矮的山丘。最近，亞歷山大說，哥倫比亞跟厄瓜多踢了一場足球賽。哥倫比亞幾乎主宰全場，壓著那個南方較小的國家。但是，他說，最後幾分鐘，厄瓜多進球了，而且不只一球，而是**兩球**。最終比數二比零。

亞歷山大說：「這就是今天我們臉色這麼難看的原因，我們**踢得跟以前不一樣，但一如往常輸球**。」

瑪利亞笑了。

亞歷山大和赫曼在同一所大學教英文。他從大學語言學系畢業，目前住在一間小公寓。他結婚了，有兩個小男孩，而老是在搖頭。

他說：「我愛哥倫比亞，但這個國家還是一團亂。」

天空開始籠罩參差不齊的烏雲，我們出了公路，進入塞斯基萊（Sesquilé）小鎮，有一座殖民時期的教堂坐落在蒼翠山林的腳下。在一間有木造陽台的小咖啡館，我們俯瞰下方廣場，點了排骨湯、可頌和小杯滾燙的巧克力當早餐。

「好美的山。」我說，讚賞教堂後方連綿起伏的山陵。教堂是橘色的磚砌成，兩座塔樓則鋪著綠色的木瓦。

「是啊，好美的山。」亞歷山大酸不溜丟地說，拍掉他燙得筆挺的毛線衣和便褲上的可頌麵包屑。「好美的山，山裡全是游擊隊員。」

就在鎮外，亞歷山大把車停下來，問一個戴草帽、穿羊毛斗篷的老人，這是往瓜塔維塔湖的路嗎。

「你走錯囉！但你會找到的。」那個老人說。他有一雙深褐色的眼睛，嵌在皮革般的皮膚，他含糊地指著山的方向。

一個半小時後，我們找到瓜達維塔酋長湖保護區的入口，不久便跟隨一名穆伊斯卡嚮導穿過潮濕、遍地鳳梨的山丘、眼鏡熊和martejas這種小夜猴的家園。苔蘚和地衣附著在小型木的樹幹上，閃著鮮豔虹彩的綠蜂鳥輕快地飛來飛去，讓已被太陽曬暈的我們更頭昏眼花。

我們的嚮導來自這地區五個在地原住民團體之一。他名叫奧斯卡・蕭達（Oscar Chauta），現年二十八歲，有一頭黑直髮，說話輕柔，笑聲愉悅動聽。奧斯卡說，他的祖先說奇布查語，也就是當年征服者在這裡聽到的語言，但現在沒有人說奇布查語了，連他的祖父母也只會說幾個字。奧斯卡的姓，意為「播種的男人」，他說。西班牙國王卡洛斯三世（Carlos III）在一七七〇年禁說奇布查語，企圖藉此讓哥倫比亞擺脫其固有傳統。禁令延續了兩個多世紀，到一九九一年，也就是哥倫比亞國會廢除引渡法、保護毒販不會在國外被起訴的那一年才撤銷，但那時，奇布查語早就沒人講了。

亞歷山大、瑪利亞、赫曼、我和其他六個哥倫比亞觀光客上氣不接下氣地沿著山徑爬到將近一萬英尺高，不時穿越植物形成的天然隧道。蕨類朝著鋪石板的步道伸過來。我們經過好幾片松林、一簇簇針葉像縮小的人頭吊掛著，垂到地面。

我們在一處停步，眺望起伏的山丘和一片片深綠色的森林。我問嚮導過去這些山是否散布穆伊斯卡的村落，這片土地是否曾像一塊村莊和田野的拼布。

「不是的。」他說：「這一帶全是聖地，是un ecosistema sagrado。」意思就是神聖的生態系統。「這裡沒有村落，只有神聖的森林和湖泊。」

我們終於登上一座山頂，發現自己正站在一個巨大火山口的邊緣，而下方數百英尺處，綿延著一座翠綠的湖泊。這就是瓜達維塔湖，穆伊斯卡的連續幾座聖湖之一。微風一下吹皺，一下撫平湖面，讓它時而碧波盪漾，時而光滑如鏡。

嚮導叫我們在火山口邊緣集合，開始訴說穆伊斯卡時代，哪些男孩會被選為酋長的故事。奧斯卡說，男孩的訓練包括關在洞穴與世隔絕十二年不許離開。前六年由母親照顧，後六年由父親撫養；步入青春期、接受長者長期教誨後，每個男孩都要接受測試，看他的心靈有多純淨，這個測試就是偷偷帶給他多位誘人的處女。一頭黑髮映著青山的奧斯卡告訴我們，如果青少年無法通過測試，他會被殺。如果青少年過關，在某個光輝的日子，侍從會幫他全身塗滿樹脂，用蘆管把金粉吹到他身上。然後，青少年會穿戴金色的護胸甲、王冠和閃亮的鼻飾、耳飾。清晨，向下方的湖致意後，侍從會划蘆葦筏載未來的酋長到湖上。而在火山口的頂峰，也就是我們現在所站的位置，會有一千多人聚集於此，等太陽現蹤。最後，在適當的時機，某些原住民會吹響海螺，而那位一身金的王子，後來西班牙人口中的「黃金國王」，會朝向新升起的太陽舉手。然後王子會把金飾扔進湖裡，獻給湖中女神和太陽。

「你們相信他把黃金扔到湖裡嗎？」奧斯卡戲劇性地總結，仔細看著我們這小群人。我們嚴肅地點點頭。我們聽得到樹林裡的風聲，我也看得到風開始刻劃底下的湖面。

「西班牙人相信。」奧斯卡說，現在指著火山口北端的一道深長的切口，那從邊沿一路裂到湖面。奧斯卡說：「他們一次又一次試圖汲乾湖水，但始終無法如願，他們從來沒見過湖底。」

結果，奧斯卡僅部分正確。十六世紀時，**確實**有一大票西班牙人和哥倫比亞人試圖汲乾湖水，最早派出水桶大隊，最後在一五八〇年於火山口側面鑿了一個巨大的缺口，讓湖水下降六十英尺。裂縫後來崩塌，壓死原住民工人，於是繼續開鑿火山口邊緣的工程就此停擺。但西班牙人在新露出的湖岸發現相當多翡翠和金飾，鼓勵人們進一步行動。一八〇一年德國科學家亞歷山大·馮·洪堡德（Alexander von Humboldt）在赴南美洲考察期間造訪瓜達維塔湖。他仔細測量周長，估計湖底可能有總值一億美元的黃金。

一個世紀後，英國工程師哈特萊·諾雷斯（Hartley Knowles）接管一家哥倫比亞開採公司，前往火山口，應用近代蒸汽機技術在一側鑽孔。哈特萊花了十二年做這件事，慢慢排掉湖水，讓水位愈來愈低，同時聘請當地工人在新露出的湖床搜查黃金的蹤跡。一九一二年時，諾雷斯已發現相當多古穆伊斯卡的祭品，繼而在倫敦拍賣六十二批金飾和珠寶，淨賺兩萬美元。同一年，《紐約時報》一名記者趁諾雷斯赴紐約市向專家展示幾件小財寶時採訪他。據該名記者表示，諾雷斯要記者伸手，倒了一些黃金飾品到他手裡。

「黃金國王。」那個英國人淡淡地說：「數百年後的黃金國王，那個金人的禮物，聖湖的金銀財寶。」[19]

和那篇報導一同刊出的照片展現了諾雷斯的成果：現在綿延無盡的不再是湖泊，而是巨大的火山口，水幾乎全部排空，兩個男人站在底部的水窪和爛泥之間。

「湖跟我〔目前〕想要的差不多乾了。」諾雷斯告訴記者：「如果把水完全排空，底部的泥巴可能會固化，我們不想要那樣。我們現在要挖的是四百五十六年前的湖底。現在的湖底，當然，是多年沉積的結果……我們花了四年才把湖水排空，現在正在挖掘。」[20]

對諾雷斯不幸的是，他的工人**真的**把最後的幾灘水抽乾了，湖底**真的**固化了，挖掘工作不得不中止。最後他的公司破產，而雨一如往常地下，火山口又積滿水了。

一九六五年，哥倫比亞政府買下瓜達維塔湖和周邊地區，設為保護區，讓長達四個世紀的湖底撈金行動就此終止。

「對歐洲人來說，黃金就是錢。」傍晚的太陽照亮奧斯卡的臉，他告訴我們：「對穆伊斯卡人來說，那截然不同。黃金是神聖的。那具有意義。那是一種永遠不會失去光澤的元素，永遠不會腐敗的元素。」

奧斯卡環視我們，我們點點頭。我轉頭看仍在湖邊留下疤痕的裂口，想到那些蘆葦筏、那幾百年間的「金色的人」，以及曾像我們現在這樣站在火山口邊緣、等待旭日東升的敬神者。然後我想到那些前仆後繼的尋寶客，他們希望找到能使他們富有的物質、賦予他們力量的金屬、徹底改變人生的寶藏。這群人之中，最近期也最惡名昭彰的就是毒梟巴布羅．艾斯科巴。唯一的差別是，艾斯科巴追尋的不是神話，也不是深埋的寶藏。他是全神貫注於一種由植物提煉，現今價值和影響力絕不亞於黃金的物質。

巴布羅全名巴布羅．艾斯科巴．賈維利亞（Pablo Escobar Gaviria），在七個孩子中排行老三，於麥德林市郊的恩維加多（Envigado）長大。艾斯科巴一家是在經歷「暴力」事件的劫難後從鄉下搬來恩維加多。儘管父親是農民、母親是學校教師，艾斯科巴十多歲便「交到壞朋友」，從高中退學、展開犯罪人生。他先偷車，再來搶銀行，然後轉入違禁品、綁架、勒索和殺人的領域。

一九七五年，才二十四歲的艾斯科巴，已琢磨犯罪技巧十二年了。身高五英尺半、有一頭波浪褐髮的他，這時是偷車能手和走私違禁品大師。命運的轉折就是這麼奇妙：艾斯科巴對當地違禁品交易的嫻熟，正好碰上北方數千英里外的變遷。一九七〇年代初期，數十年來吸慣非法大麻的美國人，剛開始嘗試古柯鹼。自一九六〇年代晚期，已有少量白粉從南美洲一路向北。一九七〇年代初期，古柯鹼的流量開始大幅增加。因跨足太平洋和加勒比海，亦盤踞往北的地峽，哥倫比亞是安地斯國家違法毒品的天然轉運站。而經濟學是有道理的。一九七五年，約六十美元就可在秘魯或玻利維亞買到一公斤未精煉的膏狀古柯鹼，即「基礎膏」（pasta básica）。一經提煉成純古柯鹼、走私到邁阿密或紐約，一公斤就可賣到四萬美元。而對於那樣的獲利，在麥德林這個省轄市的小混混之中，巴布羅．艾斯科巴的興趣比誰都濃厚。

艾斯科巴在二十四歲轉入古柯鹼這行，擔任底層的毒品走私客。一九七五年，這位年輕罪犯在三部法國雷諾汽車（Renault）底盤安裝隱密的小隔間，先在秘魯買了一公斤的古柯鹼膏，開第一輛有秘魯牌照的車到邊界、換開第二輛有厄瓜多牌照的車，再於哥倫比亞邊界換開第三輛雷諾。一過邊界，艾斯科巴便暢行無阻直達麥德林，在自己的浴缸親自把膏提煉成純古柯鹼，然後把毒品賣給知道如何走私進美國的當地販子。不久，對於得用哥倫比亞在地價碼販賣他辛苦掙來的成品感到不滿，他開始設法打入連結哥倫比亞與世界其他地方的配銷系統。畢竟，唯有直接銷往海外，才能獲得真正龐大的利潤。後來，艾斯科巴獲悉麥德林當地一個名叫法比奧．雷斯特雷波（Fabio Restrepo）的中盤毒販，一年數次偷運四十到六十公斤的古柯鹼到邁阿密。艾斯科巴馬上計算：四十到六十公斤，在秘魯花兩千四百到三千六百美元買的基礎膏，可提煉成古柯鹼在美國賣一百六十萬到兩百四十萬美元，價差快一千倍。而美國當地的配銷商，又會給古柯鹼添加玉米澱粉等各種沒什麼價值的東西，將體積和重量「灌水」成三倍。原本的一公斤遂變成三公斤，所以最後的價格漲了近三千倍。

亟欲打入可享受這種利潤的配銷系統，艾斯科巴很快跟雷斯特雷波的幾名手下接觸，安排把古柯鹼賣給他們。當時，艾斯科巴還住在一間破爛失修的公寓，把自己提煉的古柯鹼存放在梳妝台的抽屜裡。兩個到場的男人並未對這名個子嬌小、說話溫和而賣給他們十四公斤古柯鹼的年輕人留下深刻印象。但幾個月後，這兩個人驚訝地得知，他們的老闆雷斯特雷波已經遇害，而雷斯特雷波的組織（包括他們在內），現在改由他們先前遇過的那個無關緊要的小供應商：巴布羅．艾斯科巴掌管。他們顯然低估了他。

「艾斯科巴是徹頭徹尾、渾然天成的罪犯。」前搜索組組長、被派去逮捕艾斯科巴和瓦解麥德林集團的雨果・馬丁尼茲將軍這麼說：「他非常狡猾、絕頂聰明、心狠手辣。他不是生意人，他是匪徒。」[21]

雷斯特雷波被殺一年後，兩名哥倫比亞保安警察（DAS）的探員以走私古柯鹼為由逮捕艾斯科巴。依照哥倫比亞的法律，這時艾斯科巴可能面臨多年徒刑。但逮捕當日拍攝的臉部特寫，卻沒有呈現一個擔心自身處境的年輕人，而是一名微笑、自信、顯然將被捕視為一場冒險甚至嬉戲的男子。果不其然，不出幾星期，在收買有關當局後，艾斯科巴重獲自由。據他的兄長羅貝托（他不久後也加入弟弟的組織）表示，艾斯科巴後來讓那兩個逮捕他的DAS探員付出性命。

巴布羅信誓旦旦地說：「我會親手殺掉那些渾蛋。」……我聽其他人說，巴布羅將那兩人帶進一間屋子，讓他們跪下，然後拿槍射穿他們的腦門……（無論如何，）報紙報導，那兩名DAS探員的屍體被發現身中多槍。[22]

雷斯特雷波和兩名探員之死，早早透露了艾斯科巴的標準作業程序：殺人或以強硬手段挺進有利可圖的非法活動；雇用殺手剷除競爭對手、掃平阻礙；收買警察、法官和政客讓你的違法行為得到保護或被忽視；一再重複上述種種做為來擴充你的市場和掌控權。

在接管雷斯特雷波的販毒網路後，艾斯科巴立刻著手擴大組織行動規模。這個曾在自己的浴缸處理一公斤基礎膏的男人，很快在每週開著小飛機，載運四十到六十公斤的精煉古柯鹼到邁阿密，每月獲利約八百萬美金。藉由再投資獲利，艾斯科巴繼續擴張，將每星期的販毒班次增加到兩三趟。短短兩年內，巴布羅．艾斯科巴就擁有一支有十五架大型飛機的機隊了。每架飛機都有能耐一次載運一千兩百公斤的古柯鹼（價值超過八千萬美元）到美國。在供應鏈另一端的人（起初是有可支配所得的時髦美國年輕人，後來是較貧窮的內城區居民）對於有多少死亡、賄賂和重罪伴隨那些白粉從安地斯山區一路飛進他們的鼻孔裡，毫不知情。

一九七七年，一名《新聞週刊》（*Newsweek*）記者記述了這種強勢的新南美毒品在美國造成的爆炸性衝擊：

> 古柯鹼的普及度在過去幾年大幅擴張，儼然成為無數美國人最愛的娛樂性毒品……在科羅拉多州亞斯本，一名緝毒局官員稱為「美國古柯鹼首都」的某些餐廳，常客可要求「D包廂」，以便放心地吸食這種毒品……在洛杉磯和紐約時尚派對的女主人間，少許古柯鹼，一如唐培里儂香檳（Dom Pérignon）和白鱘魚子醬（beluga caviar），是晚宴之必須。有些派對主人會跟開胃小點一起放在銀色托盤上桌：有些會塞在菸灰缸裡，放在桌上……有些古柯鹼迷會戴刮鬍刀片和迷你湯匙組成的項鍊，讓刀片和湯匙像護身符一樣懸掛。舊金山有家叫馬克斯費德（Maxferd's）的珠寶店提供要價五百美元的鑲鑽刮鬍刀片和最高五千美元的客製化湯匙。那家店去年銷售了總值四萬美元的古柯鹼湯匙，也提供一種雙頭湯匙。馬克斯費德的

老闆霍華德・孔恩（Howard Cohn）這麼說：「我們得用卡尺測量兩個鼻孔間的距離，那可能相當滑稽。」[23]

鼻子拚命嗅著錢，而非白粉（據說他從來不吸古柯鹼，倒是天天吸大麻，吸到非常亢奮才開始幹活），巴布羅・艾斯科巴迅速從偷車賊和在哥倫比亞某個小城市敲詐勒索的小混混，搖身變成國際古柯鹼大亨。一九八二年，三十二歲的艾斯科巴已婚、有兩個小孩，身價數百億，也已協助創立麥德林集團：一個鬆散的古柯鹼供應商、提煉者和配銷商聯盟。更妙的是，他也曾獲選進入國會，擔任麥德林地區的「輪替」議員。國會議員的身分自動給予艾斯科巴司法豁免權和赴美國旅行的外交簽證。生平第一次，艾斯科巴可以合法前往邁阿密享受他的別墅了。於是他坐上自己的里爾噴射機（Learjet），帶家人暢遊迪士尼樂園、白宮和聯邦調查局的博物館。但即便艾斯科巴在美國度假，他的機隊、快艇和遙控潛水艇仍持續北行，載運大捆大捆的百元美鈔回哥倫比亞，多到艾斯科巴覺得用秤的比用點的有效率。

出乎意料地，角逐並當選公職竟是巴布羅・艾斯科巴生涯的分水嶺。這個事實很快昭然若揭：艾斯科巴的犯罪性格有個致命的缺點，而那個特質已將他從全然沒沒無聞拉進犯罪菁英的同溫層。身為一個行業需要匿名、生意必須在暗處進行的男人，他卻逐漸表現出自己不僅貪求財富與權力，還想要名氣與聲望。在一個被西班牙人征服四百年後，全國仍有九成七的財富由百分之三的菁英所掌控，艾斯科巴現在想加入，**躋身成為那些菁英**。他真正的目標（艾斯科巴曾這麼告知親信）是當選哥倫比亞總統。但要競選和當選公職，就不可能不冒著讓其龐大地下犯罪事業曝光的風險。最後，這個失算成了他垮台的主因。

事實上，艾斯科巴享受他的國會席次和外交豁免及美國簽證的附加價值，只享受不到一年。雖然艾斯科巴買通不少黨羽消除其犯罪紀錄、企圖給過去漂白，但他突然躍上公共舞台仍招來嚴密的公共監督和媒體熱切報導。這位年僅三十二歲、自命不凡的億萬富翁，現在當上哥倫比亞國會議員，他的錢是怎麼來的？艾斯科巴公開宣稱是靠房地產累積財富。但傳言隨即四起：艾斯科巴的故事是杜撰的，只是表象。

「艾斯科巴希望兩面兼顧。」雨果．馬丁尼茲坐在友人公寓裡告訴我：「他希望犯罪世界聞之喪膽，無論如何不敢阻撓他，又希望大眾對他的犯罪事業一無所悉！他想塑造生意人的形象。他涉及世界最大的犯罪，又想告訴眾人他是靠房地產致富！**而竟然有很多人相信他！**」[24]

一九八三年八月，艾斯科巴當選一年後，哥倫比亞法務部長羅德里格．萊拉．博尼利亞（Rodrigo Lara Bonilla）透露艾斯科巴根本不是房地產大亨，而是毒販。萊拉補充，艾斯科巴當選國會議員之事，對哥倫比亞司法體系是十足的諷刺。幾天後，《觀察家日報》開始刊登艾斯科巴一九七六年因販毒被捕，以及當初逮捕他的兩名DAS探員死因迄今未明之事。報紙也刊登了艾斯科巴一九七六年被捕時的面部照片：笑意昂揚、一副志得意滿，好像是在度假而非入獄似的。

就像一棟即將拆除且支柱已爆裂的大樓，艾斯科巴的政治生涯馬上開始內爆。艾斯科巴所屬的自由黨黨魁迅速公開譴責這位古柯鹼大亨，並開除黨籍。不久，美國大使館撤銷艾斯科巴的外交簽證，隨後艾斯科巴的國會免責權也遭中止，他不得不辭去議員之職。一九八四年一月，巴布羅・艾斯科巴短暫的政治生涯落幕。但隨著他想當上哥倫比亞總統的夢想破滅，有一件事是可以預期的：對於這場屈辱的災難，一定會有翻天覆地的報復。

既然偽裝已被揭穿、政治生涯已遭摧毀，艾斯科巴不再需要假裝不是過去那個殘酷無情，將謀殺、暴力和恐懼視為日常三餐的罪犯。為報復失去政治舞台，艾斯科巴很快下令進行一連串暗殺，首先殺害爆料的法務部長羅德里格・萊拉，接著又對哥倫比亞全國長期施暴。艾斯科巴的終極目標是迫使哥倫比亞廢止和美國的引渡條約。但要做成這件事，必須修改哥倫比亞憲法。也就是說，必須迫使行使政治權力的哥倫比亞菁英屈服於艾斯科巴的意志。

炸彈攻擊、綁架、暗殺、威脅和賄賂如今已成常態，艾斯科巴儼然已對哥倫比亞政府發動一場沒有極限的戰爭。一九八九年八月，刺客集團暗殺了居於領先而誓言支持引渡條約的總統候選人路易・葛蘭。三個月後，哥倫比亞航空（Avianca）一架剛從波哥大起飛的噴射客機發生爆炸，一百零七名乘客喪命。那枚炸彈原本衝著塞薩爾・賈維利亞・特魯希略（César Gaviria Trujillo）而來，葛蘭死後，他成了領先的總統候選人，也發誓支持引渡。但賈維利亞在最後一刻改變行程，並未登機。

艾斯科巴殺害了法務部長與葛蘭，遑論國際班機失事的牽連，最終逼使哥國政府採取行動。有個事實極為明確：哥倫比亞國家要以任何類似民主的體制存活，艾斯科巴和他的集團非剿滅不可。政府和艾斯科巴，必須有一個倒下。

就在暴力節節上升之際，正坐在波哥大辦公室裡的雨果．馬丁尼茲上校接獲上級來電。兩人沒有交談很久，但當上校掛斷，他明白那通電話不僅將永遠改變他的人生，也可能永遠改變哥倫比亞的未來。

❖

從波哥大的艾爾多拉多機場（El Dorado，即黃金國王）搭飛機到麥德林市只需二十五分鐘，但就文化而言，好像飛到另一個國度。「別看女人。」到機場途中，我的計程車司機這樣叮嚀我。他已婚，五十九歲，三個小孩都念完大學，再一年就要退休領年金了。他跟我保證，麥德林的女人是哥倫比亞最美的。「身為哥倫比亞人，我可以跟你保證。」他這麼說。他也跟我保證，一如幾乎每個哥倫比亞人，他看過最近詮釋巴布羅．艾斯科巴生平的電視劇，就是《艾斯科巴：惡之首領》。

「艾斯科巴在麥德林深受他的同夥歡迎，到現在仍然如此。」我的司機說：「但那是經過算計的。如果有窮人跟他要房子住，他會給。但接著他會說：『也許有一天我會需要你幫忙。』或者他會給某人一些錢，這樣那個人就欠他恩情了。那算得非常精，**他本質上是個土匪**。」他跟我保證。

如果你找個哥倫比亞人問，所有哥倫比亞人有什麼共同特徵，他們多半會聳聳肩。一個哥倫比亞人告訴我，哥倫比亞人沒有特定的民族性。他們只有**區域性格**。例如波哥大出身的人被稱為「內陸人」（rolos），個性含蓄、保守、冷淡、不怎麼親切。南部人則被認為比較溫吞而有點遲鈍。西部安蒂奧基亞省（Antioquia，省會麥德林）出身的人則被稱為「老鄉」（paisa），擁有善於創業、受成功驅使和崇尚政治自由等名聲。艾斯科巴顯然是典型的安蒂奧基亞人，只是特別罔顧道德罷了。

麥德林沿著一座縱谷的谷底向四周擴張，兩側都是蒼翠的山丘。許多貧民窟攀上丘陵，但從遠處看（尤其是晚上點燈時）那些很像義大利村落，燈火像星光閃爍，掩飾周遭的貧窮。我在城市中心波特羅廣場（Botero Plaza）附近一家飯店投宿，在一場雨後的下午外出散步。樓房的屋簷還在滴水，而我經過一排從手推車賣梅子、梨子和鱷梨的男人。每個男人都有麥克風和可攜式揚聲系統，試著吸引兜來轉去的行人注意：「梅子一公斤十五披索！鱷梨一公斤二十披索！」那些聲音讓我覺得彷彿走在一座大型體育場裡頭。我越過街道中央寬廣的安全島，島上有更多攤販蹲在一堆堆鞋子、包包和手錶旁，川流不息的車輛在兩邊噴著廢氣，而整條街瀰漫著車子的煙味、尿騷味，偶爾也飄送濃烈的大麻味。我經過一個手臂截斷、穿藍色T恤的男人；經過數個睡在又濕又髒的水泥上、拿塑膠袋當床墊的遊民；經過一群無視汽車拚命按喇叭、慢慢在壅塞車陣中穿梭前進的行人；終於走上廣場。廣場兩旁矗立著巨大的銅像，銅綠殘留著鴿屎和雨水的痕跡：肥胖的男男女女、一匹馬、一條狗、一尊側躺的裸體，全都有豐滿的臀部，也全都由麥德林最知名的藝術家、現年八十多歲的費爾南多·波特羅（Fernando Botero）所雕塑。

一九八九年九月，雨果·馬丁尼茲上校就是到麥德林這裡指揮搜索組。這裡，在地的老鄉操著濃重的地方口音；這裡，擁擠的街道有無數騎摩托車遊蕩的刺客；這裡，兩百萬居民中潛藏著麥德林集團的中樞神經系統。

搜索組抵達沒幾天，集團便戰戰兢兢地上工，迅速餽贈一千美元給搜索組每一名警員、兩千美元給他們的中尉、五千美元給他們的少校，以此類推。不到一個月，馬丁尼茲也有一百名部屬遭槍擊，這數字著實驚人，使波哥大的警政首長考慮解散團體、中止行動。「我一直在參加葬禮，與戰爭無異。」馬丁尼茲告訴我，一邊搖搖頭。25

但馬丁尼茲繼續執行任務，和其他組員駐紮在城市北部一所警察學校的校園裡。他們很快在學校四周布置哨兵線，唯有持通行證者方可進入。馬丁尼茲平常穿得跟平民一樣，且基於安全理由，很少離開總部。深知很多當地警察已被買通，馬丁尼茲很早就堅持一條簡單的規則：麥德林出身，或在麥德林有親戚者，不得加入搜索組。所有組員都須來自哥倫比亞其他地區，以免友誼和親情危及忠誠。毫無意外，馬丁尼茲的人馬是哥倫比亞各地警力菁英中的菁英，是訓練有素的一時之選，且百分之百專心致志。

不久，馬丁尼茲就依當時警方情報所知，在辦公室一面牆上繪製麥德林集團的組織架構圖。他跟著部屬逮捕罪犯、竊聽疑犯通話和展開監視行動，再一一補上細節。

在總統候選人葛蘭遇刺後，哥倫比亞政府迅速攻占艾斯科巴的拿坡里莊園和其他地產。另外，受託於哥倫比亞政府，最高機密的美國偵察機也盤旋在城市上空，肩負記錄艾斯科巴無線通話，和藉由三角測量找出其所在位置的任務。抵達一個半月後，接獲艾斯科巴正前往哥倫比亞叢林某座農場的情報，馬丁尼茲率部屬發動第一次突擊。據當時在場的艾斯科巴大哥羅貝托表示：

巴布羅給我們鄰居的一支無線電在清晨六點響了。是住附近一座農場的人傳來的……「快離開〔那個聲音說〕。警察來了。我們看到卡車、聽到直升機的聲音了。趕快逃！」

不到幾秒，我們就聽到〔搜索組〕的直升機朝我們而來……他們一靠近，就開始從空中射擊。我們一邊跑，一邊盡可能回擊……巴布羅穿著睡衣，甚至連襯衫或鞋子都沒穿……子彈打到地面和樹木，颼颼掠過我的耳際……後來我才知道那些該死的蚊子〔直升機〕……在埃納奧〔巴布羅的大舅子〕試圖過河時殺死了他。巴布羅親眼看到他中槍……那是我唯一一次看到巴布羅哭。26

回到麥德林，在聽到無線電回報戰果和被殺及被捕的罪犯後，馬丁尼茲走向辦公室那面牆，在埃納奧的照片上畫了一條線。埃納奧不只是艾斯科巴的大舅子，還是他的左右手；兩人曾攜手開闢新的販毒路線，也曾在一九七六年一起被捕。現在麥德林集團少了一個首腦，而搜索組的行動才剛開始。

巴布羅．艾斯科巴不甘示弱，持續在全國各地進行炸彈攻擊和刺殺，並特別挑選法官、警察、檢察官和政治人物下手，以為讓恐怖威脅加劇，政府終會屈服。在此同時，深入集團的大本營，每當麥德林山坡的燈光閃爍、刺客紛紛開始擦槍，馬丁尼茲每晚都在辦公室裡掛著耳機，聽取艾斯科巴和黨羽被截聽的對話。一天晚上，當艾斯科巴終於發現自己被監聽，他對著無線電陰冷地說：

> 上校，我會殺了你。我會殺光你的家人，殺光你的下一代和下下一代，然後我會把你的孫子孫女挖出來再射一遍，再埋下去。你聽清楚了嗎？[27]

但馬丁尼茲的戰略並未因此改變，仍持續攻擊。對艾斯科巴和集團來說，上校已成為頭號勁敵。因此他們的當務之急是設法滲透警方基地，**在馬丁尼茲消滅他們前先消滅他**。

一天晚上，當上校聽取偵察機錄下的電話時，發生了一件令人費解的事情。馬丁尼茲聽到一個女人正在跟一名集團成員對話，集團成員堅持要她去做某件事。[28]

「我在這裡啊，可是沒看到。」那個女人一直這麼說。

「**那就找啊！**」男人堅持。

上校覺得女人的聲音很耳熟。但她究竟是誰？那個男人想找什麼？他以前又是在哪裡聽過她的聲音？

「**我沒看到**。」她一再重複這句話。

最後，上校想起那是誰了。

馬丁尼茲告訴我：「有個女的曾幫我打掃過辦公室，她打掃時我通常在那裡。」那是一個總部清潔人員的聲音。那個男人，那個集團成員，希望她去上校辦公室的那面牆，把集團組織架構圖裡他的照片拿掉。

馬丁尼茲立刻把那個女人調走，讓她沒辦法再進入搜索組的辦公室。同時搜索組的組員也找到她的住處，得知集團以她和家人的生命作要脅。集團告訴她，如果她不配合，就會要她的命。「他們還是殺了她。」馬丁尼茲告訴我：「她沒有做到集團要她做的事。所以在她調走後殺了她。她是個母親，而他們在她家裡射殺她。」

在發現那名女清潔員之後，馬丁尼茲逐漸發覺搜索組裡一定還有其他內應。一定有人以某種方式給艾斯科巴通風報信。為迷惑可能的內奸，搜索組會採取例行的預防措施，兵分四路離開總部，前往分屬麥德林各處的不同地點，其中只有一組要執行真正的任務，其他都是聲東擊西、混淆視聽的幌子。但就算做此防範，艾斯科巴似乎總是知道他們何時到來。馬丁尼茲的人馬突擊的都是他們接獲情資，找到艾斯科巴在城市裡藏身的房屋（這隻狡兔有好幾窟），卻總在抵達後發現艾斯科巴早一步逃之夭夭。馬丁尼茲明白，其中必有文章：組織出了內賊。可是，是誰呢？他又是如何走漏風聲的呢？

在馬丁尼茲和一些官員開會的地方，有個年輕警校生駐守。他常獲派衛兵勤務，有時也會幫搜索組官員擦皮鞋。其他時候，警校生就待在他們的辦公室旁邊刻小木雕，像是警察或直升機。

馬丁尼茲不知道，集團控制了那名警校生，可能是威脅、可能是利誘，或兩者兼有。最可能的是，他們開給他集團典型的條件：銀彈或鉛彈。

巴布羅·艾斯科巴曾說：「問題不在某人接不接受賄賂，**而是他想要多少**。」[29]

最近，集團已命令那名警校生殺害馬丁尼茲，趁搜索組官員用午餐時在湯裡下毒。不僅上校會死，喝到湯的官員也會沒命。但在指定行動的那天，廚子恰好沒像平常那樣把搜索組官員的食物和其他人分開料理，而是用兩倍大的鍋爐和非官員一起煮。因為已接獲指示，警校生潛入廚房，把那瓶毒藥倒進鍋爐便離開。雖然有些喝湯的人出現腹瀉和痙攣等症狀，但他們以為是食物不潔所致，沒有懷疑被下毒。

惱羞成怒的集團這次決定不再冒險，命令那個警校生趁上校每晚坐在辦公桌聽取錄音時當場將他格殺。集團給警校生配了一把手槍加消音管，警校生也順利挾帶通過安檢。在執行任務那晚，年輕的刺客躡手躡腳來到上校辦公室外面，隔著窗戶看他戴著耳機聽錄音，拿出手槍，舉起，這時才發現消音管沒有瞄準裝置。

警校生對自己說：「如果我失敗了，他們會殺了我的。」[30]

備受挫折，無疑也想拿到豐厚的獎賞，那名警校生覺得最明智的行動方針是先練習射擊，隔晚再行刺。但隔天，上校接獲搜索組絕對有內奸的密報，明白自己性命受到威脅，上校立刻飛往波哥大。經過一星期的調查，警校生遭到逮捕、招認，最後被打入監牢。集團再次功虧一簣。

❖

「你是來參加巴布羅・艾斯科巴行程的嗎？」一個男人粗魯地問我。他大約五十歲，穿著藍色牛仔褲和白襯衫，有一雙毛茸茸的臂膀和一頭剪短的黑髮，兩道眉毛在鼻上交會。他狐疑地看著我，皺起眉頭。

「是的。」我說。

我用飯店電話約了這位名叫賈梅的男士碰面，他經營名為「遊覽巴布羅・艾斯科巴」的私人導覽行程。我們約在麥德林市區玻利瓦公園（Parque Bolivar）附近一家咖啡館碰面。咖啡館的大門迎向街道，內有銀色的圓桌。女服務生穿著類似護理師服的白洋裝，端出熱油炸餅和百香果、釋迦及其他熱帶水果的綜合果汁。哥倫比亞是世界上高度具有生物多樣性的國家之一，其原產水果之豐盛，不可不謂驚人。

沒多久，我就爬進那個男人的白色廂型車。上街進入車流後，他開始連珠炮似地問我問題。

「你是記者嗎？」他問。

我搖搖頭。

「為電視台工作？」

我又搖搖頭。

「那就好，因為羅貝托・艾斯科巴不接受採訪。」他說，指的是巴布羅・艾斯科巴的哥哥，他在入獄服刑十年後出獄，現在是這趟行程的最高潮。

「你也知道，他快瞎了。」

賈梅說，在他服刑期間，就在弟弟巴布羅伏法前幾星期，羅貝托收到一個包裹。結果裡面是枚管式炸彈。

我問他是誰送來的。

「**那是件禮物**。」賈梅說：「卡利集團（Cali）送來的。」

卡利集團（以哥倫比亞另一個古柯鹼交易重鎮為名）顯然想掃除艾斯科巴兄弟和麥德林集團的餘黨，藉此徹底殲滅它最主要的競爭對手。

「我有個表弟……我是說**我的朋友**。」賈梅說溜嘴，然後蹙眉斜眼看著我：「曾幫巴布羅．艾斯科巴工作，我們曾經一起去過拿坡里莊園。」他說，用多毛的左手操縱方向盤，用另一手碰碰我，表示強調。哥倫比亞人喜歡一邊說話一邊偶爾點一下對方的手臂，特別是發表論點的時候。

賈梅繼續說：「當羅貝托出獄時，我問他要不要一起做旅遊行程。你知道的，市面還有其他行程。」他說著又碰我一下，這一下點在胸口：「但這是唯一有羅貝托．艾斯科巴的行程。」

巴布羅．艾斯科巴和麥德林集團最後的掙扎從一九九三年底開始。歷經兩年的炸彈和刺殺行動，艾斯科巴最終和哥倫比亞政府訂立協議。毫無意外，協議幾乎完全按照艾斯科巴的條件。換取停止對政府的戰爭和炸彈、刺殺行動，艾斯科巴答應承認較輕的販毒罪，並入獄服短期徒刑。出獄後，他過去的罪責將一筆勾銷。更驚奇的是，政府也允許艾斯科巴任選地點自己蓋監獄。此外，只有艾斯科巴和他的人馬可以住在那裡，由他雇請獄卒替他工作，哥倫比亞警方不得進入監獄方圓十二英里內。

想也知道，馬丁尼茲上校深感不滿。在失去好幾百人後，他覺得遭到背叛。

「我們覺得我們輸掉這場戰爭。」馬丁尼茲告訴我：「那時明明是他最弱的時候，卻跟政府達成協議。但我們能怎麼辦？我們的職責是服從命令。」

簽訂協議後，羅貝托．艾斯科巴和麥德林集團其他成員便和巴布羅一起入獄，搜索組則解編。毫無意外地，艾斯科巴迅速完全掌控局面：他在獄中擺豪華水床、高級音響、電視和無線電通訊設備；還接見他想見的訪客，有時甚至去麥德林看足球賽。艾斯科巴也繼續做他的全球古柯鹼生意，監獄儼然成為合法的庇護所，讓他不會再受打擾。但一年後，當尷尬又惱火的政府終於決定將艾斯科巴轉往真正的監獄，艾斯科巴接獲消息，先一步逃往附近的山丘。於是，搜捕巴布羅・艾斯科巴的行動重新展開。

「他逃獄反倒讓我鬆一口氣。」馬丁尼茲告訴我：「我很高興，因為既然他出來了，我知道我們有很大的機會逮到他了。」

艾斯科巴逃脫不到一個星期，馬丁尼茲就接到電話，要他火速重新召集搜索組。幾星期後，麥德林集團在馬丁尼茲妻子和兩個孩子居住的大樓前引爆炸彈。馬丁尼茲立刻飛往波哥大，著手整理公寓、安排家人藏身。就在那時他聽到敲門聲，獲得前同事帶來六百萬美元賄賂的口信。

「那時我就知道艾斯科巴一定相當疲弱。」馬丁尼茲告訴我：「他在逃亡，所以才會開那樣的條件。」

因為拒絕賄賂是危險之舉，上校決定將妻小搬進搜索組員在麥德林駐紮的警校。馬丁尼茲明白，哥倫比亞其他地方都太危險了。從現在起，他兩個最小的兒子必須和同儕分開，在家自學。但上校的長子，二十三歲的小雨果・馬丁尼茲已從警官學校畢業、在波哥大值勤兩年，他也想來麥德林幫忙，極力要求父親把他調過去。

「太危險了。」馬丁尼茲堅定地告訴他。[31]

「可是我想幫你！」他的兒子重申。小雨果最近剛接受電子學訓練，是班上最好的學生。他的專長是從地面的交通工具操作行動無線電追蹤設備，一項暗中進行而無警力保護的工作。為全神貫注於無線電信號，只有兩個人，司機和無線電追蹤者，開著一輛不顯眼的廂型車，尋找傳輸的來源。建立追蹤小隊的理由很簡單：美國偵察機顯然無法夠準確地測定無線電傳輸，讓搜索組發動突擊。偵察機可以找出**傳出訊號的地區**，但無法測定確切位置。既然受過最新無線電追蹤設備的訓練，小雨果向父親保證，艾斯科巴的位置一定可以精確測出，只是必須從地面偵測。「讓我幫你抓他。」兒子強烈要求。最後，經過數星期的角力，馬丁尼茲軟化了。於是，父子兩人開始為追捕行動並肩作戰。

依據最新的空中偵察，艾斯科巴人還在麥德林。但他繼續不斷從這個安全巢穴轉往另一個安全巢穴，知道如果在一個地方待太久，就會被找出來。但搜索罪犯的警察很清楚，罪犯的家人常拖累他們。如果警方在搜捕某個逃犯而聖誕節或罪犯母親的生日快到了，只要監視那一家人、竊聽他們的電話，就有很大的機會逮到逃犯。艾斯科巴雖是毫無悔意的殺人魔、行為模式看似反社會，卻十分依戀家人：他的妻子和他們的兩個孩子：九歲的曼努埃拉（Manuela）和十六歲的璜．巴布羅（Juan Pablo）。基於必要，母子三人目前住在麥德林一棟高樓。艾斯科巴極為擔心家人的安危，尤其他心知肚明，卡利集團想要除掉他們。一九九三年十一月，他的哥哥被管式炸彈炸瞎的同一個月，艾斯科巴終於順利安排家人飛往德國，卻遭德國政府拒絕入境，而將妻小遣返哥倫比亞。哥倫比亞政府選擇將他們安置在波哥大一家警方擁有的旅館，接受警方保護。某種意義上，艾斯科巴的家人現在成了哥倫比亞政府的人質，但艾斯科巴莫可奈何。

不過十年前，艾斯科巴曾是哥倫比亞的國會議員、擁有外交豁免權。他曾擁有數百筆房地產，在世界各地都有銀行帳戶。現在他雖然仍有數十億身價，卻只能待在只有一兩個人知道的安全巢穴，有最多一兩個保鑣作伴，而美國和哥倫比亞的警察和緝毒部隊，以及一大票卡利集團的刺客，都在尋找他的下落。艾斯科巴也很清楚，只要使用無線電話超過三分鐘，就有被查出位置的危險。基於這個理由，他建立了一支有十二輛計程車的車隊。他常坐在其中一輛黑玻璃汽車的後座，黏假鬍子、戴太陽眼鏡打電話。只要計程車在麥德林的大街小巷穿梭，就幾乎不可能精確鎖定他的訊號。羅貝托·艾斯科巴後來回憶道：

> 巴布羅打電話……〔威脅〕人們如果他的家人受到傷害會有何種後果，但除此之外他能做的不多……現在搜索組、〔美國〕Centra Spike情報部隊、〔美國〕三角洲部隊（Delta Force）、警察……和卡利〔集團〕都更接近他了。他們安頓了他的家人，而他們很清楚，為了他們，巴布羅什麼都願意做，甚至不惜獻出自己的性命。所以飛機繼續在空中盤旋截聽他的對話，有竊聽設備的專家繼續在城裡穿梭，士兵繼續在大街小巷遊蕩，他們全都夜以繼日地搜索。[32]

到一九九三年十一月底，艾斯科巴四十四歲生日前幾天，也是家人遭德國禁止入境一星期後，艾斯科巴在麥德林某處打的電話被一架盤旋城市的美國飛機攔截到。飛機組員將發話地點縮小到一個名為洛斯奧利沃斯（Los Olivos）的地區，但在馬丁尼茲上校緊急調動三支行動追蹤小隊之前，艾斯科巴已掛斷電話。

馬丁尼茲向上級報告情況時，將軍叫他包圍整個地區，挨家挨戶搜索。過去試過這種方式的上校堅持己見。上校說：「我們以前這麼做過，但艾斯科巴總是能逃脫。讓他再打一通電話，我們會逮到他的。」將軍讓步。但馬丁尼茲知道，如果艾斯科巴不打第二通電話，他和將軍的關係可能會瀕臨破裂。那時，麥德林集團引爆的炸彈繼續肆虐哥倫比亞，刺殺行動也未停歇。逮捕或制裁巴布羅・艾斯科巴的壓力已臻至臨界點。民眾希望戰爭趕快結束。

馬丁尼茲迅速在洛斯奧利沃斯地區部署行動小隊，等待。二十四小時過去。什麼也沒發生。將軍一再打電話給上校詢問最新情況。沒有變化。又二十四小時過去，無線電追蹤人員都睡在廂型車裡待命。仍然什麼也沒發生。艾斯科巴一句話也沒說。上校所受的壓力繼續累積。

最後，十二月二日，艾斯科巴生日後一天，他打了電話給家人，他們仍住在波哥大那間警方駐守的旅館。上校聽著艾斯科巴的妻子祝她先生生日快樂。緊接著艾斯科巴要他十六歲的兒子抄下一些話：那些是他針對一本德國雜誌先前提出的問題，所設想的答覆。但時鐘仍然滴答、滴答在走。

艾斯科巴打電話的同時，馬丁尼茲的兒子小雨果正好在最靠近無線電發射中心的追蹤廂型車。他和司機趕緊著手找出發話位置。小雨果戴著耳機，腿上擺著長約一英尺的灰色金屬盒。在最靠近他的盒面上有個手掌大小的螢幕，上頭顯示一條閃爍不定的綠線，艾斯科巴的無線電信號。

在一條小運河畔，靜謐、高檔的街上，矗立著一排兩層樓的連棟房屋。當小雨果和司機開往那條街的盡頭，無線電信號變得愈來愈大聲，綠線也愈來愈清晰明亮。艾斯科巴的電話似乎就是從街尾那棟房子發出的。為了確定，愈來愈興奮的兩人繞過街區，從另一側接近那棟房子。螢光綠的線條顯示信號來自同一間屋子。他們確定艾斯科巴的位置了。

在搜索組的辦公室裡，玩了三年極其險惡的貓捉老鼠遊戲之後，馬丁尼茲上校接到兒子打來的電話。[33]

「我找到他的下落了！」他兒子說：「他在一間屋子裡。」

「**你確定？**」上校問，同一時刻他仍在聽艾斯科巴講電話。

「**我看到他了！**」他兒子說。

這時小雨果和司機已回到房子前方，慢慢開，把車停在對街。然後小雨果抬頭看二樓的小窗子。隔著窗玻璃可以看到一個矮胖、留黑鬍子的男人，正心不在焉地講電話，沒注意到樓下不顯眼的警車和興奮的年輕警官。這時艾斯科巴身邊只有一個暱稱「檸檬」的男保鑣。

上校告訴兒子說：「盯住那間房子，你守一邊，請司機守另外一邊。如果他試圖離開，就跟著他。」

我問上校他當時的感覺：兒子忽然上了前線，屋裡罪犯人數不詳，而外頭只有兩個搜索組員，他的兒子和駕駛，最接近的搜索組支援隊離他們約十分鐘車程。

上校回答：「雨果是優秀的射擊手，比我好多了，他曾拿過好幾次戰鬥戰術射擊冠軍。」

最後，小雨果守在屋子正面，也就是他瞥見艾斯科巴的地方，司機則繞到後頭。在此同時，他的父親命令最接近的支援隊，一支十二人的小隊趕往現場。上校的命令是擒拿艾斯科巴和屋裡其他人，如果團隊面臨危險，可以開槍，這是標準的搜索組作業程序。

支援隊一抵達就立刻在房屋四周就定位。緊接著，接獲預先安排的信號，其中兩人開始破門。

「等等、等等，出事了！」這是艾斯科巴猛然掛斷電話前，對他兒子說的最後一句話。34

在那間屋子，二樓後方的一扇窗外通往鋪瓦的屋頂，是唯一的逃生路線。艾斯科巴的保鑣檸檬率先企圖從那裡逃出，跳上屋頂，朝便衣警察開槍，警察則從樓下回擊。檸檬不久便倒下，從屋頂跌落到下方一小塊草坪，斷氣。艾斯科巴接著出來，右手拿著一把九釐米手槍，腰帶也插著一把。搜索組顯然讓艾斯科巴措手不及：那個毒梟光著腳丫，只穿深藍色運動衫和牛仔褲。現在的艾斯科巴也因缺乏運動和長時間禁閉而過重，但他不打算投降。艾斯科巴一開槍，三顆子彈迅速將他射倒：一顆射中後腿，一顆擊中後肩下方，一顆射穿他的右耳。後兩顆子彈都可能致命。抵達不到十分鐘，一名搜索組官員就蹲伏在一動不動的巴布羅．艾斯科巴身上，檢查他是否還有脈搏，然後用無線電呼叫馬丁尼茲上校。

「哥倫比亞萬歲！」他大叫。

巴布羅．艾斯科巴，哥倫比亞頭號通緝犯暨全球備受矚目的罪犯，就這麼死了。

如今，在一座俯瞰麥德林市的翠綠山坡頂，距他被殺的地方約五英里處，巴布羅·艾斯科巴靜靜躺在聖山墓園（Cementerio Montesacro）的墳中。在他下葬那天，民眾成群結隊而來，撬開艾斯科巴的棺材，迫不及待想觸摸那個曾經擁有絕頂力量的男人，已無生命的軀體：揮金如土的力量、挑戰警察的力量、挑戰整個國家的力量，以及歸根結柢，操縱生死的力量。應檸檬家屬的要求，檸檬葬在艾斯科巴旁邊。

但當艾斯科巴終於置身地下六英尺，他影響世間萬物的力量就此化為烏有。他死後沒幾個月，麥德林集團就不復存在，三十六個領導人非死即關押。在美國的協助下，哥倫比亞政府也迅速瓦解鄰近的卡利集團。然而，這兩大集團消失的淨效應，卻是古柯鹼的生產絲毫不受影響：艾斯科巴死後那年，以及之後數年，古柯鹼的產量比艾斯科巴顛峰時期的任一年都多。

到目前為止，鎮壓安地斯山各國古柯鹼生產的企圖，被稱為「蟑螂效應」（la cucaracha）：就像你在房間這端殺死一隻蟑螂，別的地方又會有一隻冒出來，本國或外國政府撲滅一個安地斯國家的古柯鹼生產，只會造成等量的古柯鹼生產在另一國崛起。最後，隨著哥倫比亞販毒集團敗亡，近乎壟斷的古柯鹼買賣生意遂往北移：墨西哥集團很快填補空缺。美墨邊境上的墨西哥城市很快變成殺戮地帶，墨西哥各販毒集團開始爭奪昔日由哥倫比亞人掌控的運毒路線。二〇〇六到二〇一五年間，有十多萬墨西哥人喪命於轉移戰場的毒品戰爭，美國政府則持續逼迫墨西哥政府採取更積極的取締古柯鹼措施。但成效不彰，每年仍約有一百五十噸的非法古柯鹼流入美國。[35]

這天，當我們在麥德林高檔的波夫拉多區（Poblado）開車沿著蜿蜒山路攀上林木繁茂的山丘，賈梅又碰了我的手臂，強調他最新的論點：「我老實告訴你，信心十足地告訴你。」他再次降低我對他的信心，說：「千萬不要問唐．羅貝托太多問題，他不喜歡人家問問題。」

我們經過的那個地區讓我想起家父生長的好萊塢山（Hollywood Hills）：當我們從低垂的尤加利樹底下滑過，小別墅在鐵製大門後出現。天空多雲，柏油路面已有多處脫落。我們最後抵達一道鎖住的門前，賈梅把車停下。一個頭髮灰白的男人出來，慢慢把門打開，面無表情地看著我們把車開進去。不一會兒，我們來到一幢低矮的磚造平房前。房子的牆漆成白色，屋頂鋪了瓦，窗戶加裝熟鐵格柵以防宵小。在連著房子的車棚裡停著一輛藍色的Wartburg轎車，巴布羅以前喜歡開著在麥德林四處兜風的老東德款。有個真實性可疑的故事描述，曾是偷車賊的巴布羅．艾斯科巴是麥德林唯一不鎖車的人。他在手套箱裡留了張小字條：

> 這輛車是巴布羅．艾斯科巴的。

沒有人敢動。

我們前方就是羅貝托．艾斯科巴的住所。羅貝托現年六十五歲（如果巴布羅還活著，也六十二歲了），寧靜地住在這座森林蓊鬱、俯瞰麥德林的山丘。賈梅告訴我，巴布羅待在他殞命的那間房子之前，曾於此處藏身。

我跟著賈梅進屋裡，那布置得既像住家，也像巴布羅・艾斯科巴的聖陵。顯然，參觀這間屋子的私人行程只是序曲。之後才是主菜：跟曾經擔任麥德林集團會計的羅貝托碰面。

一面牆上掛著加框的照片和泛黃的剪報，那是羅貝托年輕時贏得許多自行車賽的報導。另一面牆則一絲不苟地排列著巴布羅不同年齡的照片，從第一次領聖餐，到擔任哥倫比亞國會議員期間穿浮誇黃西裝的照片，應有盡有。在玄關一張小桌子上立著三英尺高的康德拉利亞聖母像（Virgin of Candelaria），那是艾斯科巴一家的守護聖徒。這間屋子就跟殯儀館一樣整潔無垢。

賈梅帶我去一面內嵌書櫥的牆。書櫥四周都鑲了線板。他推了其中一側，冷冷看著我。整座書櫥動起來。我明白這其實是道旋轉門，內有密室。果然，裡面是可蹲一兩個人的小空間。畢竟，巴布羅・艾斯科巴一輩子都在幹挾持的勾當；他的受害者就是在這樣世人看不到的狹小洞穴裡度日，直到被贖回或殺害的那一刻。危急之際，巴布羅自己也可於此藏身。

我們走到室外，穿過幾道滑動的玻璃門，上了屋子後方一座隱蔽的露台，地板鋪了紅磁磚，可眺望一座花園。從這裡我可以看到山谷對面，以及遠方波夫拉多區的磚造摩天大樓。艾斯科巴曾在其中一座進行毒品交易，而那裡後來遭到卡利集團汽車炸彈攻擊。露台中央蹲著一張綠色的長木桌，在桌上攤開的，是此次行程的目的：要賣的書、CD照片。

「Bueñas tardes。」身後輕柔的聲音響起，那是「午安」的意思。

我回頭，見到一個瘦小、禿頭、戴著厚眼鏡的男子，他的嘴角似乎像馬蹄鐵一樣永遠向下彎了。我認出那是羅貝托．艾斯科巴，前自行車賽冠軍、集團會計、曾在哥倫比亞伊塔圭（Itagüí）監獄住了十年的囚犯。羅貝托跟巴布羅一樣約五英尺半高，也跟巴布羅一樣有長長的鷹勾鼻。

我們握了手。羅貝托有一雙灰藍色的眼眸，但眼鏡後面的右眼顯得混濁。若跟牆上那些一九六〇年代身穿單車服、朝氣蓬勃的照片相較，現在的他在我看來比較像地精：面無表情、深不可測，彷彿他的眼睛和靈魂已見識太多，經歷太多。

「你喜歡華盛頓特區嗎？」我問他，說的是屋裡那幾張他在白宮前面拍的照片。

「喜歡。」他用帶「老鄉」口音的西班牙語回答：「很喜歡。很美的城市。」他說，跟巴布羅待在美國首都期間，他們出於好奇，抽空參觀了聯邦調查局的博物館。他們看到裡面有一面牆上貼著一大幅「通緝」啟事，是他弟弟跟他的相片：懸賞一千萬美金。他說，那張海報讓他緊張起來，但巴布羅沒有，他就算身處絕境也面不改色。離開博物館後，巴布羅試著安撫他的哥哥。他四處張望了幾分鐘，然後轉向羅貝托，說：「看著！」於是羅貝托看著巴布羅走向一個警察，用他帶濃濃西班牙腔的英語跟他借火。警察答應了，渾然不知自己在幫世上最有權勢的毒販點菸。然後巴布羅冷靜地回到羅貝托和他兒子身邊，抽了一口菸，慢慢呼出。他說：「看到了嗎？他們根本不知道我們在這裡。」

我跟羅貝托聊天，他似乎滿健談的。他也變得親切、放鬆多了，偶爾會從口袋裡拿出一隻綠色的小瓶子，取出眼滴管，把頭後仰，兩眼各滴三滴。雖然兩眼都被炸傷，但臉相當光滑，沒有明顯的傷疤。

「那時你知道馬丁尼茲上校和搜索組在追捕你嗎？」我問。

「知道，當然知道，我們有我們的線報。」他說。

「你是否認為如果沒有成立搜索組，你弟弟就不會被殺？」

「不。是因為巴布羅從政的關係，我反對這件事。」他說，透過眼鏡凝視我。他解釋，他反對巴布羅企圖成為全國政治人物的不祥之舉：「那時大家都開始對他跟卡利集團一起窮追猛打。」

在他又滴了幾滴眼藥水時，我問他在牢裡收到炸彈信的事。

當炸彈在他眼前爆炸，羅貝托說，一開始他見到天使。然後看到主。他說，爆炸讓他更接近上帝，讓他信仰來世。

「你想買點東西嗎？」賈梅問。他急著要離開，因為我問了太多問題而怒目相視。我明白不喜歡問題的不是羅貝托，**而是賈梅**。對他來說一切都是生意。他想要拿到報酬然後離開。我看了看，答應買幾張照片。

羅貝托在桌子一端坐下，拿出筆和大印台。我開始把照片遞給他：一張是巴布羅穿著細直條紋西裝、擺一九二〇至三〇年代美國黑幫老大艾爾・卡彭（Al Capone）愛擺的姿勢、拿著一把雙管獵槍；另一張是巴布羅作他偶像龐丘・維拉（Pancho Villa）的裝扮，戴寬大的墨西哥帽，胸前掛著一條子彈帶。羅貝托一一簽名，並將拇指壓入印台，再慎重地在簽名底下按指印，這是巴布羅寫公開信時慣有的做法。我又拿給他一張照片，就是那張懸賞一千萬美金的通緝公告：巴布羅和羅貝托的照片在上，麥德林其他領導人則用較小的相片列於下方。然後，這位前會計師小心翼翼捲起每一張海報，塞進硬紙板做成的小圓筒，那些都要花錢買。我原本以為坐擁數十億美元的巴布羅和羅貝托應該暗藏不少現金和世界各國的銀行帳戶，但若是如此，羅貝托為什麼要答應接待遊覽行程，並靠販賣弟弟的照片和其他小玩意兒賺取微薄的收入？那數十億美元到哪兒去了？

最後，我們握了手。羅貝托像哥倫比亞人習慣的那樣碰了我的臂膀。他說了聲幸會，一邊點點頭。我出了門，走下車道。羅貝托．艾斯科巴目送我離開，那個孤獨伶仃、像地精的男人，現在看來完完全全、徹徹底底孑然一身了。

✣

一日下午，我前往安蒂奧基亞博物館，那是一座位於波特羅廣場上的美術館。在離開麥德林之前，我想看波特羅的兩幅畫。在一間長形、乾淨、有閃亮亮的地板和警衛駐守的房間，我看到第一幅畫：適切地取名為《艾斯科巴之死》的油畫。那幅畫色彩灰暗，描繪麥德林陰鬱的一天。正中央，巴布羅．艾斯科巴站在屋瓦上，白襯衫扣子全開。他打赤腳、穿深色長褲、右手持槍指著天空。陣雨般飛來的過大子彈從畫面左方到右方穿過他，彷彿定格鏡頭；有些子彈貫穿他的肚子、脖子和胸膛，在他蒼白的肉體留下紅色的小傷口。艾斯科巴眼睛閉著，他仍屹立，但已氣絕，顯然在伏法那一瞬受到衝擊。

在另一個房間，彷彿截自同一部電影的另一個場景，我找到第二幅畫。艾斯科巴這會兒側臥在同一片屋頂，槍仍在手上。他敞開的襯衫露出布滿彈孔的身體。底下街道上，一名穿綠色制服戴綠帽的警官指著倒下的匪徒。在他身邊，一個穿紅洋裝的矮小女子抬頭望，雙手合十，正在禱告。

離開美術館時，我不由得想，入土長眠二十年後，巴布羅·艾斯科巴如今置身畫家、作家、導演和其他神話創作家的王國，他驚人的事蹟至今仍不斷被重塑。某種意義上，艾斯科巴是哥倫比亞最新版的黃金國王。那位天天在身上塗抹金粉的國王，因為金粉不虞匱乏，他可以隨便沖掉，下次塗新的就好。一如波特羅畫中那個禱告的女人，有相當多哥倫比亞人模仿、效力或崇拜艾斯科巴，彷彿在追隨太陽，被他雄厚財富與權力的耀眼金光、被他寓言般白手起家的故事，和那些圍繞他而起的神話蒙蔽雙眼。但當我橫越廣場時，我突然領悟，**真正的哥倫比亞金人**，始終未失去光澤、永不腐敗的，是前警察上校，雨果·馬丁尼茲先生。他已經退休，和妻子平靜地住在波哥大。不幸的是，他的兒子小雨果二〇〇三年死於一場車禍。儘管如此，當馬丁尼茲自己和家人的性命受到威脅，**當哥倫比亞全國處境堪慮**，有一個男人無法收買也不會出賣自己，不論面對銀彈或鉛彈皆不為所動，心中唯有原則。事實證明，馬丁尼茲，而非艾斯科巴，才是哥倫比亞的黃金國王：宛如神話、永不腐敗，簡直超乎想像的王者。

第二章

加拉巴哥群島的演化與背離（厄瓜多）

神造出野獸，各從其類……地上爬行的一切，各從其類……然後神說，讓我們照著我們的形象造人，於是神照自己的形象造人，造男造女。[1]

——《創世記》（*Genesis*, 1:25-27）

想來遺憾，這項研究的主要結論是：人是某些低等組織形式的後代。這會令許多人反感，但幾乎不容置疑……人就是來自某種毛茸茸、有尾巴、或許習慣棲於樹上的四足動物。[2]

——查爾斯．達爾文，《人類的由來》（*The Descent of Man*, 1871）

我為這種演化的故事深深著迷，那確實是現代版的造物神話。我注意到的第一件事是它牴觸了《創世記》。其實不僅如此，因為照科學家賦予演化的定義，那本質上是個無目的也無心的過程，造出人類純屬偶然……所以究竟是神創造我們，還是我們創造了神？[3]

——詹腓力博士（Dr. Phillip Johnson），《審判達爾文》（*Darwin On Trial*）作者

智慧設計運動（intelligent design movement）發起人

你眼中所見，取決於觀看前的思想。[4]

——尤金・陶爾曼（Eugene Taurman）

查爾斯・達爾文搞砸了。當他擔心地搜遍他從加拉巴哥群島採集到的鳥類，他從骨子裡深深了解，他在島上的研究不可原諒。那年是一八三七年，二十七歲的達爾文居住在倫敦，才剛結束近五年環繞世界的航海，開啟陸地生涯。達爾文在英國皇家海軍勘測船「小獵犬號」（HMS Beagle）上的航程在三個月前結束，他意識到那些加拉巴哥群島上的嘲鶇（mockingbird），沒錯，他做對了！他在其中四座島射下四隻、取出內臟、在身體裡塞棉花，然後按照被發現的島嶼貼上標籤。倫敦一位鳥類學家已仔細檢查過那些屍體，斷定牠們屬於三個不同的種，達爾文還以為牠們是同一種！**他哪可能知道啊？**但雀（finch）就是天大的災難了！達爾文明白，他在那些島上時，根本不知道他採集的那麼多小鳥**其實都是雀鳥**。他以為其中超過半數是鷦鷯（wren）、林鶯（warbler）和畫眉（blackbird），有些連鳥科都不一樣，更別說同屬了。更慘的是，他根本沒有特地為許多鳥標示來自哪座島嶼，還把採自兩座島嶼的小屍體混在一起。現在，不可避免地，動物學會同一位鳥類學家問了他那個可怕的問題：「你可以告訴我這些鳥分別來自哪些島嗎？」達爾文滿頭大汗，知道自己不行。**好蠢的錯誤啊！**

不久後，達爾文得知他還犯了更嚴重的錯誤：雖然他很喜歡觀察加拉巴哥的象龜，甚至騎過其中一隻巨獸，但當時他以為這個物種也住在印度洋的島上，一定是海盜帶去加拉巴哥群島的。

最近他才獲悉他觀察的這種陸龜只存於加拉巴哥群島！雪上加霜的是，他沒有採集任何成龜的標本，更別說每一座島都採集了！諷刺的是，達爾文知道**他吃過這些巨大的動物**（牠們成了船員愛吃的食物）**卻沒有加以採集**。萬一像嘲鶇那樣，每座島都有不同種的陸龜呢？這問題的答案可能對科學有用，或許也能助他解決他正在處理的一些生物問題。但現在一切都來不及了。達爾文知道，他不可能原路折返，航行六千英里回加拉巴哥。回到那一小條地處偏僻、從太平洋冒出來的火山島鏈，上述那些龜、鳥居住的地方。（事實上，雖然此後又活了六十年，達爾文始終沒有再離開英倫半步。）

「這是每一位航行者的命運。」達爾文後來在自傳中寫道：「當他發現某處的事物特別值得關注時，已經匆匆離開了。」[5]但現在，達爾文難過得吃不下東西。然後，驚慌之中，他突然想到一個方法或可矯正他的一連串錯誤。小獵犬號的船長羅伯特．費茨羅伊（Robert FitzRoy）和其他數名船員也在航程中蒐集了琳琅滿目的動物。但他們都不是受過訓練的博物學家，誰知道他們的蒐集品有沒有適當歸類，或是否包含他在找的鳥呢？達爾文管不了那麼多，趕緊寫了好幾封像這樣的信：「你能否告訴我，你有沒有在加拉巴哥群島採集到任何種類的小鳥呢？如果有，**有沒有按島嶼標示呢？**」

當達爾文給信封寫地址時，外頭一輛輛馬車達達而過，載著穿西裝、戴高帽的紳士。在他趕往郵局時，他無從得知，整個演化概念，現在就取決於費茨羅伊和其他船員的答覆了。加拉巴哥的每一座島是否都有類似但不同的物種，就像嘲鶇那樣？如果有，**為什麼會有**？或者，嘲鶇只是特例？這位個子高瘦、栗子色頭髮、臉刮得乾乾淨淨、眉毛濃密前額突出的年輕人邊走邊沉思，這一小條不重要的島鏈，為什麼似乎有那麼多不同但相關的物種，他百思不解。加拉巴哥群島的物種數量為什麼比同面積的大陸地區來得多呢？原因可能是什麼？這些島是否握有那「謎中之謎」的鑰匙，即新物種的起源，或者說得更簡單些，像嘲鶇、蚯蚓或人類如此獨特的物種，一開始是怎麼出現在地球上的？物種是神創造的嗎？（達爾文一輩子都這麼相信。）抑或可能有其他更「自然」的解釋？深植於他看得見、摸得著、感覺得到的世界，而非宗教超自然領域的解釋？他寄出信件，非常擔心他採集時的馬虎，會永遠搞砸他那次航海所蒐集最重要的資料。而現在他只能等。

❖

「我不相信演化。」坐在我對面的華裔美籍老先生說。這是為期八天的加拉巴哥群島之旅的第二天，我們搭乘「伊甸號」（Eden）出海。那位老先生是個退休的工程師，已是祖父，有一頭灰白的短髮、戴金屬細框眼鏡。他來自台灣。很久以前，他的祖先在台灣遇到基督教的傳教士，便皈依了。老先生四十歲的兒子、媳婦和三個孫子，傑森、莎拉和山姆，坐在船艙裡一張長形木製餐桌旁，他的兩側。孩子們住加州，都在家自學，戴著眼鏡，文質彬彬。他們隨身帶著加拉巴哥的地圖和一本介紹加拉巴哥鳥類的書。這一家人祖孫三代都是根深柢固的創造論者。

老先生加強語氣，拿叉子對著我說：「演化論漏洞百出，就像乳酪，瑞士乳酪！」祖父的玩笑讓三個孫子笑起來，他則戳起一塊煮過頭的青花菜。十二歲的孫女莎拉戴著牙齒矯正器和一頂喬好角度的時髦白草帽。她有一頭烏黑長髮，跟全家人一樣穿著全新的卡其短褲和卡其襯衫。

這艘長七十五英尺的船不含船員載了我們一行十二人，而我們正在吃有魚、飯、豆類和罐頭蔬菜的午餐。所有食物都來自東方約六百二十英里外的厄瓜多，加拉巴哥群島隸屬的國家。我們的船目前停泊在群島十三個主要島嶼之一，埃斯巴尼歐拉島（Española Island）的沿岸。

「想像城外空地上傾倒了五堆又二十堆煤渣。」《白鯨記》（*Moby Dick*）的作者赫曼．梅爾維爾（Herman Melville）寫道：「把其中幾堆放大成山，空地是海，你對〔加拉巴哥群島〕的概況就有相當貼切的認識。是一群死火山而非小島，看來像全世界經歷一場……大火的樣子。」[6]

一八四一年初訪加拉巴哥群島時，梅爾維爾只是一艘捕鯨船上的水手，年僅二十二歲，但對於群島的成因，他的看法正確。例如埃斯巴尼歐拉島實為海面下一座巨大火山的頂端。這座火山是數千英尺底下的地殼隆起所生成，在大約三百萬年前即停止噴發，熔岩冷卻，經過數千數萬年，各種生命形式慢慢開始出現，藉由風或海，或乘坐鳥的翅膀或漂浮的岩屑拋向四周。現在是五月，空氣暖和，浪濤不算洶湧，伊甸號和緩地來回搖晃，讓我們杯中的液體跟著稍稍倒向一邊，再倒向另一邊。

「那本書好看嗎？」我注意到老先生面前的桌上有本名叫《審判達爾文》的書，於是這麼問他。先前我們一直在討論電腦晶片怎麼愈變愈快，電路板現在可以設計到分子的層級了。晶片發展得如此之快，他說，很難預測它們能走多遠。他兒子說：「奈米技術是電子的未來。」他和他的父親都是電子工程師。

老先生告訴我：「順便一提，晶片跟人一樣，**都是被設計的**。」

他把書轉個方向，方便我看。封面有一尊達爾文的大理石像，年邁、蓄鬍的他坐在椅子上，穿著維多利亞時代的大衣，在暗示有罪的書名下鬱鬱沉思、皺眉蹙額，像個無奈的嫌犯，因顛覆《聖經》的創造論而受審的生物學家。

老先生說：「這本書很厲害，充分揭露世界怎麼被一個荒誕不經的學說愚弄。」

聽到「荒誕不經」這個詞，莎拉跟她的兩個兄弟都咯咯笑出聲。

老先生切了一塊魚，然後望著對桌的我。

「這是一個律師寫的，智慧設計之父詹腓力。你讀過他的書嗎？」

我搖搖頭，一邊戳一堆豆子。

「你相信我們是從動物演變來的嗎？」

全家人都停止動作，看著我。我也停止動作，讓滿叉子的豆豆懸在半空。

因為除了我之外，每一個人都是來度假的，我決定最好的行動方針是轉移話題。

「這本書有說達爾文雀鳥的故事嗎？」我問，知道那些孩子對鳥特別感興趣。老先生皺眉搖搖頭。

「一個物種怎麼在幾百萬年前從這裡蹦出來，最後變成十三個不同的物種？」

他說：「我不相信這種事情，我跟你講，我不相信演化。」

「我們今天早上散步時有看到雀鳥！」莎拉爽朗地說：「小小的、棕色的！」八歲的山姆也說：「還有藍色的鰹鳥！」**鰹鳥（booby）一詞讓三個孩子都笑了。**

這天早上我們已經見過藍腳鰹鳥，那目前在加拉巴哥群島四處築巢、直接在地上下蛋。鰹鳥大概有三英尺高，有一雙鈷藍色、帶蹼的大腳，和離嘴很近的黃色小眼睛。眼睛的位置賦予這種鳥類立體視覺，因此牠們有直直盯著你看的不尋常習慣，而且眼神熱切，兩眼都在鳥喙旁邊凝視，好似愛發牢騷的小號圖書館員。booby 一字源於西班牙文bobo，意指小丑或笨蛋。常在岩石上蹣跚行走、又生了一副鬥雞眼，這種不優雅的鳥看來比較像動畫片中的角色，而非真實世界凶殘的食魚猛禽。

這天早上，當我們走過灼熱的大地，我們也看到昔日顯然宛如濃稠、漫溢的糖蜜流過這一帶，隨後變得泥濘而逐漸冷卻的熔岩。氣孔劃破熔岩的表面，在熔岩凝固後留下凹凸不平、拳頭或腦袋大小的洞。雖然我們已經見過幾隻嘴巴粗短的雀，此時在上空翱翔的軍艦鳥更令人驚豔，牠們就像恐龍時代的翼手龍，有一雙角度銳利的翅膀。再往前，莎拉指著一簇黑色的大蜥蜴，牠們身長約三英尺，有多刺的冠和堅韌、像鑲滿珠子的皮膚。牠們大多抬著頭，專注地凝視大海。

「**你們看！**」莎拉大叫。她的兩兄弟一齊跑到她身邊，手肘和膝蓋都從卡其服露出來，接著兩人指著爸媽和祖父大叫，要他們趕快跟上。幾隻海鬣蜥溜過岩石，滑入半透明的蔚藍海洋，看起來就像我們印象中史前時代的生物。

在我們到訪近五百年前，一五三五年，西班牙主教多馬斯・柏蘭嘉（Tomas de Berlanga）從巴拿馬啟程，乘著一艘載滿男人和馬匹的船，前往南美洲西岸新征服的印加帝國。當船來到厄瓜多外海，風突然止息，於是接下來六天，主教等人只能無助地向西漂流，被一股沿南美海岸上行而後盤旋轉入太平洋的奇怪寒流帶著走①。到了第七天，船員終於看到陸地，一座從大海中冒出的島。因為船上的水快用完了，柏蘭嘉派幾名船員上岸尋找泉水或溪流。結果大失所望：

他們在陸地上連一滴水也找不到……除了海豹、海龜和大得可以讓一個人騎在背上的陸龜，以及很多像大蛇一樣的鬣蜥，什麼也沒看到……〔在另一座島上他們見到〕許多海豹、海龜、鬣蜥、陸龜〔和〕許多跟西班牙國內很像的鳥，但那些鳥很蠢，不懂得逃，很多只要伸手就抓得到。[7]

文中的「蠢鳥」無疑是鰹鳥和加拉巴哥群島上的其他鳥類，基於某種不明的原因，牠們並不怕人。

在到達後的第一個星期天，柏蘭嘉上岸進行天主教彌撒。儘管沒提到，但這位主教無疑確信，島上所有物種，包括巨大的陸龜在內，都是神創造的，從創世時就以現在的模樣待在那裡了，而在大洪水期間，這些動物都被成雙成對帶上諾亞方舟，之後又被重新放回野地。就主教所知，當時諾亞已九百歲，而那場持續五個月的洪水徹底淹沒地球，包括喜馬拉雅山等最高峰。下船之後，那些陸龜和其他動物以某種方式找到返回這些島嶼的路，這堪稱小小的奇蹟，因為加拉巴哥群島距離土耳其的亞拉拉特山，即傳說中諾亞方舟停泊之處，約有七千英里遠。這位主教後來這麼稟報西班牙國王：

> 在苦難主日，我要他們把彌撒所需物品搬到陸地上，之後，我又派人三三兩兩走不同的路線。蒙主恩賜，他們在岩石中找到溪壑，和……〔量約一大桶〕的〔泉〕水，汲取之後，他們又找到更多。[8]

找到水讓主教如釋重負，但他大惑不解，在大海中間怎會有這麼多火山岩，於是寫道：「看來好似神在某個時候像降雨般傾注石頭〔到這個島嶼〕。」最後，柏嘉蘭和他的船員安然回到大陸和秘魯，但失去了十四馬，因為全都渴死了。

在後來寫給查理五世的報告中，主教提到發現先前未知的島嶼和在島上見到的巨龜，他稱為galápagos，這個字在十六世紀的西班牙文意為「陸龜」，但已經棄用②。後來，那些島嶼開始在歐洲地圖上以Las Islas de los Galápagos，即「陸龜的島」之名出現，就以那些重八百磅、長六英

---

① 作者注：這股大洋流是世界最大、生物性最豐富的湧升流，後來以在科學上「發現」它的德國科學家暨探險家亞歷山大・馮・洪堡德的姓氏，命名為洪堡德洋流（Humboldt Current）。

② 作者注：現今意為「陸龜」的西班牙文是tortuga，例如佛羅里達礁島群（Florida Keys）中的乾龜島（Dry Tortugas Islands）。

尺、強而有力、背得動一個成年男子的爬蟲類為名。

其後的歐洲訪客一致認為，這些島上的棲居動物，和他們在其他地方見過的**截然不同**。但這樣的獨一無二卻無法為加拉巴哥群島贏得早期水手和探險家的喜愛。事實上，多數人將這群遙遠的火山島視為荒涼、無水的懸崖峭壁，多變的地貌反映在奇怪的棲居動物上：大多是溜的、跳的、爬的。或者，如赫曼・梅爾維爾後來指出：「這裡除了爬蟲沒什麼生命：陸龜、蜥蜴、巨型蜘蛛、蛇，和奇異的自然裡最怪誕的：鬣蜥。沒有聲音……沒有嚎叫，這裡的生命大多只會發出嘶嘶聲。」[9]

爬蟲類的嘶嘶聲可說是這個原始世界的共通語言，除此之外就是海浪連連拍打火山岩石、激起一片片鹹鹹水花的隆隆聲響。偶爾，火山會噴發，釋放出波濤般的煙霧，將新鮮的熔岩噴入大海，將原已設法在其周圍占得地盤的動植物統統燒成灰燼。起碼對一些訪客而言，加拉巴哥群島非比尋常、體型怪異的陸龜，和成群結隊、扭來扭去的黑鬣蜥，讓人想到大洪水前的時代。對其他訪客來說，這群棲居動物活像某些中世紀歐洲畫家筆下在地獄受折磨的怪物。[10]

❖

「在我求學之初，某個男同學有一本《世界奇觀》（*Wonders of the World*）。」查爾斯・達爾文在自傳中寫道：「我常讀，並和其他男孩爭論其中一些敘述的真實性……我相信最早就是這本書讓我想要赴遙遠的國度旅行，最後，小獵犬號的航程實現了這個願望。」[11]

查爾斯・達爾文在一八三五年九月抵達加拉巴哥諸島之際，已經歷許多他引領期盼的冒險，曾繞過合恩角（Cope Horn），被滔天巨浪折騰，浪劇烈到讓小獵犬號嚴重傾側，差點摧毀；還造訪過幾乎沒有和外界接觸、赤身裸體跑來跑去、用海豹油脂塗抹身子的巴塔哥尼亞印第安人。達爾文也曾徒步和騎馬越過崎嶇的安地斯山南段，在巴塔哥尼亞探險、發現已經絕種的古代巨型哺乳類和爬蟲類化石，包括一隻體型如河馬的絕種齧齒動物，也採集了無數科學界完全陌生的現存物種。雖然容易暈船，但這個六英尺高的英國人仍勉強熬過四年住在五英尺高、十英尺寬、十一英尺長的狹窄船艙裡、睡在隨洶湧波濤搖來晃去吊床上的日子。而且一路上，他一直勤勉地採集南美動植物的標本和礦物的標本。現在他們正準備橫渡太平洋，回家。

但在他二十二歲離開英國展開這趟預計為期兩年的航程之前，達爾文怎麼看也不像會在科學界成名的人。雖然寫出《物種起源》這本流傳千古的書，既發表理論也提出機制來解釋生命如何從簡單的單細胞有機體演化成像猿猴、羚羊和人類這般複雜的生物，達爾文為文時可是萬般無奈。他從小就是一神論的基督徒，跟其他基督徒一樣相信神在一天內創造了天地、再創造亞當和夏娃，而亞當和夏娃最終被逐出伊甸園。

雖受過宗教訓練，達爾文青少年時交到一群耽於玩樂的朋友，花了很多時間跟他們一起打獵尋開心。「你滿腦子射擊、狗和捕鼠。」他惱火的醫生父親曾這麼訓斥兒子：「你會丟光自己和全家人的臉。」[11]因為達爾文的父親和祖父都是醫生，十七歲時，他曾試著循家族傳統，進入醫學院就讀，但沒多久就退學了。他很快發現他不但見血就暈，也不忍心見到病患手術時承受的痛楚（當時尚未發現麻醉劑）。他改念劍橋大學，攻讀「通識學位」，二十二歲畢業。畢業考各科中，達爾文神學的分數最高，其他學科僅勉強及格。雖然他從小就愛蒐集甲蟲，後來也對地質學相當感興趣，但現在他的第一志願是成為牧師，認為自己最終會在某個小農村平靜度日，關照當地居民的宗教問題。就這樣的職業而言，劍橋是絕佳的選擇，因為該校所有教授皆兼任神職，也至少有半數學生跟他一樣學習如何成為教士。

達爾文畢業後不久，一艘停泊在英國普利茅斯、名為小獵犬號的不出名船隻，正靜靜地準備往南美洲的航程。英國海軍部賦予它的任務是完成探勘巴塔哥尼亞：包含南美南端複雜海岸線的地區。五年前，小獵犬號的船員已展開這項艱巨任務的第一部分。這艘船目前的船長，二十六歲的羅伯特・費茨羅伊，知道他們還得遠渡重洋好幾年，所以決定找一個年輕的「紳士」，也就是受過教育，既可當船長的同伴，也可擔任船上的博物學者。費茨羅伊明白，小獵犬號的前一次航程，船上就是少了博物學者。不過這兒有個圈套：雀屏中選的人可免費搭乘船艦，但得自己付伙食費。

費茨羅伊原本想把這份工作交給三十一歲的雷納德・傑寧斯（Leonard Jenyns），他是教士兼業餘的博物學者，也跟費茨羅伊有私交。但已受聘後，傑寧斯衡量他有薪俸的教區工作和這趟無酬勞又得耗時多年的航程，決定拒絕費茨羅伊。後來，之前在劍橋教過達爾文的一名教授得悉這個職務，寫了一張便箋給達爾文。二十二歲的達爾文渾然不知這個信息將驟然改變他的未來，就跟鐵路轉轍器改變火車的行進方向一樣。

親愛的達爾文：

……希望很快就能見到你，盼你熱切把握這趟可能帶你前往火地島和東印度人家園的旅行。將讀到這〔封信〕的〔劍橋大學教授喬治〕皮考克（George Peacock），從倫敦要我推薦一位博物學者跟費茨羅伊船長作伴，〔英國〕政府雇他考察美洲極南。我跟他提過，我覺得你是就我所知最符合資格且可能會答應這種職位的人，我這麼說並非認定你是造詣完美的博物學家，而是充分符合這些條件：採集、觀察，和注意自然史上所有值得注意的事物。皮考克可全權決定人選，而如果他找不到願意擔任該職的人，機會可能會溜走。費〔茨羅伊〕船長想找個男人……比較像同伴，而不只是採集者；如果推薦給他的人不是紳士，再好的博物學家也不會被接受。薪水之類的詳情我一無所知。航程將持續兩年，而如果你帶了夠多書去，可能想做什麼都可以……我希望你馬上回鎮上來，找皮考克商量……並進一步了解詳細情況……

韓斯洛（J. S. Henslow）〔教授〕

一八三一年八月二十四日寫於劍橋

〔附注〕考察隊（最早）將於〔一八三一年〕九月二十五日啟航，所以沒有時間浪費了。

雖然達爾文為此突如其來的機會興奮不已，他的父親卻反對到底。畢竟，旅行的錢要老達爾文出，所以他寧可兒子開始找有薪水的工作。他仍對達爾文未能讀醫感到失望，但最終父親還是軟化了。於是，一八三一年十二月二十七日，那個差點當上牧師的年輕人出海了，而這次航行不僅將改變他的人生，也將改變我們對於人類在自然世界所占位置的理解。

在達爾文啟程的三十二年前，一位名叫亞歷山大．馮．洪堡德的德國科學家也曾展開為期五年的科學探勘，最後穿越拉丁美洲，並在過程中發現亞馬遜河和奧利諾科河（Orinoco River）之間的連結。洪堡德也發現那條後來以他的姓氏命名的大洋流、攀登厄瓜多的火山、採集新的動植物品種、探索亞馬遜河和安地斯山，三十五歲時回到歐洲即備受讚譽。但不同於達爾文的是，洪堡德一生都在為他的探險做準備，受過地質學、解剖學、植物學、勘測員和天文學的訓練。通曉多種語言的洪堡德也學習使用當時差不多每一種最新的科學儀器。相形之下，出發時比洪堡德年輕八歲的達爾文才剛大學畢業，而且是拿一所基本上算神學院的通識學位。雖然達爾文受過一些地質學訓練、酷愛蒐集甲蟲，也具備鳥類剝製的知識，但實際上他是十足的業餘人士。達爾文在小獵犬號上的職責，其實就是採集他碰到的有趣動植物，記錄當地地質，和陪船長吃飯，否則礙於軍階，船長得一個人用餐③。原本的構想是，待小獵犬號歸來，將由英國的科學專家接手研究這位年輕博物學者的採集品、判定他的發現是否重要。同一批專家也要為蒐集到的資訊做出結論，如果有值得做的結論的話。在眾人心目中，達爾文的身分是**採集員**，倫敦的專家才是名副其實的**科學家**。

在畢業後的夏天、得知小獵犬號的機會之前，達爾文讀了洪堡德在一八二五年出版的著作

《一七九九至一八〇四年新大陸亞熱帶區域旅行記》（*Personal Narrative of Travels to the Equinoctial Regions of America, During the Years 1799-1804*）。後來達爾文回憶道，那本書對他造成深刻的影響。那位偉大德國科學家對他所見一切皆應用最新的科學測量概念、並從看似紛亂的事實推斷出法則，如此有條不紊的做法不僅喚醒達爾文的旅行癖，也激起如他後來在自傳裡寫的：「著火般的熱忱，要為自然科學的崇高結構增添最卑微的貢獻。」[12]那時達爾文還不知道，機會馬上就要上門，而不到六個月後，這位新上任的「隨船博物學者」兼「紳士同伴」就在打包行李，準備啟航前往洪堡德探險過的大陸了。而達爾文一定要帶的一本書，正是他常翻閱的那本洪堡德撰寫的旅行記。

❖

「我跟上帝真的有點問題。」三十二歲的未婚以色列裔美籍猶太人瑞秋這麼說。她有孕在身，胎兒的父親是一個已婚的波多黎各天主教徒。我們剛在聖地牙哥島外海裸潛完，正坐在伊甸號的後甲板上。瑞秋個子嬌小、戴眼鏡、有稀疏而剪短的褐髮和藍眼睛。她是在邁阿密工作的精

③ 作者注：小獵犬號的前任船長普林格．史托克（Pringle Stokes）在該船第一次南美之行期間自殺，隨後便由費茨羅伊接任船長。有人認為是史托克在世界盡頭的身心孤立造成他的死，這就是費茨羅伊船長要找「紳士同伴」的原因之一。同伴或許有助於減輕船長的孤獨。史托克船長最終葬在火地島南岸寂寥的沙灘上，僅以一支高大的木十字標示。

神病學家。她的波多黎各男友也是精神病學家。問題在於，他仍是有婦之夫，而且有三個小孩。「我覺得這麼多年來，我變得愈來愈像不可知論者了。」她說：「我覺得很難相信是上帝創造這麼多苦痛。」

這天下午，我們已經蹼游過多采多姿的海底世界：王天使魚、鰈魚、蝴蝶魚、五彩鯛、滑溜的梭魚、加拉巴哥鯡魚、六帶仿石鱸、墨西哥豚魚、彩虹隆頭魚、巨鰯、玫瑰毒鮋、鸚鵡魚，族繁不及備載。洪堡德洋流是世界生態最豐富的湧升流，而我們正位於它的尾端，它已沿著南美西岸北上，往加拉巴哥群島方向轉六百英里了。離開船隻後面的平台，我們先滑過木瓜色的海草，那在我們腳下慢動作旋轉、彷彿在跳芭蕾舞，跟著浪濤有節奏地搏動。接著我們穿過藍色的洞穴，一道道陽光偶爾照亮迷路的魚鱗，或從閃亮鯡魚群的側腹反射。那群魚在我們面前一分為二，就像某種活動式的窗簾，而每一個片面都長了眼睛。

就連在水面下，那些生物似乎也沒那麼怕人，魚群允許我們靠得很近，幾乎伸手就能摸到，直到最後一剎那才不慌不忙地擺尾游開。再往前，在一個火山構造附近（聖地牙哥島是孿生火山的產物），一隻年幼的海獅在我身邊兜圈子游泳，泡泡不斷從鼻孔冒出來，畫出像摩天輪的弧形。那時牠靠我好近，一度僅離我的面罩一英尺，黑色的球狀眼睛盯著我面罩裡的眼睛看。一小時後，雞皮疙瘩還在胳膊、鹽水還在滴，我們手腳攤開坐在伊甸號甲板後端的椅子上，晾乾身體。

「我哥海姆，現在相信了，**我的意思是虔誠**。」瑞秋說，持續她的宗教話題：「他住在一座集體農場（kibbutz），有九個孩子。」

瑞秋在美國念醫學院，然後進醫院工作，協助病患處理生理病痛的心理層面問題。她曾和一個聰明且財務穩定的年輕猶太人交往多年，她的爸媽很喜歡他，她說，他全身上下都寫著「安定」兩個字。他堪稱十全十美，唯有一件事例外：瑞秋不愛他。然後，她在醫院裡遇到巴布羅，比她年長十二歲的精神科醫師。巴布羅很聰明，也是頂尖的騷莎（salsa）舞者。兩人很快談起婚外情。巴布羅說他會離婚、他不愛妻子、兩人已經講好要分手，這些都是老生常談。五個月後，瑞秋發現她懷孕了，但巴布羅仍無要離婚的跡象。現在，又過了四個月，她的家人都不知道她懷孕，她說，就連兄弟和最親近的朋友也不知道。假期來臨前，瑞秋訂了到加拉巴哥的航遊，想理清自己的人生。今天是行程的第四天，她正穿著黑色泳衣，坐在躺椅上。她冷冷地說她是不可知論者。

「我不知道。我從小說希伯來語，只吃潔食（kosher，即符合猶太教規的食物），意思是我們在家不會吃花枝，因為猶太人只吃有鰭有鱗的海鮮。所以，忘了龍蝦吧！我們不吃菲力牛排，**絕對不吃**，因為上面有坐骨神經穿過。你知道什麼是坐骨神經嗎？」

我搖搖頭。

「**我知道。念了醫學院才知道！**也不能吃硬乳酪，只能喝特定種類的酒。**神經病！**這些跟上帝有什麼關係啊？」

「那猶太人相信演化論嗎？」我問。以前我壓根沒想過這個問題。沒怎麼想過其他信仰怎麼看待演化論。神道教怎麼看待演化論？我不知道。我只知道美國較保守的基督徒難以接受人是從其他動物演化而成的概念。事實上，最近我看到的一份民調顯示，不到四成七的北美洲人相信演化真的發生過。對一些人來說，亞當和夏娃是從伊甸園裡其他動物慢慢演化而成，仍是令人深深不安的想法。

「多數猶太人相信演化論。」瑞秋一邊連連點頭，瞇眼看我。她拿著結凍的草莓戴綺莉酒（daiquiri），這是伊甸號酒吧的招牌。她說：「**應該說是某種演化論**。他們相信是上帝創造世界和生命，也創造讓演化得以發生的法則。所以世界最後出現人類了。但也不是每個人都相信這個。我哥海姆就不相信。他相信世界只有六千年歷史之類的，相信是上帝創造人類，猶太人都不該吃花枝、不該在安息日工作。」

就在這時，一隻黑色的軍艦鳥決定降落在我們船上一根像大釘子從欄杆向外伸出的金屬圓杆上。牠動了動翅膀，羽毛閃閃發亮，長喙像爪子一樣向下彎曲。然後牠左右轉頭，眺望海洋，對我們視而不見。有趣的是，那就是我覺得加拉巴哥群島唯一令我惱怒的事：待了一會兒，你就會不大高興那麼多動物的舉止依然故我，好像你不在場，你不存在似的。原因是，那些動物體內「小心食肉動物」的警報線路早已消失，這在陸地上非常重要，在沒有自然掠食者潛伏的島嶼則絕非必要。這座島上的棲居動物反而常彼此大眼瞪小眼，煞是有趣，就像異性互望。

「妳呢？」我問：「妳相信什麼？」

瑞秋說：「我以前有信仰，但現在真的沒有了，我放棄遵守教規了。我認為最適合形容我的是不可知論者，或許那裡真的有某種力量，但我不知道那是什麼。」

「演化呢？」

瑞秋凝視軍艦鳥，那正熱切地看著其他軍艦鳥在海上的活動。

「讀醫學院、念生物學，很難不接受演化存在。至於在我**修習生物學之前**，我相信演化嗎？不，我不相信。」她說，一邊搖搖頭。「小時候我喜歡《妥拉》（*Torah*，猶太教聖經）裡面所有的故事。我愛上**猶太教堂**，但已經沒去了，或許那正是現在我如此狼狽的原因。」

軍艦鳥的頸下有個紅色的喉囊，雄鳥會使喉囊膨脹來吸引雌鳥，就像花稍的派對氣球。這隻雄鳥無疑有雌性伴侶在某個地方，懷孕了，或已經在巢裡下蛋。此時正值加拉巴哥島上大量繁殖的季節。不只有瑞秋懷孕待產。

「哇！」她眺望這片風景，說：「好美啊！」

✣

一八三五年九月十七日，當二十六歲的達爾文和三十歲的費茨羅伊船長首次划向加拉巴哥的聖克里斯托巴爾島（San Cristóbal Island），達爾文也對自己的信仰產生懷疑。達爾文從小相信《創世記》的字面解釋：描述上帝如何創造地球和地球上所有動植物。但十八世紀末，名叫詹姆斯·赫頓（James Hutton）的蘇格蘭醫生兼業餘地質學家因深深著迷於地質學，已著手研究他有時會在鄉間道路、河流和海岸碰到的露出地層。在走下酷熱難耐的礦山、畫了所見一切的草圖後，赫頓逐漸推論出，地球的內部一定是熔化的、它的熱一定會創造諸如熔岩等新的岩石種類、地球表面會受到風力和水力的自然侵蝕、侵蝕的結果最終會沉積在海底的水平地層。赫頓推理，這些沉積物最終會變成岩石，而在某些例子，會再次被抬升為山脈。最後，赫頓建立了若干基本假定，並從這些假定引出一些簡單但重要的結論：

- 今天發生效用的風力和水力，過去一定也發生效用。
- 就連巨大的峽谷一定也是這些作用緩慢的侵蝕力造成。
- 因為這些侵蝕力需要漫長的時間才能形成地球現今的地質構造，地球的年齡一定比《聖經》估計的西元前四千年老得多。

赫頓推論，地球的年齡一定在數百萬年以上，而非數千年。而他並未就此打住。將他關於地質年代的結論和歸納推理應用於地表生命上，赫頓在一七九四年寫道：

> 如果某個有機體〔即活生物〕不在最適合其生存及繁衍的境遇和環境，那麼，假設該物種的個體有無限多種變化，我們可以確信……離最適合構造愈遠的個體，就愈容易死去，而……愈接近最適合當前環境的構造，有機體就愈適合維繫自己的生命，並繼續繁殖同種的個體。[13]

赫頓顯然是偶然發現並非所有生命類型都能順利繁殖，或者就算繁殖，結果也不一致。有些繁殖得比其他好。較適合所處環境的動植物，繁衍得比不適合的成功。赫頓推理的一個例子是，假設有一種蜂鳥習慣在某種兩英寸長的花朵裡吸食花蜜，牠的喙最理想的長度是兩英寸，讓牠能最有效率、最容易地取得花蜜。如果在同一窩雛鳥中有幾隻天生的嘴短於理想的兩英寸，這些鳥會比較難取得食物。赫頓的理論預測，短嘴鳥較無法成功繁殖，而留下較少後代。反觀「最適宜的」蜂鳥（喙長兩英寸的蜂鳥）會繁殖得比較順利，留下較多數量嘴長兩英寸的蜂鳥。於是，根據赫頓的理論，有理想兩英寸喙的蜂鳥是被「自然選擇」，嘴巴長度不一樣的蜂鳥則被「自然排斥」，不是被上帝選擇或排斥，而是自然。以這樣的方式，蜂鳥自然而然適應所處的環境，在這個例子指充分汲取兩英寸寬花朵裡的花蜜。

但根據赫頓的推理，萬一基於某種理由，這群蜂鳥轉往新的地區，那裡的花朵都有三英寸而非兩英寸長，情況又是如何？在這個新環境（花朵較大的環境），天生嘴巴比兄弟姐妹長的蜂鳥會比嘴長兩英寸以下的蜂鳥更容易吸取花蜜。因此赫頓的理論預測這裡的蜂鳥族群會逐漸轉變為嘴巴較長的個體，因為現在較長的嘴會被偏心地選擇，短嘴則會被排斥。經過夠多時間和夠多世代，根據赫頓理論不可避免的推理，較長的蜂鳥族群終將出現，而嘴較短的蜂鳥，至少在這個地區會絕跡。近乎神奇的是，除了自然界已經存在的力量，在沒有其他外力影響蜂鳥族群下，新物種的創造已然發生。

但赫頓信仰虔誠。雖然他偶然發現「物競天擇」的原理，但完全相信是上帝創造個別物種。

因此赫頓並不容許自己去思索這個可能性：他所發現可能改變**物種外形**的機制，也可能用來解釋**物種的起源**。由於在心理上無法超過已數千年不變的《聖經》觀念，赫頓無法讓其新理論衍生出合乎邏輯的結論：自然本身存在的力量即可能創造新的物種，不需要超自然的干預。

但赫頓的思維**確實**讓他些微修正了他的《創世記》觀：上帝固然創造了地球上所有動植物的物種，但或許也允准他的創作品「微調」或「適應」環境，就算《聖經》沒有提到這種能力。因此赫頓可以解釋各個物種可能如何產生**新的變種**，例如狗有貴賓犬和大丹狗，但都是狗，不過他就此打住。如果《聖經》說是上帝創造地球所有生物，他就沒有資格對此表示疑問。畢竟赫頓最大的興趣是地質學。他對物種可能如何出現新變種的發現，可說是一種事後心得，仍深埋在他一七九四年三大卷共兩千一百三十八頁的巨著《探究知識原理與推理過程，從理性到科學與哲學》（*An Investigation of the Principles of Knowledge and of the Progress of Reason, from Sense to Science and Philosophy*）中。始終埋沒在那裡，一個幾乎沒被世界注意到的理論。

在赫頓著作出版四十一年後，六千英里外，查爾斯．達爾文和羅伯特．費茨羅伊船長終於在加拉巴哥群島上岸。達爾文跟赫頓一樣對地質學充滿熱情，也跟赫頓一樣相信上帝創造了地球上所有動植物。但在他繞過南美洲南端火山錐的漫長旅程中，達爾文**已經開始懷疑**《聖經》能否做為地球地質史的真實指南。例如達爾文最近讀了另一位蘇格蘭地質學家查爾斯．萊爾（Charles

Lyell）的兩部地質學文本。萊爾已追隨赫頓的腳步，並採納赫頓的構想：在過去起作用的力量，至今仍在起作用，即俗稱「均變論」（uniformitarianism）的概念。早期地質學家認為，藉由一些在大洪水期間發生的決定性變化，地球的特徵已經由上帝創造完成。那場大洪水已發展成俗稱「災變論」（catastrophism）的地質理論，災變指的就是上帝在地球釋放的災難性洪水。本身不像赫頓那麼虔誠的萊爾非常清楚，均變論的原理一定會被視為對《創世記》的故事和教會的挑戰。一八三〇年，在出版他即將成為經典的著作《地質學原理》（*Principles of Geology*）前夕，萊爾寫給朋友：

> 我相信我會讓我的地質學〔著作〕……受到歡迎。老〔約翰〕佛萊明〔牧師〕（Reverend John Fleming）很害怕，認為這個時代無法容忍我反摩西〔亦即反《舊約聖經》〕的結論，這個主題起碼有一段時間不受教士歡迎，並且令他們尷尬。[14]

雖然教會對《地質學原理》的後續反應不一，萊爾的著作無疑深深啟發了達爾文。那幾乎立刻為他剝去峽谷、河谷和沉積物最可能是在大洪水期間形成的原有信念。隨著小獵犬號造訪一連串千變萬化的地貌，現在達爾文首次開始用前所未有的眼光看待地質構造。例如，在小獵犬號的船員忙著繪製巴塔哥尼亞地圖之際，達爾文常上岸四處漫步，發現一層又一層裸露的沉積物，而那些沉積物中充滿奇特、絕種動物的化石。

一次，在一萬英尺高的安地斯山脈，達爾文發現好幾塊滿是貝殼化石的岩床。他斷定，這些岩層顯然曾深在海底，後來才被未知的地質力量抬升上來。仔細檢查後，達爾文也察覺這些構造不可能是這六千年的自然過程所造就。根據他自己的觀察，現在又受萊爾影響，達爾文認同地球的歷史一定有數百萬年以上，而非數千年。他了解，地球也非停滯不動，而是時時在變。所以他不由得想，這些時而激烈的環境變遷會對動植物產生何種影響。

達爾文在巴塔哥尼亞的考察大多有費茨羅伊船長陪同。船長也讀過萊爾的地質學著作，但終究無法像達爾文或萊爾那樣看世界。此時此刻達爾文眼中地質力持續作用數百萬年的證據，在費茨羅伊看來，仍是大洪水的結果。費茨羅伊後來撰寫了此次航海的紀錄。在標題為〈論洪水〉（On the Deluge）的一章，他甚至採用了一些達爾文後來用來支持演化論的證據，然而在費茨羅伊的例子，那些證據反倒強化了他對《聖經》洪水敘述根深柢固的信念：

> 越過安地斯山脈時，達爾文在海拔六、七千英尺處發現了嵌在砂岩中的石化樹林，又在海拔一萬兩三千英尺處發現貝殼化石、石灰岩、砂岩和「混著甲殼」的卵石所形成的礫岩。在發現石化樹林的砂岩上方，則是一大片黑色……熔岩形成的岩床，約有一千英尺厚；在這上面，這些岩層起碼交替出現五次，還有水中的沉積物，形成數千英尺的厚度。這些火災與水災結果的絕妙交替，在我看來，恰恰不容置疑地證明這裡發生過那場唯一可能造成這種結果的巨大災變。那場以「深淵的泉源崩裂了，天國的窗戶敞開了④」一言，在我們心裡投下

陰影的水與火山作用的可怕結合。[15]

當時，對達爾文和費茨羅伊來說，南美洲的蒼穹成了某種巨大版的羅夏克墨漬測驗（Rorschach Test）：費茨羅伊仔細凝視這座大陸變化莫測的地層，看到了古代大洪水故事的實質證據。「我心篤信（，未受《聖經》影響）。」費茨羅伊回來後寫道：「這片土地經歷過浩瀚的洪水。」[16] 也常望著相同地層的達爾文卻因受到萊爾影響，相信他正凝視著地球歷史的深處，運用推理，瞥見一段他之前做夢也沒想過的原始過往。

但雖然達爾文對地球史的心智模式已起了變化，在他踏上加拉巴哥群島的那一天，他的生物學觀念仍和其他維多利亞時代的科學家類似。如前文所述，根據達爾文同期生物學家的看法，是上帝創造地球各物種，雖然在創造之後，似乎有某種程度的生物適應性變化發生。查爾斯．萊爾在《地質學原理》中寫到「創造中心」，即上帝在地球許多地方創造各個物種，而在此之後，各物種會經受微小的變化。例如上帝顯然覺得在澳洲適合創造袋鼠。婆羅洲則適合紅毛猩猩。非洲：大猩猩。伊甸園：人。事實上，人類就是物種內「變化」或「變種」的好例子：某些地方的人是黑皮膚，某些地方是白皮膚；有些地方的人擁有亞洲特徵，有些地方有原住民特徵。但沒有科學家懷疑所有**不同種族**的人類都屬於同樣的智人種（Homo sapiens），即現代人所屬的物種，

④ 作者注：費茨羅伊引用的是《欽定版聖經》（*King James Version*）中《創世記》第七章第十一節。

或所有變種都源自人類的第一個「創造中心」，可能在中東。許多科學家認為，不論動植物都具有設法適應新環境的能力，但沒有哪種動植物有能力轉變成全新的物種，唯有上帝做得到。⑤

因此在達爾文踏上加拉巴哥群島之際，他想當然地認定，那些島嶼住著從南美大陸遷徙過去的動植物；南美大陸才是上帝最早創造牠們的地方。所以，如果一隻嘲鶇來到其中一座島嶼，牠可能已在新環境經歷些微的變化，但無疑仍屬於持續存在於美洲大陸的**那個物種**。達爾文認為，生物的物種永遠不變。⑥

這種先入為主的創造論思想，就是達爾文最後在採集加拉巴哥鳥類樣本時出紕漏的原因。他不是鳥類學家，也不是植物學家或分類學家。既沒有專家協助，也無法取得專家常賴以比較不同物種的博物館收藏，他無從了解或確認他所見生物的品種。數年後，在回想自己是怎麼在加拉巴哥採集植物時，他語帶懊惱地寫道：「由於對植物學一無所知，我在這個自然史領域採集得比其他領域更盲目。」[17]他指的是他嘗試在島上蒐集重複的植物標本，那樣的標本之後可分給不同博物館，這種做法在當時相當常見，至今依舊。達爾文後來才知道，因為無知，達爾文後來才發現：「我可能把第二或第三種當成第一種的重複樣本了。」[18]換句話說，達爾文並非採集到同一物種的三個樣本，而是在無意間採集到三個**不同的物種**，卻標示為同一種。

加拉巴哥群島令人眼花撩亂的小鳥，也讓達爾文遇到類似的問題。既然他尚未造訪毗連的大陸、無緣見到博物館的收藏，身邊也沒有任何鳥類學的書籍助他分門別類，他的困境並不令人意外。畢竟，加拉巴哥群島上有許多鳥類從來沒有科學文獻描述過。因此，達爾文試圖鑑定鳥類的任務是項艱巨的挑戰。

在此航程，費茨羅伊船長雖然也偶爾採集動物，但他的目的是要交給君主，並不在意鑑定之事。他反倒大感驚異：上帝竟創造了如此適合這些島嶼的物種：

> 所有住在這些熔岩島嶼上的小鳥都有很短的喙，下半身厚實，像紅腹灰雀（bull-finch）那樣。這顯然是無限智慧最令人欽佩的安排，藉此，每一種被創造的生物都能適應〔上帝〕意欲它棲身之處。[19]

反觀達爾文的工作則是盡量理解群島的鳥類生態，如果可能，也採集每一種鳥的雄鳥和雌鳥

---

⑤ 作者注：其中當然有例外，最著名的莫過於法國生物學家讓・巴蒂斯特・拉馬克（Jean-Baptiste Lamarck, 1744-1829）。一八〇二年，即達爾文出生七年前，拉馬克出版了《生物組織構造研究》（*Recherches sur l'Organisation des Corps Vivants*）一書，在書中提出物種利用獲得性特徵（acquired characteristic）自我改造的概念。例如，如果有一頭長頸鹿於有生之年一再伸長脖子，牠的脖子就會變長，而這種新的獲得性特徵會遺傳給下一代。但拉馬克和其他科學家皆無法找出支持這種理論的證據。儘管如此，拉馬克仍相信物種會進行演變（transmutation），但他從未發現物競天擇的原理，即那個最終讓達爾文豁然開朗，演化可能如何發生的原理。

⑥ 作者注：一如當時幾乎所有博物學家，達爾文並不知道赫頓的「物競天擇」理論。那是因為赫頓的理論深埋在他兩千一百三十八頁的龐大地質學文本中。就連查爾斯・萊爾也沒有在他的《地質學原理》中提到赫頓的理論。

各一。⑦但到頭來，很多鳥他無法分類。而那些鳥不怕人的特性也令他吃驚。一八三五年九月十七日，即達爾文在加拉巴哥群島的第一天，他在日記中寫道：

> 晚餐後，一群人上岸〔聖克里斯托巴爾島〕試圖捕捉陸龜，徒勞無功……那些鳥沒見過人類，認為人跟他們的同胞，那些巨大的陸龜一樣無害。那些不到三、四英尺的小鳥，安靜地在灌木林間跳來跳去。也不怕丟向牠們的石頭。金恩先生用他的帽子宰了一隻，我則用槍的尾端把一隻大老鷹推下樹枝。[20]

最後，達爾文在群島採集了二十六種鳥。其中十三種是雀，但達爾文只能正確鑑定出六種。另外七個雀的品種外型迥異，達爾文完全認不出牠們是雀，而標為三種完全不同的鳥科。另外，因為達爾文認定每座島跟鄰島一定有同種的小鳥，他並未費心標出這些鳥來自哪一個島。他未曾懷疑每一座島上可能有類似但完全不同種的鳥。畢竟，上帝為什麼要在鄰近的島嶼創造不同種的鳥呢？如果某一種鳥在某個島過得不錯，祂又何必在另一座島創造類似的物種？幹嘛不繼續沿用同一種就好？因此達爾文多半標示那些鳥採集的日期，而省略確切的產地。他只標注籠統的地域，編為「加拉巴哥群島」。

在此同時，費茨羅伊和其船員花了忙碌的五個星期才畫完群島的地圖。在那段期間，達爾文上了加拉巴哥十三座主要島嶼中的四座採集，在陸上一共待了快十九天。離開前，仍堅信他看到的各物種都是上帝一手創造的他，在日誌中指出：

> 我勤奮不懈地採集所有動物、植物、昆蟲和爬蟲……未來，經由對照找出這群島上的有機體屬於哪一個地區或「創造中心」，將是饒富趣味之事。[21]

換句話說，因為達爾文尚未去過鄰近的南美大陸，也因為他想當然地認定加拉巴哥的野生動植物都源於南美大陸，達爾文自然很納悶，那些奇特的棲居生物究竟來自何方。是從中美洲來的嗎？從大哥倫比亞？從秘魯北部？或者以上皆是？那些目前居住在加拉巴哥群島的動植物，上帝最初到底是在哪裡創造它們的祖先？但達爾文明白他得再等一年多才會知道。要等小獵犬號回到英國，讓專家告訴他他找到的是哪些物種，才能得到解答。這會兒達爾文只能希望自己蒐集到的是有科學價值的東西。

當小獵犬號終於揚帆離開，查爾斯·達爾文將比任何人都驚訝：他在加拉巴哥群島常常沒注意到或貼錯標籤的東西，最終將撼動他的信仰，以及更重要的，世界許多人的信仰。

---

⑦ 作者注：小獵犬號也肩負某種類似諾亞方舟的任務，只不過在這艘船上，每個物種的那對公母都是死的，不是活的。

「地球有非常深的洞。」我們的嚮導荷西告訴我們：「在地殼裡，叫熱點。」荷西三十二歲，住聖克魯茲島（Santa Cruz Island），加拉巴哥群島五座有人居住的島嶼之一。他是厄瓜多人，有頭黑髮、綁馬尾，和從T恤底下凸出來的小「彌勒佛肚」。他的T恤正面紮染了一隻藍色的鰹鳥，上方寫了這句：「我愛鰹鳥！」荷西在聖克魯茲出生，有濃厚的西班牙腔，正在為我們解釋加拉巴哥群島是如何形成的。

「熱點是熱的岩石，也就是岩漿？」荷西頓了一下，看著我們，不確定那個字的發音是否正確。我們點點頭。他說：「岩漿湧出的洞，那形成了這些島嶼，火山島。這就是加拉巴哥群島，這幾座島嶼的由來。」

我們整團旅客都在這裡：那位華裔老先生和他的一家人；以色列裔美國人瑞秋；一群荷蘭人、兩個瑞士人、一個矮小的義大利男人和三個法裔加拿大人。英語是共通語言。加拉巴哥群島的年齡從三萬年到八、九百萬年不等，而我們頂著燦爛陽光集合的巴托洛梅島（Bartolomé Island），是其中相當年輕的一座。這天早上我們爬上島上的死火山，俯瞰沙利文灣（Sulivan Bay）的火山渣錐。島和灣都是以達爾文的朋友、也在小獵犬號上的上尉巴托洛梅・詹姆斯・沙利文（Bartholomew James Sulivan）為名。

荷西告訴我們，地殼非常之薄。在海床底下平均厚度僅四英里。地球本身的厚度則約有四千英里。所以，如果把我們的星球比做一顆直徑十英尺的球，地殼會比蛋殼還薄。荷西轉頭看看我們，笑了笑，等待反應。我一眼望去，看到莎拉緊握祖父的手。兩個人都聚精會神。

荷西繼續說，地殼下面是熱而有塑性的地函，再下面是液態的地核。在液態的地核裡，就像套疊的俄羅斯娃娃那般，是超級熱的固態鐵，形成地心。我們的星球是太陽系八大行星中密度最高的，荷西說，也是四個固態而非氣態的星球之一。

「一百四十億年前，宇宙比針頭還小。」荷西把兩根指頭捏在一起，表現那有多小。他說：「像這麼小。然後它爆炸了。四十五億年前，地球由塵土、氣體和碎片組成。」

成形後的第一個十億年，荷西說，地球還是一顆又紅又燙、無生命的球體，旋轉著穿梭太空，然後慢慢圍繞太陽轉動。漸漸地，隨太陽系冷卻下來，地球表面形成一層薄薄的殼，但這層地殼常被底下熔化的岩漿突穿。三十五億年前，生命開始，首先在水裡，然後整整三十億年後，大約五億年前，終於爬上陸地。

「然後，我們出現了。」荷西說，誇張地伸出雙臂。

「非常漫長的過程，對不對？」

荷西稍早已告訴過我們，他是天主教徒，但接受科學對世界的解釋。

那時，地球是一顆非常熱的球，表面有一層非常薄的殼，而大部分的殼上覆蓋著一層同樣薄的水。那薄薄的一層，荷西說，一邊伸手比了比環繞巴托洛梅島的廣袤蔚藍，我們稱之「海洋」。海洋漂浮在地殼上面，但地殼，也漂浮在火燙的岩漿上面。因此地殼並不穩固，而被分成幾個大而薄的板塊。「就像破掉的蛋，對吧？」荷西說，揚起眉毛，等聽眾點頭才繼續。我們行走的地面看似堅固，但我們底下的板塊，從地質學的角度看，比較像黏稠的泥土。荷西說，因底下的熱熔流使然，八大板塊在地球表面慢慢漂動。當一個板塊撞擊另一個板塊，第一個板塊會滑到第二個底下，回到岩漿，再次熔化。在此同時，第二個板塊常因衝擊力而隆起，形成山脈。寬約三千英里、從加拉巴哥群島西側一路向南美洲邊緣延伸的納斯卡板塊，約在兩千萬年前和南美板塊碰撞，使南美板塊西緣隆起。那次相撞形成安地斯山脈，其中一些山峰聳入兩萬多英尺高的雲霄。

荷西將兩手平放，五指併攏，指向彼此，然後兩手一起移動，一手潛到另一手底下。緊接著他彎起第二隻手的指關節，形成安地斯山。

「Capito？」他用義大利語問：「了解嗎？」

我們點點頭。

「那麼，安地斯山有多老了？」瑞秋問。她戴著寬邊草帽和橢圓形大鏡片的墨鏡，穿著輕盈柔軟的短上衣，看不出有孕在身。

「兩千五百萬年到三千萬年。」荷西回答。

「加拉巴哥群島呢？」

「非常年輕。」荷西環顧我們正站在上面的火山錐，說：「這座島，巴托洛梅，只有二十五萬年，是個小寶寶。」他環抱雙臂搖啊搖，左右張望，期待笑聲。

莎拉和她的兄弟咯咯竊笑。

荷西跪在深色的火山沙上，畫了一條線。又在線段底下畫了一支箭頭，指著它。

「箭頭是熱點。」荷西解釋，熱點是地函裡允許岩漿向上往地殼流動的洞。

「當納斯卡板塊向東往南美洲移動時，經過了這個熱點，明白嗎？」

荷西用兩手搭成一個T字，然後橫向滑動上面那隻水平的手，下面那隻豎直的手則保持不動。

「當地殼移動時經過熱點，就會形成火山。如果夠大，火山會隆起到海平面之上，然後噴發。」

那位華裔美籍老先生點點頭，專注地凝視荷西畫的略圖。莎拉和她的兩兄弟模仿祖父的姿勢，彎下腰，手扶著膝蓋。三個人都皺著眉頭。

荷西說：「就像消防水帶，把熱高高射向地殼。明白嗎？」

只要火山一直待在熱點上方，荷西說，噴發就會持續。但一旦納斯卡板塊把島嶼從底下的熱點推走，島嶼就和其火山根源分開了。此後它就不再有火山活動，死了。隨著納斯卡板塊繼續往南美移動，它又拖來新的地殼到熱點上，繼續形成新的火山島嶼。最後，一條島鏈生成：最年輕、還在噴發的島嶼在西邊，仍位於熱點上方；最老的休火山島則在東邊，與其源頭斷絕已久。

荷西說，加拉巴哥群島最年輕的島嶼如費南迪納，仍從海洋上升中，年紀只有數十萬年。東側最老的島嶼則在九百萬至一千萬年前形成。荷西說，整個加拉巴哥列島正以每年約一英寸半，或每一百萬年約二十四英里的速度向南美洲移動。

解釋完畢，荷西結束演說，轉身繼續登上火山。我們跟上，一邊眺望底下變小的火山錐和熔岩。這兒的風景很像沸騰的鍋爐急凍，還在冒泡的表面瞬間變成凹凸不平的石頭。

一八二五年，即達爾文造訪十年前，捕獵海豹的美國船長班哲明・莫瑞爾（Benjamin Morrell）來到加拉巴哥群島，二月十四日繫泊於伊莎貝拉島外的一座海灣。凌晨，多數船員仍熟睡時，一場大規模噴發發生了：附近直接位在加拉巴哥熱點上的費南迪納島，開始最近一次噴發。莫瑞爾寫道：

> 十四日星期一，凌晨兩點，當……夜仍在……太平洋……蔓延……我們的耳朵突然被好比萬道雷鳴同時劃破天際的聲音攻擊，而整個半球立刻被可怕的強光照亮，連最頑強的心臟可能都為之驚駭！我很快確定，是過去十年安靜沉眠的〔費南迪納〕島的其中一座火山突然爆發，宣洩蓄積已久的仇恨……天空成了一團烈焰，交雜著數百萬顆墜落的星星和流星；火舌從〔費南迪納〕山峰射到起碼兩千英尺高……
>
> 一小時一小時過去，我們的情況愈來愈危急。完全沒有可以張帆的風……我們束手無策，只能留在這裡不情不願地觀賞一場煙火表演。那一整天，火持續無情延燒，毫無歇息，山繼續噴出它熔化的內臟，宛如瀑布。[22]

莫瑞爾的船員曾去看過溫度計，發現下午四點時顯示華氏一百二十三度（約攝氏五十度）。

然後他們把溫度計放到水裡，發現水溫從正常的華氏七十度（約攝氏二十度）升到一百零五度（約攝氏四十度）。幸好，突然颳起一陣風，莫瑞爾和船員升起帆，便從兩座島嶼之間的海峽開出去，離開還在他們下風處噴發的費南迪納。莫瑞爾繼續寫：

> 經過熔化的熔岩流時，我開始擔心我會失去一些船員，因為熱的影響實在太大，好幾個人受不了……要是風把我們拋棄在這裡，後果一定不堪設想。所幸上帝仍賜予我們慈悲，一陣清涼微風把我們推出去，前往較溫和的空氣……我們這會兒駛向……〔弗雷里安納島〕……晚上十一點繫泊在它西北方的港灣。五十英里外，更背風的地方……〔費南迪納島〕的火山口就像巨大的烽火，將其復仇之火高高射入陰沉的大氣，隆隆的聲響像遠方的雷。[23]

十年後來此的達爾文完全看不到這番情景。但小獵犬號確實航行到費南迪納島旁，且繫泊在莫瑞爾目擊火山噴發的那個海灣。達爾文在日記中寫道：

> 隔天，一陣輕風把我們送到平靜的海域，介於……〔伊莎貝拉和費南迪納島〕之間。在後者的高處，我們見到一條細流從火山口噴出來。〔費南迪納島〕……展現了比其他島粗暴可怕的面向；熔岩最早滾滾冒出時通常是赤裸裸的。[24]

在其他地方，達爾文這麼寫加拉巴哥群島：「熔岩碎片的氣孔大多像煤渣一樣帶著微紅；發育不良的樹木幾乎毫無生命跡象。黑色的岩石被垂直的陽光加熱，宛如火爐，使空氣瀰漫悶熱的感覺……這塊土地可以比做我們想像中地獄裡的耕地。」[25]⑧

達爾文顯然明白加拉巴哥群島是新形成的島嶼，而這些孤立、粗獷的峭壁就像熔岩以某種方式從海底冒出來。達爾文當然對板塊構造學、熱點，或這些島是如何形成一無所知。他也相信是上帝創造地球上的所有物種。

但在小獵犬號航程剩下的十一個月，當達爾文在狹窄、搖晃的船艙裡開始更詳盡地研究他在加拉巴哥群島上採集到的鳥類，懷疑開始爬上心頭。這位年輕的博物學家在他造訪的四座島上採集到嘲鶇，採集之時，那些在他看來屬於同樣的物種；現在仔細察看，達爾文才發現他採集的四件標本中，有三件的特徵跟其他不同，彷彿分屬不同的物種。可是，**真的是這樣嗎**？受限於他的知識，達爾文無法確定。或許只是變種罷了，他想。但萬一**真的是不同的物種呢**？若是如此，為什麼會有三種類似但不同種的嘲鶇住在相鄰且棲息地類似的島上呢？到底為什麼會這樣呢？

不久，他開始為其他懷疑困擾。當達爾文在加拉巴哥群島時，那裡的英國副總督告訴他只要看龜殼，就很容易辨認某隻大陸龜來自哪個島。當時達爾文沒有深思這句話，但現在這句話令他煩惱。每一座島上的陸龜是否可能分屬不同物種？若是如此，他無疑忽然感到一陣憂慮，想到他連一隻成龜也沒採集！他**確實**採集了四隻幼龜，但沒半隻成年的。他在一本平時編纂鳥類觀察心得的筆記本中寫到：

我從四座較大的〔加拉巴哥〕島嶼採集了〔嘲鶇〕的標本……來自……〔聖克里斯托巴爾和伊莎貝拉島〕的標本似乎一致；但其他兩座島的不一樣。我在每一座島都只發現一種：所有種類的習性難以分辨……〔現在我想起來〕從身體的外形、殼形和體型大小，西班牙人可以立刻判定某隻陸龜可能來自哪一座島。當我看著這些可以望見彼此而動物數量稀少的島，那些鳥所棲息、構造些微不同而……在自然〔占據〕同樣地方的島，我自然懷疑牠們只是變種……如果〔各島的陸龜可能分屬不同物種〕的說法有一絲根據，〔那麼〕群島的動物學將值得檢視：因為這樣的事實〔將〕損害物種的穩定性〔不變性〕。[26]

達爾文不可能知道這點，但他開始懷疑的事情是真的。他採集到的嘲鶇不是變種，而是分屬**不同物種**。他以為自己鑑定出六種雀，其實是**十三種**，而且很多島都有本身獨特的物種。最後，達爾文會發現，加拉巴哥的棲居生物，大多是地球其他地方找不到的物種。牠們和大陸上的物種相似，但完全不同。就是這些知識，達爾文剛開始懷疑，但在小獵犬號上無法證實的知識，將他從《聖經創造論》故事的信仰徹底推向一個全新的世界。生物學的主要原理，即「物種是由上帝創造，因此不可改變」的論點，將很快被徹底推翻。

---

⑧ 作者注：仍位於加拉巴哥熱點上的費南迪納島，最近一次噴發是在二〇〇九年四月。自達爾文一八三五年來訪至今，那裡共噴發十九次，並且和群島其他島嶼一起，往南美洲移動了大約二十二英尺。

✣

「爺爺，**你看！**」

是莎拉的呼喚，她一副心花怒放。

「是**寂寞喬治欸！**」

莎拉正蹲在一隻三英尺半長、重兩百磅（大約比她重一百五十磅）的成年加拉巴哥陸龜旁。我們正在聖克魯茲島上，阿約拉港鎮外的達爾文研究站。阿約拉港過去是海盜的巢窟，現在則有五光十色的小酒吧、露天餐廳和商店。建築物簇擁在一條木棧道的兩旁，飽經風霜、形單影隻的水手（有些看來像人形信天翁）走在木棧道上，帽子的護頸垂到背部來阻隔熱帶的太陽。近海，在有掩蔽的港灣中，一群不斷更替的小船繫泊於此，隨著來自南方的浪湧靜靜搖晃。它們底下的海水是土耳其藍。

研究站後方，寂寞喬治住在一座面積廣大、與外隔絕、會受日曬雨淋的圍場裡。雖然達爾文在回程時開始擔心每一座島可能擁有不同的龜種，而他一種也沒採集，結果加拉巴哥群島只有一種：單一物種，但有十五個不同的亞種（subspecies）。生物學家現在相信加拉巴哥陸龜的祖先是在距今約六百萬年前偶然從南美洲漂到這些島嶼。畢竟陸龜能浮在水上，也能在缺乏食物或淡水之下長時間存活。像許多爬蟲類的後代一樣被洪堡德洋流沖來這裡，這些陸龜最終爬出海浪，登上群島的其中八座歇息，並找到足夠的植物而活了下來。忽然，由於沒有掠食者，這批新來的移民欣欣向榮。後來牠們發展成十五個不同的亞種，其中四個已絕種。一九七一年，造訪群島北端平塔島（Pinta Island）的生物學家發現了平塔島象龜亞種（Chelonoidis nigra）最後存活的一隻。他們迅速將牠送到我們正在參觀的研究站，而因為牠是該亞種的最後一隻，他們給他取了「寂寞喬治」的綽號。

不過四百多年前，當西班牙主教柏蘭嘉來到加拉巴哥群島時，群島上估計有二十五萬隻加拉巴哥陸龜棲息。在一些植物較茂盛的地區，陸龜分布密度高到早期來訪者可以把牠們當成踏腳石。其中最大的超過六英尺長，重達八百多磅。但一九七一年，生物學家偶然遇到寂寞喬治時，數量已驟降到三千隻，牠們是數百年來，捕鯨船和海豹船員濫獵的受害者。翻過來四腳朝天，這種陸龜最長可以在航行期間活著貯存一年，持續提供新鮮的肉。另外，從大陸傳入群島的動物之中，老鼠等動物會吃陸龜的蛋和幼龜，山羊和其他動物則會吃陸龜要吃的植物，害牠們餓死。

在查爾斯．達爾文造訪加拉巴哥群島之際，一些陸龜的亞種已迅速從一些島嶼消失。但這並未阻止小獵犬號的船員多抓幾隻陸龜做為食物。

「這些島嶼似乎是整個爬蟲家族的天堂。」達爾文寫道：「陸龜數量豐富，一艘船的船員在短時間內就可捕捉五百到八百隻。」[27]

一星期後，在造訪查爾斯（弗雷里安納）島和島上一個厄瓜多聚落時，達爾文注意到島上已經出現陸龜的四大掠食者之三：山羊、豬和人（只有老鼠沒被提及）：

> 那些房子很簡單，是用竿子搭成、鋪茅草屋頂。〔居民〕部分時間用於獵捕在樹林中相當豐富的野豬和山羊……主要的動物糧食是……陸龜：數量仍多，一星期花兩天獵捕可以找到未來五天的食物。當然數量已大幅減少……在聚落所在地，泉水附近……〔陸龜〕以往三五成群。〔英國副總督〕勞森先生認為目前的量還夠吃二十年……勞森先生記得曾見過一隻……六個人也扛不大起來、兩個人沒辦法讓牠翻身的〔陸龜〕。這些巨大的生物一定非常老了；一八三〇年抓到的一隻（需要六個人才能扛進船上）殼上刻了許多日期；其中一個是一七八六年。當年牠沒被帶走想必只有一個原因：牠太大，兩個人應付不了。捕鯨船的人總是派兩個人一組去獵捕〔陸龜〕。[28]

但英國副總督的預測失準了：不是二十年，當達爾文來訪後不到十五年，弗雷里安納島的亞種（Chelonoidis nigra nigra）已經滅絕。費南迪納島、拉比達島（Rabida）和聖大菲島（Santa Fe）很快跟進。約一百年後，一九五九年，厄瓜多政府宣布加拉巴哥群島的九成七五為國家公園（其餘已有人居住）。一九六四年，總部設在比利時的國際非營利組織創立了達爾文研究站，致力於協助厄瓜多進行群島保育的生物學研究。但那時，加拉巴哥陸龜的數量自島嶼發現後已驟降九成八八；十五個亞種中已有四個絕種；而平塔島象龜只剩下寂寞喬治為代表。同時，十三座主要島嶼已有五座有厄瓜多人殖民，包括巴爾特拉（Baltra）、弗雷里安納、伊莎貝拉、聖克里斯托巴爾和聖克魯茲。加拉巴哥群島的人口已從一九五九年的大約兩千人穩定增加到今天的兩萬五千多人。

跟著第一批人類訪客來到加拉巴哥群島的，是洪水猛獸般的侵略性物種：山羊、豬、狗、鼠、貓、綿羊、馬、驢子、牛、家禽、螞蟻、蟑螂，以及為數眾多的侵略性植物。這條島鏈原本有大約五百種原生植物，此後人類又引進了大約七百種侵略性植物。其中許多徹底改變了原有生態，在某些例子，甚至導致地方特有物種滅絕。

因為加拉巴哥群島許多原生動物本來沒有掠食者，牠們不知道要害怕新來的物種。例如野貓野狗就可輕易殺死原生的鳥類，並搗毀鳥類、陸龜和海龜的巢。無獨有偶，外來的豬也會摧毀陸龜、海龜和陸鬣蜥的巢，還會吃上述三者的食物。一九五九年，當寂寞喬治大概六十歲大、還住平塔島時，當地漁民帶入一隻公羊和兩隻母羊到島上，希望山羊能夠繁殖、提供可以獵捕的肉。十四年後，一九七三年，國家公園局估計最早那三隻羊已經繁衍成**三萬隻**，將島上陸龜的棲息地破壞殆盡。怪不得那時只剩寂寞喬治形單影隻。

在達爾文研究站這裡，寂寞喬治的圍場有低矮的石牆、水泥砌成的水槽，還種了灌木和樹，喬治可以在裡面自由行動。

其他來自不同島嶼、隸屬不同亞種的象龜則住在鄰近的圍場，圍場之間有通道給遊客行走。頸部頎長、殼上有大傷疤的寂寞喬治，看來像一部老舊、受損的坦克，而非爬蟲類。只是牠沒有履帶，而有四隻粗如象腿、皮革般強韌的灰腳，和皺巴巴的臀部突出於龜殼後端。喬治現在年約一百，正用四條腿站起來，脖子伸出約一英尺半，用深邃、堅決、水汪汪的眼睛凝視蹲在牠面前的小女孩。前二十年，研究人員試著鼓勵喬治和兩隻基因檢測發現血緣相近的雌龜交配，但徒勞無功。很有可能，在牠死後，Chelonoidis nigra abigdoni 這個亞種也將絕跡。⑨

一九六五年，達爾文研究站為多種瀕危的陸龜亞種展開圈養（captive breeding）計畫，並嘗試將侵略性物種趕出牠們在島上原有的棲息地，特別是擺脫狗、豬、貓、羊。因為剛孵出、僅兩英寸小的幼龜極容易被老鼠等動物吃掉，研究人員發現，若能在幼龜孵出後以圈養保護四、五年，到牠們重八到十磅時，在原棲息地存活的機會便會大大增加。那時的龜殼會變得比較硬，牠們也就沒那麼容易捕食了。

這項計畫到目前為止相當成功。例如一九七七年，埃斯巴尼歐拉島只剩十五隻陸龜：三隻公的、十二隻母的，皆屬於 Chelonoidis nigra hoodensis 亞種。他們存活的數量太少，也四散島嶼各地，因此已停止繁殖，絕種迫在眉睫。於是科學家把牠們帶到聖克魯茲島的研究站，往後四十年，三隻公龜和十二隻母龜已生出一千兩百多隻龜寶寶。牠們大多已被放回埃斯巴尼歐拉島，現在靠自力繁殖了。

更深入的研究顯示，加拉巴哥陸龜實為這些島上的「基石」物種，是主要的種子傳播者。成龜一天要吃八十磅的植物，到處走動，也到處排泄。他們也會啃濃密的矮樹叢，讓各種植物能照射到陽光，進而發芽、抽條。根據這些資訊，研究人員二〇一〇年在寂寞喬治的故鄉平塔島野放了三十九隻陸龜，展開讓植物回到原生地的「反向工程」。他們也發起大規模的山羊根絕計畫，放出裝了無線電項圈的「猶大羊」（Judas goat）混入羊群。除了猶大羊之外，其他山羊都被射殺。幾星期後，公園員工再次回來，找到這時已加入另一群羊的猶大羊，又把那群羊消滅。研究人員相信唯有透過反向工程，才能恢復加拉巴哥群島的原有棲息地，讓原生地陸龜可以再次生長茁壯。

在戶外，我們參觀了住滿八英寸陸龜的大型混凝土圍場，牠們黝黑、閃亮、頭盔般的甲殼被標了一組黃色或白色的數字，來表示牠們的生日和所屬亞種。一八三五年，小獵犬號從加拉巴哥群島啟程返國時，達爾文的船上載了四十八隻成年陸龜，四腳朝天，做為糧食貯存。小獵犬號還載了四隻只有幾英寸長的龜寶寶當做寵物，達爾文給其中三隻取名為湯姆、迪克和哈利，第四隻的名字不詳。達爾文在聖地牙哥島採集到湯姆，費茨羅伊船長在埃斯巴尼歐拉島抓到迪克和另一隻小龜，哈利則是由達爾文的僕人，十九歲的席姆斯．科文頓（Syms Covington），在弗雷里安納島捕獲。在小獵犬號回返英國的這一年，那些小陸龜長了約兩英寸，都住在達爾文艙房的一個箱子裡，而牠們的長輩則一隻接著一隻被取出內臟，料理給船員吃。

雖然弗雷里安納島的副總督告訴達爾文每座島的陸龜都截然不同，一眼就可辨別，但一直到小獵犬號上的最後一隻成龜被吃下肚，達爾文仍不知如何區分。而那四隻幼小的俘虜則要到四十年後才會出現可供研究的成年形態。回到英國約三個月後，達爾文帶著他的小訪客到大英博物館

---

⑨ 作者注：寂寞喬治於二〇一二年六月五日在圍場裡死於心臟病，使厄瓜多總統拉斐爾．柯里亞（Rafael Correa）在全國演說中向這隻驟逝的陸龜致哀。雖然寂寞喬治始終未成功繁殖，但聖地牙哥動物園保育研究院「凍物園」（Frozen Zoo）的科學家在喬治死後立刻低溫保存牠的一些組織。也許有朝一日，可複製出第二個寂寞喬治。

給一名爬蟲類專家檢查。但那些烏龜之後的遭遇無從確知。澳洲至今仍流傳一個故事：在明白英國的氣候不適合那些小烏龜後，達爾文最後把其中三隻，湯姆、迪克和哈利給了前小獵犬號高級船員約翰．克萊門斯．威肯（John Clemens Wickham）。威肯即將去晴朗的澳洲退休，主動提議要把烏龜帶過去。最後，據說湯姆和迪克一直活到下個世紀，才在圈養中死去。哈利（其實是母的後改名為海莉）則繼續活著，最後輾轉來到已故電視名人史提夫．厄文（Steve Irwin）經營的澳洲昆士蘭動物園。海莉二〇〇六年在園裡過世，從傳說中達爾文採集到她，又活了整整一百七十六年。那時，達爾文已逝世一百二十多年，但已為世人留下他的演化概念，和他採集的其中幾隻陸龜。

❖

一八三七年一月中，達爾文已回到英國三個月，已將採集到的哺乳動物和鳥類送交動物學會，而為他那些沒好好歸類的加拉巴哥鳥類樣本擔心得要命。不過一星期前，達爾文才把鳥類樣本交給倫敦博物館的頂尖鳥類學家約翰．古爾德（John Gould）。一開始檢視，古爾德立刻對加拉巴哥鳥類不尋常的特徵大感驚奇。六天後，一月十日，動物學會召開其例行的雙週會議，而年輕博物學家查爾斯．達爾文最近帶回的奇特品種，馬上成為會議焦點。倫敦《晨鋒報》（*Morning Herald*）的一名記者參加了會議，渾然不知他即將發送的小故事，有一天會成為一項偉大發現的注腳：

> 動物學會在週二晚間舉行例行會議……桌上有達爾文先生帶回來，龐大的哺乳動物和鳥類採集樣本的其中一部分，他在小獵犬號的前一次遠洋考察，自費以博物學者的身分隨船，唯船費由政府支應。其中哺乳類有八十件，鳥類有四百五十件，包括一百五十個物種，其中許多在歐洲無人採集過……數個哺乳類物種由瑞德先生（Reid）解釋：有一個貓屬的新變種，名為F. Danvinnia，還有數種負鼠。〔鳥類學家〕古爾德先生則負責描述達爾文先生從加拉巴哥群島帶回的十一個物種，那些全部都是新……〔物種〕，在英國皆前所未聞。[29]

結果，那十一個加拉巴哥鳥種全都是雀，但都是古爾德或其他鳥類學家沒見過的種類。一月底，古爾德又在達爾文採集的樣本中鑑定出兩種雀，於是總數達到十三種。古爾德接著檢視了達爾文的嘲鶇。達爾文相信那些是同物種的四個不同變種，但也不敢肯定。古爾德很快鑑定出四件樣本中有三件不是變種，而是不同的物種。幸好達爾文有按照發現牠們的島嶼來標示。在古爾德的協助下，現在達爾文可以依據這些嘲鶇的棲息島嶼逐一列出種名，全都是科學新知：

Orpheus trifasciatus（弗雷里安納島／弗雷里安納嘲鶇）

Orpheus melanotis（聖克里托巴爾島／聖克里托巴爾嘲鶇）

Orpheus parvulus（伊莎貝拉和聖地牙哥島／加拉巴哥嘲鶇）

顯然達爾文已經明白，他造訪過的一些島嶼似乎都有自己類似但獨特的嘲鶇物種。但為什麼會這樣？上帝為什麼不在群島創造**一個物種**就好？為什麼要創造三個類似但不同的物種呢？

這會兒，已完成雀類鑑定的鳥類學家古爾德問了達爾文一個明顯不過的問題：**這些稀奇的雀來自哪些島嶼**？達爾文就是在這時翻閱他的筆記，發現自己犯下的嚴重錯誤。如本章開頭所述，困窘不已、亟欲改正錯誤的達爾文很快傳了信息給小獵犬號其他三位也有採集樣本的船員：費茨羅伊船長、費茨羅伊的乘務員、達爾文的僕人。在他們交出採集樣本後，達爾文擔心地徹底搜索，比對船員和他自己的樣本，盡力判別他的雀來自哪些島嶼。可惜他想找的資訊常不敷所需，他只好胡猜。最終，後續科學家花了數十年光陰才鑑定出「達爾文雀」原產於哪些島嶼。但儘管達爾文搞得一團糟，他顯然了解，加拉巴哥的雀看似和嘲鶇循著同樣的模式：每座島有自己獨特但相似的物種。可惜他有生之年始終缺乏精確的數據來證實這種推測。

對這位年輕博物學者而言，古爾德為其鳥類樣本所做的分類無疑是個轉捩點；那將永遠改變他對物種可變性的思維。這會兒古爾德告知達爾文，他在加拉巴哥群島採集的二十六隻鳥，有二十五隻是科學的新發現。事實昭然若揭：加拉巴哥群島的棲息生物，大多（超過九成的爬蟲類、五成的陸域鳥類和四成五的高等植物）**是地球其他地方找不到的物種**，不過全都和在鄰近南美洲發現的物種有親屬但截然不同的關係。這個消息讓達爾文大吃一驚，他後來寫道：

我做夢也沒想到這些相距五、六十英里，大多可望見彼此、由一模一樣的岩石組成、氣

> 候十分類似、隆升至相近高度的島嶼，竟然住著〔如此〕不同的居民……但我或許該感謝自己取得充分的資料，而能在有機生物的分布上確立這個值得注意的事實。[30]

達爾文在這段話中沒提到的是，其實，至少就雀而言，他個人並未「取得充分的資料」來確立這一類的事。他反倒不得不去仔細查看其他三名船員的採集。這是因為在那趟將近五年的航程中，達爾文完全相信上帝創造了不可改變的物種。這種根深柢固的信念讓達爾文**看不見**，至少在加拉巴哥群島上看不見物種可以改變的證據：一個物種可能透過自然力而非上帝之手，轉變成另一個物種。

既得知加拉巴哥群島擁有數量超乎尋常的獨特物種，也吸收了其他分類學家提供的資訊，四個月後，達爾文買了一本新的筆記本，打開封面，提筆小心在第一頁寫下標題：

物種演變的筆記本

這時，達爾文在那次航程（特別是從加拉巴哥群島）蒐集到的證據已使他相信，自然一定能夠以某種方式鍛造新的物種，否則無法解釋他近來在加拉巴哥群島和世界其他地方見到的一切。一如他不再認定《聖經》的大洪水確有其事，達爾文現在了解物種並非像《聖經》所暗示的那般**不可改變**。兩千多年來，西方世界大多相信是上帝創造了動植物種，而那些物種永恆不變；現在達爾文開始懷疑，一定有不同的力量以某種方式主導了物種的起源，而那個過程必定和不斷變遷的環境有某種關聯。打開筆記本、第一次草草寫下對這個主題的看法時，達爾文才二十七歲，而他得再投入二十二年孜孜不倦的思考、實驗和研究，才能以書本的形式發表第一套可以解釋新物種可能如何形成的機制，即物競天擇。

雖然達爾文始終無法用他採集到的雀做為支持其理論的證據，但他**確實**能夠推論：一定有某一共同遠祖的雀種在很久以前來到加拉巴哥群島，而這些同物種的小鳥最後散布到棲息地略有不同的島嶼。就像前文所述喙長兩英寸的蜂鳥會在無意間透過物競天擇「適應」本身的棲息地，那些雀也經歷物競天擇的過程。後來，不同的島嶼環境已大大改變雀原本的外型，導致在達爾文到來時，已經分不清楚有些後代**到底是不是雀**了。很久很久以後，一如達爾文懷疑但始終缺乏佐證的，這些雀將被提出來做為「達爾文」演化論的經典範例。

在一八五九年、他五十歲時發表的《物種起源》中，達爾文提到他在加拉巴哥島上的時光，並這麼回憶他年輕時偶然遇見的鳥類：

> 對我們而言關於島上棲居生物最驚人但重要的事情，是牠們跟最近島嶼的生物非常相似，卻不屬於同一物種。〔在〕加拉巴哥群島……幾乎每一種陸地和水的產物都明顯承載著美洲大陸的印記。共有二十六種陸域鳥，其中二十五種被古爾德先生列為與眾不同的物種，照理是〔上帝〕創造的，但牠們又和美洲的物種在每一種特徵，無論習性、姿態和語調上，

明顯類似……看著這些位在距大陸數百英里外太平洋火山島上的棲居動物，博物學者卻覺得自己站在美洲陸地上。為什麼會這樣呢？為什麼這些理應是在加拉巴哥群島上被創造的物種，會跟在美洲創造的物種有如此類似的特徵呢？

島上沒有任何一種生活環境，不論地質性、高度和氣候、或數種生物混居的比例，和南美洲沿海相近：其實上述層面都有顯著的差異。另一方面，加拉巴哥群島和〔非洲〕維德角群島（Cape de Verde Archipelagos）的火山土壤性質、氣候、高度和島嶼面積都相當類似；但兩者的棲居生物卻南轅北轍！

如同加拉巴哥群島的棲居生物與美洲相近，維德角群島的生物也與非洲相近。我相信這個重大的事實無法用〔上帝〕獨力創造的尋常觀念來解釋；我的觀點是，加拉巴哥群島顯然可能接受了從美洲來的生物，也許是經由交通傳播，或者群島和大陸曾經相連，維德角則接受了非洲來的生物。而這樣的外來生物容易發生變異，遺傳的原理洩漏了他們原本的出生地。[31]

達爾文認為，既然非洲的維德角群島和加拉巴哥群島環境的同質性比兩者各自和鄰近大陸來得高，為什麼上帝不把祂為加拉巴哥群島創造的物種放在維德角群島上（或者反過來），而要為兩者創造迥異的新物種呢？偏偏加拉巴哥群島的物種又顯然與美洲大陸的物種關係相近，維德角群島的物種則明顯與非洲大陸相近。所以，毫無疑問，唯一的解釋是：兩個島群起初皆由來自鄰近大陸的生物居住，而後那些最早棲居的生物以某種方式演化成全新但相近的物種。

歷經超過二十五年的反芻，達爾文在《物種起源》的最後一段寫下他對他這個奇妙而可變的世界，也就是他剛介紹世人認識的世界，最後的感言：

凝視一道雜亂的〔河〕堤，一道覆蓋著各式各樣的植物、鳥在灌木上鳴唱、各種昆蟲飛來飛去、蟲子爬過潮濕土壤的河堤，思考這些精心建構、彼此截然不同又以極其複雜的方式相互依賴的形體，是怎麼被在我們身邊起作用的〔自然〕法則創造出來，是很有趣的事……因此，從自然界的競爭、從饑荒和死亡，我們所能想像最崇高的物體，也就是高等動物的繁衍，都直接遵循那些法則。這種生命觀何其宏偉，它的數種力量最初被造物主注入多個或一個形體之中，而在地球依循萬有引力定律旋轉之際，它使一個簡單的開端形成無數最美麗、最奇妙的形態，而且還在演化中。32

「所以，你讀過這本書了嗎？」老先生問我：「《審判達爾文》？」

晚上了，他來伊甸號的甲板跟我作伴。我們仍繫泊在聖克魯茲島的阿約拉港外。稍早，我們已在薄暮中搭佐迪雅客（Zodiac）充氣艇返回船上、經過點著黃燈、來自世界各地的名稱印在尾端的船隻。天色已呈深深的靛藍，水上計程車在船間穿梭，載船員往返鎮上。暈黃的燈光映著桅杆和船身的黑色輪廓，很容易想像小獵犬號也泊在這裡，穿著束褲的查爾斯・達爾文在甲板上伸懶腰、打呵欠，採集了一整天，倦了，也可能正在把玩他新覓得的寵物龜，準備就寢。

「有，讀過一些，」我告訴他。

「你覺得怎麼樣？」

瑞秋出來加入我們，拉了張椅子，眺望閃爍的燈火。

「那是律師寫的，而律師不是演化專家。」我回答：「律師也不見得想追尋真相，律師只想贏得訴訟。如果隱匿證據能幫他們勝訴，他們就會隱匿，若合於目的，他們不惜將之毀棄。」

老先生反駁：「但**他的論據**相當有理！演化論不合科學！」

我很早就知道，世上有各式各樣的宗教信徒。有些人，就像這位老先生，相信宗教文本的字面詮釋，小獵犬號的費茨羅伊船長也是如此。有些人則相信演化固然存在，但上帝創造了演化的法則，並以極繁複而迂迴的方式運用演化來創造我們推定的最後成品：人類。《審判達爾文》的作者，開頭就自稱基督徒和「哲學一神論者」就屬此類。近代天主教會和多數猶太教及穆斯林的神學家也是這一類。就算目前已有排山倒海的證據支持達爾文的演化論，多數宗教仍退回造物主身邊，指出不管科學發現什麼，宇宙和宇宙裡的原始生命都是上帝創造。也就是說，上帝的本意就是最終「創造」出我們所知的這個世界，而這個過程最終促成人類的出現。

一八七八年，即達爾文出版《物種起源》十九年後、死前四年，英國國教牧師愛德華·普西（Edward Pusey）在佈道時抨擊達爾文的理論，內容後來刊登在倫敦《衛報》（*Guardian*）。一個朋友寄了一份給達爾文，而已經上了年紀的達爾文（現在就像後世永遠懷念的那位留著一把白鬍子、皺著粗眉毛的一流科學家了），在倫敦郊外的火車站等火車時寫了以下回覆：

親愛的先生：

我剛瀏覽了普西博士刊出的佈道文……但在我看來不值得關注。一如我從未回答非科學家提出的批評，我也不願（這封寫給你的信）被刊登出來……普西博士誤以為我寫《物種起源》和神學有關。我以為用心讀過這本書，特別是緒論前幾行的讀者，都了解這點。我詳盡說明了這個主題是怎麼在我腦海浮現……我可以補充說，許多年前，在我為《物種起源》蒐集事實時，我對於所謂位格之神的信仰就像普西博士一樣堅定，至於物質之永恆，我也從不煩惱這種無法解釋的問題。

總有一天，普西博士的攻擊將被世人對演化的信仰所阻滯，就像五十年前神學家對地質學的狠毒攻擊，或更早天主教會對伽利略的攻擊，因為一旦大眾對任一主題有了共識，他們總是夠睿智，會信從科學的觀念；現在生物學者幾乎一致認同演化之事，儘管對於演化方式，例如物競天擇和外界環境的影響有多深遠，或是生物是否與生俱有某種神祕的追求完美傾向，仍有相當大的歧見。[33]

查爾斯・達爾文敬上

（一八七八年）十一月二十八日

達爾文最清楚描述本身宗教信仰的地方，也許是在身後出版的自傳中：「一切事物起源的謎，是我們無法解釋的。」他寫道：「起碼我甘於當個不可知論者。」[34]換句話說，達爾文以科學優先，但也保留空間給上帝存在的可能。他就是覺得宇宙的起源很可能超越人類的智力，超越他的智力，就像牛頓的微積分是螞蟻或他鍾愛的甲蟲無法理解的。

「你覺得為什麼你我會長得不一樣呢？」

「為什麼我們看起來會跟黑皮膚的非洲人不一樣呢？為什麼我們不會更相像一點？」我問老先生，繼續我們的對話。

「我們都是亞當和夏娃的孩子。」他說：「而上帝是用同一滴血創造所有種族，」他引用《聖經》：「創造所有住在地球表面的人類。」

「既是如此，為什麼你是**亞洲人**，我是**白種人**，還有些人是黑皮膚的呢？」

「**你認為呢**？」他反問。

「因為六萬五千年前人類離開了非洲。」我說。老先生開始搖頭，但我還是繼續：「我們有些人往北走，那裡沒什麼陽光，而我們需要皮膚製造維生素Ｄ，所以我們的皮膚逐漸變白。有些人留在豔陽高照的非洲，維持黑皮膚。有些人到了亞洲，那裡的環境也不一樣，所以那些人也發生變化。那時我們的人口很少，而我們彼此斷了聯繫。我們無法混種雜交，就像加拉巴哥的陸龜。地理環境隔開了我們，彷彿我們都住在孤島似的。這裡原生的雀花了數百萬年演變成十三個不同的物種，我們離開非洲不過六萬五千年，**瞧我們改變了多少！**我們成了**不同的種族**，就像原生的加拉巴哥陸龜演變成不同的亞種。最後，如果時間夠久，那些陸龜也會形成不同的物種。」

老先生繼續搖頭。

他說：「不，我不相信！你沒有給上帝位置。」

「你知道哈比人（hobbit）的故事嗎？」我問：「住在印尼島上的矮小人種？」

他搖搖頭。

「將近十年前，有人在印尼一座島上發現身高只有三英尺的人種。他們使用石器，大約在一萬年前絕種。那就跟這裡的雀一樣，一群人最後來到一個小島，斷了與世界其他地方的聯繫，生活在截然不同的環境，漸漸改變而形成截然不同的物種。」

老先生看看手錶，站起來。他仍頻頻搖頭。他向我們道晚安，客氣地謝謝我們在航遊期間的陪伴。

他親切地握了我的手，然後凝視我。

「**我們不是猴子變來的**。」他說。

「恕我不能同意。」

「好吧，晚安。」搖著灰白的頭，他慢慢走開。

瑞秋跟我仍在甲板上，為閃爍的燈光和聖克魯茲這座有兩百萬歲的火山島的輪廓瞠目結舌。它的根基在我們底下數千英尺，沐浴在洪堡德洋流的餘波。

「回邁阿密以後，妳打算做什麼？」我問。

她平靜地說：「養我的孩子，我不知道是男孩還女孩。但不管發生什麼事，一切都會迎刃而解。」

「都是天意？」我問。

她笑了。

「B'ezrat Hashem。」她用希伯來文回答。

「都是天意。」

第三章
安地斯山之死：光輝道路領導人阿維馬埃爾．古茲曼被捕（秘魯）

既明白必須先將舊的夷為平地，才能建立新的事物，他們又更熾烈地相信：未來必有新的人生、新的秩序。他們對嶄新千年的大聲疾呼，充滿對所有現存事物的恨，以及對世界末日的渴望。[1]

——賀佛爾（Eric Hoffer），《狂熱分子：群眾運動聖經》（*The True Believer*）

哲學家僅只解釋世界……重要的是改變世界。[2]

——卡爾．馬克思，《費爾巴哈論綱》（*Theses on Feuerbach*, 1845）

革命不是請客吃飯，不是做文章，不是繪畫繡花，不能那樣雅致，那樣從容不迫，文質彬彬，那樣溫良恭謙讓，革命是暴動，是一個階級推翻一個階級的暴烈行動！[3]

——毛澤東

從民眾拿起武器推翻舊秩序的那一刻，反動勢力就會試圖摧毀、破壞和消滅鬥爭……我們現在看到了，而未來會見到更多，直到打敗過時的秘魯政府為止。[4]

——光輝道路領導人阿維馬埃爾·古茲曼，一九八八年

一九八七年五月

兩名國民警衛隊員（Guardia Civil），包含一名下士與一名警員，正搭巴士連夜行經秘魯安地斯高山區，光輝道路（Sendero Luminoso）游擊隊的地盤，就在這時，大圓石忽然在頭燈中出現。兩名隊員都作平民打扮，帶著偽造的平民身分證——於警戒區執勤的警察通常都是如此。兩人當然知道路障的意思。車外槍聲大作，然後一個聲音命令司機打開車門。下士迅速移動到一個帶著孩子的女人旁邊，伸手環抱她。「說妳是我妻子。」他低聲說。警員則躲到車子後面去。

武裝游擊隊員上車，他們戴著黑色的滑雪頭罩，開始拿手電筒檢查文件。他們來到下士這裡，查看他的資料，不疑有他，繼續往前。就在快檢查完畢之際，他們發現了巴士尾端，躲在一張椅子後面的警員。

「你是警衛隊的對吧！」游擊隊問。警員害怕得說不出話，只能點頭。他馬上被帶出去。

在阿爾蒂普拉諾高原（Altiplano）的凜冽中，孤單的警員和游擊隊員站在外面，巴士準備離開。下士座位旁的車窗開著。

驚恐的警員忽然對他大叫，要他趕快下車，光輝道路的游擊隊員趕緊修正錯誤。

一天後，兩名警衛隊員被發現橫屍在一塊兒。

❖

我在一九八六年第一次來秘魯利馬。到機場時正值午夜，而當時，光輝道路的游擊戰正如火如荼。秘魯政府才剛在首都實施從晚間十點到清晨五點的宵禁。在那段期間，除了偶有軍卡巡邏或單部坦克停在街角人行道觀望，城市街道空無一人。軍卡裡坐著戴黑色滑雪頭罩的士兵，手裡的M1步槍指著街上。唯獨持有安全通行證的市民可以在宵禁期間外出；沒有通行證一律逮捕。如果有人試圖逃跑，軍警通常會開火。每天早晨，當薄霧籠罩哀傷的城市，冷冽的長浪拍打城市下方的海岸，利馬的居民一覺醒來，會在報紙頭版看到一篇有關汽車或計程車的報導。那些車子載滿派對結束欲返家，無可避免碰到宵禁而沒有通行證的狂歡者。報導總會包含一張汽車的照片：車窗被轟破，乘客死亡。就我讀過的報導，沒有一輛車子載有游擊隊員。

這天晚上，當我從位於利馬市外的機場搭車穿過一圈圈圍繞利馬的貧民窟，街道冷冷清清。我們的載客廂型車在天線掛了一面白旗，表示它有安全通行證。我們沿途經過一卡車一卡車的士兵，他們呆板的綠色制服被街燈灑下的黃光照亮。士兵透過黑色頭罩的眼孔盯著我們瞧。戴頭罩是為了讓光輝道路認不出誰是誰，避免日後遭到報復。但這種衣著卻讓他們看來宛如已死的幽靈騎兵在城市巡邏。

「他們會對任何東西開火，因為怕被攻擊。」我身邊的中年秘魯人邊搖頭邊說。

他指的是被光輝道路游擊隊攻擊。那場運動從安地斯高地發動，已像擴散迅速的癌細胞蔓延秘魯廣大的山脈，進入低地。在一九八〇年發動游擊戰後，光輝道路最近開始包圍、滲透秘魯的最高榮譽：首都利馬，也是秘魯三分之一人口居住的地方。

在我到達之際，秘魯和秘魯居民正經歷類似《變體人》（*Invasion of the Body Snatchers*）的場景。整個國家宛如夢遊患者一般躺著，一邊抽搐、一邊試圖抵抗游擊運動日益嚴重的滲透，而游擊隊的藤蔓將受害的軀體纏得愈來愈緊，破壞安地斯高處的高壓電塔、癱瘓國家遼闊的長形土地、逐漸將說克丘亞語（Quechua）的平民變成說克丘亞語的游擊隊員，「清算」警察、市長和政治人物等政府代表，在他們腦袋留下彈孔，慢慢將秘魯的身體一個細胞接一個細胞、一層膜接一層膜地換成它自己的組織構造。

眼看光輝道路勢不可擋，秘魯政府召開愈來愈絕望的會議，最終放任軍隊在安地斯山區為所欲為，展開大規模種族滅絕。但癌細胞繼續擴散。軍方無法分辨說克丘亞語的農民和說克丘亞語的游擊隊員，只好開始用槍桿子和嚴刑拷打掃蕩各個村落。在此同時，光輝道路的攻擊卻更加猛烈而老練，範圍繼續擴大。政府的反游擊策略顯然失效。

我在秘魯的第一年，有很多天晚上，整個利馬忽然陷入黑暗，這是在向市民傳達一個信息：

安地斯山的游擊隊又炸毀一座高壓電塔。我很快學利馬民眾儲備蠟燭，隨時準備點幾支在燭光下工作，而電力在幾小時後一定會恢復。一如利馬其他七百萬居民，我會在軍事宵禁期間待在屋裡。只有幾次我三更半夜人還在外面，那時我會小心走在無人街道的暗處，直到平安抵達家門。

甚至到了一九八〇年代後半，也沒什麼人真的知道光輝道路是哪些人，又為什麼發動戰爭。游擊隊員固然不吝於引發爆炸，卻沒有發表聲明。他們不像其他游擊團體會發布公報。他們只管幹他們的事，選擇性地殲滅阻礙他們的人，發展一套只有他們自己清楚的計畫。

偶爾，城市和村莊的牆上會出現粗紅的塗鴉，像是：「發動人民戰爭！」或「秘魯共產黨萬歲！」在一九八〇年開戰那天，確實有些利馬居民一早醒來，看到街燈吊著死狗。沒有人知道那打算傳遞何種訊息，不過那些被細繩盤繞的狗，怎麼看都不是好兆頭。

光輝道路的重要謎團之一是它的創建者，一位名叫阿維馬埃爾·古茲曼的前哲學教授。雖然古茲曼早在一九七九年就已從眾人面前消失、轉入地下，據信他仍是黨和戰爭的領導人。有人相信這名白皮膚、體格粗壯、戴黑框眼鏡的男人住在秘魯偏遠地區；有人認為他住在鄰國；也有人認為他死了。同樣地，關於參與運動的分子，除了似乎有很多人說印加古語克丘亞語，且大多來自安地斯山區外，世人幾乎一無所知。

不過，從查獲的文件可以慢慢看出，這項運動的意識型態並非土生土長，而是毛澤東思想。光輝道路顯然試著仿效中國領導人毛澤東發動文化大革命的先例：那旨在國內肅清異己，最終奪走一百多萬人命。有些被捕和拷問的光輝道路囚犯供出他們的毛派策略和目標：先占領秘魯鄉間，再包圍、占領城市。慢慢地，秘魯的警方和軍方逐漸意識到，隨著政府在安地斯山宣布的警戒區愈來愈多，城市遭受的攻擊愈來愈頻繁，這場怪異的秘魯毛派游擊運動已堂皇進入其策略的第二階段：占領與奪權。

一九八九年，也就是我到秘魯寫作及從事人類學研究三年後，一個記者告訴我，秘魯政府守口如瓶的一大祕密是，約有兩百名光輝道路游擊隊員，男女都有，正囚禁於坎托格蘭德（Canto Grande）監獄。我朋友說，這些囚犯其實已破壞牢鎖，掌控監獄的某些部分。愈來愈好奇那些游擊隊員是何模樣，以及這個國家正往哪裡去，我認為要深入了解這項運動唯有一途：拜訪牢裡的游擊隊員。

❖

那天是一九八九年四月三十日星期天，我站在坎托格蘭德高牆外，排成一列的訪客中。那座戒備森嚴的監獄位處首都東北部荒涼的貧民窟裡。

「小心選擇你要進的獄區。」在監獄牆外排隊時，一位老先生熱心地告訴我。他伸手做了個扭絞的動作，往前一刺（被刀殺或被搶的手語）然後蹣跚離開。殺人犯、強暴犯和竊賊囚禁在某些區塊；被歸為政治犯的光輝道路游擊隊，則被關在其他兩處。

戴貝雷帽、穿紫色制服和皮革叢林靴的共和國衛隊（Republican Guard）在我上臂蓋了好幾個紫色和金色的章，再印上一串數字。排隊民眾一一被仔細搜身；然後我們穿過幾道牆、經過六個檢查站，來到八大獄區的所在地：每一區都高四層樓、有裝了鐵欄的狹窗，排成半圓環形。柵欄的空隙伸著手和臂膀，那些人都是深受貧窮所苦的秘魯社會的惡徒。

每一獄區的前面都站著兩名衛兵。他們的職責是清點訪客人數、確定進去的人和出來的一樣。衛哨象徵國家秩序管轄的最後堡壘。在監獄裡，掌控一切的是囚犯。

既然囚犯早就破壞了牢房的門鎖，他們可以任意在獄區裡閒逛溜達。衛兵很少進來，而這裡由嚴格的叢林法則支配：自製的刀械、武器和毒品相當普遍；幫派戰爭和暴力致死如家常便飯。

此時此刻，我無從得知依性別分別住在兩個獨立區塊的光輝道路隊員，會不會比一般受刑人接納我。根據當地和國際媒體的說法，不大可能。

例如美國政治期刊《國家》（*The Nation*）就說他們是「秘魯難以捉摸的殺手」。法國的《世界報》（*Le Monde*）則說這是：「美洲大陸最狂熱、最神祕的顛覆性運動。」美洲人權觀察組織（America's Watch）也言簡意賅：「光輝道路是西半球迄今出現最殘酷、最邪惡的游擊組織。」

一九八六年六月，光輝道路的囚犯挾持數名人質，在利馬三座監獄同步發起暴動。暴動和社會黨國際（Socialist International）一場會議裡應外合，基本訴求是更好的監獄環境。短暫嘗試協商未果，秘魯總統阿蘭・賈西亞（Alan Garcia）決定採取軍事鎮壓。

接下來發生的事情，或許是史上最殘酷的監獄衝突解決之道。超過兩百五十名囚犯被殺，很多人是投降後被近距離射穿腦門。暴動平息下來，少數生還者被轉送到新設立、戒備最森嚴的坎托格蘭德監獄，誓言為每一個被殘殺的囚犯殺死十名政府官員。也就是我現正進入的監獄。

因為若沒有明確指出囚犯的姓名，訪客就不得進入獄區，我問了管理員，得到一位女性的名字。兩名衛兵打開光輝道路女隊員所在獄區的金屬門，我走了進去，門喀嚓一聲關上，從後反鎖。

在裡面，我發現自己來到一個水泥橫梁在天花板交錯的大房間。每一道梁都用模板印了紅色的標語。「歡迎來到坎托格蘭德的光輝戰壕！」一句這麼寫。「秘魯共產黨萬歲！」是另一句。房間用多面紅色三角旗裝飾，每一面都繡了榔頭和鐮刀。年輕女性在房間裡兜來轉去，她們全都有深色的眼睛和深色的頭髮。

那些女性代表光輝道路的召募策略奏效：在一個階級意識鮮明的社會，光輝道路提供三大弱勢族群（印第安人、女人和年輕人）替代選項，無須再受制於宛如地區疫情且只能聽天由命的貧窮，雖然這是暴力的選項。據估計在這個人口約兩千一百萬的國家，約有兩千到五千名武裝游擊隊，其中超過七成五在二十五歲以下，至少四分之一為女性。

長久以來，光輝道路仰賴秘魯安地斯山區貧窮的原住民農人支援。自西班牙征服開始屢遭剝削，秘魯說克丘亞語的農人是印加帝國的後裔，過去五百年都在狹小的土地勉強維持生計。安地斯山區很多地方的平均壽命只有四十九歲。識字率約五成；而在許多安地斯村落，根本不知自來水、電力和醫療是何物。

多數觀察家同意，五百年來西方的「進步」徒然拉大貧富之間的差距，讓秘魯南部的安地斯山區（光輝道路運動的誕生地和大本營）成為第四世界被第三世界團團圍困的領土。

光輝道路就是在一九七〇年代初期轉入這樣的環境，為常遭忽視且被剝奪公民權的窮人提供替代選項（武裝衝突）和不同的願景（正統的馬列主義—毛澤東思想）。光輝道路的領導人把秘魯視為革命前的中國那般：一個被殖民、半封建的國家，農民長期地位低下，只能為國家惡名昭彰的非印第安菁英創造財富。

在都會與鄉下之間、「帝國主義」北半球與「被剝削」之間，將財富愈益兩極化視為階級衝突無可避免的結果，光輝道路展開為期十年、極有耐心的宣傳階段。現年（一九八九年）五十六歲的古茲曼在一九七〇年創立光輝道路，在他的領導下，該運動的理念是一面建立強大的政黨，一面組織農民的支持基礎。一旦目標達成，他們就會依循毛澤東在中國的成功策略，發動革命的第二階段：武裝鬥爭，先占領農村，再包圍、侵擾城市。

一九八〇年，以古茲曼為首的光輝道路領袖召開會議，古茲曼在會議上化名為「貢查洛同志」（Comrade Gonzalo，Gonzalo 源於日耳曼語 Gundisalvo，意為鬥爭天才），宣布該黨準備「開始拆毀牆垣、迎接黎明」，討伐「資產階級」秘魯國的戰爭開始了。[5]

在坎托格蘭德監獄裡，被混血女子和懸掛的紅旗包圍，我站啊站，站到一個面露微笑的年長女子來找我。她有一頭往後紮成髻的灰髮、穿著毛線衣和長裙。她很容易被誤認為誰的祖母，但她可是秘魯的偉大小說家之一荷西．馬里亞．阿爾格達斯（Jose Maria Arguedas）的遺孀。生於城市、雙親都是麥士蒂索人（mestizo，指歐洲人與美洲原住民的混血），但由說克丘亞語的女僕撫養長大的阿爾格達斯，在一九六九年自殺身亡。很多人將他的死歸因於他無法調解安地斯和西方文化，這個問題至今仍繼續折磨秘魯。他的遺孀希比拉．亞瑞唐多（Sybila Arredondo）被懷疑是利馬市郊游擊隊的一位領袖。

「午安。」她和藹地說：「你想要見哪位？」

我告訴她我想跟黨的代表說話，她點點頭，我便跟著她走出那個房間。十幾二十歲、大多來自安地斯山區的年輕印第安姑娘，用略帶好奇的眼光盯著我瞧。好幾個在我經過時羞怯地笑了。房間外面是一座至少有一千平方英尺大的水泥天井，為高大的磚牆圍繞。光輝道路隊員已拿紅色的旗子綁成一條條長帶子，在院子裡十字交叉。院子正中央立著一根很高的木杆，杆頂綁著一大幅鮮紅的旗幟，旗面繡了白色的榔頭和鐮刀，懶洋洋地在微風中飄動。

高牆上用模板印了醒目的標語：

為世界革命發起平民戰爭！
了解唯有一種思想可解救我們：毛澤東！
唯有一種形式：平民戰爭！
唯有一黨可指揮我們：共產黨！

「何不坐下來？」阿爾格達斯的遺孀親切地問。於是我在一道低矮的水泥牆，兩名「黨代表」旁邊坐下。一位年輕成員隨即端了一盤果汁來，阿爾格達斯的遺孀便禮貌地告退。

我告訴那兩位女性我想問她們一些有關政治、軍事策略和戰略的問題。她們笑著點點頭。但她們想要先知道，我對目前為止看到的一切做何感想。我看了看這兩個服裝整潔的女子、那些旗幟和標語、仔細打掃的天井，想起一般囚犯的臉孔，那些從其他獄區的鐵欄間隙斜眼看我的臉孔。我回答：老實說，我鬆了口氣。

事實上，這些女人的形象，很難跟光輝道路的已知行動連在一塊兒。眾所皆知，光輝道路已在安地斯山區聚攏明顯「站在政府那邊」的農民，拿開山刀和刀子砍死。他們的招牌處決作風之一是讓子彈貫穿後腦勺，或割開反對者的喉嚨，從這隻耳朵割到那隻耳朵。

我看著她們，那兩個二十多歲、褐皮膚、有雙黑色杏眼的姑娘。她們都耐心地前傾身子，面露禮貌的微笑。

「為什麼要殺政府官員？」我問：「你們為什麼要殺害他們？」

其中一人回答：「打破政府的垂直式階層，是取得政權的途徑，我們只是攻擊統治階級結構罷了。」另一個成員往前傾，說：「看看牛奶的價格是怎麼飆漲的，那些官員死不足惜。」

兩位女性的答覆指出光輝道路戰爭一個至關重要的特色：走極端的意識型態。在光輝道路馬列主義—毛澤東思想的世界觀裡，人類嚴格分成農民、無產階級和資產階級三類。你一旦被貼上資產階級「剝削人民」的標籤，這就會遭到專橫地審判、評斷和處死，但在貧苦的安地斯山區可能單純指擁有太多乳牛，或雇用太多勞工。

另一個常被光輝道路列為目標的是國民警衛隊之類的維安部隊。那些衛兵多半是年輕麥士蒂索男性，薪資微薄，且有妻小要養。前陣子，在安地斯山區的萬卡約鎮（Huancayo），幾個姑娘跟兩名站在堤岸前的衛兵打情罵俏，正當衛兵全神貫注，兩個男人突然從他們身後冒出來，直直朝他們的腦勺開槍。當其中一名衛兵倒地，無助地抓住一根竿子，兩個姑娘迅速搶走衛兵的槍枝逃逸，她們其實是光輝道路隊員。

「那麼警察呢？」我問：「為什麼要殺警察？」

「那並非針對個人。」其中一名女子回答：「是針對機構。我們無意針對個人。」

「他們穿著反動分子的制服。」另一個人補充：「一旦當局對他們下令，他們是會殺死我們的。何況，我們需要他們的槍。」

在我繼續問下去之前，我注意到那九十七名女性囚犯大多開始在大廣場那面榔頭鐮刀大旗下排成幾路縱隊，每一名「鬥士」間隔一步。

兩個代表向我告退。介意我跟鬥士的家人朋友一起觀看嗎？今天很特別。她們說，將會有一場演說和一齣四幕劇。在那之後，我可以繼續問她們問題。

一名年輕女游擊隊員充當接待員帶我穿過遼闊的廣場。在一大幅色彩鮮豔的馬克思、列寧和毛澤東壁畫底下，我和大約四十名訪客（大多是囚犯的親人朋友）一起坐在鋪地的毯子上。

那場演說旨在譴責蘇聯和中國的「修正主義」（revisionism），其後演出的劇，則描述一個年輕男子（由女性反串）不顧母親反對加入光輝道路。後來他身負致命重傷被帶回家，卻很高興能為黨和革命奉獻生命。雖然失去兒子，他的母親現在認同他的決定了。

在數名隊員撤走道具、其他一些成員和親友閒聊的同時，我和身邊一群光輝道路女性攀談。

考慮到她們當前的處境，主題自然轉向秘魯的法律。目前，她們說，新扣押的恐怖分子嫌犯可單獨監禁讓特別反恐警察審問十五天。我問審訊的情況。一個穿著她最美衣裳（翠綠洋裝和粉紅色高跟鞋）的矮壯女隊員開始平靜地告訴我她是怎麼被刑求的。她名叫瑪爾達。

瑪爾達說，審問從她到那裡的第一天晚上開始，連續進行十五個晚上。衛兵給她套上黑頭罩，帶她進一個房間，讓她站在中央。她頭被罩著、雙手綁著，約有八名特別反恐警察圍著她，男女皆有。

「他們跟我講話，問我：『妳不愛妳母親嗎？妳背叛她了！妳想要她受苦嗎？』他們知道我一切事情，知道我媽深受風濕等疾病所苦。」她說。

接著他們開始打她的頭、胸和耳朵，特別是有毛髮而看不到毆打痕跡之處。她說他們打她好多記耳光，打到她耳膜都破了。這從晚上七點左右一直持續到十點。

瑪爾達停了一下，這時附近其他三個女隊員頻頻點頭，並表示她們也有同樣的遭遇。

瑪爾達繼續說，在毆打過一輪後，她繼續被迫罩著頭站在那裡不准上廁所，沒東西吃也沒水喝。凌晨兩點左右，衛兵回來。

「他們把我的手反綁在背後，把我吊到天花板上。痛得要命。他們想要我承認我做了某件事，供出姓名和地址。他們把我吊起來訊問我。」

這大約進行一個小時，到她再也受不了為止。事後，有時他們會幫她的傷口塗某種能淡化血跡的藥。

瑪爾達說每天晚上都重複同樣的過程，就在利馬商業區的某個房間進行，距離前西班牙宗教法庭（Spanish Inquisition）或許僅十五條街。瑪爾達說接下來他們想淹死她。

「我全身被捆，綁在一張長椅上，眼睛被蒙住，頭被壓進浴缸。我動彈不得。他們壓住我幾分鐘，然後把我拉出來，我趕緊把水吐掉。他們問我招是不招。」她說，衛兵並未就此罷手，繼續弄到她不省人事。

之後換電擊。衛兵在她身體最敏感的部位釘了銅電極：陰道、肛門、乳房。

「你會忍不住尖叫。」她說，試著用她褐色的手指撫平洋裝的一個皺褶。

她在那裡的十五天，刑求與審訊夜以繼日地進行。瑪爾達說反恐隊員強暴了其他女性，不是一次，而是反覆強暴，輪姦。她說幾乎每個最近被捕的女人都被強暴過。

我問這個方法是否奏效，她們有沒有洩漏情報呢？

瑪爾達說：「一開始有用，但現在，光輝道路太強大了。我們不會違反黃金法則，也就是隻字不提，現在我們大都恪遵黃金法則。」

我站起來，跟那些女人握手，然後目送穿著綠洋裝和高跟鞋的瑪爾達不怎麼優雅地走開。後來我才知道她被控殺害兩名警察。

時間已晚，探訪接近尾聲，我離開女性的區域，走到男性那邊去。

❖

衛兵一關上男性獄區的大門，就有六名年輕光輝道路游擊隊員組成的歡迎委員會迎接我。他們三個一列站在門的兩側，全都面露微笑，這會兒開始齊聲鼓掌，由慢而快。後來有人告訴我這是他們的「革命掌聲」，用來表現有人來訪的喜悅。所有游擊隊員都面帶靦腆、亟欲討好的表情；乍看之下，你會覺得他們是世上最親切友好的人。

我在牆上看到同樣的標語：**為世界革命發起平民戰爭！貢查洛主席萬歲！**用血紅色印得整整齊齊。緊接著我被帶到天井，一名代表陪我坐下來。他自我介紹，說他叫哈維爾。他看起來約三十歲，這是他第二次被捕，前一次在利馬外海埃爾弗龍島（El Frontón）的監獄關了三年。他在一九八六年屠殺事件前不久獲釋，後來那座監獄也關閉了。哈維爾在利馬出生，曾於利馬高政治性的聖馬科斯大學（San Marcos University）修經濟學。

據哈維爾表示，他所知的事物大多是在大學外面學到的。在校內，他說，基本上只學到各自獨立的科目，不曾在像馬克思主義這樣完整的脈絡中學習。他徹頭徹尾相信黑格爾（Georg Wilhelm Friedrich Hegel）的辯證論（dialectical theory），相信馬克思格言的根本正確性。被判處二十年徒刑不得假釋的他，似乎確信光輝道路擁有唯一正確的理論，光輝道路擁有真理。這就是當你和光輝道路游擊隊員交談時，會一再碰到的那種堅定不移的信念；是真正信徒的信念。

「他們說我們自詡彌賽亞，是狂熱分子，這不是事實。」哈維爾開始說：「恰恰相反，我們是對世事有通盤了解的人，了解自原始主義以來的完整歷史進程。如果戰爭像克勞塞維茨說的那樣是政治的延續，只是改採其他手段。」他繼續：「那麼我們應當了解，除了透過武裝鬥爭，沒有其他方式可以取得政權。」

哈維爾說，他們是政治犯，不是一般刑犯。他們的鬥爭是中止飢餓、壓迫和悲慘。恐怖主義，他說，那是反動派的用語，是秘魯政府的詞彙。他們實為「秘魯共產黨人民軍的鬥士」。

我們的對話被一群同獄犯人打斷，他們開始帶著各種樂器列隊，像是吉他、排笛、鼓，然後開始演奏。哈維爾說，每星期天，游擊隊的囚犯和訪客都會唱歌跳舞。當他們奏起第一首曲子：用安地斯民謠重新填詞的《毛澤東萬歲》，他繼續說話：

「控制安地斯山區就等於控制秘魯。」光輝道路已獲得從秘魯安地斯山區這頭到那頭的支持基礎。現在它正往海岸和叢林擴張。

「反動派不可能在這麼大的領土擊敗我們。」哈維爾說：「反之，他們試圖攻擊我們最弱的環節，那就是在這裡當戰爭犯。」

哈維爾提到巴黎公社（Paris Commune）、布爾什維克（Bolshevik）和中國的革命。光輝道路每天都在獄中授課，哈維爾是老師之一。「我們運用歷史法則，歷史是有法則的。」他強調：「如果沒有，歷史為什麼要存在？」

在廣場中央，大部分的男人都跟著排笛，和名叫 charangos 的小型安地斯吉他的樂聲跳舞，臂挽著臂，排成長長兩列。音樂奏得愈來愈強，舞也跳得愈來愈快。哈維爾指著那些男人，他們個個笑容滿面。

「你在安地斯山我們的掌控區看到的情景，就跟在這裡看到的一模一樣！」他說，現在得大聲叫嚷才能讓我聽見他的聲音。「改變這個世界，正確地加以改造，是刻不容緩之事。我們願意奉獻生命！**死後什麼都沒有！**」他看看那些跳舞的人，再回頭看我，他臉上布滿皺紋，多少有點疲倦。音樂幾乎完全淹沒他的聲音，他大喊：「未來兩年內，我們將解決權力的問題！」

當廣場擠滿跳舞的革命者，充斥安地斯笛、鼓空洞粗糙的樂音，我小心緩慢地穿過蜿蜒的隊伍，經過安地斯山目前身繫囹圄的成員。在獄區的樓房裡，哈維爾停在一大幅面向入口的壁畫前。那是一種視覺呈現，且絕對是天啟式的，呈現光輝道路掌權的那天。那描繪了天災地變的秘魯，陷入火海的秘魯。

在壁畫最前端，衝上一座山頭向觀者而來的是三個揮舞機關槍、無聲吶喊的男人，他們代表光輝道路心目中的革命三大動力：受薪階級或無產勞工階級、農民、小生意人或小資產階級。在三人身後湧出千頃巨浪一般手持機關槍的民眾，他們張著嘴，發出無聲但震耳欲聾的怒吼。像獨眼巨人高高在上的是光輝道路的創建人和領導人阿維馬埃爾・古茲曼，嚴厲地皺著眉，留了一頭深色的波浪捲髮、戴粗黑框眼鏡、穿褐色西裝。他的右手舉著有白榔頭、白鐮刀的紅旗，左手拿著一本書，書上寫著：「為世界革命發起平民戰爭！」

哈維爾指著聳立於慷慨激昂的民眾後方、各插一面共產黨旗的三座山丘，它們代表光輝道路已達成的三個革命階段：建黨、發動武裝鬥爭、讓戰事蔓延全國。在畫的背景和側面，熊熊火焰象徵革命氣氛如火如荼。

哈維爾指著吼叫的民眾，咯咯笑了。「大家都在期待。」他說。然後他指出一個一臉憤怒、高舉槍枝的秘魯人。「人人都有武器。」

來到門口，我停步和哈維爾握手，在我們身後，安地斯山的音樂依舊熾烈。「毛澤東說，共產主義需要五百年到一千年才能在世界遍地開花。」哈維爾說：「在秘魯不用那麼久，未來兩年內，我們將確定權力的問題。」

❖

載滿農民的卡車忽然停下，揚起一陣塵土。它差點撞上出乎意料擋在亞納奇卡隘口（Yanaquilca Pass）的一堆大石頭，不到幾秒，卡車就被八名戴頭罩的光輝道路隊員包圍了。這輛卡車正要駛往秘魯南部安地斯山區，阿普里馬克大區（Apurimac）的小城查爾萬卡（Chalhuanca），車上載著農民，但也混了一名扮成農人的國民警衛隊員。

「你是警衛隊的，對吧！」戴頭罩的光輝道路隊員盤問，把那個男人壓在地上。

「我不是。」衛兵否認，他說他家在查爾萬卡，他只是做工的人。

光輝道路隊員半信半疑地檢查衛兵的偽造證件，看來信以為真了。他們向受驚的農民簡短訓示一番，籲求金錢上的「合作」，然後放卡車和乘客離開。

那晚，一抵達查爾萬卡，衛兵立刻向隊長報到。警方調動了一支部隊。

隔天清晨，警方在高草原上一間偏僻的泥磚屋子裡查獲游擊隊。是一名被徵入伍的農民帶他們去的。警方分成兩組包夾房屋，然後大叫，命令游擊隊員出來投降。

房裡鴉雀無聲。公雞啼叫。警衛隊開槍。

屋裡，他們看到八名游擊隊員攤開四肢躺在打翻的早餐碗旁。倒在他們之中的是一名長期用爐火幫他們做飯的老婦。

❖

光輝道路的創建人阿維馬埃爾・古茲曼・雷諾索生於一九三四年，是另有元配的小商人和未婚女傭之子。他的生母曾住在情人位於阿雷基帕（Arequipa）的住家附近，那是坐落在秘魯南部安地斯山區的華麗殖民城市，城裡的大教堂和建築都用白色的火山浮石砌成。古茲曼八歲大時，他的生母決定離開，最終把年幼的阿維馬埃爾留在住利馬海邊的一個兄弟家。實際上，在古茲曼八歲之前，他的母親已經拋棄他了。「我的兒子，好好照顧你母親的孩子。」他的母親在最後幾封信中這麼寫：「因為你是最適合做這件事的人。」換句話說，現在古茲曼得自己照顧自己了。那是他最後一次見到她。[6]

據說古茲曼從小安靜內向、常因私生子的身分被同伴侮辱，但學業表現良好。因為被父母拋棄，沒有兄弟姐妹也沒有朋友，這個小男孩很快學會藉由閱讀逃避現實。他也喜歡聽收音機和看電影。在此同時，古茲曼的父親繼續在阿雷基帕做會計工作，也繼續拈花惹草。他的婚外情最後在和元配生的孩子外，至少造就十個同父異母的兄弟姐妹，且全都是不同女人所生。古茲曼不知怎麼仍和他遙遠的家長保持聯絡，偶爾寫信給他。然後，當古茲曼十五歲時，他一封信不慎落入父親元配的手中。但她不但沒把信撕毀，還反其道而行：邀請她丈夫的私生子去跟他們同住。最後，古茲曼其他同父異母的兄弟都過去了。

在阿雷基帕，古茲曼就讀私立學校，保持低調。他喜歡下棋，喜歡閱讀，也踢踢足球，但通常靦腆害羞，不向他人表達情感。在團體裡，他給人不想被注意、不出鋒頭的印象。誠如他同父異母的姐妹蘇珊娜後來所言：「我第一次見到他時，他〔的舉止〕彷彿認為……〔他父親的〕家人會很失望，彷彿他是人們恨不得掃到一邊的討厭鬼似的。」[7]

一九五〇年，古茲曼十六歲，秘魯正由曼努爾．奧德里亞將軍（Manual Odria）獨裁統治，這時附近一所學院的學生指控院長侵占資金，遂占領學校以示抗議。當市長下令軍方出動坦克攻擊，學生扔磚塊做為回應。其中一名學生，一個年輕共產黨員受了傷，同志把他扛到阿雷基帕中央廣場。一群學生隨即聚集進入大教堂，敲響銅鐘。鎮民開始集結，有些人占領軍營，有些人把一架鋼琴從二樓推落到廣場。然後他們放火燒毀軍營。由於對兩年的獨裁統治倍感挫折，抗議群眾緊接著宣布脫離政府獨立，並選出自己的臨時政務會。於是，一場學生抗議像癌細胞轉移一般，演變成反秘魯政府的暴動。

對這些事件甚為擔憂，獨裁政府迅速出動部隊。軍隊很快包圍城市，然後進軍廣場。抗議群眾派出代表意欲談判，部隊卻開火攻擊。一場屠殺於焉展開，士兵射殺許多抗議人士，並把剩下的打入監牢。示威期間，阿維馬埃爾．古茲曼和家人的住處離事發現場僅幾條街。他後來回憶道：

流了好多血……我見識到人們的奮戰精神……義憤填膺的民眾如何搏鬥，回應年輕人被殘殺之事。我見證他們如何抵抗軍隊，迫使軍隊退回營房，還有軍方怎麼從其他地方調來部隊，只為鎮壓民眾。這起事件……迄今仍歷歷在目。因為在那裡……我了解人民……走上街頭示威抗議時，可以怎麼讓反動分子渾身戰慄，就算雙方實力懸殊。[8]

暴動四年後，古茲曼進入阿雷基帕的聖奧古斯丁大學（Universidad Nacional de San Agustín）就讀。這位戴眼鏡、白皮膚、一頭深色捲髮的年輕人很快遇到他的初戀：鄰近一對教師夫婦的漂亮女兒。古茲曼深深愛上那個女孩。她也為他傾心。然而，不同於古茲曼愛看的好萊塢電影，兩人的愛情故事沒有美滿的結局。那女孩很美，但沒有錢。古茲曼雖是備受敬重的中產階級商人之子，卻是私生子。女孩的爸媽擔心女兒的追求者什麼都繼承不到。於是，在秘魯版的《大亨小傳》（*The Great Gatsby*）中，女孩的爸媽堅決要求女兒提高眼光，挑更好的對象。古茲曼最後一次見到那女孩是在他堂兄弟的婚禮上。女孩跟爸媽一起出席，但爸媽不准兩人碰面。不過古茲曼還是等待時機邀她共舞。兩人在舞池中央跳了一會兒，她的父親不以為然地看著他們。然後那女孩靠向古茲曼，告訴他什麼。據古茲曼的姐妹蘇珊娜表示：「我不確定發生了什麼事，但她突然不跳了，歌播到一半，腳不動了，而他不得不在房間的一端，斯文有禮地離開她……派對結束，他回到自己的房間，看到〔全身〕鏡中的自己，重重踹了一腳，鏡子碎了一地。」[9]那是古茲曼最後一次提到她的名字。蘇珊娜後來寫道：

這個女孩……真的決定了秘魯當前的歷史。那個時候……〔阿維馬埃爾〕還是半個天主教徒，假如當時他們結婚，現在他也許是個富有的律師。他愛她至深，會小心給予她和他們的孩子所需的一切。沒有她，他就有更多時間思考他所謂「人生的不公」。他不再關注自己，不再為自己的安全和幸福著想。有人說他在大學成為左翼分子，但我相信他從小就是如此。索菲亞是唯一可能帶他離開那條道路的人，但她不能，也不願。因為如果她願意，她爸媽的命令根本不重要。唉，人生就是這樣！[10]

雖然未來將領導一場把秘魯撕裂成兩半的游擊戰，古茲曼這會兒心碎了，但迅速癒合。現在他將全副心力投注於法律和哲學雙主修。秘魯仍由奧德里亞將軍掌控，而一如許多大學生，古茲曼加入共產黨，成了由工人和知識分子組成的革命基層組織的一分子。但古茲曼與其他成員不同之處在於，他修習哲學，因此深入研讀過馬克思、恩格斯（Friedrich Engels）和其他德國哲學家。古茲曼二十七歲時拿到博士學位和法律學位畢業。他的雙主修論文標題分別為〈論康德的空間論〉（About the Kantian Theory of Space）和〈資產階級民主國家〉（The Bourgeois-Democratic State）。後面那個標題證實了這件顯而易見的事：古茲曼已成為根深柢固的馬克思主義者。

「這個時代以盛產傑出學生聞名，而他又是其中最好的學生之一。」他的啟蒙恩師，阿雷基帕哲學教授米蓋爾．安格爾．羅德里蓋茲．里瓦斯（Miguel Ángel Rodríguez Rivas）指出。「他是最高水準的理論家。」[11]

現在二十八歲的阿維馬埃爾．古茲曼接受了小城市阿亞庫喬（Ayacucho）哲學教授的工作。阿亞庫喬位於安地斯山區，是秘魯貧窮省分之一的省會，人口約十七萬人。這所地方性大學的學生，上一代大多是說克丘亞語的農民，在周圍鄉村不是自己持有的土地上出賣勞力。在一九六二年古茲曼獲聘之際，也是一批西班牙征服者殘暴攻占秘魯的四百年後，僅千分之一的秘魯人口擁有六成的可耕地，而有四分之一的秘魯人沒受過小學教育，且只有三成的人口上過中學。有高達三成的秘魯人完全不識字。阿亞庫喬（秘魯二十五個大區之一）的情況更糟。身為小資產階級商人之子，古茲曼得以接受高等教育，因此和秘魯鄉村農民的第一類接觸，令他大為震驚。他後來寫道：

> 他們的現實情況讓我開了眼界……阿亞庫喬的農民非常貧窮……我看到人民像奴隸一樣在農場工作，甚至得自己準備食物。我遇到一些人得步行數十公里、自己帶食物去工作。我感覺得出貧窮秘魯農民的困境，他們已經在群體裡苦苦掙扎了好幾百年。但幾百年的時間未能消滅他們。他們仍精力充沛，在逆境奮鬥不懈。他們是這片土地的基石。我了解，農民是秘魯的基石。[12]

那些農家子女不知怎地克服萬難，進入大學就讀，古茲曼很快開始教授他們希臘和德國哲學，特別是他鍾愛的德國哲學家馬克思的哲學。古茲曼無疑對哲學充滿熱情，而他的學生很快發現，他也極具教學熱忱。一如以往，哲學討論幫助古茲曼走出自己封閉的世界。慢慢地，那位年輕教授凝聚了一批支持學生，常進行非正式討論到深夜。他有很多學生最後都在農村學校擔任教職，把從教授那裡學到的東西傳給小教室裡穿涼鞋、說克丘亞語的學生。於是，馬克思的哲學開始像羊毛染色一般，慢慢從大學擴散到阿亞庫喬崎嶇地域的各個角落。

閒暇之餘，古茲曼全心投入秘魯共產黨，且逐步爬升到祕書長一職。雖是奉獻予教學的哲學教授，古茲曼無可避免遇上馬克思邏輯的「殘局」。馬克思寫道：「哲學家僅只解釋世界，……但重點是改變世界。」馬克思分析了歷史和社會，斷定要達成共產社會的「烏托邦」，激烈的革命不可或缺。但馬克思自己大半生都在流亡。因此他進行的革命戰爭是理論性的，而非實體戰。要到馬克思死後，才有列寧和毛澤東發動成功的社會主義革命。

在那段蟄伏於阿亞庫喬（海拔九千英尺的安地斯山區）的歲月，古茲曼逐漸明白，他的天命不再是教書，而是行動，將他深深著迷的哲學付諸實行。對多數學者而言，馬克思的社會演化觀念只是理論，像是：社會必然從原始社會演變成資本主義社會，再演變成共產主義社會。但在古茲曼心目中，馬克思的理論已成為人類發展的**自然法則**。如果「真實信徒」（true believer）的定義是「強烈喜愛某種信仰，貶低現在而美化未來」的人，那古茲曼顯然已是真正的信徒。如同馬克思，古茲曼開始相信有個光明燦爛、不需國家的未來在等著人類，雖然那個未來可能需要槍砲協助才能應運而生。古茲曼後來宣稱：

請記得……唯有修正主義者和機會主義者是悲觀派，無產階級和共產主義者永遠是樂觀派，因為未來是我們的。只要我們堅守我們的路線，那已經被歷史決定了。[13]

古茲曼相信，貧窮之所以在秘魯如此普遍，是因為從西班牙征服者到來開始，資本家擁有一切，並壓迫大眾。因此他推論，消弭貧窮的唯一之道，就是剝奪資本家的權力。然而，從教學專業轉型為革命領導人，必須不計代價，破釜沉舟。畢竟，古茲曼是大學教授，是守法的受薪階級。他是資產階級的一分子。他大可舒舒服服教到退休那一天，以向大批學生傳授他摯愛的馬克思主義為滿足。或許某個學生某天會成為革命領袖，在安地斯山幹出驚人之舉。但從一九六〇年代某個時候起，古茲曼慢慢不再把自己看作大學教授，而是未來的革命領袖。他已經擁有一群學生，他們不僅相信他教的課，更重要的是，**他們相信他**。古茲曼恍然明白，如果他**真的相信**教授的內容，唯一合乎邏輯的結論就是將他的言談，**亦即他的信仰**，付諸行動。

「知識分子能說什麼？」古茲曼後來說，顯然不想跟脫離實際的哲學家站在一起。「……他們光說不練。對那些人來說，好像講講話就夠了……〔但〕言語不管多正確，都可輕易摧毀。」[14]

一九六五年，當古茲曼還在適應阿亞庫喬的生活時，秘魯發生一場暴動。兩支武裝游擊隊在安地斯山不同地區攻擊大牧場和警察哨所。那兩支游擊隊隸屬革命左翼運動（Movement of the Revolutionary Left），信奉切·格瓦拉「一支小型革命武裝團體，即核心點（foco），可贏得在地貧窮農民的支持而發動平民戰爭」的理論。但革命左翼運動主要由利馬的中產階級學生和各行業人士組成，他們不會說克丘亞語，更沒有在安地斯山生活的經驗。秘魯的軍隊配備凝固汽油彈，也聽取美國的反暴動建議，很快就殲滅兩支團體，殺掉他們的領導人。

兩年後，一九六七年，切・格瓦拉親自在玻利維亞測試他的核心點理論，主要仰賴一小支古巴革命團體和一些在一九六五年的慘敗中生還的秘魯人。然而，就像先前以利馬為根據地、中產階級秘魯人組成的游擊隊，切・格瓦拉的勢力連一個農民也募不到。格瓦拉和他的人馬對周遭文化一無所知，也未花時間讓當地人口為武裝戰鬥做好準備。結果就是當地人視這群古巴人為外國人，紛紛向政府告密。一如秘魯攻打游擊隊的戰略，玻利維亞軍隊迅速將格瓦拉部隊從當地人口孤立出來，循線殲滅。對游擊運動興致盎然的古茲曼仔細研究這兩場叛亂的結果，後來不屑地將格瓦拉的早夭行動形容為「週末游擊隊」。

實際上，切・格瓦拉的失敗凸顯了數個古茲曼決意避免的錯誤。顯然，讓了解當地環境和文化的游擊隊成為革命運動的基礎，至關重要。從外植入游擊隊之舉，已證明是場災難。讓在地人口為游擊戰做好準備也很重要，要在開第一槍之前拉攏農民。古茲曼斷言，唯有等當地人口在政治上做好準備，武裝革命才能展開。因此，古茲曼耐住性子，繼續努力在阿亞庫喬地區慢慢散播馬克思思想，確信有朝一日必將開花結果。一九七六年，在大學任教十四年、作育數千學生後，古茲曼辭去大學教職，開始全心策劃他的行動。四年後，一九八〇年，古茲曼在發動戰爭前夕的最後會議上激勵一小群未來的革命者，要他們堅定不移地向前邁進：

各位同志，我們已經來到偉大的攤牌時刻……時候到了……我們將成為歷史的主角：有責任、有組織、有武裝……我們將是最後新黎明的創造者……全球的無產階級和世界的平民百姓、勞動階級、這個國家的人民、黨和它的委員會、基層及領袖：千百年來的偉大行動將在歷史的這一刻達到高潮。承諾攤明了，未來展現了……為了人民，為了無產階級，為了馬克思——列寧——毛澤東的思想，我們被賦予的未來必須由我們的生命實現。同志們，我們付出的努力將贏得斐然成就……未來就在槍砲之中！武裝革命開始了！[15]

不到一個月後，一九八〇年五月十七日，在努力近二十年、謹慎地讓他的學生做好戰鬥的心理準備後，阿維馬埃爾．古茲曼和他的數百名追隨者發動革命。

❖

二〇一一年一月，我在利馬高級地段蘇爾科區（Surco）一家安靜的咖啡館和反恐警察中校班奈迪克托．希梅尼茲．巴卡（Benedicto Jiménez Baca）碰面。直到不久前，秘魯國內外幾乎無人真正知曉阿維馬埃爾．古茲曼是怎麼被逮捕的。或者，如果他們自以為知道，他們其實錯了，因為很多人在事後跳出來搶功勞。俗話說得好：「成功有一千個父親，失敗是孤兒。」最近才披露，現年六十二歲的班奈迪克托．希梅尼茲是真正擒賊先擒王，藉由逮捕光輝道路首腦來打敗他們的策劃者。事實是，歷經三年激烈、高風險的肉搏戰，班奈迪克托才撂倒哲學家出身的革命頭子古茲曼。而一切都在暗中進行。

班奈迪克托高大魁梧，有一頭捲曲白髮、黑眉毛和淺咖啡色的皮膚。在這間嘈雜的咖啡館裡，沒有人認得他，雖然如同古茲曼，他也改變了秘魯近代史的進程。其實，在我於一九八〇年代第一次來訪後，秘魯和利馬已發生深刻的變化。市郊的貧民窟已萎縮，經濟蓬勃發展，最近國際援助組織才將秘魯重新分類為「中產階級」國家，人均所得超過一萬美元。就連有助發動光輝道路游擊戰的阿亞庫喬區也進步了。這一切皆非光輝道路執政、實施共產主義之故，反倒是該運動被擊潰、經濟隨之穩定、戰爭的龐大經濟消耗告一段落的結果。

「一九九〇年的秘魯一團混亂。」班奈迪克托告訴我，從小杯子啜了一口義式濃縮咖啡，蹙額顰眉，聲音低沉渾厚。「政府連用十年同樣的反恐政策，慘不忍睹。光輝道路一年比一年更強。」

在四十八歲的古茲曼發動戰爭之際，班奈迪克托還是二十七歲的警察，才從警察學校畢業四年。但若說古茲曼不是普通的哲學教授，那班奈迪克托也不是平凡的警察。一九五三年出生在秘魯南端的皮斯科鎮（Pisco），班奈迪克托是一個於二次大戰期間逃離歐洲的希臘女性，和黑人秘魯勞工之子。小男孩在一連幾個貧窮的地區長大，就讀專為低收入家庭設置的公立學校，高中畢業後想當工程師。但班奈迪克託付不起大學學費，於是申請警官訓練學校。若被接受，他知道他不僅能繼續接受教育，還有免費的食宿。

班奈迪克托在一九七二年入學，在那裡讀了四年，年年班上第一。畢業後，他被分發到一個待退將軍的聯隊，一年後，將軍問他有沒有需要幫忙的。班奈迪克托立刻回答：他想接受突擊隊員的訓練。年輕警官的答案讓將軍大吃一驚；那就像美國新任警官要求接受海軍海豹部隊（SEAL，即三棲特戰隊）的訓練一樣。但將軍遂其所願，一年後，班奈迪克托完成訓練。在受訓的三十三名學員中，只有十七人順利結訓。直到今天，班奈迪克托仍是秘魯唯一一個完成這種嚴苛訓練的警官。

一九七八年，班奈迪克托被調到一支菁英掃毒情報隊，和美國緝毒局（Drug Enforcement Administration）共事。接下來幾年，他和同事學會耐心跟蹤毒販、找出其關係網，再突擊攻陷整個網絡，拆解毒品交易。這是班奈迪克托永難忘懷的訓練。班奈迪克托在體制內晉升少校時，正任職於反恐警察隊。但他覺得他們使用的方法太過時，讓他綁手綁腳。班奈迪克托向我解釋：「反恐警察在打『被動回應的戰爭』，而非『主動出擊』的戰爭。那和我們緝毒時所用的策略恰恰相反。」

一九九〇年，對光輝道路的壯大和秘魯軍警起不了作用的戰法倍感挫折，班奈迪克托拜會警政首長雷耶斯·洛卡將軍（Reyes Roca）。班奈迪克托提議，如果將軍允准，他將建立一支特別小組，應用他曾在緝毒戰爭中使用的監視技術，只是這一次是針對光輝道路。他說，唯有了解光輝道路如何運作、高層如何領導，才有打敗他們的希望。而唯一的途徑便是開始鑑定和拆解其祕密網絡。班奈迪克托直言不諱：要不將軍允許他開始運用新的技術，要不乾脆把他調走，別幹反恐警察了。

洛卡將軍仔細聆聽。他認識班奈迪克托，也喜歡他。聽完他的說明，將軍點頭了。幾個月後，一九九〇年三月四日，班奈迪克托成立「蓋恩組」（GEIN），秘魯文「特別情報組」的首字母縮寫。不同於秘魯其他警察，他們不逮捕疑似光輝道路隊員的人，改採跟蹤。班奈迪克托和他的探員開始監視嫌犯，追蹤嫌犯去見了誰，還有誰來見嫌犯，由此蒐集關於光輝道路關係網絡的情報。令人詫異地，反游擊戰打了十年，竟然從未運用這樣的戰略。

「游擊隊並非單獨行動。」班奈迪克托告訴我：「他們全都聽令行事，也發號施令。」光輝道路是透過蜘蛛網般的祕密網絡運作，他說，而那張蜘蛛網已遍及秘魯各地。他的特別小組的職責就是找出那張網的一些線段，跟蹤他們。那些線段可望帶領他們來到網的正中心，或許終能讓他們揪出是誰在操控光輝道路。

班奈迪克托認為不必在攻擊後立刻逮捕那些低階游擊隊員，因為那些人隸屬祕密基層組織，被刻意限制在一個小宇宙裡，對宇宙外的事情知之甚少，他的計畫是開始拼湊光輝道路領導階層的組織圖。只要了解光輝道路的組織架構，以及領導人是誰，就可以藉由各個擊破來瓦解組織，而最終目標就是摺倒整個上層結構。

「那時沒有人真的知道光輝道路是誰在運作。」班奈迪克托告訴我：「它的首腦是哪些人，組織架構又是如何，沒有人有線索。一般相信古茲曼是它的領袖，但已經十一年沒人見過他了。在此同時，所有反暴亂的作戰都是『搜索和摧毀』，他們逮捕恐怖分子，問不出情報，便把他們打入監牢。秘魯政府是在亂踢一通，就像身體不經大腦反應那樣。」

秘魯小說家馬利歐．巴爾加斯．尤薩（Mario Vargas Llosa）在一九八四年的小說《阿雷韓德羅．馬伊達的真實人生》（*The Real Life of Alejandro Mayta*）中想像，在可見的未來，一支類似光輝道路的革命團體攻下秘魯的古印加首都庫斯科，下一步就是攻下利馬、奪取政權：

> 在煙霧和瘟疫之中，你可以看人們蜂擁逃出被毀的城市，在破損的路面摔倒，掩住口鼻。死的、重傷的、年邁的、年輕的，仍留在廢墟中……高地上，生還者、父母、傷者、戰士、國際人士，每一個人，幾無幻覺，都聽得到令人焦慮的撕裂聲、熱烈的啄食聲、〔禿鷹〕翅膀淒苦的拍打聲，聞得到駭人的惡臭。[16]

小說出版六年後，也就是一九九〇年班奈迪克托開始籌組小組時，愈來愈多秘魯人相信，巴爾加斯．尤薩的末日情景可能成真。攻擊愈演愈烈。光輝道路的暗殺組在國家首都四處遊蕩，幾乎橫行無阻。電力不時中斷。綿亙不絕的安地斯山區，如今都成了戰區。秘魯就像一個不斷抽搐的身體。

班奈迪克托告訴我：「比起其他機構，我們一開始的資源很少很少。」他的情報小組只分到一小間辦公室，附一把破椅子、一部借來的打字機、一盞掛在天花板上的燈泡。到頭來，那盞燈泡還得拔出來，因為房間沒有開關。幾扇沒有玻璃的窗子都釘著夾板，因此光線進不來。班奈迪克托要二十名探員，只得到五個。他們沒有配車，沒有電話。所有的監視，一開始都要靠雙腳。

毫無意外，這個新單位很快成為其他警察團體的笑柄，戲稱他們為「魔鬼剋星」。畢竟，這個新小組是要跟蹤游擊隊而不逮人的。對其他警察來說，這些「特別探員」似乎一整天都在讀光輝道路的文獻。他們在牆上畫古里古怪的圖。他們常滿臉鬍碴，蓬頭垢面。

但班奈迪克托是有計畫的，而他親手挑選的探員過去都為他效力過，所以皆依計行事。他們要用情報，而非武力，他在第一次會議就這麼告訴探員。他們要學會智取至今比他們聰明的光輝道路游擊隊。他們要追蹤游擊隊的人員，畫出游擊隊的關係圖，在一切準備就緒後，再瓦解那些網絡。他們一星期要工作七天，而非其他警察的五天。他們不會有假期。他們全都要長時間工作。他們的目標，班奈迪克托說是逐步揭露網絡，一邊繞著這個只有一盞燈泡、一名探員坐在唯一一張椅子、其他人都得站著的小房間大步走，直到觸及光輝道路的領導人為止。

「當時我的四個小孩年紀還很小。」班奈迪克托告訴我，一邊敲著咖啡桌表示強調：「我知道如果我們失敗了，就我的判斷，秘魯將不復存在。要是光輝道路掌權，我知道我得帶我的家人流亡了。」

如果你們想要抵達山峰，班奈迪克托一再告訴他的探員，就必須從踏出第一步開始。情報組的「第一步」是很小的一步：追蹤一個班奈迪克托兩年前接獲，但當時什麼也不能做的線索。一九八八年時，一名偵探交給他一封匿名信，信在警察部門傳來傳去，但沒有人認為那重要到需要採取進一步行動。信是一個極度痛苦的母親所寫。身為退休教師的她，對兒子的未來感到憂慮。她寫道，她的兒子是一位優秀的大學生，卻愛上一個她相信是光輝道路一分子的女孩。不管她發多大的脾氣，流多少淚，兒子都不願和那女孩分手。那位母親心煩意亂，擔心兒子也會加入游擊隊，不惜採取極端：安排自己和兒子離開秘魯。但在那之前，她想透露那女孩的姓名給警方：她名叫朱蒂絲．狄亞茲．康特瑞拉斯（Judith Díaz Contreras），住在利馬貧窮的拉維多利亞區（La Victoria）盧尼斯皮札羅街（Lunes Pizarro Street）的四百街區。寫完這封信不久，婦人就帶兒子離開秘魯了。

秘魯警方並未進一步追蹤這個線索，因為他們有更重要的事得處理：他們忙著調查（或反應，照班奈迪克托的說法）林林總總的炸彈爆炸、恐怖攻擊和暗殺事件，沒空調查某人的女友是不是光輝道路的成員。**他們只對攻擊感興趣**，而非潛在的攻擊者。

一九九〇年三月，班奈迪克托的探員追蹤那位母親留下的住址，發現她兒子的前女友朱蒂絲仍跟爸媽住在那裡。他們很快竊聽那家人的電話。在此同時，每當那女孩外出，就會有探員佯裝路人在後跟蹤。每天都有不同的探員跟蹤，然後輪流。剛開始，一切看似正常。那女孩原來是利馬國立農業大學（National Agrarian University）的行政人員。但沒過多久，班奈迪克托的人發現一件怪事。當女孩外出，她的父親常接聽電話，記下給他女兒的指示。指示是肥皂、洗潔劑、牙膏、釘子、螺絲和其他日常用品。而引起探員注意的是，他們從沒見過女孩拿那些東西。於是他們開始懷疑，那些指令是光輝道路的某種暗號。

跟蹤那個女孩並不容易，班奈迪克托的小組沒有配車，更使任務難上加難。不過，開始監視兩星期後，班奈迪克托在技術警察的車庫裡發現一輛故障的福斯金龜車。班奈迪克托問，如果他能把車修好，可否使用那輛車。技術警察答應了。然後他請一個技工朋友免費修理那輛車。現在，特別警察情報小組擁有自己的第一部汽車了。不久後，班奈迪克托搜刮到一部攝影機和兩部笨重的可攜式無線電。跟蹤朱蒂絲的探員可以開始編輯嫌犯的影片了。

朱蒂絲的行動很快帶他們見到第二個嫌犯：住附近的女孩米麗安。跟朱蒂絲不一樣的是，米麗安訓練有素，知道怎麼避免被跟蹤。她常上下擁擠的巴士、走一兩條街、原路折返、然後突然跳上計程車，消失在利馬壅塞的交通中。所幸熟能生巧，漸漸地，探員愈來愈善於跟蹤這兩名嫌犯了。有了可攜式無線電、攝影機和車子，他們開始協調監視活動。如果米麗安離開家、跳上擁擠的巴士，會有一名探員跳上同一輛巴士。其他兩名探員打電話回總部，不久，班奈迪克托就會開著新回收使用的福斯到場。接著那兩名探員會鑽進車裡，三人一起盡其所能跟蹤巴士。

因為探員人數甚少，班奈迪克托的下屬得做各種喬裝以免被認出。他們會頻繁更換衣物和夾克、戴假鬍鬚或小鬍子、戴帽或脫帽，並採用不同的步行方式，一切都是為了不讓獵物察覺。有些探員特別善於偽裝成垃圾工、清道夫或流浪漢，晚上帶著惡臭回到家中，卻不能向妻子解釋自己在做什麼。

一九九〇年六月一日，監視近三個月後，班奈迪克托下令逮捕他們已揭露的光輝道路關係人。

「掀起風暴。」他透過無線電，用他低沉渾厚的聲音說。

這是要探員展開逮捕行動的暗語。

最後，共有三十一名光輝道路的嫌犯被捕，包括秘魯小說家荷西·馬里亞·阿爾格達斯的遺嫞希比拉・亞瑞唐多，也就是兩年前跟我在坎托格蘭德監獄有一面之緣的那位女士。在班奈迪克托的探員突擊的另一間位於富裕蒙特里科（Monterrico）郊區的屋裡，情報小組挖到寶了。在這間兩層樓的屋裡逮捕三名女子後，探員開始搜查房間。

「老大，快點過來！」一名探員迅速用無線電呼叫班奈迪克托。

「發生什麼事了？」他回答。

「快來就是了，我們需要你幫忙！」

一到現場，班奈迪克托便為他們發現的東西大吃一驚。

「那裡是光輝道路的檔案館。」他喝乾最後一口咖啡，告訴我：「有書本、報告、文件，甚至古茲曼的私人藏書。」在樓上一間小臥室，他們見到一張單人床、粗框眼鏡、破舊的男靴，甚至還有治療據說讓古茲曼備受困擾的皮膚病，也就是牛皮癬的藥物。

「就在那時我們知道古茲曼還活著，還領導光輝道路。」班奈迪克托說：「我們發現了他有時會待的巢穴。」

更重要的是，他們破獲的文件讓班奈迪克托得以開始理解光輝道路不尋常的架構，以及那為什麼那麼難以瓦解。當班奈迪克托和他的探員仔細鑽研每一份文件、開始在辦公室的牆上畫組織圖，全局慢慢變得清晰。在光輝道路組織頂端的是中央委員會，由古茲曼和另外十八人組成。在中央委員會下面是幾個中央委員會直接指揮的組織：政治局和組織支援、後勤、宣傳、法律支援等部門。光輝道路在秘魯的每一區都有子部門運作，一路向下延伸到黨最小的祕密基層組織。而阿維馬埃爾・古茲曼不只是中央委員會主席，也是軍事指揮官和組織委員會主席。後者正是籌建「新秘魯民主人民共和國」（New Democratic and Popular Republic of Peru）的組織，光輝道路領導階層已經決定秘魯未來要叫這個名字了。

班奈迪克托明白，光輝道路的架構不凡而出色之處在於，它不僅像「影子政府」一般運作、耐心地顛覆秘魯政府，而且每一個部門和基層組織都有自己的「鏡像複製品」。如果警察或軍方成功肅清光輝道路的某一組織，在那之前，早已有一模一樣的組織形成，準備一躍而起。就像鯊魚的牙齒一旦失去，會立刻被後排的取代，光輝道路已建立一套架構來因應游擊戰的瞬息萬變。如果光輝道路的前排士兵倒下，新的一批已準備好挺身而出。它較大的組織，相當於排甚至團的組織，也是如此。在拼湊其組織架構、對它的順暢運作嘖嘖稱奇之後，班奈迪克托最終發現，光輝道路並非完美無瑕，他已經偶然發現它的組織有一個致命的缺陷。

「中央委員會沒有接替者。」班奈迪克托說，似乎仍對他的發現感到意外。

班奈迪克托告訴我：「我們明白，如果我們抓得到古茲曼和他那幫人，就可以利用一個巨大的錯誤，那就是，**他們忘了給他們自己安排接班人了。**」

✣

一九九二年七月初，在利馬高級的洛斯紹塞斯區（Los Sauces），一間裝潢精美的兩層樓房屋的前門開了，一位蓄了黑色山羊鬍的年輕建築師提著公事包出現，他年輕的妻子，美麗、白皮膚的芭蕾舞者，跟丈夫吻別，送他出門上班後便把門關上。這名年輕芭蕾舞者叫瑪麗莎・蓋瑞多・雷卡（Maritza Garrido Lecca），是利馬出身、二十七歲的中上階級女性，在家中一樓經營舞蹈教室。男人名叫卡洛斯・殷喬斯特吉（Carlos Inchaustegui），三十二歲，畢業於利馬的里卡多・帕爾瑪大學（Ricardo Palma University）。這對夫妻在一起四年了，兩人都沒有被逮捕過，也沒有任何案底。

這位年輕男士走路上班途中，先經過住家附近一間小便利店，再經過同街區的一排連棟房屋，每棟都有一座小花園和裝飾華麗、鍛鐵鑄造的前門。他和妻子都不知道他們最近已被警方監視。一條街外，在一座外觀類似房屋的三樓，一群班奈迪克托的手下已開始監視這對夫妻的屋子，因為他們接獲線報指出兩人是光輝道路的成員，而且可能會和其領導階層聯繫。

當時，班奈迪克托下轄五十名探員，他們的裝備已比兩年前單位草創時來得精良。現在他們有可攜式無線電和電子監視設備，也受過美國中央情報局的訓練，並獲得其財務支援。在一九九〇年六月第一次順利圍捕三十一名光輝道路成員後，班奈迪克托的部下持續有所進展。一九九〇年十二月十九日，小組一舉擒獲光輝道路宣傳部門眾人。一個月後，他們突擊聖博爾哈（San Borja）高級地段的一間房屋，可惜古茲曼已在三天前離開這個藏身處。

「我們愈來愈接近了。」班奈迪克托告訴我：「我們已經盯上古茲曼了，他心知肚明。我們也知道他的根據地在利馬，而非叢林裡或安地斯山區。他就在首都裡面。我們在同一個城市裡貓捉老鼠。」

在突擊古茲曼巢穴的同時，班奈迪克托的部下又發現，關於光輝道路的寶貴情報已裝進紙箱，打算運往他處，但突擊快了一步。在其中一箱，探員在一個小塑膠袋裡發現幾卷錄影帶。班奈迪克托不一會兒便抵達現場，立刻用無線電請求支援攝影機。攝影機一送到，他把帶子放進去，開始在機器的小螢幕觀看影像。播出的畫面讓他大吃一驚。隱匿行蹤十二年後，阿維馬埃爾・古茲曼赫然出現在一連串錄影片段中，在一場派對和光輝道路領導階層（中央委員會）的最高成員共舞。古茲曼現年五十六歲、蓄鬍、體格魁偉、戴粗框眼鏡。他也穿著一件中國風的深色長袍。班奈迪克托凝視螢幕，一語不發地看著古茲曼把一隻手放在頭頂，拱著胳臂，委員會其他成員在一旁觀看，笑著鼓掌。音樂是電影《希臘左巴》（*Zorba the Greek*）的配樂。

「老大，你在看什麼？」一名探員問。[17]

「色情片，名副其實的色情片。」班奈迪克托回答。

「已經十二年沒人見過他了。」班奈迪克托告訴我：「現在他就在這裡跳舞。忽然間我們不只有他的影像，還見到中央委員會其他成員。他們正在慶祝第三屆會議結束。」

隔天，秘魯人一覺醒來打開電視，就看到首次播映的光輝道路首腦阿維馬埃爾・古茲曼的影像，伴著希臘歌曲和其他秘魯同志一起狂放不羈地跳舞。但雖然遭到突擊，光輝道路對利馬的攻擊有增無減。一九九二年七月十六日，一枚汽車炸彈在利馬某高級地區爆炸，造成二十四人死亡、兩百多人受傷，連帶毀壞或損害四百家地方商行。古茲曼刻意增強對首都的攻擊，相信現在他離掌權只差臨門一腳。

「但古茲曼也開始擔心了。」班奈迪克托說：「我們已有一些斬獲，逮捕了一些要員。他知道政府已成立特別小組，而我們愈來愈接近他了。」

檔案資料一被尋獲，光輝道路中央便對所有成員發布警告，要他們加強安全程序、運用這些年來研發的種種反情報措施。每一名隊員都要假設自己正被監視和跟蹤，不可輕舉妄動。

在班奈迪克托的團隊接獲關於那名芭蕾舞者和疑似其丈夫的線報之際，情報小組正在數個不同地區監視多名可疑分子。他們也繼續秉持耐心的方法，先盡量蒐集特定光輝道路關係網的資訊，再「一舉成擒」。一開始，被派往監視那名年輕舞者（他們給她取了「蘿拉」的暱稱）及其伴侶（暱稱「羅洛」的探員），沒看到什麼可疑的事情。那位年輕男士每天早上走路上班，下午走路回家。這段期間，常有年輕舞蹈學生來到家中，跟蘿拉學跳舞。來訪的舞者也被跟蹤，但看來沒什麼反常之舉。與此同時，喬裝垃圾工的探員開始在這對夫妻家（暱稱「城堡」）門前蒐集垃圾。沒什麼奇怪的東西。都是一般同居年輕夫妻會有的垃圾。

由於欠缺人手，班奈迪克托最後下令暫停「城堡」的監視。但他的兩個探員仍相信直覺，繼續監視，也繼續收他們的垃圾。最後，一件不尋常的東西吸引他們注意：香菸。收垃圾時，探員每天都發現八到十根菸屁股。但仔細觀察夫妻倆，卻未曾見過他們抽菸。接著探員又發現另一件事：所有菸屁股都來自兩個品牌：溫斯頓淡菸（Winston Lights）和伊夫聖羅蘭（Yves Saint Laurent）。憑著預感，他們回頭看了古茲曼跳《希臘左巴》的影片。在其中一個片段，他們注意到兩個菸盒。兩名探員仔細盯著畫面，然後互看一眼：一盒是溫斯頓淡菸，另一盒，正是伊夫聖羅蘭。

探員馬上通知班奈迪克托，全方位的監視一夜恢復。不久後的一天，蘿拉外出購物，在未察覺自己被跟蹤之下，把一張揉成一團的紙扔進排水溝。探員隨後把手伸進臭熏熏的洞裡，撿到了那張紙。是某家藥局買藥的收據。探員定睛一看：那是治療牛皮癬的藥。而探員知道，阿維馬埃爾．古茲曼患牛皮癬多年。

隔週，一九九二年九月八日，光輝道路發動的一場夜間攻擊切斷了利馬的電力，讓城市大半地區陷入黑暗。從幽暗房間用望遠鏡監視「城堡」的兩名探員，看著蘿拉點燃家裡一樓的蠟燭。片刻後，二樓的一個房間裡也燃起一根蠟燭。當城市一片漆黑、探員漏夜凝視，一道黑色人影映在二樓房間的薄窗簾上。是個留了一大把鬍子的魁梧男人的側影，站在窗簾和燭光之間，活像幽靈，探員後來這麼說。

「真不敢相信我親眼看到的。」一名探員低聲對另一名說。[18]

❖

一九九二年九月十二日星期六，近晚時分，二十名作不同偽裝的「蓋恩組」密探混進瑪麗莎．蓋瑞多．雷卡和卡洛斯．殷喬斯特吉住家附近的地區。數小時前，兩年半前一手創立特別情報小組的班奈迪克托．希梅尼茲已透過無線電發布暗語指令：「掀起風暴。」但這一次，他的目標不同以往。今天，除非他們的事證分析有誤，或來得太晚，他們可能終於有機會逮捕光輝道路的領袖：阿維馬埃爾・古茲曼・雷諾索。

班奈迪克托說：「我們緊張得不得了。」那天他待在辦公室裡透過無線電聯繫。「我們很多人相信古茲曼身邊隨時有『自殺式護衛』陪同，那些特別的光輝道路隊員已準備犧牲生命來保護他。」

大約下午五點三十分，正當暮色低垂，探員尚未就位完畢，一對不知名的男女開車來到，下車，敲了年輕夫婦的家門。瑪麗莎開門，兩人進入。是他們的偽裝被識破了嗎？探員不禁懷疑。是有人來通風報信嗎？

「等待行動。」班奈迪克托下令，沿用他不破門而入、等候有人進出住宅的策略：更出其不意，也更容易進入。但這種方法需要有探員盡可能接近住宅，因為時機至關重要，常需要當機立斷。

但在那對年輕光輝道路夫婦住的那條相當偏僻、都是住宅的街上，要讓探員接近那棟屋子而不被發現並不容易。在這特別的夜晚，他們決定讓兩位原本就是夫妻的年輕警官，假裝在嫌犯住家旁邊大門敞開的小便利店裡浪漫約會。

那兩名便衣探員，貝西拉（Becerra）和賽希莉亞（Cecilia）點了可樂，站著聊天、卿卿我我，其他探員則緊張地聽著無線電，等待事情發生。古茲曼在屋內嗎？如果在，他身邊是否圍繞著一群持槍的狂熱隨扈呢？沒有人知道。

最後，晚間八點四十分，嫌犯的家門開了。來訪的那對男女走了出來，瑪麗莎和丈夫隨後。貝西拉和賽希莉亞警官立刻離開商店朝屋子跑過去，一面拔槍。就是現在，機會稍縱即逝。他們的職責是強行進入，讓門開著等其他探員抵達。貝西拉二十四歲，賽希莉亞二十二歲。

現在已經有四個人從屋子出來：兩名訪客和瑪麗莎夫婦。四人在屋外圍成一個小圈子，距離敞開的門很近，渾然不知危機降臨。正當他們笑著互相道別，突然看到一個女人持槍向他們衝過來，大叫：

「不要動！我們是警察！你們被逮捕了！」19

四人呆住，轉頭看著拿槍向他們奔來的陌生男女。兩人顯然不像警察。率先反應的是建築師殷喬斯特吉，他撲向貝西拉，抓住他，試圖扭打掉他的槍。芭蕾舞者瑪麗莎則開始尖叫。當兩個男人扭成一團，瑪麗莎放聲大叫，突然爆出一聲槍響。是賽希莉亞——她剛對空鳴槍，而槍聲讓嫌犯凍在原地，貝西拉趁機擺脫建築師，衝向打開的門，留下賽希莉亞監視四名嫌犯。當賽希莉亞大叫要嫌犯趴在地上，貝西拉破門而入，準備隨時開槍。

進了屋裡，年輕警探發現自己置身一個大房間。右邊有樓梯，他立刻飛奔而去，大步上樓。他接獲的命令是守住二樓，即阿維馬埃爾．古茲曼可能藏身的地點。樓梯上到一半時，他看到一個中年女子的臉，從上方一扇膠合板房門的門縫裡匆匆瞥了他一眼，然後迅速把門關上。

來到梯頂，貝西拉用肩膀撞開房門，恰恰來得及看到那個女人從一條走廊閃入一個房間。貝西拉跟上她，舉槍瞄準，然後衝進房間。

房裡，一個體格魁梧、留著濃密鬍子、戴眼鏡的男子坐在一張皮椅上。他身邊站著貝西拉剛剛看到的女人，和其他兩個女人，全都面向這個突然闖入的陌生人。貝西拉拿槍對準那個大塊頭的男人，他站起來。幾個女人開始大叫。

「閉嘴，不准叫！」貝西拉咆哮：「你被捕了！我是警察！」[20]

大塊頭男人愣住，眼睛張得老大。

毋庸置疑：站在貝西拉面前的正是阿維馬埃爾．古茲曼，光輝道路的領袖。

❖

搭巴士從古茲曼被捕的洛斯紹塞斯區高級地段，到比較中產階級、人來人往、沿海岸不規則延伸的喬里約斯區（Chorrillos），要二十分鐘。在利馬的夏季，也就是一月一個晴朗的星期天午後，我在聖塔莫尼卡女子監獄（Penal de Santa Monica）站下車。在內監禁的是前芭蕾舞者瑪麗莎．蓋瑞多．雷卡，在一九九二年九月十二日被捕近二十年後，她仍在獄服刑。被捕那晚，瑪麗莎二十七歲，現在她四十六歲了。四十多名政治犯跟她一起囚禁於此，包括古茲曼的妻子艾琳娜．伊帕拉奎爾（Elena Iparraguirre）和其他兩名女子，這三人都是光輝道路中央委員會的成員，在他們的領袖被捕那晚，試著在他身邊形成保護環。古茲曼本人則單獨囚禁在利馬另一端卡亞俄港的海軍監獄，服無期徒刑，並不得會見訪客。

磚牆、鐵絲網和守衛塔讓囚禁這些女子的監獄，和前方車水馬龍的高速公路，以及穿短褲、T恤從事週末活動的行人呈現怪異的對比。在附近一家超市，我買了一大瓶塑膠瓶裝的洗髮精、一大罐潤髮乳、三條牙膏、四塊肥皂、護膚霜、洗潔劑和一大塊paneton甜糕。然後我過馬路到那棟矮胖、單調、橄欖色的監獄，加入那一列排隊探監的男女。沿著這條大道漫步的行人大都對誰被關在監獄牆裡一無所悉。不過很多人都聽過芭蕾舞者瑪麗莎藏匿光輝道路領袖而被捕的故事。二〇〇二年，美國演員約翰．馬爾科維奇（John Malkovich）根據一九九五年一部同名小說執導電影《樓上的舞者》（*The Dancer Upstairs*）。影片以虛構情節描述一名舞者、一名游擊隊領袖，以及試圖搜捕游擊隊領袖的警官。哈維爾．巴登（Javier Bardem）飾演這名最後愛上舞者的警官。但在小說撰寫時，作者尼可拉斯．莎士比亞（Nicholas Shakespeare）並不知道班奈迪克托．希梅尼茲是誰，也不知道古茲曼究竟是如何被捕的。

在那特別的一晚，班奈迪克托其實是坐在自己的辦公室裡，同場還有警調總長克丁．維達爾．赫瑞拉將軍（Ketin Vidal Herrera）和一名美國中情局探員。這位探員因為體格碩壯，被班奈迪克托的部下取了「超人」的封號。「他外表很像〔演員〕克里斯多福．李維（Christopher Reeve）。」班奈迪克托告訴我。當他的幹員衝進房間，看到貝西拉拿槍指著古茲曼，其中一人迅速用無線電通知主官他們找到代號「胖嘟嘟臉頰」的光輝道路領袖了。

「我們抓到胖嘟嘟臉頰了！」[21]

班奈迪克托和其他兩人立刻從椅子跳起來擊掌慶賀。然後中情局「超人」探員馬上打電話給美國總統喬治・布希（George H. W. Bush）。

「他〔布希〕是第一個知道的。」班奈迪克托告訴我：「比〔秘魯總統〕藤〔森謙也〕（Alberto Fujimor）〕還早，比任何人都早。」

在隱匿行蹤超過十二年後，古茲曼被帶出那晚他藏身的屋子。探員帶他到班奈迪克托的總部，審問他十五天，這是當時秘魯法律規定的上限。班奈迪克托說，光輝道路的領袖泰然自若。「我們發現如果我們待他如教授，他最自在，也最願意開口。」而古茲曼，班奈迪克托說，口若懸河。雖然這位領袖不肯向探員透露姓名或其他可起訴的資訊，卻願意討論政治、意識型態和歷史。這麼一個大半人生都在房裡讀書、甚少和外界接觸，卻主導了秘魯史上最浩大游擊隊行動的男人，也許真的有一大堆話要說。

誠如班奈迪克托後來所言：

> 你得知道很多東西才有辦法跟他交談。他光講西蒙・玻利瓦爾（Simón Bolívar）就可以講一整天。然後講貝多芬的《第九號交響曲》（*Ninth*）。然後說莫札特。然後聊歷史和〔秘魯的〕軍隊。或哲學。根本百科全書來著。[22]

班奈迪克托說，秘魯內政部長胡安・布里奧內斯・達維拉（Juan Briones Dávila）曾順路探訪這位曾是大學教授，而現在聲名狼藉的革命領導人。

部長皺著眉問古茲曼：「博士，為什麼要讓那麼多人喪命？」「何必這麼驚訝？」古茲曼回答：「這個國家每年有多少孩童死於饑荒？死於營養不良？誰才是**真正的殺手**？我已經計算過了。」那位蓄鬍的革命分子強調：「是〔秘魯〕政府。」[23]

照班奈迪克托的說法，部長聳聳肩就離開了。（諷刺的是，達維拉部長和秘魯總統藤森謙也後來都因發動政變和濫權被打入監牢。）

古茲曼曾說了一件往事讓班奈迪克托大吃一驚：在被捕前，他曾和警方兩度近距離接觸。因健康和後勤的理由，古茲曼在一九八〇年發動武裝鬥爭後就一直住在利馬。但在班奈迪克托的手下查獲古茲曼和其幹部跳《希臘左巴》的影片之前，秘魯很少人見過這位革命領袖的廬山真面目。偶爾，古茲曼會在首都或附近城市旅行。這時他會穿高雅的三件式西裝，坐上一部設備講究、車窗貼黑的汽車後座，由他的妻子，組織的第二把交椅開車，喬裝成私家司機。在這樣的場合，古茲曼會帶著表明他是工程師的假身分證件。

古茲曼說，一九八〇年底一天，他的妻子在行經利馬郊外時開到馬路外面，車子卡進水溝。一輛警車很快停下，員警下車，來到他們車子旁，問他們遇上什麼麻煩。古茲曼的妻子冷靜地解釋情況，古茲曼則待在後座。最後，員警協助他們把車子推出水溝，然後揮揮手，放這兩名秘魯頭號通緝犯平靜地開走。

還有一次，古茲曼說，他也是人在車裡時被警方攔下。雖然他跟妻子都有假證件，卻漏了車子的某些法律文件。警察在駕駛座外彎下腰，透過車窗，打量衣著光鮮的乘客，然後開口索賄，換取他無視車輛短少許可證。古茲曼的妻子付了錢，警察便回到警車，而這兩位光輝道路的領袖再次轉眼消失無蹤。

古茲曼被捕兩星期後，軍方將他從班奈迪克托身邊帶開，移送到利馬外海的聖羅倫佐島（San Lorenzo）。雖然秘魯憲法禁止死刑，但藤森總統和其祕密情報頭子瓦拉迪米羅·蒙特西諾斯（Vladimiro Montesinos）仍想要古茲曼死，而且愈快愈好。藤森很快簽了處決的總統令、挑選行刑隊，也做好最後的安排。這項計畫需要將古茲曼的妻子帶到他面前，如果她供出她所知的一切，可處無期徒刑。如果拒絕，她將被槍決。接著，親眼目睹妻子死亡或背叛的古茲曼將被槍決。但秘魯的內閣部長會議拒絕簽署命令，於是古茲曼的性命保住了。最後，古茲曼夫婦皆被判處無期徒刑。前芭蕾舞者瑪麗莎·蓋瑞多·雷卡和建築師卡洛斯·殷喬斯特吉則分別被判處二十五及二十二年徒刑。在瑪麗莎服刑的第十九年，我通過喬里約斯監獄大門，告訴衛兵她的名字。

❖

在監獄B區二樓，我在一大間水泥會客室裡等候，那裡有各式各樣水藍色的桌椅。訪客要和囚犯坐下來談話。B區的囚犯大多是光輝道路的成員，也有一些一般受刑人。獄區裡沒有衛兵巡邏。這裡囚犯當家，但氣氛平靜，就像女子社交俱樂部。人人親切有禮。

瑪麗莎來了，穿著長褲和格子襯衫，及肩的長髮花白，而她有深色的眉毛、明亮的笑容和綠色的眼睛。雖然在牢裡待了快二十年，她仍有舞者的窈窕，依舊美麗動人。讓她從監獄背景跳脫出來的是她的膚色。房裡其他光輝道路成員都是褐皮膚的西班牙印第安人混血，瑪麗莎則皮膚白皙，像伊比利半島人。還有一點在光輝道路也很罕見：她是在利馬的中上階級長大的。

「我向來不接受採訪，且迴避新聞記者。」她說，笑著在我身邊的長椅坐下來。我把那袋盥洗用品拿給她，她道謝。她乾乾淨淨，沒有化妝，臉上有些小雀斑或老斑。「新聞記者先入為主，而我在秘魯媒體受到侮辱，他們把我描繪成珍禽，我才不是什麼珍禽。」她邊說邊搖頭。

我告訴她：「妳來自中產階級，是芭蕾舞者，還跟光輝道路領袖住同一間屋子，**所以妳確實是珍禽**。」她想了一會兒，無奈地點點頭。

我問她被捕之後的事。她告訴我，她被反恐警察扣押了十五天。「他們有刑求嗎？」我問。「沒有。」她說。她的案子備受矚目，所以他們不敢。審訊十五天後，她被送往利馬的軍事基地。起初她被軍事法庭判處無期徒刑。法官和檢察官都戴頭罩。然後，當秘魯回歸文人統治，她在平民法庭重新受審。陪審團判她有罪，處二十年徒刑。檢察官要求加重五年，她說，法庭准了。宣判後，她被轉往普諾（Puno）的監獄，那是位於秘魯南部海拔一萬三千英尺的安地斯山區。

「那裡非常難熬。」這個在利馬最光鮮亮麗的濱海地區長大的女子說。普諾的氣候非常乾燥，非常寒冷。她的皮膚龜裂、綻開。她單獨監禁。沒有書本、沒有報紙，什麼都沒有。她記得曾搗碎冰塊取水，而且得用這樣的冰水洗澡。瑪麗莎在那座安地斯監獄待了七年半。我很快心算了一下：她在那裡從二十七歲待到三十五歲。

二〇〇一年，在轉往另一間監獄後，當局決定將她送回利馬，即我們目前所在，離她成長地不遠的喬里約斯監獄。她的父親每兩星期來探望她一次。她說他八十四歲了。瑪麗莎感覺很糟，因為她明白在她二〇一七年出獄前，她的爸媽可能都過世了。她的父親在她被捕後曾心臟病發。而如果她照既定時間獲釋，那時她已五十二歲。

我問她家庭教育的事。她說她小時候非常虔誠。她的爸媽從以前到現在都是主業團（Opus Dei，天主教會的祕密支派之一），主業團成員一般不會公開承認他們的宗教歸屬。她說，正是她的天主教教育讓她意識到，在她的地區外有很多貧窮和受壓迫的人。我問她現在是否還信教，她說沒有了。

一星期前我跟瑪麗莎的一個親戚在親戚位於米拉弗洛雷斯（Miraflores）的豪宅談話。他們一家人圍坐在一張大木桌，桌上錯綜複雜地散布著秘魯產的乳酪、橄欖、新鮮麵包、番石榴切片、櫻桃、葡萄、煙燻鱒魚、白酒和波特酒（Porto）。假如瑪麗莎比照這些親人度過她的人生，基於她的出身、社會地位和教育，此刻她就能享受這樣的生活。

「她小時候就非常好奇，什麼都不排斥。」這位現年六十多歲的親戚說：「對她來說，舞蹈是最重要的事。」那位女士說，瑪麗莎十六歲時就一個人背著背包在秘魯各地旅行，就中上階級的少女而言，這幾乎是前所未聞的事。被捕六年前左右，也就是瑪麗莎二十一歲時，她離開家，開始教舞，並進行精心編排的舞蹈表演。但隨著光輝道路激烈、嚴峻的事蹟占據報紙頭條。她的表演也愈來愈政治化。

「她會編那種讓某些舞者躺在地上，像死屍一般的東西。」她的親戚說：「她會拿頭條是〈光輝道路」炸彈攻擊和軍隊屠殺之類的報紙蓋住他們，她爸媽愈來愈擔心了。」

「妳相信武裝革命嗎？」我忽然問瑪麗莎。她睜著綠色的眼睛望著我，說她相信：「在適當的時間和地點。」我們就武裝革命這個主題拐彎抹角地聊了一會兒。畢竟她正在服長期徒刑，且從未承認協助或夥同光輝道路或幫助它的領袖阿維馬埃爾．古茲曼。她的法律立場是她不知道住在她家樓上的是光輝道路的首領。但班奈迪克托私下跟我保證，樓上任何人要離開那間房子，一定要下樓梯，穿越一樓。古茲曼和高幹居住的樓上房間，沒有獨立的出入口。班奈迪克托說，瑪麗莎不僅協助藏匿古茲曼，也負責運送光輝道路高階成員往返古茲曼的巢穴，讓他們開會。「她是古茲曼的核心人士。」他告訴我，言簡意賅。

到了中午，一名女子帶了兩個裝滿雞肉和米飯的塑膠盤子過來。「我不相信如果你的國家發生內戰，你有辦法保持中立。」瑪麗莎平靜地告訴我，拿叉子小口吃米飯。「你別無選擇。你沒辦法說：『我不知道。』」

「妳的信仰是以馬克思為基礎嗎？」我問。

馬克思說得很清楚，瑪麗莎說，人的問題從私有財產開始。因此私有財產必須廢除。我告訴她我曾跟一個亞馬遜部落亞米納華（Yaminahua）同住，以及他們如何攻擊和殺害其他部落的人來奪取他們的財物。在我看來，人早在有警察或資本主義之前就垂涎財產了。問題或許不在資本主義，我告訴她，而是人類的境況。

她想了想，然後轉頭看我：「那我們問題可大了！」她說。我們都笑了。「**我們該怎麼辦呢？**」

她語氣誇張地問。

和瑪麗莎交談，我看得出她仍像切．格瓦拉和許多宗教團體一樣，深信人可以日臻完美、人可以灌輸團結和群體的精神。而那種團結多少可以讓一個團體優於另一個。我告訴她我的懷疑，告訴她當切．格瓦拉赴蘇聯訪問時，對蘇聯領導階層毫不遮掩的貪婪大吃一驚。蘇維埃的領導人更容易獲取物質，而他們也迅速建立自己的菁英集團。

「他什麼時候去的？」她問。

「一九六〇年代初期。」

「那就對了，〔蘇聯〕已經變質了。」

她問我的看法，而我告訴她還沒有人想出可以怎麼穩定平和地管理人類，而在農業發明後，**所有社會**最後都會出現菁英頂層，奇穆（Chimu）或印加也是，美國也是，蘇聯也是。

「看看布爾什維克革命在史達林接手後發生什麼事。」我說。

「史達林被嚴重醜化了。」她說。

「他可是殺了**好幾百萬人**！」

「但你看他奮力搏鬥的環境，就像二次世界大戰！」她說。

「但他跟希特勒簽訂的條約，而且是在**戰爭之前**。」我說。

「我覺得很多有關他的事情都被歪曲了。」她堅定地說。

跟瑪麗莎聊天，我有時覺得她活潑、坦然、完全正常；其他時候，我覺得她瘋了。當她說到她熱衷的事，她會比劃手勢來強調，而她也有露出下排牙齒和很像扮鬼臉但其實不是扮鬼臉的習慣。有些時候，她會突然綻放可愛、自在、輕鬆的微笑。顯然，一如古茲曼，瑪麗莎相信馬列主義完美無瑕。馬克思的社會演化預言對她來說不是理論，而是**必然的法則**。先是天主教主業團，後為光輝道路革命分子，她過去是，至今仍是真正的信徒。我讀過古茲曼崇拜史達林。瑪麗莎也是。古茲曼厭惡「修正主義者」，那些破壞共產主義的中國人和蘇俄人，瑪麗莎也是。如同古茲曼，瑪麗莎相信資本主義和美國是世上最大的亂源。我提及中國和俄羅斯現在也行資本主義了。她說她知道。但那是修正主義者搞的。

「你為什麼覺得我們失敗了？」她忽然問我。

「因為他們抓到古茲曼了。」

她點點頭。

「就像乘坐一部沒有駕駛的車。」她平靜地說。

我說在古茲曼被捕前，光輝道路似乎前景看好，秘魯軍方似乎拿它沒轍。並非如此，她說。有重要的挫敗。她指的是班奈迪克托的人馬逮捕許多游擊隊員、破獲多處藏身地。對領導階層來說，事情已愈趨白熱化。就在這時光輝道路問了她一個非常重要的問題。

「他們敲了我的家門，說需要幫助。」她轉頭看我，說：「所以我得決定，幫或不幫？當他們敲了你的家門。」她平靜地說：「**你會怎麼做？**」

我不由得想，她給的答案最終讓她得在牢裡關二十五年。

我們結束對話，瑪麗莎陪我下樓。在獄區的出口，她抱了我一下，親了臉頰，便回到她預計還要再待六年的牢房。我走出獄區，右轉再右轉，給衛兵看他們稍早印在我手臂上的號碼；他們翻登記本核對，然後還回我的護照。我出了監獄的金屬門，進入陽光普照的瓦伊拉斯大街（Avenida Huaylas），經過排隊等候探監的人龍，然後上了開往米拉弗洛雷斯區的巴士。空氣潮濕，街上人潮熙攘，有人做了去海邊的裝扮，有人穿短褲，整個地區生氣盎然，人們好不快活。當我凝視窗外，秘魯史學家內爾松·曼里克（Nelson Manrique）寫的一段話浮現腦海：

> 光輝道路發起的武裝暴動，是針對從殖民時代建國至今已主宰秘魯數百年的畸形社會結構，最明確、粗野的反應。要解決這種情況，需要非常深刻的結構性變革。光輝道路將實施激進社會改革刻不容緩的必要性列為首要之務。該團體失敗不代表暴動的因素已被根除。秘魯危機的成因也〔尚〕未徹底解決。[24]

「貧窮、貪汙、不幸和飢餓依然存在。」班奈迪克托前一個星期告訴我：「都還沒有解決。只要這些狀況存在，恐怖主義就有可能延續下去。」

我細細思忖這個事實：雖然過去十年秘魯民眾貧窮的比例已從超過五成降至三成左右，仍有許多人過著窮困的生活。

「只缺一樣東西〔就可死灰復燃〕。」班奈迪克托說：「意識型態，就只缺這個而已。」革命的意識型態就像打火機油，我如此尋思。但除非把它澆在熊熊烈火上，澆在人民備受挫折的期望上，那是會揮發的。如果一個社會運作順暢，人民衣食無虞，那麼不管有沒有馬克思，革命都不可能發生。

❖

阿維馬埃爾．古茲曼被班奈迪克托羈押的最後幾天，數名探員帶光輝道路首領到一個大房間。房裡布置得跟博物館一樣：探員將他們多次突擊查獲的眾多物品和文件集合於此。古茲曼跟著探員靜靜入內，未上鐐銬的雙手握在背後。然後他開始四處逛。一排排金屬桌上擺了數千件物品，包括照片、筆記本、榔頭鐮刀旗、光輝道路受刑人的畫、刻劃光輝道路攻擊場景的陶瓷淺浮雕，神情嚴肅、舉起拳頭、看來年輕許多的古茲曼肖像，以及紀念光輝道路（從一小群理論家發展成差點顛覆秘魯政府的祕密網絡）各階段里程碑的文件。總的來說，班奈迪克托的探員已在無意間造就了一間描繪阿維馬埃爾．古茲曼一生的博物館，他權力顛峰時期豐功偉業的紀錄。

「我向來僅有志成為革命者。」無子嗣的古茲曼曾這麼說。當這位光輝道路的領導人兼創立者在走道慢慢徘徊，他的雙手始終像教授一樣背在後面，最後，一名探員闖入他的白日夢。

「**博士**，該走了。」[25]

出去的路上，古茲曼雙手都插在口袋，低著頭。一名探員仔細看著他的臉。光輝道路領導人淚流滿面。

這個五十年前被生母拋棄的男人，後來就沒人見到他哭的男人，此刻默默哀悼自己功虧一簣：這場已使七萬多秘魯人喪命的行動，終告失敗。當他走下迴廊，預定在牢裡度完餘生，古茲曼為他的夢想和幻想破滅而哭泣，他相信人類可以也應該擁有的光輝燦爛、奇蹟般的未來，皆化為泡影。

第四章
馬丘比丘發現者海勒姆・賓漢的起落（秘魯）

昨天我做了一場極其愉快的飛行。〔在法國〕高空飛行，將棉絮般的雲朵踩在腳下，是絕佳的經驗。我可以看到偌大的皚皚雲海在底下綿延無盡。偶爾陽光射穿上層，讓下層的表面看似安地斯山的雪原或高峰。我飛了一個半小時，好幾個月沒這麼享受過了。[1]

——海勒姆・賓漢中校，飛行員

一次世界大戰法國第三飛航訓練中心指揮官，一九一九年

提醒你……你必須沿著地與天中間的路線飛，以免飛得太高，太陽會灼傷你的羽毛，飛得太低，水會增添你的重量。飛在天地的中途……而且不要注意星星。[2]

——戴達羅斯（Daedalus）寫給兒子伊卡魯斯（Icarus）

《變形記》（*Metamorphoses*），奧維德（Ovid, 8 A.D.）

「所以你是說發現馬丘比丘的海勒姆・賓漢教授**其實是小偷**？」約拿難以置信地問。

「說不定猶有過之，是走私客。」我說。

「但小偷和走私客不是**一樣的東西**嗎？」

「我覺得是。我要說的是他不是多數人心目中那個偉大的美國英雄。或者說，他是名**有缺點的美國英雄**。只是剛好偶然發現馬丘比丘。」

「可是那就是他**成為英雄**的原因啊！」約拿堅持。

約拿二十五歲。他顯然很不高興，連連搖頭。賓漢是他崇拜的偶像之一，而在我們沿印加古道（Inca Trail）登山期間，他隨身帶著賓漢的著作《失落的印加城市》（*The Lost City of the Incas*）。約拿喜歡給段落畫線，早上在用餐的帳篷裡朗讀給我們聽。他的未婚妻莎拉也二十五歲。兩人都有深色的捲髮，都或許為了未來就業考量而在史丹佛大學修經濟學博士課程，也都喜歡幫他們寫的每一個「i」打點、每一個「t」交叉。每天晚上，他們會把靴子整整齊齊擺在黃色帳篷外的雨遮底下，擺著牙刷的藍色和綠色塑膠盒旁邊。兩人對食物都很挑剔，都吃素，也都讓我們的嚮導艾杜爾多有點抓狂。約拿還有隨身攜帶一個黃色的小型GPS的習慣，一天到晚呼喊海拔和方向。

我們這一行加嚮導共有八人，在這四天登山之行的前一天才碰面。這趟行程由亞馬遜探索者（Amazonas Explorer）主辦，從印加古鎮奧揚泰坦博（Ollantaytambo）附近出發，終點是馬丘比丘遺址。這天是行程第二天，攀越亡女隘口（印加克丘亞語為Warmiwañusca）漫長、艱難的路程。

嚮導告訴我們，隘口的海拔將近一萬四千英尺，而今天會是此行最難走的一天。

我們在據約拿所說海拔一萬一千九百三十三英尺處，伸開手腳躺在一大片草地上。遠方，山峰一直延伸到地平線，有些山頭覆著冰雪。至少有一座，薩康泰山（Salcantay），聳立超過兩萬英尺。在我們前後，印加古道曲折蜿蜒著一條切割的石塊、古老的橋梁接合成的細長絲帶，令人嘆為觀止的原民工程，名副其實的世界奇景。

原來，名聞遐邇、長二十七英里的「印加古道」只是印加人所闢建長達兩萬六千英里路網的縮小版，那張路網曾連結哥倫比亞南部和智利中部近三千英里的距離。現今年年都有七萬五千人攀登這段印加道路的原因，是因為它最終抵達馬丘比丘，一個耶魯大學史學家海勒姆·賓漢在一九一一年所發現，蔚為奇觀、被遺棄的印加堡壘。我看了看手錶，離午餐還兩個鐘頭。

「你知道伊卡魯斯的故事嗎？」我問約拿。我們仍仰臥著，面向太陽。

「什麼？」

「關於伊卡魯斯的希臘故事。」

「被燒毀的那個孩子？」約拿的未婚妻說。

「是。他的父親給了他上蠟的翅膀，但告訴他不要飛得太靠近太陽。」

「而他沒聽。」未婚妻說。

「賓漢也是如此。」我說：「他想功成名就的企圖心太強，違反了許多規定，燒毀，整個事業付之一炬。」

「**賓漢是個渾蛋**。」艾杜爾多淡淡地說。不算二十名腳夫（人數將近我們三倍）的話，艾杜爾多是我們這團唯一的秘魯人。他二十九歲，英語流利，現在也攤開四肢躺在地上。他是優秀的嚮導，頭正枕在背包上，戴著前緣繡了橘色Cusco大名的紫色棒球帽。他戴著寬邊墨鏡，正將古柯葉一枚接一枚塞進左邊臉頰，給他一點額外的活力。

「賓漢掠奪我們，掠奪了整個國家。」他說。

「可他書裡沒說他偷了**什麼東西**。」約拿說。

「**書是誰寫的**？」艾杜爾多說。

約拿啞口無言。

「賓漢！是他自己寫的。」艾杜爾多說。

「他是**發掘古物**。」約拿反駁：「他是探險家，**不是賊**。」他正漫不經心地玩著GPS，俐落地戳著它的按鍵，手指充滿緊張的活力。

「所以如果他偷了那些古文物，又是怎麼偷的？」瑪格麗特氣喘吁吁地問，直接切入主題。她來自英國，是和朋友貝絲一塊兒來的。兩人都六十出頭，個子矮子而腰圍有一點點粗。雖然兩人都熱情洋溢地在英國康沃爾（Corwall）海平面高度的平原練習健行，但很快發現，對於九千英尺的高山健行，她們幾乎毫無準備，更別說一萬四千英尺了。我很高興她還能說話。貝絲躺在她旁邊，伸直身子，彷彿已經來到屍僵（rigor mortis）末期，還留在地面但已準備騰空而起。從我們停下來休息到現在，她一句話也沒說。

「還有，**他為什麼要偷那些東西**？」瑪格麗特問：「為什麼不循合法管道？」

「對啊，為什麼？」約拿問我，語帶挖苦。

你得回到一九一三年，我告訴他們。回到海勒姆・賓漢還是耶魯大學助理教授的時候。或許要回到更早以前。賓漢的雙親是夏威夷嚴謹的第二代新教傳教士。所以他是在學校、教會、聖經翻譯、一犯錯就會被打手和繫領帶、穿西裝外套的氣氛下成長。而在此同時，他又住在一個天堂般的島嶼，原住民尋歡作樂，穿著短褲跑來跑去。賓漢的家庭生活令他窒息，他甚至在十二歲時買了一張船票想要逃離。但爸媽發現他的計畫，很快送他到美國本土的預備學校。和富家子弟一起讀書。在麻薩諸塞，賓漢身無分文，得在學校廚房工作來平衡收支。因此其他學生都瞧不起他。進耶魯大學後情況並未好轉。他在那裡修習歷史，但沒有人邀請他加入祕密俱樂部，像是骷髏會（Skull and Bones）之類的。賓漢成了外人，他貧窮、瘦削、身高不足六英尺半、父母是拮据傳教士的夏威夷小孩。他總是在外面看，不得其門而入。

「聽起來很像〈你們的總統〉歐巴馬啊。」瑪格麗特說：「**他也是夏威夷出身的不是嗎**？他家境不貧窮，但他是黑人，所以我想兩人情況類似。」

「其實賓漢和歐巴馬念同一所高中。」我說：「地是賓漢祖父捐的。」

「但這些都不足以讓賓漢**變成小偷**。」約拿反駁：「何況，他娶了有錢的老婆。所以你說的一點道理也沒有。」

約拿部分正確。賓漢娶了蒂芙尼（Tiffany）珠寶的繼承人之一為妻，跟她生了七個孩子，都是男孩。賓漢在哈佛大學拿到拉丁美洲史博士，成了耶魯大學兼任教授，但當時教授待遇不好。而雖然他的妻子從家裡拿了零用錢支付一些費用，如果賓漢想去探險，還是得自己籌錢。他找有錢的朋友和贊助者幫忙，終於在三十多歲時去了兩趟南美洲，然後，三十五歲時，他偶然發現馬丘比丘。

「但偷竊呢？他什麼時候動手的？」瑪格麗特問。

在發現馬丘比丘三年後，我告訴他們。賓漢坐在康乃狄克州紐哈芬的家中。那是一棟殖民時代的大房子，是妻子的爸媽買給他們的。他收到一位秘魯「古文物交易商」來信，這在當時意指「打劫者」，其實仔細想想，現在仍有這種意味。交易商告訴賓漢他有三百多件印加古文物要賣。鍋、花瓶、甕、環鋸過的頭顱、骨骸，各式各樣的東西，大多是洗劫印加墳墓得來。賓漢知道未經許可運送這類物品是違法的。但交易商告訴他，只要有足夠的錢，他就可以賄賂海關人員、將所有東西送出秘魯而不被發現。難就難在交易商想要相當於二十萬美元的金錢。所以他問賓漢有沒有興趣。

瑪格麗特問：「他從哪裡拿得到那麼多錢？」

「蒂芙尼珠寶。但那些文物是要給耶魯，給耶魯博物館的。交易商想知道賓漢想不想買盜墓得來的印加文物。他知道賓漢發現了馬丘比丘，所以猜想賓漢一定有很多錢，也可能會感興趣。」

「結果呢？」瑪格麗特問。

「他統統買下。然後非法運出這個國家到耶魯。」

「我就說他是渾蛋吧！」艾杜爾多說。

「有人發現嗎？」瑪格麗特問。

「當時沒有。但三年後，賓漢的事業結束。毀了。做不成探險家也當不成考古學家了。秘魯基本上禁止他進行更多研究。」

「罪有應得。」瑪格麗特說，轉頭看她的朋友是否還活著，拿手杖戳戳她。

貝絲咕噥一聲，但一動不動。她兩臂伸直平放兩側，掌心向下，彷彿已奄奄一息似的。貝絲和瑪格麗特都戴鬆軟的藍色帽子，帽緣都翻了下來。貝絲把她的帽子放在臉上遮陽。

艾杜爾多說：「好，該出發了。」

我們站起來，慢慢前進，吸入稀薄的空氣，繼續蹣跚地拾級而上。古道很多路段是直接從岩床挖鑿成的階梯，其他路段則蜿蜒繞過陡峭的山腰，旁邊就是長長的險坡。放眼望去完全沒有扶手；很容易就從邊緣直直摔落。

蕨類從裂縫冒出來。水順著岩層側邊流淌，濡濕石頭，讓它長了藻、變成黑色。我們零零落落，呈不整齊的縱隊，一個小點接一個小點慢慢翻過一道安地斯山脊，用愈來愈深的呼吸攝取氧氣。瑪格麗特逐漸落後，後面跟著緊張兮兮的貝絲。兩人都撐著手杖，拖著沉重步伐緩慢前行，彷彿在加最後一把勁兒攻上聖母峰：跨步、停頓、跨步、停頓、跨步、休息。艾杜爾多停下來等她們，用鼓舞人心的故事幫她們打氣，盡責地殿後押隊。

從我數十年前首次拜訪馬丘比丘，賓漢的故事就一直令我神魂顛倒。他是怎麼「發現」這個藏在山鞍之頂、被霧林植被遮蓋，從底下深深的峽谷根本看不到的城市呢？他怎麼知道要上哪兒找？他為什麼會被踢出秘魯？後來為什麼又被美國參議院譴責？賓漢有那麼多成就，他當上耶魯大學教授、發現馬丘比丘，然後成為美軍中校、康乃狄克州長、暢銷作家和美國參議員。既然如此，他怎會淪落到如此不堪？

如約拿提到的，賓漢在一九〇〇年二十五歲時娶了蒂芙尼的部分繼承人艾爾芙烈達・米契爾（Alfreda Mitchell）為妻。五年後，三十歲的他拿到歷史博士學位。再三年後，賓漢首度聽聞那個將徹底改變他人生方向的故事。轉捩點或許在一九〇九年，賓漢三十三歲時到來。赴智利開完一場國際科學會議，他在回美國途中，到前印加帝國首都秘魯庫斯科旅行。就在參觀庫斯科郊外的印加遺跡時，賓漢首次聽說這一百多年來，探險家們一直在尋找一個遙遠的印加古都。賓漢得知，近四百年前，在西班牙人攻占印加帝國後，印加人突然離棄首都庫斯科。一名不願歸降的帝王向安地斯東麓而行，大批扈從隨後。他們一起在荒涼的安地蘇尤（Antisuyu），那是帝國遍地叢林的東部，建立了新的首都。印加人喚它作維卡班巴（Vilcabamba）。往後四十年，這座城市將做為印加人對歐洲侵略者發動激烈游擊戰的司令部。最後，西班牙人發現了維卡班巴，擄獲最後一任印加帝王，套上鎖鏈、拖回庫斯科，於一五七二年斬首，新大陸史上最大的原住民帝國就此落幕。

接下來數十、數百年，這個印加反抗者的首都逐漸被叢林吞沒，它的所在位置也逐漸被世人遺忘。但賓漢對這個故事知道愈多，想成為找到它的那個人的決心就愈堅定。幾個月後，在他回耶魯授課之後，賓漢花了無數時間搜尋歷史文獻、在古西班牙手稿中找線索。他決定傾盡全力，運用他的教育、人脈和幹勁，來達成新設定的目標。唯有發現印加古都維卡班巴，賓漢才會肯定自己終於在世界留下印記，成為名留青史的探險家兼史學家。

一九一一年六月，賓漢回到庫斯科，這一次帶了一票希望發現失落印加古城的科學家。眾人很快跳上騾子往秘魯聖谷（Sacred Valley）前進，然後走下通抵亞馬遜叢林的烏魯班巴河谷（Urubamba Valley）。付錢請當地嚮導協助調查遺跡的傳聞，賓漢在同年七月二十四日，考察真正開始不過兩星期，就有價值連城的發現。那時，一位當地農民帶他來到烏魯班巴河畔一片幾乎無人居住的霧林，爬上一面陡峭的山坡，前往在兩座覆蓋熱帶植被的山峰之間綿延的山脊。抵達山頂後，賓漢瞠目結舌地發現一整座由切割完美的花崗岩所建構的廢棄印加城市。有些岩石跟汽車差不多大，而很多石塊嵌合得天衣無縫，也完全沒有灰漿的痕跡。賓漢明白，這些一定是印加的宮殿和神殿。可是，為什麼要建在這麼偏僻、難以到達的地方呢？誰住過這裡呢？賓漢雖不了解，但這可是千載難逢的發現：這很快將以「馬丘比丘」之名聞名全球。

但賓漢卻面臨一些難題。已有三戶秘魯農人住在遺址裡，所以他無法自稱「發現」此地。而且那些農人已清除相當多建築以便種植作物，只有一部分的遺跡雜草蔓生，比較像是賓漢一直在找的那種「失落」的城市。另外，賓漢是由一個住在烏魯班巴河谷、已經去過遺址的農夫帶來這裡的。更糟的是，在探勘遺址、拿一大部柯達相機置於三腳架拍照時，賓漢發現第三個，而且可能更嚴重的問題。在一座印加神殿上，有人用木炭寫了：

麗扎拉加，一九〇二年[3]
（LIZARRAGA, 1902）

這位前「探險家」已經發現遺址，而且發表了嗎？賓漢不得而知。他剛偶然發現的這座城市，世界已經知道了嗎？

得知那個名字屬於阿古斯汀．麗扎拉加（Agustin Lizarraga），一個已在附近谷底住了三十多年的趕騾人，賓漢鬆了口氣。那人幾無可能發表過探索的結果。麗扎拉加也是麥士蒂索人，也就是混血兒，賓漢後來這麼稱呼他。賓漢顯然認為，一個貧窮、混血的趕騾人，不可能嚴肅看待這件事。然而，麗扎拉加顯然感覺到這些遺跡非同小可，才會早在這個高瘦北美人抵達的**九年前**，就拿木炭在一面牆上簽名了。不過，那個趕騾人並未率領一支科學考察隊，也沒有聯絡媒體的管道，也或許根本沒有這種想法。然後，麗扎拉加在一九一二年，即賓漢首度來訪的隔年過世。

最終，賓漢發表了照片，照片中只有他初次到訪時**尚未被清除**的遺跡，藉此解決第一個問題：他偶然發現遺跡時，那裡其實已有部分被清除。而且那些照片還反映了魯德亞德．吉卜林（Rudyard Kipling）在他備受歡迎的詩作中描繪的浪漫訴求：

> 藏起來的！去找出來！
> 看看那些山脈背後，

失落在山脈背後的。
失落的，正等著你。
去吧！[4]

賓漢接著以較迂迴的方式，解決其他兩個難題。其實有人住在遺址中，以及神殿牆上的題名和日期。雖然賓漢一開始將發現馬丘比丘的美名給了那個比他早署名的人：「阿古斯汀・麗扎拉加是馬丘比丘的發現者。」[5]他在實地記錄的筆記本裡這麼寫，但在後來的出版品中，他就沒那麼大方了。在一九二二年的著作《印加的國土》（*Inca Land*），賓漢只寫出麗扎拉加的姓：「從一幢精美建築牆上粗略潦草的字跡。」賓漢寫道：「我們得知遺址曾在一九〇二年由麗扎拉加造訪，他是聖米蓋爾橋（bridge of San Miguel）正下方土地的承租人。這是當地最早的紀錄。」[6]在這個版本，麗扎拉加沒了名字，成了佃戶，而非附近的地主，而且字跡「粗略」。而在賓漢針對這個主題所出版的最後一本著作，即一九四八年的《失落的印加城市》中，賓漢不但對麗扎拉加什麼的隻字未提，甚至在序裡提到馬丘比丘時斷然宣稱：「是我發現的。」[7]因此，經過數十年審慎明智的編輯，加上不只一點的種族歧視，海勒姆・賓漢最終將阿古斯汀・麗扎拉加自歷史除名，貶低當地人對遺跡的認識，說那些早期發現者都是「混血兒」，並同時誇大自己的「發現」。

但回到一九一一年七月的那一天，當賓漢站在這些距離谷底兩萬英尺的神祕廢墟之間，他還有一個重要的問題得處理。這座遙遠、長滿藤蔓和蕨類，彷彿從一座高山的山嘴自己冒出來的印加城市有何種意義，令他百思不解。乍看下，這座夾在兩座錐形山丘，即馬丘比丘和瓦納比丘（Huayna Picchu，在克丘亞語分別意為老峰和青峰）之間的堡壘，並不符合他所理解「維卡班巴的失落城市」的描述。此外，他從來沒有在古西班牙紀錄中讀到「馬丘比丘」和「瓦納比丘」的名稱。因此，他只在遺跡待了五個小時，忙著拍照，便下山回到營帳。下一個月，賓漢繼續尋找維卡班巴，在過程中發現更多印加遺址。但後來的發現都無法和他在馬丘比丘發現的堡壘相提並論。有沒有可能（只是說可能）馬丘比丘就是維卡班巴呢？

回到美國，國家地理學會（National Geographic Society）馬上答應共同贊助賓漢下一次的秘魯考察之行①，條件是賓漢必須以他的發現為題，為學會刊物撰寫文章。但這個「失落的城市」**究竟是什麼**？賓漢不禁納悶。它就是維卡班巴（他尋尋覓覓的那個叛軍的首都），或是毫不相干的地方？賓漢再次開始鑽研古西班牙文獻，比對他在馬丘比丘發現的遺址和十六世紀關於維卡班巴形形色色的描述。到底是不是同一個地方？賓漢沒辦法確定。最後，他明白只有一個辦法能釐清：他需要回到馬丘比丘，更詳盡地研究那座堡壘。唯有進一步探勘，他才可能一舉確認馬丘比丘是否就是那個印加叛軍的首都，或者他發現的遺址是「失落在山脈背後」，無人知曉的地方。

✣

「印加人他們崇拜山。」艾杜爾多告訴我們。他正踱來踱去，拿一支手杖當指揮棒，而他的「部隊」，也就是筋疲力竭的我們一行人正伸開四肢，躺在亡女隘口附近。「他們尊稱山為 apu，意為神明或山靈。印加人崇拜山，是因為山是神明，現在對當地農人來說仍是如此。」艾杜爾多吐了一點古柯葉的汁液到地上，一手調整棒球帽，繼續說。他的左臉頰塞著一坨淡綠色的葉子，就是提煉古柯鹼的那種葉子。「山控制了河，控制了氣候，控制了農人作物和牲畜的繁殖力。所以人們崇拜山，獻祭予山。當事情非常糟的時候。」艾杜爾多說，又從塑膠袋裡拿出一些葉子塞進嘴巴。「他們甚至會在山頂獻出孩子。」

瑪格麗特舉起一隻手。她身穿紫色刷毛外套，戴著那頂鬆軟的藍帽子。

「**可是為什麼要這麼做**？為什麼是孩子？」

「因為孩子是最好的祭品。」艾杜爾多說：「比羊駝更重要的祭品。比駱馬更好。人們認為拿孩子獻祭，神明會高興，了解嗎？」

艾杜爾多把裝古柯葉的袋子放進夾克的一個口袋，又從另一個口袋拿出小瓶子，打開瓶蓋，倒了幾滴酒精到地上。

「敬馬丘比丘所在的薩康泰山。」他說，朝山的方向點頭、倒酒。那是座嶙峋的白色山峰，高兩萬零五百七十四英尺。艾杜爾多先朝一個方向倒酒，再換兩個方向。

他說，薩康泰山是這整個地區最高聳、最磅礴的山，它的多條冰河蘊蓄了豐沛的水源。一九一二年賓漢給其中一條命名為格羅夫納冰河（Grosvenor Glacier），紀念國家地理學會的主筆兼理

---

①作者注：事實上，賓漢一九一二年的考察是國家地理學會首次贊助科學考察。此後，該學會贊助超過八萬次。

事吉伯特・格羅夫納（Gilbert Grosvenor）。在賓漢心胸寬大的表態一年後，格羅夫納就讓賓漢成名了：他讓一整期《國家地理雜誌》全文介紹賓漢在馬丘比丘的發現。此後，再也沒有其他探險家或作家獲得這本雜誌如此大的篇幅。

「敬維若尼卡山（Apu Veronica）。」艾杜爾多做了結語，向薩康泰山一萬八千六百三十五英尺姐妹山的方向點頭、倒酒。

我們有幾個人跟著艾杜爾多一起動作，但多數時候我們彷彿已被獻祭般躺在不動，試著恢復元氣。

「這是這次行程最高的隘口。」艾杜爾多繼續說：「大約一萬四千英尺高，了解嗎？」他指著薩康泰山的方向說：「可是印加人啊，爬了高過兩萬兩千英尺的山，而且在山頂的冰天雪地中用岩石建神殿。想像一下。」他說。

其實我們真的很難想像穿著涼鞋和頂多一件寬鬆罩袍的人怎能爬那麼高，更別說在上面建什麼東西了。我們大多穿著克維拉（Kevlar）纖維鞋底的硬登山靴、尼龍長褲、聚酯纖維長內衣、戴偏光太陽眼鏡、塗了防曬乳和護唇膏。我們也有指南針和手表。我們大都帶了智慧型手機，往日有多種不鏽鋼工具的瑞士刀的現代電子版。我們現在的電子工具包括語音錄音、照相機、音樂播放器和琳琅滿目下載容易的「應用程式」（app）。印加人士是怎麼通過和攀登這片稜線陡峭、空氣稀薄的地景，然後只用岩石和青銅工具在這些幾乎無法到達的區域建立城市？

「無可否認，印加人酷愛美景。」賓漢一九一三年在他為《國家地理雜誌》特輯撰寫的第一篇文章中這麼寫，標題訂為〈秘魯的仙境〉（In the Wonderland of Peru）。「他們最重要地點的許多遺址都位在山頂、山脊和山肩，在那些地方，絕美的風景一覽無遺。」[8]「令人驚嘆的是馬丘比丘的建築，令人折服的是一個沒有鋼鐵工具的民族，竟能這般切割岩石。」他繼續說：「但這些在訪客心底留下的印象，都比不上周遭無與倫比的雄偉壯麗。」

這句話我們這行人大多同意。但老實說，縱使美景當前，努力攫取氧氣和活力以繼續前行的我們，有時也無暇多顧。②

一九一二年，發現馬丘比丘不過一年，賓漢又回到秘魯，這回帶了另一群科學家同行。他碰上新的問題。一九一一年八月，秘魯政府發布總統命令，規定所有考古發現的古文物皆為秘魯政府所有。因此，無政府代表在場，不得進行考古挖掘，任何古文物皆不得出口。任何被發現未經許可逕自將古文物運出秘魯者，一律以走私處置。

但賓漢已經答應耶魯要帶回相當數量的秘魯文物，也已獲得金援。於是他發現自己進退不得。既然這麼做是違法的，他要怎麼攜回大量古文物呢？

一抵達秘魯，賓漢便趕往首都利馬，謀求美國國務院的協助，試著盡快達成協議。最後他成

② 作者注：根據醫學研究，人體平均需要四十五天才能適應一萬英尺左右的高度變化。此行眾人的身體大多習慣海平面附近的生活，所以爬這座山對我們身體的影響，就像上了一整天激烈的有氧運動課，而我們的身體還要同時試著適應高度的驟變，以及隨之而來的缺氧。

功了：秘魯新任總統答應賓漢可以運出他計畫挖掘的文物。但有兩個重要的附帶條件。首先，賓漢必須在一九一二年十二月一日之前運出所有他發現的東西，也就是說，賓漢只有一個月的時間挖掘。第二個條件是秘魯有權要求賓漢運出的一切物品，在未來歸還秘魯，**如果秘魯要求耶魯大學這麼做的話**。賓漢答應上述條件，簽署了文件。但回美國後，他閉口不提第二個條件。賓漢知道，從現在起，耶魯將無法「擁有」他送交的馬丘比丘文物，因此也不能將那些列為永久收藏。顯而易見地，根據協議，賓漢從秘魯運到美國的一切種種，仍歸秘魯政府所有，只是暫時借給耶魯而已。

最後，賓漢運了一百三十六個木箱到耶魯，箱裡裝著他一九一二年探勘前期挖到的東西。在那段期間，他的團隊迅速開掘馬丘比丘一百零七座墳墓，取出一百七十三個人的遺骨及陪葬的祭品如石器、陶器和青銅器。另外，如這章開頭所述，兩年後賓漢又買了一批三百六十六件秘魯古文物，那是非法出口、也列入耶魯租借的收藏。然而，因為秘魯政府不知道賓漢購買之事，當然也沒有建立清單。因此，要追蹤這些非法蒐集品難上加難。

一九一五年，賓漢三度前往馬丘比丘時，並未事先取得挖掘許可。他一到秘魯即告知有關單位，他此行是要進行「地理考察」，而非考古挖掘。但秘魯官員很快發現賓漢仍在挖掘骨骸及文物，而且已裝進木箱子。他們立刻扣押賓漢七十四個條板箱之中的四個，做為他違法的物證。沒多久，庫斯科當地媒體開始報導此事，並下了這樣大膽的標題：

> 馬丘比丘的犯罪挖掘
> 耶魯委員會成員掠奪我們的寶物
> 《太陽報》的譴責皆獲證實。[9]

現在賓漢麻煩大了：他的非法挖掘已被公諸於世，他的名聲、耶魯大學的名聲，皆危在旦夕。秘魯政府還不知道賓漢已走私文物出境，也不知道他把印加山頂墓葬的遺骨，以及金、銀、銅製的太陽神像，藏在私人行李箱偷運出去。如果這些行為曝光，他當前的罪行再添一筆，那他就身敗名裂了。被拘留在庫斯科，無法挖掘也不能離境的賓漢寫了封信給朋友，說他正蒙受「相當程度的精神憂鬱」。[10]但他現在只能等，等著看秘魯政府如何處置。

幾星期後，有關當局在庫斯科開會審理，要求賓漢、美國團隊及原告出席。在仔細檢查賓漢條板箱的內容物後，官員判定賓漢確實在進行非法挖掘，違反秘魯法律。物品悉數沒收，賓漢也被下令停止活動。垂頭喪氣的賓漢只好停止探勘，隨即前往利馬。但在等船回美國的時候，賓漢發現自己難以抗拒一項新的誘惑：另一名交易商要賣給他大批秘魯文物，這一次是劫自納斯卡文化。賓漢很快答應條件，統統買下。不過，因為現在賓漢的名聲備受爭議，該交易商建議用假名運送那些物品，這樣就不會被海關攔下。畢竟，這是非法的勾當。

「把東西委託給Ｊ・Ｐ・西蒙斯之類的虛構人物？」賓漢在不久後寫的一封信中這麼說：「在我看來是很奇怪的事，但我想在那種情況下不得不如此。問題在於，如果東西委託給Ｊ・Ｐ・

西蒙斯，耶魯大學要怎麼收？」[11]

最後，那些劫掠來的納斯卡文物順利送到耶魯。全部加總起來，賓漢差不多花了相當於今日幣值四十八萬美元的費用來為耶魯皮博迪博物館（Peabody Museum）購買及私運古文物。一九一五年八月十九日，海勒姆．賓漢終於離開秘魯，比原訂時間早了三個月。那年他四十歲。雖然當時他不知道，但他四年前才轟轟烈烈開始的考古和探勘生涯，到此終結。

❖

「聽聽這個。」約拿說。

那是我們在印加古道的第三晚，我們正於普尤帕瑪加（Phuyupatamarca，克丘亞名，意為雲上的地方）擠在我們的用餐帳篷裡。這天傍晚，我們才親眼目睹一場壯麗的夕陽，雲像一張五彩繽紛的毯子在我們下方延展，幾座安地斯的山峰從底下探出頭來。但現在寒冷已經降臨，而我們穿著合適的羽絨外套、滑雪帽、手套和長內衣，等第一道熱湯上菜。帳外，腳夫、廚師和營地工作人員也準備吃晚餐，正用克丘亞語相互交談。把我們的行囊和露營設備捆成防水的超大背包扛上來，是他們的工作。穿登山涼鞋的腳夫天天在途中疾行超越我們，雖然我們每天早上都比他們早出發，也只背當天用的後背包。就算諸多條件不利，腳夫仍比我們這群疲憊不堪的英美人早數小時抵達目的地，並且在我們抵達前很久就把營地準備好了。

此時此刻，據約拿所說，我們正在一萬一千九百三十六英尺高的地方用餐。約拿從今日行程結束就一直在讀賓漢為《國家地理雜誌》寫的一篇文章。他面前擺著一盞穩定燃燒的煤油燈，嘶嘶聲不停，也不斷將黃光投映在他曬黑的臉龐。

「賓漢就是從這個區域開始搜尋印加古道。」約拿說。

> 我四次深入秘魯內陸探勘期間最興奮的時刻，是一九一一年七月二十四日在馬丘比丘，我第一次見到有三扇窗的神殿和主宮殿時。要到達那裡，必須跟著印第安嚮導穿過濃密的叢林、最後沿著真的令你心驚膽戰、寒毛直豎的斷崖邊走。這顯然不是馬丘比丘的建造者到城市的路……後來我們找到一段沿山腰上來、橫越馬丘比丘山一座高峻絕壁、直達城市的古道。它似乎繼續往南進入高山、深谷和幾乎無法通行的叢林。一九一五年，我有莫大榮幸深入無人探勘過的馬丘比丘內陸，造訪它的遺址，沿著它的古道前行。[12]

這時，營地服務員開始把熱騰騰的湯一碗接一碗端進帳篷。約拿說：「所以發現馬丘比丘四年後，賓漢開始思索印加人以前是怎麼來馬丘比丘的。他們並不是像賓漢那樣從谷底爬上來，因為那裡沒有路。所以賓漢開始四處尋找印加人上山脊的路。他就在這裡提到帕塔拉克塔（Patallacta），也就是我們開始登山的地方。」

> 離帕塔拉克塔不遠，在胡埃亞班巴各地（Huayllabamba Valley），我們發現一條從村裡通

> 往馬丘比丘的印加古道遺跡。一九一五年四月，哈迪先生、我和一群來自奧揚泰坦博的挑夫，夾雜著熱切的期望和強烈的好奇，啟程查探可以沿著這條古道走多遠。[13]

瑪格麗特說：「所以他跟我們一樣有腳夫。」她津津有味地喝著一大碗奶油般的蘑菇湯，她的朋友貝絲累得已回她的帳篷沉沉睡去。

「他有腳夫又有騾子。」我補充。

「所以賓漢是第一個走印加古道的外人。他發現它，而且描述了古道旁的所有遺址。」約拿說：「天啊，真希望那時我跟他在一起！」

隔天下午，我們走下最後一段稜線，到達海拔約八千英尺的太陽門（Sun Gate），過去印加人進入馬丘比丘的入口。門是石頭砌成，要爬一段石階才能抵達。通過它長方形的大門，便可首次瞥見常年雲霧繚繞的堡壘，也可眺望谷地和遠山的壯麗風光。

艾杜爾多把約拿帶到門前停步。然後他蒙住約拿的雙眼，帶到門口正中央的位置，面對下方的堡壘。艾杜爾多最後戲劇性地扯下眼罩，揭露宏偉壯觀的聖城，那此刻正沐浴在午后的陽光中，熠熠生輝。

「哇！」約拿邊說邊搖頭：「不可思議。」

艾杜爾多接著對瑪格麗特如法炮製。她穿著牛仔褲和紫色刷毛外套，戴藍帽子和眼罩。她滿懷期待地站著等艾杜爾多摘下眼罩，然後被留下來，第一次親眼飽覽這座城。頃刻間，眼淚開始從她臉頰滑落。一會兒後，貝絲也哭了。不過我不確定這兩位英國女士是忽然見到美不勝收的奇景，感動得不能自已，還是純粹因為順利熬過這次行程，喜極而泣。

「天哪！」貝絲只說了這句：「我的天哪！」

我們開始在遺跡中到處走走，現在一年有一百萬人到此遊歷，多半是搭火車到底下的山谷，換巴士上來。在我們流連忘返時，我不由得想起那個曾於近一百年前於此紮營、對未來充滿希望的男人。雖然海勒姆．賓漢後來聲稱馬丘比丘是印加失落的維卡班巴首都，也是印加人在帝國建造的第一座城市，但這兩種說法最後都被考古學家證明是錯的。另一位美國勘探者吉恩．莎弗伊（Gene Savoy）在一九六四年鑑定維卡班巴位於約一百英里外、海拔比這裡低四千英尺的叢林裡。另外，馬丘比丘也不是印加的第一座城市，但顯然是其偉大帝王之一，帕查庫克特（Pachacutec）的休養所，他建立馬丘比丘是為了慶祝他大約在西元一四五〇至一四七〇年間征服了這個地區。

既然印加帝國是神權國家，意即它的帝王既是世俗統治者，又是神，馬丘比丘的三成建築具有宗教功能並不令人意外。另外，這座堡壘俯瞰遠方連續幾座聖峰，底下也幾乎為聖河烏魯班巴環繞，而有些神殿刻意建造得讓穿透的陽光標出冬至和夏至。其他一些神殿的窗戶則標出星星的路徑，例如昴宿星團（Pleiades）和南十字座（Southern Cross）。因此印加的建築可說融合了神聖與瀆神的設計，既表現出帝王的好大喜功，也想對充塞四周的各種神靈表達崇敬與感謝。印加人明白，不敬神即無生命，遑論帝國。

在賓漢於一九一五年匆匆離開後，剩下的故事就依循古希臘悲劇的模式發展：英雄，雖然勇敢無懼，最終仍會被性格的致命缺點給擊倒。一九一七年，從馬丘比丘回國兩年後，賓漢學會飛行、入伍服役，在一次世界大戰於法國擔任一所飛行訓練學校的指揮官。他很快晉升中校。一九二二年代表共和黨角逐康乃狄克州州長勝選，又於一九二四至一九三三年出任美國參議員。但在一九二九年股市崩盤的那個星期，賓漢近年來的無往不利戛然而止。另一名參議員指控賓漢偷偷讓一名製造業的說客支領國會薪資，明顯違反參議院的規定。原來，賓漢還安排那名說客裝成無害的「助理」參與關稅協商。雖然賓漢否認自己做了不對的事，但他最後還是承認：「我在判斷該如何使用這名關稅專家的時候，可能犯了錯誤。」參議院也這麼認為。院方在一九二九年譴責賓漢的行為違背「道德和參議院的準則」。於是，賓漢成了美國兩百多年歷史上僅僅九位被譴責的參議員之一。

事態隨即明朗：參議院此舉是致命一擊。三年後，賓漢競選連任失利，五十七歲即從政壇退休。從他因類似的爭議疑雲離開秘魯至今已十八年，而現在，另一個道德判斷上的失誤中止他的第二生涯。海勒姆·賓漢始終沒有再回政壇，也沒有再進行探勘或挖掘。一九三七年賓漢的妻子跟他離婚，指他「冷淡、漠不關心、目中無人」，並指控他長期跟某位前國會議員的妻子有染。那年賓漢六十二歲，離婚後，他立刻娶情婦為妻。

不過海勒姆·賓漢確實在退休後寫了另一本書，回溯馬丘比丘的發現和他數十年前進行的挖掘。賓漢原本答應要和年輕的哈佛考古學家及印加專家菲利普·安斯沃斯·敏斯（Philip Ainsworth Means）合著。但在敏斯把完整手稿交給賓漢之後，賓漢卻延後好幾年才出版。後來，賓漢保留敏斯創造的架構，但改寫大部分的內容。《馬丘比丘，印加的堡壘》（*Machu Picchu, A Citadel of the Incas*）一書在一九三八年出版。但賓漢並未在封面列出敏斯之名，也沒有在內文提到他。在賓漢的最後一本著作，一九四八年出版的《失落的印加城市》中，如前文所述，這位前勘探者和前參議員獨占了發現馬丘比丘的榮耀。

我想，依「發現」一詞在「哥倫布發現新大陸」一語中的意義，說我發現馬丘比丘是公道的。早在哥倫布橫渡大西洋之前，古斯堪地那維亞人和法國漁民無疑已到訪過北美洲，然而讓美國為文明世界所知的是哥倫布。依照同樣的意義，我「發現」了馬丘比丘。在我到訪和報導之前，不論秘魯的地理和歷史學會或秘魯政府皆不知它的存在。〔只有〕少數印第安人和混血兒去過。[14]

賓漢的邏輯基本上正確，他**確實**是讓馬丘比丘為世界所知的第一人。只是他也想方設法不與任何「印第安人」或「混血兒」與任何哈佛大學合著者，分享與「發現」馬丘比丘有關的光環或殊榮。

一九四八年，海勒姆·賓漢在七十四歲時最後一次造訪秘魯，見證海勒姆·賓漢公路落成啟用，就是觀光巴士使用至今的那條，從烏魯班巴谷地螺旋式向上攀升直達馬丘比丘遺跡的公路。這位依然瘦削、現已滿頭白髮的前勘探者，也見證了一塊留存至今的銅製銘牌，上頭刻著：

庫斯科感謝海勒姆．賓漢
於一九一一年科學發現馬丘比丘
一九四八年十二月

一如下令興建馬丘比丘的印加帝王，海勒姆．賓漢也獲得一份不朽。當他還是那個夏威夷男孩時，他不可能知道最終讓他名留於世的地方，是位於窮鄉僻壤、這座秘魯霧林裡的山鞍上。海勒姆．賓漢在一九五六年八十一歲時過世，葬於阿靈頓國家公墓（Arlington National Cemetery）。而他的合法及非法馬丘比丘收藏品，在從秘魯運抵耶魯後，大多留置在老舊的條板箱裡七十年之久，有些仍裹著一九一一、一九一二、一九一四和一九一五年的秘魯報紙。一九一八年秘魯駐華盛頓的外交官要求耶魯依照一九一二年的協議，歸還賓漢輸出的物品。耶魯藉故推拖。一九二〇年秘魯駐美領事再次要求歸還文物，這次耶魯總算交還四十七箱。但那些只占賓漢輸出數百箱的一小部分，而且箱中大多是「複製的」文物。

一九五二年未來的阿根廷革命者切．格瓦拉在騎摩托車橫渡南美的旅程中造訪馬丘比丘。格瓦拉注意到：

> 所有遺跡都清除了灌木叢，都被仔細研究和描述……劫掠一空，每一件物品都落入研究人員之手，他們得意洋洋地將兩百多個裝有考古珍寶的箱子帶回母國……賓漢不是罪魁禍

首，大多有罪的北美人也不是……但我們可以去哪裡瞻仰或研究這座原住民城市的珍寶呢？答案很明顯：在北美洲的博物館裡。[15]

二〇〇八年秘魯政府控告耶魯大學，要求耶魯在「借」了將近一個世紀後歸還賓漢運出的馬丘比丘文物。耶魯打官司打到二〇一〇年，這時秘魯提高賭注：私下揚言對耶魯校長理查・萊文（Richard Levin）提起訴訟。此舉有可能使這所美國頂尖大學的校長成為國際罪犯而遭拘捕。在置若罔聞一百年後，威脅發出不到幾星期，耶魯便答應歸還一九一二至一九一五年的馬丘比丘文物，讓爭議落幕。耶魯也承諾在二〇一一年七月，馬丘比丘發現百年紀念之前歸還其中一些。二〇一二年，最後一批賓漢運出的文物靜靜回到秘魯。

今天，在賓漢開始攀爬的山腳，一間小博物館收藏了馬丘比丘的文物。約有兩百五十件物品陳列展示，大多是這一、二十年由在這一帶工作的考古學家發掘。這一帶仍散布許多壯觀的印加遺跡。雖然五千多「批」或「組」（共四萬多件）賓漢挖掘的文物已悉數回到秘魯，但賓漢走私的印加和納斯卡文物因為沒有建立細目，始終未被要求歸還。就像希臘埃爾金大理石雕（Elgin Marbles）在倫敦，拿破崙搜刮的埃及古文物在羅浮宮，賓漢偷運的文物仍繼續是耶魯皮博迪博物館的收藏。

在此同時，散布秘魯各處的十萬多個考古遺址，只有一成已被開掘。每當有新遺址被發現，尋寶獵人和專業的劫掠者通常已捷足先登。二〇〇七年美國海關將四百一十二件被劫掠的古秘魯文物歸還秘魯政府。這些文物扣押自一名住在邁阿密的義大利籍古文物竊賊，包含銀面具、印加結繩文字所用的細繩、金飾和古代的裹屍布。這是自從美、秘兩國於一九九七年簽訂協議、協助防止前哥倫布時代的藝術品被竊出秘魯後，美國最大宗的扣押案。就全世界而言，有系統的古文物劫掠是價值數十億美元的生意。

在賓漢的屍骨埋在阿靈頓公墓的同時，他在馬丘比丘發現的遺骨，以及他們誠心奉獻的陪葬品，終於在迂迴八千英里的往返北美之行後，回到故土。現在它們安置在庫斯科，設在古印加卡薩康查（Casa Concha）宮殿裡的博物館。從它們原來雲霧繚繞的葬地到這裡，兀鷹大概要飛五十英里。

一九四三年，賓漢去世前十三年，智利的偉大詩人聶魯達（Pablo Neruda）來到馬丘比丘，受此遺址啟發而寫了一首詩。在其中一節，聶魯達歸納了那些久遠以前來到印加聖城、意外死在那裡的原住民的經歷；他們做夢也沒想到自己凡人的遺骨，有一天會蒙受如此莫名其妙、顛沛流離的命運：

> 我來到利鐵的邊緣，農場與石頭的壽衣，
> 來到最後腳步的星形空洞……
> 但遼闊的海啊，喔，死亡啊！你別一波接一波襲來
> 要像夜的清澈那般鋪天蓋地
> 要像夜那樣不可勝數。[16]

第五章

冰姑娘、火山與印加人（秘魯）

〔要獻祭給山神和其他神明〕的孩子將從各地來此集合，一起坐轎子去……他們應盛裝打扮，男女成對。[1]

——胡安・貝坦佐斯（Juan de Betanzos），一五五一年

有些被列入祭品的女性是……少女……關在類似女祭司（mamaconas）的宮闈或修道院。〔獻祭之前〕她們全身上下不能有傷疤，連一顆痣也不行。[2]人性不會允許人類殺害自己的子女……除非他們預期這麼做會有報酬，或相信自己是把孩子送去更美好的地方。[3]

——伯恩納貝・寇博（Bernabé Cobo），一六五三年

汪妮妲十歲，只剩下短短四年可活。①她快步跟上母親，母女倆迅速走下印加首都庫斯科的一條街道，兩旁都是切割完美的石牆。發著氣泡、會讓你的手凍到發紫的水，汩汩流過石板街道中央的溝渠，那是來自附近聖山的融雪，徐徐注入城市的水。男男女女經過她們身邊，男人穿涼鞋和五顏六色的羊駝罩衫，也就是unqo，女人，例如汪妮妲的母親，穿著同樣鮮豔的罩衫和斗篷。汪妮妲喜歡偷瞄來首都的觀光客，猜他們來自何方。她的母親只要看一眼觀光客衣著的顏色和花樣，就可以判斷他們住在帝國哪個地區：有些是來自北方、剛被征服地區的貴族；有些人來自遙遠的南方，遼闊的的喀喀湖的後面；還有些人是當地的高階貴族（hanan），她和母親就屬於這個階層。右前方，兩名勇士在一座梯形的大門前站崗。門鑲著切割光滑的石頭，樹立在巨大宏偉、看似綿延無盡的城牆內。雖然當汪妮妲和母親加緊腳步穿越創建不久、長兩千五百英里的印加帝國的首都時，汪妮妲不可能知道這件事，但命運很快就要將她從p'asna，即平凡的女孩，轉變成aclla capacocha，即獻祭的人。幾年後，汪妮妲將被帶到高兩萬零七百英尺，壯闊巍峨的安地斯山盡收眼底的火山頂，獻給神明。

「媽媽，她們在貞女宮（acclawasi）裡做什麼？」汪妮妲問。她和母親已經過兩名衛兵和梯形門。汪妮妲說的是她的母語克丘亞語，印加帝國的通用語言。

「噓。」母親低聲說道，然後似乎加快腳步。「孩子，走快點。」汪妮妲願意付出所有，只求進入貞女宮的門，一個由裡面的女祭司主持、數百位獲選的女人過著神祕生活的祕密場所。但那裡未經許可不得擅入：男人若在宮內被發現，更會立刻處死。

前方，汪妮妲看到一群魯卡納（Rucana）原住民平穩地用轎子扛著一名印加貴族。他坐在低矮的木凳子上，頭上有頂篷，頂篷的布料交織著叢林鸚鵡的鮮綠羽毛。他有拉得特別長的耳垂，戴著象徵崇高地位的金色耳釘；他的臂膀也戴著金色的護身符。汪妮妲發覺自己盯著他看，先看他的服飾，那奢華的染色和編織，再看他的臉。當轎班沿街向她們走來，汪妮妲看到那個貴族轉頭看著她，使她漲紅了臉。汪妮妲趕緊垂下目光，但已經看到那個貴族指著她，對他的一名侍從說了什麼。汪妮妲和母親繼續趕路，她回頭一瞥，看到侍從轉身向她們跑過來。他經過汪妮妲，碰了她母親的披巾，使她停下。他說了什麼，但汪妮妲聽不懂，只看到母親眼睛看著地上，臉色忽然發白。母親聽著，嚴肅地點點頭，然後轉過來看她。不是山上冰冷的空氣，也不是最近幾場雨的濕氣讓汪妮妲臉頰一陣刺痛，而是她母親的眼神。就那憂鬱的一眼，汪妮妲知道，她的人生，和她母親的人生，就此徹底改變。

❖

艾比．佛朗柯孟（Abby Franquemont）五歲時在秘魯罹患嚴重的肝炎，她的妹妹和爸媽也是。那年是一九七七年，這個美國家庭才抵達秘魯四個月左右。他們原本住在農業小鎮欽切羅

---

① 作者注：關於汪妮妲在十五世紀末匆匆度過人生的故事，是根據歷史、民族誌、鑑識科學與考古學的證據進行虛構的重現。

（Chinchero），要走二十五英里的泥土路才能到達庫斯科。生病後，艾比的爸媽決定舉家搬到前印加首都，以便就近看診。問題在於兩人都是未受雇於人的人類學者，工作很少，而名下只剩不到幾美元的秘魯索爾（sole）了。

艾比的雙親二十八、九歲，在一九六〇年代成年。她的母親克莉絲畢業於拉德克利夫學院（Radcliffe College），父親艾德則畢業於哈佛大學。之後兩人搬到一座農場上的小社區，艾比就是在那裡出生。當農場年長的所有權人過世，繼承人不想保留社區，艾比的爸媽只好搬到新罕布夏州，母親繼承的一小塊地。他們打算自己蓋一間小屋。艾比的父親強壯、蓄鬍，在大學玩過摔角。他是天生的領導者，手工精巧，也有堅決果斷、樂觀進取的態度。

艾比的母親克莉絲．佛朗柯孟十六歲就上大學，二十歲以優等成績畢業。她漂亮、苗條，有一頭褐髮，是在秘魯沿岸的安貢（Ancón）做考古挖掘時遇到艾德。兩人一起淘沙、一起拉出骨骸和有兩千年歷史的繡帷碎片，日久生情。艾比的母親夢想有朝一日成為研究文化的專業民族學者，也夢想住在國外。她的父親則特別為古代紡織技術神魂顛倒，也已經開始學習編織。數年後，這對已在新罕布夏結婚、建立年輕家庭的夫妻了解，他們打算建造的木屋不可能在冬天來臨前完工，於是做了一個重大的決定：把所有家當收進行李箱，買了四張來回機票，登上往秘魯的班機。艾德、克莉絲、五歲的艾比和她兩歲的妹妹很快抵達庫斯科。而他們身上只剩兩百美元。

這家人不久便來到欽切羅，位於海拔一萬兩千四百英尺的高地平原（pampa）一個沉睡的農業社區，有粉刷過的泥磚屋、紅瓦屋頂和分散的印加遺址。雖然和庫斯科僅相隔數十英里，但得坐在運牛卡車後面三個鐘頭才能抵達。欽切羅為陡峭的山丘環繞，滿山遍野都是綿羊和羊駝食用的馬鈴薯，而當地最負盛名的，是其傳統織布的品質。

「我們在欽切羅落腳是因為它擁有不分老少、生氣勃勃的織布社群。」艾德和克莉絲後來寫道：「但我們當時的首要目標，是破解欽切羅女性所編織的複雜花樣的意義。」[4]這兩位自由人類學家希望能研究編織，並以撰寫相關文章維生。

有個年輕美國家庭帶著兩個金髮小女孩來此，且非比尋常地請求在此居住的消息，很快在社區傳開。小鎮召開會議，討論他們的訴求，經慎重商議後決定這家人可以留下來。欽切羅的居民分為十三個分社，而鎮民會議讓這家人由其中之一的庫柏氏族公社（cuper ayllus）管理。氏族公社是古安地斯人的生存策略：共同社區分成由大家族組成的團體。這些連結緊密的團體功能猶如勞動組織者和人際社交網，協助減輕霜害、乾旱、地震和其他災害的衝擊。偶爾氏族公社會讓非家族成員加入，庫柏氏族公社就為艾比一家人破例。②

到欽切羅四個月後，艾比和父親生了重病，而後疑似染上肝炎。當艾比的妹妹和母親也開始

---

②作者注：跟所有團體一樣，氏族公社也彼此競爭，因此在欽切羅，各公社互相取了帶貶抑意味的綽號。鎮上三個最大的公社是Yanacona、Cuper和Ayllupunqu。其他人給Yanacona公社取了Yana Qhuna的綽號，意為「黑鼻涕」；Cuper公社也被稱為Woqcha Cuper，即「貧窮」或「孤兒」公社；Ayllupunqu則被戲稱為kullu Papa Suqsuq，比喻像是馬鈴薯一樣，小到很容易整顆吞下的團體，也就是沒什麼價值的意思。

生病，一家人便搭上運牛卡車到庫斯科求診。他們很快搬進一個美國考古學生承租，但因出城做田野調查而沒在住的房間。艾比的爸媽一直指望到庫斯科後能支領所寫文章的稿費，到了才發現沒錢可領。現在他們只剩口袋裡的零錢了。

「我真的病得非常、非常厲害。」艾比回憶道，她現年四十四歲，住俄亥俄州。「我記得那天在房間裡醒來，很冷，而我爸已經病得很嚴重，我媽和我妹也發病了。」

到庫斯科幾天後，艾比和父親出門覓食。他們只剩五索爾能花，那只比一美元多一點點。

「我們就只剩下那些錢，而我記得父親得做決定要買什麼。」艾比回憶道：「是要買湯粉煮來喝呢，還是麵包呢，因為我們就只買得起其中一樣。我爸說：『我覺得買湯粉比較好，因為我們全家都生病了，湯的效用持續得比較久。』」

最後，艾比的父親買了湯，兩人回到房間。艾比記得她看著父親把鍋子裝滿快要結凍的水、倒入湯粉，再把鍋子拿到爐子上。她也記得，就在那一瞬間，庫斯科停電了。

「電停了一天。」艾比說：「而我記得那時候，我跑來跑去大叫：『我好餓！我好餓！**我們為什麼不能吃東西！**』我記得父親抱著頭坐在那裡，說：『唉，沒有家庭、沒有責任的時候過嬉皮生活很不錯，一旦有人仰賴你，就不是那麼回事了。』」

艾比記得她和父親回戶外散步了一會兒。父親想讓頭腦清醒、思索接下來該怎麼辦。現在他們是真的身無分文了，連一秘魯索爾都沒有。然後，過馬路時，艾比看到水溝裡有什麼東西皺皺的。她過去把那撿起來：是一張十索爾的鈔票。

「我高興得不得了！」艾比回憶道：「那夠我們去（有屋頂）的市場買點東西吃了。」

一九七〇年代的庫斯科中央市場跟現在差不多：一棟碩大、洞穴般的建築，裡面有說克丘亞語的女人，她們戴著圓頂帽、穿及踝長裙，顧小小的攤位。她們周圍擺著一堆一堆的馬鈴薯、斑駁的大蕉、鱗狀的洋蔥、秋葵、南瓜、山欖、木瓜和其他蔬果。在某一區，女人會在烹飪區逗留，那裡擺滿小桌子、長板凳，和一壺壺熱騰騰的湯。

艾比和父親拿著十索爾鈔票進市場時顯然憔悴不堪，兩人都才從肝炎復原，體重輕了不少。「我們見到一個賣食物的小姐。」艾比回想：「她看了我們一眼，便堅持要我們坐下來吃東西。她準備了一整套餐點，還給我們食物帶回去給我媽和我妹。都不用錢。秘魯人一直都是如此，那是秘魯慷慨的天性。他們不想看到人餓肚子。所以我們最後把我撿到的錢拿來買藥，而不是買食物。」

佛朗柯孟一家人最後熬過了疾病，並回到欽切羅，艾比和妹妹開始學西班牙語，一家四口也開始學鎮上通行的克丘亞語。

「我記得我們是刻意學西班牙語。」艾比記得：「但克丘亞語就是耳濡目染了。」

某天晚上，艾比說，她半夜忽然醒來。外面，一群男人剛在田裡某處慶祝完什麼，喝得醉醺醺、大聲說著克丘亞語，經過佛朗柯孟家的小泥磚屋外。

「我記得我醒來聽到他們說話，記得我忽然發覺自己聽得懂他們說的每一個字。」艾比說：「那就是你小時候會發生的事，語言會慢慢滲進去，然後忽然砰！你會了。」

每逢週日，欽切羅的鎮民都會擺大型的露天市集，到今天還是如此。市集會設在一座廣場，一側是印加人所建、有大片梯形壁龕的牆，另一側則是泥磚屋。在這樣的早上，女人會穿上色彩繽紛的手織衫（aymilla）、貼身夾克（juyuna）和長裙，戴寬邊帽（montera）。她們會鋪一排排藍色塑膠布或編織的毯子，在上面把她們要以物易物或販賣的紡織品堆成小山。在小鎮和那座十六世紀教堂的後方，坐落著一幢聳立於梯田山丘上的印加宮殿。宮殿北方是聖谷，再過去就矗立著稜角鮮明、白雪覆蓋的維卡邦巴山脈（Cordillera Vilcabamba）。

一九七〇年代晚期，佛朗柯孟一家抵達欽切羅時，市集日仍以易物為主：農人拿玉米換馬鈴薯，陶工拿陶器換羊駝毛、高地上的牧人拿肉乾換叢林出產的古柯葉等等。雖然從庫斯科到這裡的路不好走，偶爾還是有觀光客過來付現金購買女人的織布。然後織布工會拿現金買不容易換得的物品，例如藥品，或孩子上當地學校所需的書本、鋼筆和鉛筆。

對五歲大的艾比來說，這個堆著刺激性藥草、蔬菜和肉類的市集，來自附近城鎮、身穿獨特手織衣物、口操西班牙語或克丘亞語的人，四處遊蕩的綿羊和山羊，以及出售的活天竺鼠，都是活生生從《愛麗絲夢遊仙境》（*Alice in Wonderland*）走出來的：

> 小時候我看過爸媽在秘魯拍的照片，聽過很多故事，所以我好想去秘魯，迫不及待。我覺得那聽起來就像什麼夢幻仙境。所以在我們啟程時，我興奮得不得了。那裡似乎是很好的住處，人們棒透了……我有用處，沒多久就學會說那些語言，我有工作，我對我的家人、我

的同儕團體和社區有貢獻，我好喜歡那裡。說真的，我不想回美國。6

另一方面，艾德和克莉絲趕緊學習當地的織布技術：那種複雜和優美令他們深深著迷。搬到欽切羅不久，艾德便開始問鎮上的織布者（全是女性）是否願意教他編織。她們大多覺得這個請求相當滑稽，畢竟，大家都知道織布者是從很小的時候就開始學織布。女孩（以及許多男孩）一般都是從五、六歲開始學習把羊駝和綿羊的毛紡成紗。女孩十歲時，開始學習用簡單的背帶式織布機織細長條的布。十四歲時，女孩進一步編織花樣複雜的腰帶。到了十八歲，也是一般要結婚的年齡，年輕女子織披巾、斗篷和其他織法複雜的織物，都不成問題了。而現在這位二十七歲、滿臉鬍子的男人，頂多只具備基本編織技巧的外國人想學織布！那些女人聽了不由得大笑。

但一個星期天早上，艾德在廣場上見到一個青少女販賣她親手織的東西，停下來細看，為那些織物的品質驚豔不已。女孩坐在那裡，戴平常欽切羅女人會戴的那種黑、白、紅寬邊帽。艾德看著女孩靈巧地在一部小織布機上織一件小東西，只織到一半。

「我想跟妳買那個。」艾德告訴她。女孩抬頭看他，不解其意。

「這樣我才能把它織完。」他說。

女孩笑了笑，聳聳肩，還是把那未完成的織物賣給艾德。看著那奇怪的美國人走遠，她百思不解地搖搖頭。

一星期後，艾德回到市集。那個星期的頭幾天，他仔細研究那件還連著彩色線軸的織物。最後，他想出怎麼把它織完了。現在他想找當初把東西賣給他的女孩，織給她看。但艾德不知道那女孩的名字，也找不到她。所以他到處問，向其他女性描述那女孩的樣子，並把他買的織物給她們看。

「啊，那是妮爾達。」最後一名女子告訴她：「妮爾達・卡雅尼奧帕。」那女人說女孩住在某某街怎樣怎樣的屋子，那間屋子的門是怎樣怎樣的顏色。

十分鐘後，艾德敲門，妮爾達開了。

「我織完妳的布了。」艾德一本正經地說：「妳可以教我更多東西嗎？」

女孩起初不相信布是那個美國人織完的，但聽他細說之後，她笑著點點頭。「好。」她說。「我教你。」

於是，在一九七七年某個星期天早上，當維卡班巴山脈的嶙峋高峰在遠方閃閃發光，當駱馬在山上溜達，人們在附近的市集討價還價，一場教學在艾德・佛朗柯孟和妮爾達・卡雅尼奧帕之間進行。這次教學不僅改變了他們各自的人生，更改變了秘魯傳統編織的未來。

❖

現在汪妮妲十四歲，已經在庫斯科的貞女宮（給獲選的女人住的房子）住了四年。她仍記得她和母親走過外面街道的那天，帝國官員看到她，而她成為獲選的女人的那一天。那天過後不久，汪妮妲的爸媽就陪她來到同一條街，同一座氣勢宏偉的梯形門口，她曾試著偷看，不知裡面有些什麼的地方。一個年長女祭司正站著門前等候。當他們停下腳步，母親淚流不止，有長耳垂、戴金色耳釘的父親僅表示他很驕傲他的女兒能侍奉太陽，但汪妮妲從他臉上看得出悲傷。汪妮妲凝視雙親，強忍淚水，然後轉身跟著侍者入內。汪妮妲已被告知，她或其他任何女孩都不允許探視，所以她知道她這一進去，可能就再也見不到家人了。那天晚上，在冰冷的石造房間，躺在一疊羊駝毛毯上，試著和其他新來的女孩一起就寢，汪妮妲默默地哭泣。

但絲毫不為外界所知的貞女宮的生活，很快習以為常。汪妮妲和其他第一年來的女孩會早起遵照年長的神殿女祭司，即mamaconas的指示。女祭司教她們怎麼料理各種湯和燉菜，例如motepatasca（玉米湯加辣椒和藥草調味）、locro（用魚、馬鈴薯、蔬菜和胡椒做的燉菜）和cancu（烘烤玉米麵包）。她和其他女孩也展開學習用各種織布機織cumpi，即王室的布，那是汪妮妲見過最精美的布。印加帝王和他的家人都穿這種不是用最細緻的羊駝毛，就是純小駱馬（vicuña）毛織成的衣料。cumpi也常焚燒獻祭給神明，或做為金銀聖像的服裝。

緊接著汪妮妲和其他女孩開始學習多種宗教儀式（多到有時令她頭暈目眩），也被教導各路神明的習性，以及取悅祂們所需的儀式。每天清晨，當太陽神醒來，祂的第一道光芒會射中置於太陽神殿露台顯著位置的大型金造太陽神像。光芒會照在閃閃發亮的金屬，立刻讓全區金碧輝煌。

這時，汪妮妲和其他獲選的女人會把她們準備好的食物放在神像前。在她們獻祭時，服侍的女祭司反覆吟誦：「太陽，請享用祢的妻子們為祢準備的食物！」剩下的食物會給祭司或多名神殿侍從吃，或獻給其他神明如造物之神（Viracocha）、閃電之神（Illapa）、大地之母（Pachamama）、月亮女神（Mamaquilla）。

汪妮妲很快發現貞女宮中住了約兩百個女孩和女祭司，而她們大多跟她一樣，是在十歲左右雀屏中選。她們全都是（至少在庫斯科這裡是如此）印加貴族或被征服領土當地酋長的女兒，獲選是因肉體美好，也因其貴族身分。她們要在這裡訓練成女祭司或許配給印加貴族或英勇的戰士。少數新來的選女會進入印加帝王的後宮，與太陽神之子同床共寢，也許還會生帝王的後嗣。聽到這裡，汪妮妲不由得睜大雙眼。汪妮妲也得知，少數新來的選女將被獻給神。這次是聽到一些已當上女祭司的較年長女孩竊竊私語，不過她們也叫汪妮妲不必擔心，因為如果那真的發生（她被告知那會由印加帝王親自決定），那些被獻祭的將是最幸運的女孩，因為她們的報償就是和神明一起在來世享受安逸富足的生活。

剛聽到這件事時，汪妮妲渾身發抖。她的未來有這麼多種可能，令她既著迷又害怕。當她靈巧的手指練習用細緻的羊駝纖維織皮帶，汪妮妲誠摯地希望自己的命運不是應召入宮或當上神殿的女祭司，而是有朝一日成為貴族的妻子。汪妮妲知道，唯有如此，她才有可能再見到她的家人。她好想他們。然後，汪妮妲十四歲時的一天上午，她得知今年，就在偉大的太陽祭（Inti Raymi）後，她和其他王室的貞女要覲見帝王。汪妮妲被告知，帝王會在那次會面決定她們的命運。

✣

妮爾達・卡雅尼奧帕四歲左右就開始被母親帶去田裡。她的家人在欽切羅地區種了八百八十種馬鈴薯的其中幾種，以及ollucu和oca和其他根莖類作物。妮爾達六歲時，家人就把羊群託給她照顧了。妮爾達每天都會走很長的距離，敏捷地爬上欽切羅周圍的崎嶇山坡，看小鎮在底下雜亂擴張，市集廣場，連同十七世紀的泥石造教堂，「我們的蒙賽拉特夫人」（Nuestra Señora de Monserrat）的白色長方形樓塔都清晰可見，教堂鐘聲不時在山間迴盪。妮爾達就是在遊蕩時碰到另一名牧羊女，不是女孩，而是名叫塞巴斯蒂安太太（Doña Sebastiana）的老婦人。塞巴斯蒂安太太也在白天照顧羊群，而如同當地其他女性，她穿著傳統的pollera長裙，也戴所有欽切羅女性戴的、帽沿上翻的黑、紅、白色扁帽。這扁帽既能防曬，也能清楚傳達她們來自哪個村落的帽子。妮爾達常去塞巴斯蒂安太太的泥磚屋，坐在屋裡看著老太太粗糙的手拿湯匙把locro燉菜舀進兩個碗，其中一碗是固定為她好奇的訪客準備的。在小起居室的角落，老太太有一部老舊的木造織布機，上頭總是串著部分完工的織物，像是manta布或chuspa袋子或披巾，每一件都美得連妮爾達這麼小的女孩，都為老太太靈巧嫻熟的技藝驚詫不已。

「她紡的紗好漂亮，而且動作好快，讓我晚上都夢到紡織。」妮爾達後來這麼寫道。她現年五十歲，常往返欽切羅和庫斯科。「我對手織布的愛，和向長輩學習的渴望就是從那裡萌生。」[7]

妮爾達的母親會織布，但妮爾達的外祖父是西班牙人，而她的外祖母只教她母親織製作普通布料的簡單花樣。妮爾達詳述道：

一九六〇年代，我在欽切羅成長的時候，傳統布料對我村子裡的人毫無價值。鄉下人還是會紡紗織布，欽切羅較年長、傳統的女性也會。但在有西班牙傳統的家庭，男人都穿現代的褲子去工作，孩子都穿現代的衣服去上學。不這麼做會被輕視。8

四百年前，西班牙人征服印加帝國，不僅占領土地，也抓了說克丘亞語的農民。西班牙人像分配牛隻一樣分配農民，要求農民向新主人「進貢」。一直到一九六〇年代，歷經四個漫長的世紀後，秘魯政府終於實施農業改革，試圖改正一些由當年征服者造成的不公。這時西班牙語已占盡優勢，取代了克丘亞語，其他歐洲制度，如天主教會、貨幣經濟和歐洲的法律體系，皆已穩固移植，像外來的嫩枝接上土生土長的粗根。另外，世世代代的天主教神父已盡其所能消滅在地宗教，此舉被婉稱為「根絕偶像崇拜」。西班牙神父一面打破神像、摧毀神殿、將神聖的紀念塔夷為平地，一面在空地興建西班牙式的建築。原住民文化的其他層面也逐漸消失：例如怎麼解讀結繩文字（quipu），這是在秘魯沿用數千年的資訊儲存方式；以及如何純熟地切割、刻劃和移置巨大的石塊，且不用灰漿，造就迄今仍令觀光客目瞪口呆的建築物。

即便來到一九七〇年代，當像妮爾達這樣的孩子受義務教育時，學生仍得小心別犯在教室裡說原住民語言的錯誤，連悄悄話也不行，否則會被老師拿棍子打，打到改回講西班牙語為止。

一九六八年，說克丘亞語的秘魯小說家荷西·馬里亞·阿爾格達斯③贏得了德拉維加（Inca Garcilaso de la Vega）文學獎。德拉維加是十六世紀的原住民編年史家，以原住民的觀點寫了第一部關於西班牙征服的紀錄。阿爾格達斯在得獎演說中表明，他領這個獎不光是為他自己，也代表著：

> 一支過去被視為墮落、衰弱，或「怪異」、「難以捉摸」，但實為優秀民族的藝術與智慧，他們在自己的土地上完成歷史視為優秀民族的豐功偉業，卻也在這片土地上遭到社會輕蔑、政治宰制及經濟剝削：他們已被改造成封閉的國度（為了更便於、易於管理而隔離），只有把它堵起來的人能說話，並帶著憎惡或好奇，遠遠看著它。9

但雖然被西班牙人統治數百年，散居安地斯山脈各處的原住民仍在家裡說克丘亞語或艾馬拉語（Aymara）。而在秘魯各個角落（特別是偏遠高地），許多原住民習俗仍持續進行，例如崇拜聖山和其他神明、維持公社等社會架構，甚至延續傳統紡紗和編織的習慣。

但到了一九六〇年代晚期，就在小說家阿爾格達斯發表演說之際，這最後一項傳統也逐漸式

---

③作者注：一九八七年，我在利馬坎托格蘭德監獄碰到一位隸屬於光輝道路游擊隊的寡婦，希比拉·亞瑞唐多，就是他的遺孀（詳見第三章）。

微，因為用機器製造的廉價合成紗線與布料，持續滲透安地斯山。村裡常需進城找工作的男人，尤其不想被視為「鄉巴佬」，因而紛紛改穿西方服裝，嫌棄手工編織、充滿先祖符號與圖案的傳統服飾。秘魯原住民已來到十字路口：該保存傳統，抑或為了更順利融入強勢文化而摒除傳統。但小說家阿爾格達斯指出：

> 〔秘魯原住民〕要走的路，並非得是、也不該單單只是強取豪奪的征服者蠻橫指定的路。意即：被征服的國度該拋棄自己靈魂……承接征服者的靈魂，也就是該被同化。我不是被同化的人；我是秘魯人，像興高采烈的惡魔一樣，驕傲說著基督和印第安，說著西班牙語和克丘亞語……技術上，他們〔西方世界〕將凌駕我們、宰制我們不知多久，但藝術上我們已能迫使他們向我們學習，而且絲毫無需讓步，無需改變。[10]

誠如阿爾格達斯知之甚詳的，古代的南美沿岸和安地斯藝術家已創造出史上最精美的一些編織品。例如，秘魯沿岸超過兩千年歷史、在織布機上製作的織物，每平方英寸的針數超過六百針，這是在十九世紀英國工業革命之前，世上無處可匹敵的技藝；即便在工業革命之後，也得用機器才做得到。秘魯南部沿岸巴拉卡斯（Paracas）文化的一項獨特葬禮儀式包含將死去的親人裹上作工精細、約三百平方碼的織物，這種尺寸需要占地兩畝的棉花樹才做得出來。

一千多年後，當第一批西班牙征服抵達秘魯，他們很快發現印加人也大量生產布料，而且其精緻細膩是西班牙人前所未見。西班牙領導人法蘭西斯科・皮薩羅（Francisco Pizarro）的年輕堂弟寫道：

> 當我們進入庫斯科時，城裡有數不清的倉庫擺滿極為精美雅致的布料和其他質地較粗的布；也有存放凳子、糧食或古柯（葉）的地方……還有滿滿覆蓋金的銀的chaquira（非常精細的小珠子）、看不到針線痕跡、很像綿密鎖子甲的斗篷，也有鞋子的倉庫，鞋跟是劍麻做的……〔鞋子的上半部〕是五顏六色、細緻的〔羊駝〕毛。[11]

在印加人於十五世紀中葉掌權時，織布之於帝國的重要性，猶如鑄幣之於羅馬。印加人民不分男女，不僅為自己織衣物，也為帝國生產布料，以繳納規定的勞務稅。印加人會織三種基本款的布料：cosi，每平方英寸約一百二十針，用駱馬毛粗簡編織，主要用於毛毯；awasqa，用於多數服裝的等級，是用本地棉花或羊駝毛製作；cumpi，用特別飼育的羊駝身上極細緻的毛料編織，有時也用小駱馬的毛。採收棉花、給羊群剪毛、紡紗線和編織都是印加子民的工作。在國家的倉庫裡，把布料和其他物品堆到天花板，也是他們要盡的勞務。特別精細的織物是由人稱cumpikamayug（意為精美布料保管人）的男性編織工製作，他們會織某種最高級的cumpi布給貴族穿。最後，最富麗華美、針數超過六百，幾乎純用小駱馬毛編織的布，是出自獲選的太陽的女人之手，她們像汪妮妲那樣，住在女修道院一般的貞女宮。就是那些獲選的女人，她們從少女時代就開始學習編織的藝術，為帝王和帝王的正室編織刺繡最精美的服飾。獲選的女人也常把小金珠和小銀珠、色彩斑斕的蜂鳥羽毛或其他珍貴的素材織進布料中。據十七世紀神父兼編年史作者伯恩納貝・寇博的說法：

> 〔印加〕國王……身穿斗篷和襯衫……腳穿〔涼鞋〕。在這方面他和一般民眾的習慣一致，但他的衣裝和平民不同之處在於，那是用最精細的毛料、他的王國裡織得最好的布料製成，色彩更豔麗、織工更細膩。那些是由年長的獲選的女人為他製作，大多是用細緻如絲的小駱馬毛織成。帝王有些衣服平凡而簡單……其他衣物則色彩繽紛、鮮豔花稍、並織了非常細小的羽毛進去；〔還有其他〕服裝則覆滿金飾、翡翠和其他珍貴的寶石；這是最精美的正式服裝，相當於我們的刺繡、金布銀布和錦緞。[12]

但西班牙征服十八年後，該國的編年史作者寫道，跟歐洲頂級細絲一樣細的cumpi布料製造已是垂死的藝術，畢竟，這種布料僅供貴族階級，而貴族階級本身已迅速凋零。

然而，就算印加統治者的權勢和影響力逐漸式微，傳統編織藝術仍在秘魯各地的村莊屯子持續著。往後數百年，農民繼續自己做衣服穿。早在印加帝國崛起之前，他們就一直如此了。要到二十世紀中葉人造合成線和廉價量產布料出現，傳統布料的製造才第一次動搖。秘魯編織者接觸了現金交易經濟、想更快賺到錢，於是開始拋棄較費時的舊傳統，改採能製造更多商品的樣式和方法，就算藝術性比較低。

無可避免地，說克丘亞語的欽切羅社區被捲入排山倒海的全球化和現代化浪潮之中，妮爾達·卡雅尼奧帕也難以倖免。不過，在年長牧羊女塞巴斯蒂安太太的親自指導下，妮爾達繼續學習如何以傳統的方式紡紗和編織，手指完全仿照萬千祖先的動作。

成天放牧好幾年後，妮爾達終於在八歲時去上學。這所公立學校是一連數棟長方形的泥磚建築物，教室裡有木造書桌和單單一顆掛在天花板的燈泡。一上學，妮爾達就是非常優秀的學生，一面用功念書，一面繼續自主學習編織。她後來寫道：

父親堅決要求我用功讀書，將時間投入課業。我喜歡在校學習，但同時也對傳統編織愈來愈感興趣。父親會去遙遠的村落帶布回來，每一件都獨一無二。「這是怎麼做成的？」我會問自己。我會實驗，試試我看女性長輩用過的技術。我會趁深夜父親以為我在念書時，在我的房間裡做這件事。母親知道我在做什麼，並未阻止。〔但〕我爸會說：「編織不會讓妳富有。」[13]

但妮爾達仍堅持下去，青少女時，她開始在欽切羅的週日市集販賣她的織物。「我像瘋子一樣繼續學習〔以傳統方式〕編織。」她說：「不是因為我想賺錢，只是因為我很感興趣。」[14]

我們可能以為欽切羅老一代的編織者，因為親眼目睹這種手藝逐漸衰微和消失，所以會認同一個少女對其老派織法的興致。但事實證明，塞巴斯蒂安太太的鼓勵是例外。

「你以為老婆婆會說：『噢，真好，你看她在學編織耶！』」妮爾達說：「但她們卻告訴我，編織只能當副業，『這絕對賺不了什麼錢』，頂多勉強夠我維生。她們表現得好像年輕人花這麼多時間學編織是件蠢事，我該考慮別的事情。」[15]

但對妮爾達來說，編織早已成為熱愛。她喜歡那種觸感、喜歡那種質地、喜歡編織的挑戰。這時十幾歲的妮爾達不僅學習能力佳，也很快了解欽切羅的週日市集就是某種自然形成的實驗室。她可以在那裡試驗她所學的技巧能否吸引觀光客。她不用合成紗線，繼續用羊駝或綿羊的毛來製作較複雜的織物，也大多採用古代的設計。每逢星期天，她就上市場賣。

艾德·佛朗柯孟就是在她十四歲的某個星期天，於市集廣場向她提出那個不尋常的請求。

妮爾達說：「一星期後，他敲了我家的門，說：『看，我完成妳的皮帶了！』起初我不相信，我說：『不可能，不可能是你完成的，我不相信！』我碰過的觀光客沒有一個人對編織有任何了解，何況他是男的。但他最後使我信服，還問我能不能教他。我就是那樣碰到艾德·佛朗柯孟的。」[16]

❖

海螺吹奏聲響徹天際，代表帝王即將蒞臨庫斯科擁擠的廣場。廣場上擠滿貴族和祭司，都穿著五顏六色的罩袍、戴金鐲子和耳釘。大家穿涼鞋的腳下鋪著白色細沙，是從海邊裝進編織的袋子裡、用駱馬馱過來灑在廣場上的。沙子象徵湖中女神Mamacocha的連結。沙上到處嵌著取自北部海岸、神聖的粉色海菊蛤殼，彷彿它們是被沖上安地斯山似的。沙上也散落著金製或銀製的駱馬、羊駝、狐狸和其他動物的小雕像，是工匠在首都近郊燠熱冶煉場裡的作品。

汪妮妲和其他同年紀的選女睜大眼睛向群眾後面望去，瞥見帝王圖帕·印加·尤潘基（Topa Inca Yupanqui），太陽神之子暨許多遙遠民族和土地的征服者。汪妮妲也用力朝通往廣場的鄰近街道看去，那裡簇擁著男女老幼的鎮民。汪妮妲希望能見到她的父母或其他家人。去年，在同樣的節慶，她遠遠見到她的父親，是自她進貞女宮後第一次見到他。父親向她舉起手，但汪妮妲和其他選女都被下令不得以任何手勢回覆。無論如何，汪妮妲明白，她的命運將在今天決定，而自從前一次月圓，她和其他女孩就不時竊竊私語，懷疑自己將來的命運。她們之中誰會嫁給帝王？誰會嫁給太陽，當神殿的女祭司？誰會許配給王室貴族或名聲響亮的戰士？還有，她們之中，她們以更低的音量互相探問，誰會成為accla-capacocha，也就是祭品呢？

汪妮妲踮著腳努力從民眾的頭頂望去。她只能看到站在帝王旁邊的太陽祭司Willaq-Umu。太陽祭是白天最短、太陽神在祂神聖的往北旅程中走得最遠的一個月，在這個月內，祭司會把手舉向空中灼熱的天體，乞求祂回來，給他們的田地和農作溫暖，賜予他們生命、食糧和幸福。

「噢太陽……〔我們的〕父親。」祭司高喊，群眾頓時安靜，頭頂王室流蘇、身披奢華小駱馬斗篷的帝王站在旁邊。「〔我們的〕父親，是您說『讓庫斯科在這裡！』遵從您的意志，它建立了，而且維護得如此美輪美奐！」他指向帝王說：「讓您的子孫，印加人，成為所有人類的征服者和掠奪者。我們崇敬您，獻祭予您，請您應允我們的懇求。讓印加人繁榮昌盛，安和樂利，別讓印加人被任何人征服，但要讓印加人成為永遠的征服者，因為您是為此目的創造印加人的。」17

汪妮妲看著香煙裊裊升空，然後一名祭司領著六隻純白的羊駝穿過人群向大祭司走去，每隻的耳朵都掛著編織的紅流蘇。汪妮妲也看到四位乾巴巴的前印加帝王直挺挺地坐在轎上由侍從扛著，仍穿著華美的衣裳。這些做成木乃伊的帝王看似俯視這座為大灰石所建宮殿環繞的廣場。手持掃帚的僕人站在四位前帝王身邊，不讓蒼蠅打擾他們。

「他們要獻祭羊駝。」她最好的朋友吉絲佩低聲說道，吉絲佩跟她同一年進貞女宮。「再來他們就要做出選擇。」

當羊駝消失在眼前，牠們一一被祭司拉到地上拿青銅刀獻祭，刀子一眨眼就變成紅色，汪妮妲再次轉頭掃視街上的群眾，緊盯著那些臉龐。然後，正當她準備放棄，她見到一個熟悉的身影。兩人目光相接，她沒有弄錯，那是她的父親。

✣

一九八二年鋪設的馬路終於縮短了從庫斯科到欽切羅鎮的路程，現在搭巴士只要半小時。這時是十一月，既是春季，也是安地斯山雨季的開始。巴士蜿蜒經過農夫仍用牛拉的木犁翻土、或用印加人特有的腳耕機在土壤打洞的田地。十一月也是栽種馬鈴薯的季節，所以田地現在都呈褐色，有一條條犁溝，和一塊塊盼望雨水的小塊莖。

坐我對面座位的老婦人抓著一個編織的藍色袋子，裡面裝著淡紫色的小馬鈴薯。那些馬鈴薯紋路凹凸不平，幾乎跟婦人褐色的手一樣皺。我問她那些是什麼品種。馬鈴薯原產於安地斯山，而秘魯有令人傷透腦筋的五千個品種。多數外國人，包括我在內，很難分辨。

「這是chuño，煮湯用的。」婦人笑著說，露出上排兩顆金牙。

所謂的chuño，就是會被放在戶外任其結凍、曬乾、結凍、曬乾，周而復始，直到剩下幾乎不含水分的塊莖。這種技術是數千年前在安地斯山發明，後來輸出成為舉世聞名的「冷凍乾燥」程序。在這樣處理一星期後，這種馬鈴薯和其他塊莖可以存放數十年。老婦人拿給我一顆三英寸長的chuño，我握在手裡，那輕得跟一塊聚苯乙烯泡沫塑料一樣。

半小時後，我抵達欽切羅，位於聖谷附近一座高原上的古印加聚落和行政區。欽切羅曾是印加帝王圖帕．印加．尤潘基的王室寓所所在地，建於十五世紀末。當西班牙人征服這個地區時，有兩個務農社區住在一簇雅致的王室建築和梯田附近，分屬不同的公社。西班牙人很快在圖帕．印加王宮遺址上興建基督教堂，然後強迫兩個原住民社區合併，並搬遷到附近以便於控制。欽切羅鎮就是從這兩個遷址的社區發展起來。

今天是星期天，欽切羅的市集人聲鼎沸，熾烈的赤道陽光盡情揮灑。男人穿著黑色的ojota涼鞋，褐色、黑色或灰色的長褲，以及夾克或織得色彩鮮豔的poncho斗篷。有些較年長的男人會戴像滑雪帽的針織chullo，還有流蘇從帽頂垂下。女性大部分穿著她們至少穿了一百年的服裝：多樣的pollera長裙、編織的羊駝毛披巾，以及各式各樣的帽子，樣式取決於她們來自哪個村落。鎮上的街道很窄、鋪大卵石，兩旁是泥磚或磚塊砌成、牆塗石灰的連棟房屋。印加遺址不時出現在街邊，附近山丘刻劃著仍在使用的印加梯田。

在市場的入口屹立著殖民時代的古門，婦女聚集在門的兩側。她們都將一頭烏黑長髮編成兩條辮子，用黑紗織成的流蘇把辮尾綁在一起。她們或坐或站，身邊就是她們要賣的一堆堆新鮮綠色大麥。大麥是從「舊世界」進口的，顏色和女性橘、紅、赭色的衣裳呈現鮮明對比。這種古老的穀物被用來釀造啤酒和餵養新世界的少數馴養動物之一：安地斯天竺鼠，又稱豚鼠（cuy）。這種小齧齒動物常烘烤後在盤子裡四肢攤開地上桌，好像橫屍街上似的。天竺鼠住在人類家中，在地板四處搜找食物碎屑吃，偶爾吱吱叫。古安地斯民族最晚在七千年前就馴養這種可口的齧齒動物了。天竺鼠容易飼養，十八、十九世紀時曾被用於實驗室實驗，之後科學家才改用老鼠，因此才有「不想當天竺鼠被拿來做實驗」（not wanting to be used as a "guinea pig"）這句俗諺。

在欽切羅的市集廣場，我問一名賣織物的少女：哪裡可以找到妮爾達．卡雅尼奧帕（就是那個年少時也曾在這裡販賣自己編織作品的女子）成立的編織合作社「傳統編織中心」（Centro de Textiles Tradicionales）。我對印加冰姑娘汪妮妲的故事很感興趣，而有人告訴我妮爾達對那個女孩有些不凡的認識，特別是冰姑娘被發現時身上的衣物。但我得先找到妮爾達。少女告訴我，妮爾達應該在中央區，並指了我該去的方向，說完便繼續織她的小皮帶了。

不同於欽切羅多數女孩，妮爾達不僅完成小學和初中學業，也念完高中。然後她繼續做了這件匪夷所思的事：就讀庫斯科的大學，而且畢業。妮爾達是欽切羅第一個大學畢業的女子。在這段期間，她的老朋友佛朗柯孟一家已回美國，但兩家人仍保持聯繫。妮爾達大學一畢業，艾德和克莉絲．佛朗柯孟告訴她可以申請一筆旅行獎助金來美國六個月，並且在那裡教編織。畢竟，妮爾達不僅是大學畢業生，更是精通傳統安地斯技藝的編織高手。妮爾達申請也獲得獎助金，而那時候的她只會說克丘亞語和西班牙語，且從未到過庫斯科以外的地方。

「我不會說英語。」妮爾達後來告訴我：「一個字也不會。那是我第一次搭飛機、第一次去利馬，**什麼都是第一次**。」

到了美國，妮爾達驚訝地發現人們竟對她的編織有如此濃厚的興趣，這個事實讓她更加堅信研究在地編織傳統的重要性。這項傳統正隨著老一代的編織者一一逝去而持續凋零。

「年輕人已經不學編織了。」妮爾達說：「你在市場裡所能找到品質良好的織物，都是用過的，用四十、五十、六十年了。」[18]

妮爾達的美國之行，加上她本身對欽切羅觀光市場的了解，促使她思考：她是否可能在欽切羅教導一群年輕編織者如何以古老的方式編織？是否可能用傳統的染料、線和織布機，並試著販售高品質的成品，就像一個世代以前創作的那些？是否可能籌組合作社，一起分享利潤？

「創建合作社成了我的夢想。」妮爾達說：「但聽到我的想法，除了艾德和克莉絲（佛朗柯孟），大家都說不可能。（只有）艾德自願提供協助。」[19]

當我穿過欽切羅的廣場，婦女已擺好她們的織物，耐心地坐在旁邊，準備議價售出。觀光客兜來轉去，有的還在討價還價，有的已經買了刺繡鮮豔、用來放古柯葉的袋子，或可當披巾用以抵禦安地斯山區夜裡酷寒的方形織物。當然，若沒有衣物，安地斯山就不可能有人居住。而有哪種原料，比歷經數百萬年演化而生成的羊毛更好呢？

沿著一條兩旁都是石牆的街道走過幾條街，我看到一道雙扇大門邊的牆上有塊招牌：

傳統編織中心

進入後，我看到一大片綠草如茵的庭院。大概有一百個人在那裡走來走去：編織者，以及世界各地的編織愛好者。有的來自玻利維亞，有的來自厄瓜多、哥倫比亞、瓜地馬拉、美國、加拿大，甚至從歐洲各國遠道而來。點綴其中的是說克丘亞語的女性，她們來自九個在地村落，透過合作社銷售自己編織的作品。她們穿傳統長裙、戴寬扁帽，每個村子都有獨特的顏色和樣式。這個星期，這間妮爾達·卡雅尼奧帕經營的中心正舉辦半年一度的tinkuy，這是克丘亞語「遇見」的意思，世界各地的愛好者都來到這場編織者的集會。

庭院周圍的建築物有瓦片屋頂和用灰泥修飾過的外牆。灰泥上了赭色，而建築物裡有辦公室、儲藏室和給來訪的編織者使用的額外房間。一條柱廊下蹲伏著合作社的零售店，店面廣大、呈長方形，堆疊著高品質、剛從織布機取下的織物。

在毗鄰的一區，我看到妮爾達・卡雅尼奧帕站在一個大蒸汽鍋前。她正在為一群外國編織者示範天然染色技術。妮爾達身材矮壯，黑髮往後紮成一條辮子。她現年五十歲，但看起來大概四十歲，不見白髮的蹤跡。遠方，烏魯班巴山脈巍然而立，其中幾座嶙峋的高峰覆著冰雪。最高的薩康泰山有海拔兩萬英尺。「薩康泰」一詞來自克丘亞語的 sallqa，意指「野生的」、「未開化的」、「原始的」。也許並不意外的是，薩康泰是這個地區最神聖的山峰，也是最強大的地方神明，apu 的家。

「你要製造多少染料都沒問題。」妮爾達說著帶西班牙口音的英語：「就是比例一定要正確。加熱後，染料就完成了。」

妮爾達拿了一捆紡過的白色羊駝毛，置入高度及腰、裝滿冒泡黑色液體的金屬缸中。染料的顏色取自一種菌類植物，而妮爾達正教大家怎麼用。大約四十名來自全球各地的編織者仔細觀看、做筆記，或用小型攝影機或手機錄影。妮爾達一邊攪拌，一邊告訴觀眾她是怎麼在一個霧林裡的偏遠社區發現這種黑色染料的。

「只有一位老先生。」妮爾達說，一邊用長木棍攪拌黑色液體：「記得他們以前怎麼做這個。他帶我進那座森林，指給我看那棵上面長了一種黑色菌類的樹。他們已經好多年沒用這種菌類了。」

休息時間，出來到庭院，合作社的婦女開始供應午餐。其中一個穿著欽切羅典型亮麗紅黑色服飾的婦女拿給我一盤烤天竺鼠，有冷凍乾燥的小馬鈴薯當配菜。那些馬鈴薯的水分已經恢復了。

「你想要來點古柯葉茶嗎？」她問。

我點點頭，於是她帶了熱騰騰的茶杯和燦爛的微笑回來。這裡的感覺很像大型家族團聚，穿得五顏六色的女人圍繞衣著較樸素的外國人轉來轉去，像許許多多羽毛鮮豔的小鳥。兩個顯然來自外國的女人走過來，坐了我旁邊兩張空著的椅子。其中一人身材精瘦、頭髮灰白，約六十幾歲；另一人則是金髮碧眼，體態豐腴，約四十歲。兩人各有一盤天竺鼠和馬鈴薯，也都來自美國。她們自我介紹。

「我是克莉絲。」年長的那位母親說。

「我是艾比。」她的女兒微笑著說。

而她們姓佛朗柯孟。

在海拔一萬兩千四百英尺的地方，當我們努力吃著盤裡的天竺鼠，那些美味，但有很多小骨頭的齧齒動物的，佛朗柯孟母女一五一十地告訴我她們離開秘魯後的生活。艾比目前住在俄亥俄州，有個兒子，開了一間編織工作室。克莉絲住康乃狄克，已經退休。④至於艾德・佛朗柯孟，她們告訴我，在二〇〇二年被診斷罹患骨癌，二〇〇四年過世，享年五十九歲。

「我每天都好想他。」

艾比說，在艾德最後一年的生命中，他努力協助籌募資金購買合作社目前在庫斯科古太陽神殿的土地上持有的店面。那個曾向一名安地斯少女買下一件未完成織品的男人，最終也和那個女孩擁有同樣的夢想：不要讓一項古老的編織傳統就此絕跡。

「他來不及見到合作社落成。」艾比說：「但他深信那一定能順利發展。如果能見到它，見到它這般成長茁壯，他一定很開心。很好笑，一切繞了一圈又回到原點。」她說，看了看四周。「如果我的爸媽沒有在安貢那場考古挖掘相遇，我認為這一切都不會發生。」

我們聊疾病和父喪聊了一會兒。我告訴艾比，一直到我自己的父親過世，我才明瞭別人是如何經歷那樣的不幸。她表示同意。

「一開始我不了解為什麼有些人的慰問會惹我不快，而有些人真的很重要。」她說：「後來我恍然大悟，那些真的很重要的慰問，都來自經歷過同樣事情的人。」

艾比的父親深受「廢膝蓋」（bum knees）所苦，她回憶道。她相信她也遺傳到他那種病症。小時候在欽切羅，她有天扭傷了一隻膝蓋。鄰居趕緊帶她去找當地的民俗治療師，名叫羅倫佐的老先生。

「我膝蓋嚴重脫臼到朝我身體彎過來。」艾比說：「羅倫佐是非常厲害的接骨師，各地方的人

④ 作者注：二〇一三年十一月十二日，為那次 tinkuy 抵達庫斯科不到一天，克莉絲・佛朗柯孟在飯店房間裡自然死亡。一星期後，她和妮爾達・卡雅尼奧帕合著的《傳統的臉孔：安地斯山的編織長者》（*Faces of Tradition: Weaving Elders of the Andes*）出版。

都來找他。他是民俗治療師，所以精通精神領域的事情。他們帶我進去，他含了一大口甘蔗酒和古柯葉，嚼成膏狀，吐到我的膝蓋上。那很快就有麻醉的效用。因為那基本上就跟嗎啡一樣。然後他把我的膝蓋骨接回原位。我爸在場，曾為同樣的毛病開刀。那時他好幾個星期沒辦法行走。但羅倫佐讓我不出幾天就能走路，我爸好驚訝。」

艾比說，羅倫佐不僅是高竿的生理治療師，還能預測人的未來，並為人體驅逐惡靈。他用古柯葉做這些事。

羅倫佐有幫妳解讀葉子嗎？我問。

「有，在我十四歲的時候。」艾比回答。她說的是抓一把古柯葉扔到地上、仔細研判其排列方式的預言法。

「我記得非常清楚，他說：『噢，我得告訴妳一件妳乍聽會很難受，會讓妳難以接受，但其實沒什麼大不了的事。』」

那時艾比看著他，大惑不解。

「『我得告訴妳，妳只會有一個孩子，是個兒子。』」他一邊把葉子蒐集起來，放回袋中，一邊仔細盯著她說：

「『但妳的兒子會活下來。』」

艾比看著我大笑。「所以壞消息是我只會有一個小孩，**但好消息是他會活下來。**」

多年後，艾比帶當時十歲大的兒子造訪欽切羅，碰巧遇到羅倫佐。這位老治療師雖然老邁痀傻，卻立刻認出她來。艾比介紹兒子給他認識，他會意地點點頭。

「所以妳還是只有這一個，對吧？」他問。

艾比點頭。

「不過不用擔心，他會活下去的。」老人這麼說，他記得。

艾比說，羅倫佐在五、六年前過世，帶著預言的天賦離開。

我問艾比知不知道冰姑娘汪妮妲的故事，她點頭。

「妳記得妳住在這裡的時候曾獻祭過嗎？」我問。

「有的，你一定要跟大地之母Pachamama分享你的飲食。」她說：「那只是對世間萬物思考模式的一部分，就像全聖徒日（All Saints' Day），你要帶食物到墓園給你已逝的家人，留在那裡給他們。人們會獻祭，類似天主教點蠟燭，乞求這個乞求那個，是非常私人的事情。這裡有分享的觀念，你要和周遭萬物、和你共同生活的山分享你得到的一切，有點類似是每個人都屬於某一座山，我當然也是。」

我問她，最早是怎麼發現的。

「這個嘛，**你就是會知道**。」她說：「就是會知道，我所屬的山叫基爾卡（Quilca），就在欽切羅這裡。站著看那座老教堂，它就在那後面的遠方。」

艾比解釋，她小時候住在這裡時，常夢到被爸媽拋棄和被迫和她在乎的人分開。夢中，她會來到基爾卡山的遠側，她從沒到過的地方，而在那裡跟她的爸媽和朋友聚首。怪的是，當她終於來到山的遠側，那竟然**跟她夢裡見到的一模一樣**。那時，她把這件事告訴她說克丘亞語的朋友。她們立刻知道她那些夢的含意：「噢，太明顯了！」他們說：「妳屬於基爾卡山神，基爾卡的apu現在擁有妳了。」

艾比吃完她的那盤天竺鼠，放到旁邊的地上。「基爾卡阿姨現在仍會出現在我夢中。」她一本正經地說。

我問艾比，在這個安地斯小鎮成長，她印象最深的是什麼。她想了一下。

> 若說我為哪裡得了思鄉病，那就是這個小鎮，這個社區。我感覺自己好像出自這裡，就算顯然不是。但我是在這裡遇到塑造我這個人的事，我常在這裡跟其他〔牧羊的〕女孩去山裡溜達，也是在這裡學習怎麼編織。就算現在住在俄亥俄，身為「美國人」，我的忠誠仍屬於這個小鎮，屬於我的社區。它可說徹底「擁有」我。我想有一部分是因為這個文化的人從來不會憑外表或容貌看一個人，做出種種評判——每個人都只是一個人，有同樣的需求。我覺得可以這麼說：要不是欽切羅這些民眾，要不是他們相信我們是需要幫助的年輕家庭，認為既然我們人在他們的社區，就是他們的一分子，我們一家人不可能走到今天。他們覺得有責任助我們迅速安身。而我們也覺得對他們有責任。他們和我們分享他們擁有的一切。我不知道還有哪個地方能像這樣。所以這裡就是我念念不忘的地方，這些就是我朝思暮想的人。欽切羅讓我有「家」的歸屬感。

我問艾比她的父親是否也有同樣的感覺，或者對她爸媽、對大人來說不大一樣。

「我爸善於學習語言也善於與人相處。他相當有魅力。他可以跟任何人，各行各業的人打成一片。但迷戀秘魯的人是我媽，我爸愛說他只是湊湊熱鬧，但他也愛上秘魯了。」

她說，她父親是實作家。他總是莫名其妙當上領導者。人們會依賴他。艾比記得她被出席父親追思會的人數嚇到了，而且他們說，每當他們遇到壓力特別大的時候，他們就會默默地問自己：「艾德會怎麼做？」

到場人士中，艾比印象最深的是一個曾和他們住同一個社區、被視為「問題少年」的男人。他後來上了商船，一路幹到船長。他告訴觀眾，很多次在駕船通過波濤洶湧的海面時，他會不由自主地說：「好，這種情況，**艾德會怎麼辦**？」然後他就會照他認為艾德會做的方式去做。

艾比說：「好玩的是，我爸從沒上過商船。他對航海根本**一無所知！**」

「他很果斷，他不會耗很多時間坐在那裡想事情能不能成。我爸是那種就算口袋只有幾百美金，也會收拾行李舉家搬到秘魯的男人。他會說：『我們搞得定，我們一定有辦法！』他就是這樣的人。」她說。

「你知道，生命中有好多好多事情環環相扣，看到所有事情湊在一起、水到渠成，是很神奇的事。真的太驚人了。」

她看了看周遭走來走去的人，她們彼此聊天、分享對編織的熱情，即便背景南轅北轍。

艾比說：「我的意思是，若能明白自己所做的一切**真的造成了改變**，人生夫復何求？」

汪妮妲簡直不敢相信眼中所見。站在庫斯科偌大的廣場，她已見到一小群選女跪在帝王和太陽祭司面前，而太陽祭司命令她們起身。「進神殿。」帝王只說了這三個字，那些女孩頓時明白自己將在她們已待了四年的貞女宮度過餘生。祭司又帶了另一群女孩向前，廣場鴉雀無聲。帝王再次舉起手，縫入無瑕布料的蜂鳥細小羽毛，讓王袍閃閃發亮。

「給貴族。」他說，雙眼俯視那些預定成為貴族和勇士之妻的女孩。汪妮妲覺得呼吸困難，皮膚不寒而慄。帝王已經挑了即將成為神殿女祭司和貴族妻子的選女。現在剩下的，不是選入後宮，就是將被獻祭。汪妮妲緊盯著涼鞋旁邊，沙地上的一只貝殼，默默向湖中女神Mamacocha祈禱。她聽過海，但還無緣見到。汪妮妲的朋友吉絲佩站得離她很近，穿著她自己織的深赭色罩袍。汪妮妲可以清楚感覺到吉絲佩的身子在發抖。汪妮妲想回頭，望向群眾後方，看看能否再見到她的父親。毫無疑問，他還在那裡看著。她的母親是否也在現場某個地方呢？

「他來了。」吉絲佩低聲說。她指的是一名似乎知道所有女孩歸屬的神殿祭司。汪妮妲看著祭司伸手把剩下的選女分成兩群。他比哪一邊，女孩就往右邊或左邊移動。吉絲佩緊挨著汪妮妲，但祭司過來了，他的手直指兩人之間。汪妮妲的朋友不情願地離開，然後在跟著同一群女孩向帝王前進時，偷偷回頭看了一眼，流露憂慮。汪妮妲好不容易才忍住不往左側，父親所在的方向看。在帝王和最高祭司面前，吉絲佩和其他女孩跪下來。帝王凝視群眾，視線掠過面前低下的頭，然後仰望天際。汪妮妲偷看了帝王的王室頭巾。那種頭巾只有他能戴，懸掛著鮮紅色羊駝纖維織成的流蘇，而每一條穗子都交織一小片在陽光下閃閃發亮的金飾。當帝王向跪在她面前的那群選女伸出手，汪妮妲屏住呼吸。廣場再次一片寂靜。

「進後宮。」帝王說。

汪妮妲兩眼張得大大的，她緊盯著吉絲佩的背後。她身邊數個女孩發出深深的嘆息。看著吉絲佩那組女孩離開時，汪妮妲覺得天旋地轉，忽然全身癱軟。她這一組女孩，人數非常少的最後一組，這會兒被帶上前去。頭暈目眩中，她和其他女孩像前面幾組一樣，跪在祭司和帝王面前。

「Aclla-capacocha。」帝王簡單地說，眼神陰鬱而嚴肅：「獲選獻祭的女人。」

群眾沉默下來，望著眼前高海拔的戲劇性場面，那一小群預定獻給神明的女孩；在帝王和新指定的祭品面前，他們啞然無言。獻給太陽的祭品已恭敬地做成，獲選獻祭的女人已決定。世界本應如此，它一直都是這個樣子，打從第一位印加帝王從黑暗中創造世界、賦予世界文明，它就是如此。說完話，太陽神之子這會兒踏上王轎，坐上他的duho，被扛起來，往他的宮殿而去。汪妮妲則和其他女孩一起橫越廣場，穿過恭敬地在她們（精挑細選的女人）面前分成兩半的人群，覺得雙腳愈來愈虛弱。然後，突然眼前一黑。

「用這種方式編織很美。」妮爾達．卡雅尼奧帕說。她坐在欽切羅傳統編織中心的辦公室裡，那現在已經有九間中心，都由在地的編織團體經營。

「那不光是為了編織和賺錢。」她說：「而是為了留在自己的社區，為了復興各種傳統，包括語言。是為了重新學習農業與藝術失去的事物。林林總總的事物。我們要做的不是讓誰變富有，而是讓傳統富有，讓知識富有，讓藝術富有。」

一九七九年，妮爾達十九歲時，艾德和克莉絲．佛朗柯孟協助欽切羅社區成立一間地方性的博物館，用於推廣傳統欽切羅文化。四年後，佛朗柯孟夫婦在地球觀察（Earthwatch）組織志工的幫助下，展開對於欽切羅地區所有植物的有系統、多學科研究，並在此過程集結國際植物學家，包括哈佛民族植物學家提摩西．普洛曼（Timothy Plowman）和韋德．戴維斯（Wade Davis）、人類學家艾德和克莉絲．佛朗柯孟，與欽切羅的克丘亞母語人士組成團隊。這項研究斷斷續續進行將近十二年，最終成為同類型中規模最大的一項。

而妮爾達本身在庫斯科大學畢業後，開始率領外國編織者參訪秘魯，做為謀生方式之一。她也繼續拜訪附近社區學習在地的編織技術。她發現，在一些社區，編織傳統真的岌岌可危，只剩一兩名長者知道怎麼用傳統方法編織。她明白，必須設法建立一個組織來協助保存這些傳統，否則它們就要徹底消失了。

但時機不對，因為從一九八〇年開始，信奉毛澤東思想的光輝道路暴動和秘魯政府之間暴發激烈的游擊戰，且戰事主要集中在秘魯中南部。游擊隊成員很多是以克丘亞語為母語者，其中不少深信安地斯的因卡里（Inkarri）神話：印加帝國的復興。神話始於一五三三年印加帝王阿塔瓦爾帕（Atahualpa）被西班牙人處決。傳說阿塔瓦爾帕要為他的死復仇，而西班牙人將這位印加帝王分屍埋在帝國各地，以杜絕後患。所以他們把帝王的腳埋在阿亞庫喬的安地斯山區、頭顱埋在現今利馬的總統府、手臂埋在庫斯科的瓦凱帕達（Waqaypata），即「眼淚廣場」。而那個傳說聲稱，有朝一日，分離的屍骨會自己重新接合，阿塔瓦爾帕將破土而出，重建印加統治，恢復已隨西班牙入侵中止的和諧。

「那場戰爭很殘暴。」妮爾達說：「每一個人都受到波及。大家都有朋友失蹤。有些被光輝道路抓去強迫戰鬥，有些被軍方殺死或逮捕。大家都很害怕。」

由於秘魯形象愈來愈負面，外國人不敢來訪。庫斯科平常洶湧的觀光人潮萎縮成涓滴細流。一九九二年，政府終於逮捕游擊運動領袖阿維馬埃爾．古茲曼，但那時已有七萬人死於內戰。慢慢地，非常緩慢地，秘魯的經濟開始復甦，觀光也再次湧入。於是，妮爾達再一次考慮實現夢想。

一九九五年，總部設於英國、致力協助原住民捍衛土地、語言和文化的文化生存組織（Cultural Survival），出資贊助妮爾達維護和振興欽切羅及庫斯科地區的背帶織布機傳統。這個名為「欽切羅文化計畫」（Chinchero Culture Project）的構想是讓妮爾達開始研究及記錄各種迅速消失的編織技藝。妮爾達最近才從美國回來，此行她與哈佛大學的皮博迪博物館、多倫多的紡織博物館（Museum of Textiles）、布雷頓角大學國際研究中心（Center for International Studies at the University College of Cape Breton）、波士頓美術館（Museum of Fine Arts in Boston）合作愉快。現在她已大學畢業，英語、西班牙語和克丘亞語流利，更是大師級的編織者。她還擁有其他數種來日將對她大有幫助的特質：她是天生的領導者和組織者。艾比．佛朗柯孟就記得妮爾達曾在艾比和她其他八歲女生朋友在欽切羅週日市集販售她們的小織物時責備過她們。艾比說，當時可能才十五、十六歲的妮爾達

會在女孩想要投機取巧、做半吊子的東西賣時走過來，她會平靜地說類似這樣的話：「啊，那真的是妳們問心無愧的作品嗎？」說完就離開了。或者她會走過來說：「噢，說真的！那樣東西妳打算賣多少錢？如果妳每件織物都賣那個價錢，妳就不會有足夠的錢買材料，然後這一行你就待不下去了！這看起來像是好的長期計畫嗎？」然後我們會面面相覷，說：「哎唷！」她少女時就有那種風采。事實上，我們都很尊敬她，想要變得跟妮爾達一樣，希望能做妮爾達能做的事。我們會說：「噢，希望我十幾歲的時候也能像妮爾達那麼棒。」

多年後，艾比在全心投入編織之前，曾於加州短暫擔任軟體開發師，那時她總是驚訝，妮爾達看來無入而不自得。

當我在矽谷工作時，妮爾達有次打電話給我說：「來史丹佛校友中心跟我吃午飯吧。」我會說：「噢，我不知道妳來這兒了！」有幾次她帶我去那間你找得到最偏僻、位在一萬五千英尺高的泥屋，坐在那裡跟大家閒聊。她真的不管在哪裡都很自在。她鼓舞人心，會給人力量，很多時候，你根本不會去想她建議你做的事情可不可行，你就是會去做。而且不知怎麼的，那就是會成功。

六十二歲的編織家及藝術家提姆．威爾斯（Tim Wells）於一九九〇年代晚期在舊金山笛洋美術館（de Young Museum）的安地斯紡織工作坊首次見到妮爾達。當時艾德．佛朗柯孟在那裡任教，而妮爾達原本是為別的事情去那一帶，後來決定多待幾天幫艾德的忙。提姆回憶道：

所以她在那裡三天，幫助大家學習安地斯的編織。主要是皮帶之類的物品。妮爾達已經在欽切羅展開保存傳統技藝的計畫，艾德想要她跟班上說說那件事。所以最後一天艾德做了介紹，而妮爾達向他致謝完就下台，繼續在班上幫忙。妮爾達太謙虛了。她無意提起那項計畫。她說她去那裡是幫忙大家編織的，如此而已。[20]

但威爾斯對那項計畫深感興趣，去向她自我介紹。他愈聽，就愈想自願幫忙。首先，他打電話給兩位經驗豐富、最近曾陪同妮爾達到幾個偏遠安地斯社區的社區營造者。妮爾達去那些社區討論各社區合組編織合作社、一齊努力的構想。威爾斯說，不同的村子有不同的歷史，居民隸屬不同的公社，其中牽涉的政治可能相當棘手。

「那兩名社區營造者已在智利和厄瓜多工作過。」威爾斯說：「而當他們回來，他們大吃一驚。他們簡單扼要地告訴我，妮爾達是他們遇過最有效率的社區營造者。」威爾斯馬上前往秘魯擔任志工，至今已斷斷續續做了十二年。

不過，妮爾達的構想要到一九九六年才完全定型，而她決定編織合作社不要設在欽切羅，而要設在庫斯科：絕大多數觀光客往馬丘比丘的必經之地。如妮爾達後來在著作《秘魯高原的編織》（*Weaving in the Peruvian Highlands*）中所述：

> 我到庫斯科省的其他社區看紡織品有一段時間了……我了解在一些地區，紡織品正在消失或改變，而這些傳統技術應該保存下來。我認為在欽切羅設博物館效果有限。所以我想：「我可以夢想一個更宏大的計畫嗎？下一步是什麼呢？」這些問題促成在庫斯科設置中心的構想，那將代表庫斯科省許多地區的編織。我們叫它庫斯科傳統編織中心。[21]

妮爾達想像該中心的總目標是協助保存和發揚安地斯紡織品，一項已承襲數千年的傳統。在此同時，她也想協助改善各參與村落的經濟。與其讓年輕女性離開社區到孤立的大城市去，何不待在自己的村裡，跟朋友、家人和公社在一起，透過延續一項古老的傳統來賺取可觀的收入呢？

妮爾達從欽切羅開始，召集一批女性，鼓勵她們開始用手紡纖維和天然染料製造高品質的傳統紡織品。但必須要有誘因，而誘因就是能夠用與額外投入的時間、勞力相稱的價錢販賣她們的織物。妮爾達提供管道：設於庫斯科的合作社商店。接著她藉由徵求博物館和其他機構下訂單來拓展市場。慢慢地，訂單開始流入。最後，妮爾達拜訪其他編織傳統有消失之虞的社區，宣傳自組合作社的概念。

妮爾達告訴我，起初只有寥寥兩三個村子；接著增加到數個；今天共有九個社區，每個都有自己的合作社。合作社總共雇用大約八百名造詣不凡的編織者，所創造的織物已打入當地的商店、打入庫斯科傳統編織中心的商店，也透過該中心的網站，打入世界各地的博物館、交到收藏家的手中。

對尚未讀完公立學校的年輕女性（及一些男性）來說，加入合作社的必要條件就是讀完它以完成學業。「這不是學徒制。」提姆．威爾斯說：「那是妮爾達的主意。因為她了解，未來得靠教育。」[22]

對於會員的收益，每間合作社可以有自己的做法。營利所得可以分給個人，也可用於公共用途，這是古安地斯的傳統。

來到參與的阿查阿塔（Accha Alta）社區時，威爾斯為村子的地理位置驚詫不已：「那從山谷拔起五千英尺。」他說：「他們種植不可思議的馬鈴薯、牧養羊駝。那裡的氣候極為嚴峻，水都是冰河逕流。」在這個特別的社區，村民運用輔助的經紗技術，創造各種紅、赭色調的織物，顏色都來自天然染料。「他們用額外收入設置一間教育室。」威爾斯說：「讓他們可以學習讀寫。教育對他們意義重大。」

妮爾達開始透過中心做其他事情，其中之一便是舉辦編織競賽，提供獎金和獎品給與賽村子的編織者。向來鼓勵編織者努力追求最高品質的她，辦比賽是為了鼓勵創作真正卓絕的織物，像印加先人製造的那麼優質。

二〇〇六年中心舉辦了一場非比尋常的競賽，直搗編織者往日的核心。十一年前，一九九五年，美國高海拔考古學家喬安・萊恩哈特（Johan Reinhard）連同秘魯登山夥伴米蓋爾・「米基」・薩拉提（Miguel "Miki" Zárate）爬上秘魯南部阿雷基帕城外的安帕托火山（Ampato Volcano）頂。在海拔兩萬零七百英尺處，兩人可清楚見到附近經常噴發的薩班卡亞火山（Sabancaya），和綿延不絕、冰雪覆蓋的安地斯山峰。萊恩哈特和薩拉提在峰頂尋找可能的印加祭品，結果發現兩具金製和銀製的女體小雕像，身穿縮小版的紡織品、戴羽毛頭飾。雕像是在一座獻祭台最近坍塌部分的附近找到。當兩人開始搜查平台底下時，萊恩哈特的同伴突然大叫：「我看到火山口裡有東西！看起來像一具〔木乃伊的〕裹布！」萊恩哈特後來寫道：

〔一具印加〕木乃伊的裹布就擱在冰上。看來不像真的，所以我們不敢相信自己的眼睛。十五年來我造訪過安地斯高峰數十個地點，從沒在山上見過木乃伊的裹布，更別說置於戶外的。史上只有兩具完好的木乃伊裹布是在高山發掘，而且只有一具是考古學家發現……

外層〔編織複雜〕的裹布有典型印加紡織品的條紋……這只可能意味一件事：印加人用活人獻祭……我拍了照片，米基用他的冰鎬削掉裹布底下的冰，使之鬆脫。他把它轉成側面比較好抓，於是，裹布在他手中旋轉。忽然我們愣住，時間彷彿停止。我們正直直望著一張印加〔女孩〕的臉。23

萊恩哈特發現，那個女孩全身結凍，且維持結凍狀態至少五百年之久。她是在火山頂被獻祭的。還穿著她臨終那天穿的涼鞋和保存良好的衣物，那名少女曾短暫活過十五世紀的某段時間。萊恩哈特的團隊後來給結凍的女孩取名為「汪妮妲」（Juanita），向發現她的探勘領導者喬安致敬。女孩原本叫什麼，當然不得而知。汪妮妲似乎是貴族出身，因為她穿的是用紡過的羊駝毛編織優美的衣裳，可能是她親手織，或別人織給她的。據說庫斯科一帶出身的女人擁有特別華美、時髦的服裝。西班牙編年史作者佩德羅・希耶薩・萊昂（Pedro Cieza de León）驚訝地發現：

有些女人穿著庫斯科最優雅的服裝，長斗篷從頸傾瀉到腳，有洞讓臂膀伸出。她們在腰間繫了寬大高雅的皮帶，名叫 chumpi，能將斗篷緊緊繫牢。在這外面她們又披了一條精美的披風，從肩膀垂下蓋住腳，稱 lliclla。為固定斗篷，她們還會用一端頗寬大的金、銀別針，名為 topu。頭上她們會戴非常雅致的頭帶，她們管那叫 uncha；再加上叫 usuta 的涼鞋，便是全身的裝扮。簡單地說，庫斯科的女性服裝是迄今所有印第安人中最優雅也最貴氣的。24

這位編年史作者的敘述也可用來描繪那名在山頂發現、身高不足四英尺半、據推測在十五世紀生於庫斯科一帶的印加少女。汪妮妲的頭上戴著貴族女性常戴的頭巾。她也穿著色彩鮮豔、彩虹般的洋裝：一塊長方形的布包著身體和腋下，在兩肩各用一根銀製別針tupu固定。汪妮妲也在腰上繫了精心編織的皮帶，即chumpi，肩上則披著一條亮紅和白色相間條紋的披巾，即llicla，也用銀針固定。當然，所有衣物都是用手紡的線織成、用天然染料染色。而這名堪稱保存完好的印加少女及其服飾之發現，在一九九五年被《時代》雜誌譽為「世界前十大發現」之一，不僅吸引媒體目光，也吸引妮爾達．卡雅尼奧帕的注意。

「喬安是我的老朋友。」妮爾達在她的辦公室裡告訴我，抽出幾張舊照片，給我看了其中兩張：「我們以前曾在一家旅行社一起當嚮導。」當發現安帕托（火山）冰姑娘（汪妮妲被這麼稱呼）的消息傳出，妮爾達和喬安取得聯繫。妮爾達記得初次見到汪妮妲服裝的照片時有多震驚。「好美，品質真好！」她一邊慢慢地搖頭，一邊說。幾年後，在妮爾達成立中心，且開始舉辦年度編織競賽後，喬安提出建議：何不看看各村合作社裡有沒有哪位女性能複製汪妮妲身上穿的衣服呢？何不讓她們細細檢視那女孩的穿著，看看她們現在的技術水準能否達到祖先的境界？

於是二〇〇六至二〇〇七年的安帕托姑娘（Lady of Ampato）編織競賽就此展開，任何合作社的任何編織者都可參加。雖然參賽的女性無法親眼見到汪妮妲本人（她仍待在阿雷基帕一間玻璃冰室中），但可以細看汪妮妲身上衣物的照片。然後，依據那些照片，她們逐漸破解五百年前印加手工創作的祕密。那些織物是如此精緻，幾乎可以肯定是由像汪妮妲一樣曾住在庫斯科「貞女宮」那些「獲選的女人」所創造。

「那些編織者問自己：『這是怎麼製作的？』」妮爾達回憶道：「這些是用（背帶式）織布機織的，還是織錦（掩蓋經紗、用印加帝國淪亡後失傳的立經式織布機製作的織物）？」最後，經過仔細檢視，大家判定少女的服裝是一如她們使用的背帶式織布機織成，於是著手努力仿製印加女性的高超技藝。

「你知道嗎，優勝者今天就在tinkuy這裡喔！」妮爾達告訴我：「她名叫奧爾嘉．胡安曼（Olga Huamán），她來自欽切羅。」

我看到奧爾嘉正在庭院裡照顧一缸染料，身邊圍繞著同社區的編織者。她的頭髮紮成很多條欽切羅風格的辮子，身穿編織華麗的服飾，而當我提及安帕托姑娘的競賽時，她靦腆地笑了。她說她剛開始很擔心自己想不出那些衣物是怎麼編織的：光用看的來研究織物就很難了，更別說只看照片。

我問，複製印加時代的少女服飾，她有什麼樣的感想呢？

「很榮幸。」她說，又笑了笑，一邊攪拌面前冒泡的液態染料。

因為各合作社的社員大多來自小而孤立的社區，很少到外地，編織中心贊助他們的旅費，讓他們得以親眼見到每年數百萬秘魯觀光客爭睹的遺產。一九九六年一批社員首度造訪馬丘比丘堡壘，也就是印加最偉大的帝王帕查庫特克的王室寓所。在那裡，奧爾嘉和其他身穿特色服裝的女性，探索那座懸崖峭壁包圍、雲朵盤繞的堡壘：他們的祖先切割數千塊岩石搭建的城市。

「那給妳什麼樣的印象？」我問她。

「好像一場夢。」她說：「我覺得像做夢一樣。」

我突然想到，假如奧爾嘉穿越到五百年前，遇到住馬丘比丘的人民，她一定聽得懂他們的語言，也懂得他們的服裝是如何織得如此錯綜複雜。

「很驕傲，」她繼續說，回想參訪的經歷：「那讓我引以為傲。」

❖

從庫斯科啟程的第七天早上，在安帕托火山一萬六千二百英尺高的山側，汪妮妲突然在驚嚇中醒來。從一星期前她和長長一列駱馬、祭司和助手離開庫斯科，她就睡睡醒醒、很不安穩。在得知被帝王選為獻祭的女人，注定將獻給神明的四個月後，一名女祭司叫汪妮妲準備隔天啟程。那一晚，汪妮妲輾轉難眠。她已經好幾個月沒看到朋友吉絲佩了，吉絲佩已經被許配給印加貴族，不能再來貞女宮了。從前一次在庫斯科的神聖廣場瞥見父親，也已經四個月。而她前一次在人群中看到母親、與她眼神交會，更是一年前的事情了。

動身的那天早上，汪妮妲跟同住的選女和女祭司道別。女祭司將雙手放在汪妮妲低著的頭上，輕聲要她堅強，因為她是獲選的、有幸要跟神明在一起的女孩。汪妮妲對下一個星期的記憶如浮光掠影，有時乘轎，由魯卡納族人扛著在沿著陡崖蜿蜒如蛇的石子路上上下下；其他時候，當地勢沒那麼陡峭，她會走在隊伍中央，穿過白頭山脈環伺的谷地，也經過許多小村落。見到這一行人，村民無不鞠躬甚至跪下來迎送。

就在前一天，汪妮妲第一次看到他們的目的地：一座純黑的錐形山，山頭有皚皚的冰雪。當他們初次見到它時，一名祭司告訴她那是什麼地方，她的心彷彿停止跳動。這一行祭司和載運補給品的駱馬縱隊停止前進，祭司紛紛伸出手臂，鞠躬。在安帕托山旁邊聳立著另一座圓錐狀的山，但一道灰白色的煙從那座山頂裊裊升起，然後轉為水平，形成一張灰色的罩子。「那是薩班卡亞山。」一名祭司告訴她。就是住在這座火山的神明搖撼整個地區。就連現在，汪妮妲也感覺得到祂突然的動作從地下傳過來。

那一晚，火山在遠方發著紅光，而他們聽得到那座山在咆哮，山神在發怒，而火焰不時從火山口迸射出來。因為吼聲和紅光，也因為從她會見帝王後發生的一切，汪妮妲無法入睡。其實現在她吃得很少，只吃一點烤玉米和其他蔬菜。一個戴金色護身符、持權杖的祭司給了汪妮妲一個裝滿聖古柯葉的小織袋，教她怎麼把葉子放進嘴中、臉頰裡面。這種葉子能麻痺身體、消除飢餓感。也能讓她感覺更強健。昨天，爬上安帕托山側，在一層火山灰裡留下鮮明腳印，他們已抵達火山下側的營地。數間鋪了茅草屋頂的小石屋等著他們。侍從取下駱馬的包袱，把動物關進石造的小圍欄裡。

這天早上，汪妮妲在驚嚇中醒來。石屋外，數名祭司已經出發，往火山頂爬去。汪妮妲很快加入。在這個空氣稀薄的高度，她可以眺望薩班卡亞，那仍持續隆隆作響，噴出煙霧。有時，憤怒的神會搖動地面，彷彿在威脅他們；其他時候，面紗般的細灰掉落，猶如汪妮妲見過最小的雪花般精緻。現在，恍恍惚惚，汪妮妲爬上火山的側邊，數名祭司緊跟在後，再後面是駱馬和侍從。這段路很陡，汪妮妲常不得不停下。一名祭司給她更多古柯葉，教她把新鮮的塞進嘴裡。另一名給她喝了奇恰（chicha），一種濃烈、發酵過的玉米飲料，使她頭暈目眩。奇恰非常冰涼，差點在她嘴裡結凍。

這會兒雪在腳下出現，汪妮妲拉起她的羊駝毛披風圍在身上，緊抓著布。罩袍下露出的腿覺得冷，快要凍僵。她不習慣這種緯度，不習慣爬山，而且又累、又冷到感覺麻木而難以思考。她感到恐懼，覺得畏怯；她也感覺到疲憊與期待的奇妙結合。

午後，他們抵達山峰附近。汪妮妲呼吸困難，嘴唇因日曬和空氣稀薄而開裂。祭司要汪妮妲跟他們走到一座石造的平台。那裡，在她的面前，綿亙著一排山頭白靄靄的山脈，每一座都是一位力量強大的山神的家。就是那些山神為他們提供農作物所需的溪流、河川和水源，提供充足的羊駝和駱馬，賦予他們生命。汪妮妲驚訝地發現，就在他們腳下，憤怒的薩班卡亞一覽無遺。一條河流般歪歪扭扭的煙仍從山口冒出，不時遮蔽太陽。偶爾會有石塊噴上來，而汪妮妲可以看到山神憤怒的烈火紅唇。

這會兒祭司把獻祭的奇恰倒在地上，朝四個神聖的方向各澆一次。然後他們鞠躬，朝憤怒的火山注入一道金色的奇恰。「薩班卡亞山神。」最年長的祭司說，向祂比了手勢：「請憐憫我們，請接受我們的獻祭。」汪妮妲睜大雙眼，把斗篷拉得更緊，看著煙如此激烈地上竄、濃濁、迴旋，像一條盤繞、蠕動的蛇。

一名祭司把奇恰倒入一只小金杯，拿給汪妮妲。

「準備了。」他說。

✣

阿雷基帕位於庫斯科南方兩百八十英里，是座陽光普照、光輝燦爛的殖民城市、四周淨是山頭覆雪的火山、遍布紅鶴的蔚藍湖泊和長滿黃草的高原。阿雷基帕有時被稱為la ciudad blanca，即白色城市。視你說話的對象而定，這可能有兩種解釋，一是城市的第一批居民為白皮膚的西班牙人，二是它的殖民建築是由一種名為sillar、灰白帶淡紫色的石頭砌造。這種石頭是質軟的火山岩，充斥著火山氣體造成的氣孔。由於sillar的緣故，阿雷基帕中央街道兩旁的建築乍看好似被機槍掃射或榴霰彈擊中過，彷彿這裡曾暴發激烈的戰鬥。但有些洞確實是子彈造成，因為阿雷基帕也是政變和革命者之城。秘魯的諾貝爾得主馬利歐・巴爾加斯・尤薩是在這裡出生，開啟他文壇生涯的第一本小說《狗的城市》（*The City of the Dogs*）揭露秘魯一所軍校的生活，一出版就被政府查禁。已入獄的光輝道路領袖阿維馬埃爾・古茲曼也是阿雷基帕人，學生時代主修法律時常在武器廣場（Plaza de Armas）外的一間小咖啡館喝咖啡。在光輝道路的十年千禧戰爭期間，這支游擊團體從來沒對這座城市發動攻擊。很多人說這是因為阿雷基帕是古茲曼家鄉的關係。

然而，阿雷基帕殖民建築的千瘡百孔，大多並非人為，而是地殼作用的結果。阿雷基帕就坐落在一個人與自然長期爭鬥的區域，一個熾烈火爐的中心，那是一場**真正歷時千年**，時而靜悄悄、時而悶燒、偶爾災情慘重的戰爭。房屋的牆壁是刻意砌得厚實（常厚達三至七英尺），因為地震和火山噴發如家常便飯。地殼變動常震垮城裡兩間大教堂的高塔，同時讓橋梁、拱廊和柱廊崩塌。印加冰姑娘汪妮妲的屍身，就是在離這裡不遠的火山頂發現。

市郊矗立著另一座氣勢磅礴、近兩萬英尺高的火山，名叫密斯提（Misti）。它圓錐狀的輪廓讓人想到日本的富士山，或十九世紀爆裂成碎片之前的喀拉喀托火山（Krakatoa）。這三座火山，密斯提、富士山、喀拉喀托，以及其他四百三十座火山，形成環太平洋火山帶，環繞太平洋、直徑一萬英里的火山帶。兩大大陸板塊向太平洋東方擠壓產生的摩擦力，最終在這片汪洋的邊緣形成某種巨大的灼熱鐵環，一圈週期性將火和煙噴向空中，亦常焚毀周圍地區的火山。

海拔七千六百英尺的阿雷基帕位於構成該環某一段的十多座火山的中點，也位於南美洲四大火山帶之一。這四大火山帶有一個沿著哥倫比亞海岸、一個延伸過秘魯南部和玻利維亞的安地斯山，還有兩個往南深入智利。這些都是納斯卡板塊慢慢撞上南美板塊，在沿海一個構成秘魯—智利海溝的隱沒帶拚命滑擠到南美板塊底下的結果。在撞擊角度最大的地方（有些超過三十度）地震頻繁、火山冒出，而火山造成的巨大噴發有助於釋放底下的熾熱。

一六〇〇年二月十九日，其中一座這樣的火山在阿雷基帕東南方約四十三英里處釋放。首次噴發三天後，當許多阿雷基帕居民擠進大教堂，悔不當初，不知世界末日和天啟是否已經開始，另一場劇烈的地震撼動這個城市。新建的教堂驟然崩塌在信眾身上。

二〇〇一年，最近一場地震再次搖撼這個地區，規模達到芮氏八點一。它震垮了教堂的南塔，也毀壞城內其他建築。災情格外慘重的是建於十六世紀的聖卡塔莉娜修道院（Santa Catalina Convent），那位於阿雷基帕的心臟地帶，為高大的 sillar 牆所圍繞。

「整間修道院都毀了。」一天下午當我們參觀這間有四百年歷史的建築時，我的嚮導，說克丘亞語的年輕女子嘉爾曼說。窗子裝了鳥籠般的鐵柵，過去曾有穿黑袍或白袍的修女隱居於此。在一道拱門上方用模板印了一道指令，是目前住在這裡的二十多名修女和未來將在這些與世隔絕的牆裡生活的人，仍要遵守的規範：

肅靜

「什麼都垮了，死了好多人。」嘉爾曼說，這時我們正走下一條天藍色的小巷，兩邊有通往修女寢室的木門。

自一五七九年肇建開始，秘魯的人家會帶女兒來這間依聖凱薩琳（Saint Catherine）命名的修道院，她是十四世紀的義大利人，據說在六歲時見過耶穌基督。傳統上，住秘魯的西班牙後裔常會選次子任神父、次女當修女。因此，從這間修道院設立之初，就有特定出生序的少女（通常在十二歲到十四歲前後）進入，隱居度過餘生、獻給上帝。就像幽禁在「貞女宮」的印加女孩，這些少女基督徒進修道院時也非常清楚，她們日後節制、奉獻的生活最終將造福她們的家人和社會大眾。畢竟，她們是「嫁」給上帝，就像那些印加女孩「許配」給太陽一樣。因此，她們一腳踏在塵世，一腳已在天堂。

一入修道院，修女就不許離開，而最新的入院者，即俗稱的「見習修女」（novitiate），要先和修道院其他人隔離，也不准和家人或朋友接觸。在三年見習期結束、女孩發過誓後，家人便可探視，但探視的情況幾乎跟探監一樣：修女的家人進入一個房間，修女坐在毗鄰的迴廊，隔著雙層木柵和家人說話，不許任何肢體接觸。一旦成為基督的女人、戴著象徵和基督「結婚」的戒指，修女就該盡量避免接觸誘惑，生活該周密地監督和管理。她們死後，也會葬在修道院圍牆裡的墓地。

在附近的庭院，我看著一個褐皮膚戴寬邊帽、穿pollera長裙的女人小心走上一座圓屋頂旁的台階，將一顆馬鈴薯大小的小石子放在一面牆上。一個穿黑夾克的灰髮男子在下面等她。這一幕讓我想起這件事：幾千年來，安地斯山的原住民都將類似的小石頭，置於聖地，獻給大地之母或其他神明。即便在今天，安地斯山的基督教依然融入當地信仰，原住民已恭敬地將基督教的神，連同數百位次要的天主教聖徒，加進本地原有眾多神靈之中。

✣

從修道院沿著聖卡塔莉娜大道前行，經過大教堂和它的兩座白色sillar石塔和有兩層樓拱廊的武器廣場，在四條街外，矗立著天主教聖瑪利亞大學（Catholic University of Santa María）有白色壁柱的血紅色正面。在一九九五年九月十三日之前，這個地點幾乎不為秘魯以外的人所知。那一天，數名男子扛著冷凍櫃穿過學校大門，放在一個倉促清理過的房間。那沉重的櫃子裡蜷縮著汪妮妲，那位在西北方約六十英里的安帕托火山峰頂發現的冰姑娘。那時，附近的薩班卡亞火山已斷斷續續噴發一段時間，迸射火山灰，像外套一般遮蓋積雪的安帕托山峰。顏色較深的灰已吸收陽光、融化冰雪，於是突然，峰頂山脊的一部分坍塌，連帶拉下一層冰雪和岩石，以及一捆奇特的羊駝毛包裹，裡面就是汪妮妲結凍的身體。在她四周，層層冰雪之中，散落數件小小的金銀雕像、一條羽毛頭巾，以及織布的碎片。

為此完好如初的印加祭品大吃一驚的考古學家喬安．萊恩哈特，立刻面臨一個困難的決定：他該讓他發現的一切留在這裡，冒著可能遭盜墓者劫掠或自然力破壞的風險，還是該試著把這具木乃伊及工藝品運下火山，送往或許能加以妥善保管的阿雷基帕呢？他後來寫道：

想到這次發現的種種意涵，我心跳加速。下一步該做什麼好？如果我們把木乃伊留在這裡，烈陽和火山灰會繼續損害它。況且，在這個季節，大雪可能隨時掩蓋山頂，要再找到就困難了，也許永遠都找不到。我知道要取得考古許可就算不用幾個月，也可能要耗上好幾個星期，取得資金組織科學探勘也是。我們也無法靠直升機節省時間。直升機大多連我們營地的海拔（一萬六千七百英尺）都無法安全降落（，更別說山頂了）。[25]

最後，萊恩哈特覺得自己別無選擇。他必須把木乃伊弄下山。但這麼做需要有如海克力士般的神力，而他跟他的同伴現在都又累又餓，站在兩萬零七百英尺的火山頂，沒人幫得上忙。此外，汪妮妲全身結凍，重達八十多磅。而在他們腳下，綿延著一個冰雪滑溜的地帶。如萊恩哈特後來記述：

我沒辦法把〔內有木乃伊的〕包裹從地上舉起來，所以我坐下來，把布帶纏在肩上，讓米基把我拉起來。我連站都站不起來，更別說通過覆蓋冰雪的斜坡了……在漸弱的光線下，〔附近薩班卡亞〕火山形成的灰雲看似變得凶惡。背扛著屍體的畫面更平添超現實的氛圍。印加人在相同地域掙扎的畫面湧現腦海。那一瞬間，我被送回過去，而一種怪異的感覺油然而生：我正在救一個還活著的人。[26]

之後的檢查揭露汪妮妲是死於鈍力造成的創傷：右眼附近的頭顱無疑遭到石錘或棍棒猛烈撞擊。親眼見證噴發的火山，且必然希望自己的犧牲能安撫發怒的山神，汪妮妲被獻祭了。萊恩哈特後來寫道：

據編年史作者的說法，〔印加〕孩子獲選是因為他們的純潔較容易為神明接受，與之一同生活。在被獻祭後，這些孩子成為民眾派給神的使者，代表民眾出面調停。實際上，那些孩子會被神化，跟他們據信將共處的神明一起祭拜。他們會永遠為後人尊敬，不像大多數的平民，〔死後〕只會得到幾代子孫的祭品。

孩子雀屏中選，對父母來說亦是榮耀，據說有些父母相當樂意獻出孩子。爸媽不該表現出悲傷，據說顯出悲傷是重大的罪過。但並非所有父母都對這樣的代價引以為榮。因此他們不反對女兒失去貞操，因為這樣就可避免她們被帶走了。27

隔天，現在來到火山更下面的地方，萊恩哈特把汪妮妲從他的背包架移到一頭驢子上。一抵達道路，他便將仍在結凍狀態的女孩放進往阿雷基帕巴士的行李區。隔天早上六點四十五分，巴士抵達終點，找到冷凍櫃後，汪妮妲便被移入。最後，天主教聖瑪利亞大學建立了一件永久展示品，將汪妮妲放進一間溫度低到華氏十度（約攝氏零下十二度）的玻璃室內。

在我到天主教大學的時候，汪妮妲已經在她的冰窖裡坐了十六年。我通過一道拱形入口進入安地斯聖殿博物館（Andean Sanctuaries Museum），門口柱廊上方的弧形，覆蓋著摩爾式（Moorish）的熟鐵柵。接著我穿過一座陽光普照的庭院，四周是赭色的牆、白色壁柱和紅色的天竺葵。我買了門票，通過厚實的木門，進入裡面一連串的房間。入口有個標語告知你即將踏入五百五十年以前的世界。館內，來自諸多山頂葬禮的印加祭品，靜靜躺在玻璃櫃中，包括金製、銀製，象徵印加羊群的迷你羊駝雕像。一面牆綿延著一大件印加披巾織物，色彩濃郁如勃艮地葡萄酒，鑲著黑邊，那羊駝毛色是如此豔麗，彷彿遲至昨天才織成。隨著我深入博物館的內殿，氣氛變得陰鬱，光線幽暗。最後，我進入一個永遠燈光朦朧的房間。在一面牆腰部高度的平台上，擱著一個大型玻璃隔間。寒意逼人，我全身起雞皮疙瘩。

透過毛玻璃，我辨識得出一個印加女孩的輪廓，她仍穿著編織精細的罩袍和斗篷，頭髮整理成極似蛇髮女妖（Gorgon）那樣精心編結的黑色髮辮。汪妮妲仍然蜷坐著，那是她已維持近五百年的姿勢，直到近期地球暖化和附近火山活動突然炸開她所在的冰窖，意外讓她摔出來。汪妮妲的臉有種孤傲冷淡的神情，眼睛微微睜開，看似正睇著眼面對不朽。

在她被發現後不久，馬利歐．巴爾加斯．尤薩造訪了她的新冰窖，希望能細細檢視這個忽然從他祖國的遙遠過往冒出的幻影。

「她跟莎士比亞的茱麗葉差不多年紀。」巴爾加斯．尤薩後來寫道：

> 十四〔歲〕，跟茱麗葉一樣，有段浪漫而不幸的經歷……我原本以為〔看到她的〕場景會讓我反胃。不是那樣。看她的經驗無與倫比……她那張充滿異國風情的長臉，高顴骨，和那雙大而略歪的眼，呈現出遙遠的東方影響力。她張著嘴，彷彿在以她潔白無瑕、賣弄風情般嚙著上唇的牙齒質疑這個世界……我被深深打動，被汪妮妲的美蠱惑了。[28]

一九九六年五月，博物館技術人員將汪妮妲置入一個特製的冷凍櫃，上了噴射客機。飛機起飛，首先飛越密斯提和安帕托火山。後者，也就是她被發現的那個山頭，仍覆著冰雪。接著飛機往北轉，來到三萬英尺高空，再往華盛頓特區前進。下一個月，在國家地理學會總部的一場特展，汪妮妲接待了川流不息的訪客。其中一人是碰巧那時也在美國首府的秘魯總統藤森謙也。此行大受感動的他，對一小群達官顯要這麼說：

我很驕傲能代表秘魯人民在這裡介紹安帕托公主汪妮妲。她的故事流傳了五百年，原本可能永遠深埋，卻突然出現，讓世界大吃一驚。你們已經知道她被發現的故事，那段從安帕托山頂……到今天來到這裡……的漫長旅程。我們和全世界可以從她身上學到的課題，超乎今天所能估計。我們很驕傲能和你們，我們北方的鄰居和朋友，分享這個偉大珍貴的寶藏，被大自然自己從地下深處抬上地表高峰之一的山頂。汪妮妲的甦醒，她來到此時此地的漫長旅程，提醒我們這幾百年來，世界已走了多遠。這位公主不可能知道，在未來超乎想像的某一天，命運會在全球舞台賦予她一個引人矚目的新位置。願她教導我們，帶我們望進我們的內心、我們的歷史和良知。願汪妮妲的靈魂安息。29

❖

「起床。」一個聲音傳進汪妮妲的耳朵裡。

早上了。汪妮妲睜開眼，看到最年長祭司的臉就在面前，黑色的眼眸熱切凝視著她。她一開始不明所以，只盯著他看。

「起床了。」他又說了一遍，輕輕搖她。

前一天晚上，汪妮妲不知怎地在羊駝毛織成的帳篷底下，蓋著羊駝毛毯睡著了。祭司端來一小碗蔬菜湯，汪妮妲滿懷感激地喝了，但仍覺得刺骨的寒，手腳不斷發抖。一會兒後，她踉蹌來到外面。

太陽尚未升起，汪妮妲很快被祭司包圍，他們幫助她爬完到火山頂的最後一段路。地上結滿新的冰，遍布火山灰積成的斑點，而她的涼鞋不時找不到踏腳處。空氣好冷、好稀薄，奪走她的呼吸。

一到山頂，汪妮妲和祭司等待太陽神出現。最後，不可思議地，祂出現了，讓他們沐浴在強烈的黃色光輝中，也鮮明地刻劃出漏斗狀的灰色煙霧，那仍不斷從他們底下的薩班卡亞噴出，瀰漫天際。汪妮妲感覺祭司的手正在調整她的披巾、確定她銀色別針有固定好、也調整她身上的衣服、整理她的頭髮、用一條黑色羊毛繩把她的長辮子紮在背後的皮帶上。在空氣稀薄、睡眠不足和天寒地凍造成的暈眩中，汪妮妲看著一群祭司蹲在她身邊，準備金製、銀製的小駱馬和羊駝塑像，給它們穿上編織的小衣裳。

汪妮妲跟著那一列祭司來到冰封火山頂的一座小平台，摔了好幾跤，洋裝的虹彩沐浴在晨曦中。在一座小岩石平台上，一名祭司要她跪下，汪妮妲忠實地遵照吩咐去做。兩名祭司站在她面前，將手臂直直伸向太陽，然後從小瓶子裡將金黃色的奇恰倒入火山頂，那條液態的線在陽光中閃閃發亮。另一名祭司則將手伸向爆發的apu，懇求祂饒恕他們的穀物、饒恕他們的田地、赦免他們的村鎮。

汪妮妲靜靜地跪在冰雪之中，一座高山的顛峰，世界之頂。

她聽到祭司異口同聲：「薩班卡亞山，憐憫我們，接受我們的祭品。」

一隻強有力的手將她的頭壓低。

汪妮妲等待著，氣喘吁吁，反覆吟誦和火山爆發的聲音迴盪在耳際。

在她的罩袍上，她看到一片片火山灰翩然墜落，映著洋裝的濃赭色，令人目眩的陽光下，罩袍鮮豔的色彩讓她幾乎睜不開眼。

兩隻手從後方使勁抓住她，另一隻手把她的頭壓得更低，吟誦聲愈來愈大。

然後，彷彿一聲霹靂，汪妮妲什麼都不知道了。

第六章

康提基號航程、白皮膚神明、的的喀喀湖的漂流島嶼（秘魯、玻利維亞）

我問印第安人，依照他們現有的資料，祖先看到〔造物之神〕維拉科查時，祂是何模樣，他們告訴我他是個高大的男人，身穿及踝白衣、繫了腰帶。頭髮很短，剃得跟神父一樣……我問他們神的名字……他們說他名叫康提提〔康提基〕維拉科查……意為「神，世界的創造者……」[1]

——胡安・貝坦佐斯，《印加人的故事》（*Narrative of the Incas*, 1564）

我不再懷疑白色的眾神之首桑提基（Sun-Tiki），印加人宣稱被他們的祖先逐出秘魯、出了太平洋的神，就是白色的眾神之首，被所有太平洋東部島嶼的居民奉為種族創始者的太陽之子提基（Tiki）。而桑提基在秘魯生平的細節，以及的的喀喀湖附近古老的地名，也在太平洋島嶼原住民的歷史傳說中出現……我的理論完整了。我必須去美國提出。[2]

——托爾・海爾達爾，《康提基號》

「你知道幾天前我們在我們的鐵絲圍籬裡面發現一隻死公雞和一隻死狗嗎？」挪威探險家托爾．海爾達爾問我。時值一九八七年五月，我們正開著一部吉普車，走在秘魯北部沿海的泥土路上。莫切文化兩千年歷史的泥磚金字塔在四周逼近，而七十一歲、有一綹綹白髮、穿藍色連身服的海爾達爾轉頭看我，一邊試著閃避偶爾狂吠的狗或受驚的雞。

我搖搖頭。

「巫術。」他說，然後突然轉向，躲開一隻露出尖牙衝向我們的狗。那隻狗讓我想到最近才在這附近出土的一些巴掌大小、有尖牙的金色人臉。那些原本埋在莫切君主「西潘王」（the Lord of Sipán）的墓裡。劫掠者偶然遇到這座墳墓，墓中滿是金、銀、銅工藝品，因此隨即被封為新大陸版的圖坦卡門陵墓。發現不到幾天，警察來了，擊斃其中一名強盜，沒收一些金色的雕像。後來一些金製的小雕像被非法私運出秘魯，以每件近百萬美元的價格轉手。上述種種都發生在我們車行北方不過三十英里之處。可以理解現在當地人有多緊張、憂慮和憤怒。他們知道驚人的奇珍異寶可能位於他們周遭，那些崩壞金字塔範圍內的任何一處。至少有些人希望分一杯羹。

鋪茅草屋頂的泥磚屋出現，一些有深褐色皮膚、黑頭髮、穿登山涼鞋的民眾出來看著我們。海爾達爾親切地揮手，並非人人揮手回應。

海爾達爾說：「我們想在他們祖先的墓地挖掘，他們的神廟和金字塔裡挖掘。而巫醫不喜歡這樣。」

為抗衡巫醫的詛咒，海爾達爾和我前往一個當地市集採買辣椒，和一個友好的薩滿吩咐我們買的其他祕密原料。薩滿說，那些有助於抵擋任何邪咒。海爾達爾把吉普車停在露天市場附近。雖然我比他年輕四十幾歲，海爾達爾仍邀請我與他共度幾天。他知道我去年都以人類學者的身分，在秘魯的亞馬遜地區工作。

我們爬出吉普車，走進市場，開始探索堆滿一袋袋藜麥、辣椒、楊桃、甜百香果、山欖和其他農產品的攤位。

很久以前，我還是小朋友的時候，就讀過海爾達爾的第一本著作《康提基號：乘筏橫渡太平洋》。我記得我完全被迷住了。他的書是這樣開場的：

> 偶爾，你會發現自己處於離奇的情境。你是一步一步、完全合乎常理地進到那個情境，而當你置身其中，你會忽然大吃一驚，問自己事情到底是怎麼發生的。例如：你和一隻鸚鵡和五個同伴一起出海，不可避免地，遲早有一天，那天可能睡得比平常好一點，你在海上一覺醒來會開始想這件事。在那樣的一個早晨，我坐著在露濕的航海日誌裡寫下：「五月十七日。挪威獨立紀念日。波濤洶湧。順風。今天我掌廚，在甲板找到七隻飛魚，在艙頂發現一隻烏賊，在托爾斯坦的睡袋裡發現一隻不知名的魚。」[3]

結果那隻魚，是一條稀有的黑刃蛇鯖（snake mackerel），從來沒有人見過活的。而那段航程，乘坐巴爾沙木做成的印加式小木筏橫渡太平洋，也前所未見，至少現代沒有。海爾達爾和他的同伴，有些跟他一樣是在二次大戰期間反抗納粹的挪威鬥士，最後從秘魯航行到法屬玻里尼西亞的土阿莫土群島（Tuamotu Islands），撞上珊瑚礁而著陸。海爾達爾叫他的木筏「康提基」：昔日印加人和住在的的喀喀湖（位於一萬兩千英尺高的安地斯山區）附近的古蒂亞瓦納科人尊敬的神明。他這本著作最後賣了超過兩千萬本，以六十七種語言出版。現今衣食無虞的海爾達爾仍繼續研究、挖掘古文化的遺跡，包括加拉巴哥群島、復活節島、馬爾地夫、加那利群島（Canary Islands），試圖證明原住民不僅發展了航海用的筏船，也曾乘筏遠渡重洋。海爾達爾相信，那促成了秘魯和玻里尼西亞等古文明之間的接觸，也讓新舊大陸得以往來。

「你去過埃及嗎？」海爾達爾在向一個老婦人買辣椒時忽然問我。我搖搖頭。

「薩卡拉（Sakkara）的〔埃及〕金字塔跟這一帶的很像。」他說。他指的是這個地區的莫切金字塔，那些已飽受侵蝕，看來比較像崩裂的山丘。

「你覺得兩者有關聯？」我問。

「是的。」

「但關聯如何產生？」

他說：「是蘆葦筏，類似的的喀喀湖上的那些。」

老婦人將一把凋萎的褐紅色辣椒裝進小袋子裡，拿給海爾達爾。

「你去過那裡嗎？」

我再次搖頭。

「很棒的地方。」他說。

我們爬進吉普車，上路。

「的的喀喀湖上的民眾仍在使用蘆葦筏，就像埃及人和古美索不達米亞人也曾使用。」海爾達爾說：「的的喀喀湖上，人們仍住在蘆葦做成的小島：烏羅斯島（Uros Islands），他們這樣稱呼。兩者是有關聯的，舊大陸和新大陸之間的關聯。」

這位飽經風霜的探險家轉頭看著我。他臉上布滿皺紋，但一雙藍眼睛跟晴天的海洋一樣清新閃亮。在他和五名同伴乘康提基號撞上太平洋環礁的四十多年後，海爾達爾仍深深熱愛這種工作。

「如果你沒去過的喀喀湖，那你非去不可。」他說：「建造我那艘RA二號的師傅還住在那裡，我乘那艘船從摩洛哥航行到〔加勒比海〕巴貝多（Barbados）。兩座大陸並未分開，她們曾透過筏船彼此連結。」

❖

將近四分之一個世紀後，我抵達秘魯普諾，位於世界最高的可航行水體的的喀喀湖邊緣的城市。雖然我已不是二十郎當的小夥子，仍聽從海爾達爾的一些建議。在和他造訪莫切金字塔後，我終於參觀了埃及金字塔、漫遊地中海沿岸的希臘和羅馬遺跡、調查散布印度各地的古神廟、探索吳哥窟的神廟廢墟、和亞馬遜地區一個最近才與外界接觸的部落同住、造訪巴布亞新幾內亞與世隔絕的地區，而現在，在這段從南美洲北端前往巴塔哥尼亞極南的縱走旅程，我不由得聽到海爾達爾的問題去而復返：「你去過的的喀喀湖嗎？**聽過烏羅斯嗎？**」

我在那次碰面後去過的的喀喀湖，但來去匆匆。此後，我讀到至少有一位海爾達爾提到的造船師傅，那位設計、打造RA二號的男人，仍住在玻利維亞那側湖面的一座島上。我推算，海爾達爾的的的喀喀造船師傅，現年一定八十多歲了。因為烏羅斯島離普諾相當近，也因為我要南下玻利維亞，我決定拜訪那些浮島，並試著找出當初幫海爾達爾造船的人。

❖

從的的喀喀湖西北隅高丘的山麓，普諾市像一條河順坡傾瀉，直抵湖岸。湖岸，一座水泥碼頭蹲踞著，小船停泊兩側。普諾擁有十萬人口，坐落在海拔一萬兩千五百英尺，即超過兩英里的高地。我很快發現不管沿著哪條大道走，你不是一路來到湖岸，就是擦過湖的邊緣又折回鎮上。那些路上有三輪腳踏計程車往返，車子都有塑膠車頂，避免頻繁的降雨淋濕乘客。三輪車的把手裝有橡膠球狀的喇叭，駕駛會一直按、一直按，在車流穿進穿出。

普諾本身色調灰黃，城市營造粗陋。在主廣場周邊，圍著披巾、戴圓頂帽的女人坐在石椅上，一面編織一面照顧小孩，穿著破舊皺巴巴西裝的年長男人坐在她們旁邊，拿著枴杖，頭一直點，打著瞌睡。幾個身穿暗綠色制服的警察晃來晃去，經過紅磚砌成的住宅和建築物。普諾大部分的建築都有一條條鋼筋從屋頂上緣的角落向上伸，像昆蟲的觸角。鋼筋是預留增建樓層的。最後，在一棟建築（在秘魯這個地區意味四、五層樓高）完工後，屋主會先在磚牆外層塗灰泥，再把建物漆成藍、綠或其他顏色。普諾大部分的建築都是這樣慢慢向天空發展，一次長高一層樓。

雖然普諾沒什麼值得推薦的觀光名勝，但諷刺的是，它就坐落在世界美麗湖泊之一的岸邊。想像有座長一百多英里、寬五十英里、深一千多英尺的巨大泳池升入半空、懸於海面兩英里之上。想像有一列山脈，附帶數座兩萬英尺高峰的玻利維亞瑞阿爾山脈（Cordillera Real）綿亙於湖的東緣，另一列山脈，哥倫比亞西部山脈（Cordillera Occidental）則排在西側。東邊，在山頭覆雪的聖山之後，是綿延三千英里的亞馬遜雨林；西邊，約一百五十英里之外、兩英里之下，就是太平洋的海岸。從上方鳥瞰，的的喀喀湖就像位於阿爾蒂普拉諾高原（altiplano）正中央的一顆閃閃發亮的藍寶石，高原的南半部在玻利維亞，北半部在秘魯。

我在普諾的混凝土碼頭遇到胡安，他是三十六歲的艾馬拉印第安人，住在的的喀喀湖的其中一座Los Uros，也就是多年前托爾．海爾達爾講給我聽的浮島。胡安穿著登山涼鞋，戴著一頂色彩鮮豔的羊駝毛針織帽，說的西班牙語帶著濃濃的艾馬拉口音。他告訴我他下午會啟程回他島嶼上的家，邀我一起過去。我告訴他我想在島嶼多待幾天，他馬上要我放心，他不僅有房間，還有一間**全部用蘆葦搭成的旅館**。

「用蘆葦？」我問。

「沒錯，沒錯沒錯，用蘆葦。」

於是當天下午，我們乘坐一艘由艾運槳（Evinrude）引擎發動的小木船，駛進普諾灣。

胡安身材矮壯、顴骨高，留黑色短髮。他跟他的父親、祖父和就他記得的所有祖先一樣，出生在漂浮的蘆葦島上。浮島烏羅斯是人造的蘆葦墊，繫於木樁，厚約十英尺。胡安的妻子艾爾莎也在烏羅斯出生，母語也是艾馬拉話。

原來烏羅斯有段相當複雜的歷史。雖然考古學家相信第一批美洲人是在大約兩萬兩千年至一萬五千年前通過白令陸橋（Bering Land Bridge），他們的後代則在西元前八千年左右抵達的喀喀湖周邊地區，但沒有人真的知道人類是從什麼時候開始住在蘆葦浮島上。考古學家確實知道的是人類從西元前兩千年開始居於的的喀喀湖中幾座天然形成的島嶼，可能是划托托拉蘆葦做成的筏抵達那裡。從之後某個時候起（確切年代不得而知）人們開始用蘆葦建造島嶼，並且在上面居住。

歐洲人直到十六世紀才首次來到的的喀喀湖，並寫到他們稱作「烏羅斯」的民族。第一批西班牙編年史作者以貶抑口吻描述這些不尋常的湖中居民，因為不同於在陸地上過著安定生活的人民，浮島上的烏羅斯靠魚、鴨，甚至蘆葦本身維持生計。聖奧思定會（Augustinian）的修道士安東尼奧・德・拉・卡蘭查（Antonio de la Calancha）寫道：

> 這些烏羅斯是野蠻人……〔他們〕汙穢、不潔、是語言的敵人，無意崇拜我們的信仰……烏羅斯印第安人在湖上的蘆葦叢間出生、撫養和過生活，那種蘆葦叫托托拉，是非常厚的蘆葦床……他們住在這裡（雖然天氣嚴寒），除了〔蘆葦〕墊外沒有其他衣服或覆蓋物……他們的語言是秘魯境內所有重喉音的語言中最含糊、最短、最原始的……他們的宗教儀式是崇拜太陽和湖泊；他們崇敬湖泊，用〔神聖的〕玉米獻祭。[4]

四十年後，另一位西班牙神父荷西・艾柯斯達（José de Acosta），也對那些島民不屑一顧：

> 他們種植大量蘆葦，印第安人叫它托托拉，可用於一千件事情，既是豬和馬和人的食物，拿來蓋房子、生活和做船，必要時烏羅斯〔印第安人〕也會藏身托托拉〔蘆葦〕之中。烏羅斯粗野到不把自己當人看。據說被這麼問起時，他們回答他們不是人，而是烏羅斯，彷彿是另一種動物似的。烏羅斯全村都住蘆葦船上，船會彼此綁在一起，拴在湖岸，如果有必要遷徙，居民會將〔漂浮的〕全村移往新的地點，所以〔如果〕你今天去他們昨天所在之處找他們，〔你會〕完全見不著他們或村子的蹤跡。[5]

這個事實似乎讓西班牙人及更早的印加人大為光火：烏羅斯人非常難找，也難以追蹤。西班牙人和印加人都是仰賴向百姓徵稅來維繫帝國運作。但你要怎麼向一群說消失就消失，今天明明還在，隔天就把整個村子一起帶走的民眾課稅呢？

人類學者仍在辯論編年史作者提及的烏羅斯，究竟是一支有獨立語言的種族，或只是善於在湖上及湖邊維生的艾馬拉印第安人。無論如何，**如果真有獨立的烏羅斯語言**，那也和南美其他許多語言一樣，老早就絕跡了。今天住在烏羅斯島上的人民說的是艾馬拉語，那是秘魯、玻利維亞和智利安地斯山區兩百多萬人口說的語言。正是艾馬拉人建立了偉大的蒂亞瓦納科文明，以及它舉世聞名，就位於的的喀喀湖南岸、今玻利維亞境內的同名首府。

劈開如天空一般澄澈蔚藍的湖水，我們乘風破浪，讓普諾市在船後愈縮愈小。的的喀喀湖是南美最大湖，平均氣溫在華氏五十到五十七度（攝氏十度到十四度）之間盤桓。因為海拔高，也因為熱帶的太陽照耀，這裡的蒸發率極高；因此湖邊的天際常布滿沸騰後升到高空的巨大積雲，不時猛然釋放雨和雷電。

烏羅斯人居住的遼闊、低矮的蘆葦床，起點大約位在距離城市三英里之處，所以我不一會兒就看到那些島嶼：一開始是一排低矮的綠蘆葦，再來，從矮蘆葦中冒出的，是蘆葦屋的圓屋頂，像一簇簇奇特、萌生的黃色蘑菇。一隻黑頭白身的安地斯海鷗在頭頂盤旋，穿過新鮮、乾淨而冷冽的空氣。然後我們的船轉換方向，胡安把它開進蘆葦間一條寬大的藍色渠道。

烏羅斯的浮島很快開始出現，共四十二座，不再被蘆葦遮蔽而統統露了出來，漂浮在渠道的兩側。那些島看起來像一塊塊低平的陸地，上頭鋪蓋著枯黃的蘆葦，但其實完全沒有陸地，只有一層層的蘆葦，而底下除了六十英尺深的湖水，什麼也沒有。在這些島嶼上，有弧形屋頂的小蘆葦屋群集在一起。一座島聳立著一座木造的瞭望台，幾百年前用來警戒的那種。那些芥末色的圓頂房屋，你可能以為是哈比人，或起碼是一支非比尋常、有奇特工藝和風格概念的民族在住。

「烏羅斯！」胡安大叫，把船開到渠道中央，用一隻手打著手勢。渠道有其他小船往返，也有小船停靠在島畔。一座島上的女子戴圓頂帽、穿鮮豔的萊姆綠或粉紅色 pollera 長裙，正把洗好的衣物掛出來晾乾；另一座島上，兩個小孩子在踢足球。繫泊在幾座島嶼旁的是較大的托托拉蘆葦船，弧形的船首做成美洲獅的頭。這整個區域看來像是某種光怪陸離的神話世界，彷彿是直接從《馬可孛羅遊記》（*The Travels of Marco Polo*）拉一頁出來。

胡安告訴我，在烏羅斯島的生活確確實實是以托托拉蘆葦為基礎。那是莎草科擬莞屬，Schoenoplectus Californicus的亞種。Schoenoplectus是拉丁文，意為「足夠的草料」。雖是長圓柱體，托托拉蘆葦卻不是草，而是一種蒲草（bulrush），一種與埃及紙莎草（papyrus reed）有親屬關係的開花植物。托托拉亞種只在的的喀喀湖的淺水域和靠秘魯的北岸生長，當地漁民會把它們捆在一起，做成小漁船。奇怪的是，這種蘆葦也在離此地近兩千五百英里的復活節島生長。

水面下，托托拉蘆葦的根會交纏成一大團厚而有浮力的根塊，像一個巨大的軟木塞。原住民很可能在久遠以前就學會把在湖邊水淺處發現的活根裁切成塊，用也是托托拉做的繩索捆在一起。過了幾個月，那些方塊裡的根會交織成網，而居民會在上面覆蓋一層同樣厚度的乾托托拉。如果根塊有三英尺厚，島民就在上頭鋪三英尺厚的收割蘆葦。接下來要再鋪一小層地基，一層一英尺厚的乾托托拉，而房子就蓋在這上面。墊高的蘆葦地基就成了地板。

這些房子都只有一個房間，四面牆都是由托托拉蘆葦編成的席子搭成，一張席子構成一面。屋頂則是兩大張托托拉席子搭成，那會編織得更緊密，避免滲水。兩張席子會在頂端小心嵌合，拖出來、蓋下去，形成圓弧形的大屋簷，邊緣突出牆外，像一頂托托拉蘆葦的帳篷。就某種意義上，蘆葦屋就像一艘翻過來的船：屋頂相當於船身，牆壁就像船的舷牆。翻轉的「船身」在定位紮牢，避免雨滴進來打濕居民。現在雨水會順著屋頂排到島上，通過蘆葦層層過濾回到湖裡，然後再次蒸發，開啟新的循環。的的喀喀湖的雨季在安地斯山的夏季，從十二月到三月。下暴雨時，蘆葦島常變得濕軟，此時就必須額外照料，在地面鋪新鮮的托托拉。

胡安把船開進一個小灣，關掉引擎，我們的船便在水上滑行，輕聲沿著他托托拉島屋的堅硬邊緣推進。他的妻子艾爾莎在那裡，穿著寶藍色的典型及膝pollera長裙、頭戴黑色圓頂帽，也穿著胭脂色的毛線衣。艾爾莎笑了，露出前排兩顆鑲金的牙齒。胡安的孩子也在這裡，十五歲的莎拉和十三歲的李奧納多。李奧納多正在島的邊緣玩耍，用一條細繩拉一艘三英尺長的托托拉蘆葦船。

我踏上他們的島屋，以為那會像水床一樣陷落。它沒有。雖然島像海綿一般輕軟，但踩在上面卻有點像走在一大塊堅硬的棉花糖上，訪客的腳其實每次只會陷落幾英寸。胡安的島約有一百英尺長、五十英尺寬；那出乎意料地穩固，只有被機動船的尾浪打到時才會晃動。那時，隨著波浪從底下平穩地通過，像一朵水面下的漣漪，你可以感覺到一陣不明顯的起伏。島其實就是一艘大筏船，屋子是船上的小艙房。島民的家有新鮮、清爽的托托拉味，就像乾草棚或穀倉的氣味。

「暴風雨來怎麼辦？」我問，看著一團看似凶惡且正在逼近的雲。「這些島會受暴風雨影響嗎？」

會的，胡安說，但島會固定好，用長繩索（現在用尼龍繩、過去用托托拉）拴在牢牢插在泥裡的尤加利樹樁。那些樹樁會夯入淺水的蘆葦床，而每一座島至少有八到十根樹樁繫泊。當暴風雨來臨，島會在繫留處像繫在浮筒上的浮船一樣漂動，但不會漂走。

漸漸地，胡安說，島嶼上層的托托拉會浸水而腐爛，所以島民會經常整修：划進托托拉蘆葦床，用木柄大鐮刀割新鮮的蘆葦，再把這些新鮮的托托拉鋪在島上。胡安說，數個家庭大概要花八個月到一年的時間建造一座島。島的大小不一，每一座可能需要兩到十個家庭同心協力。一個人要花一個月的時間才能編好一間屋舍的屋頂。三個人可以在一天內搭好一間屋舍的牆。在潮濕的季節，他們每隔兩三個星期就要新鋪一層托托拉。

「沒有托托拉我們不能活。」胡安說，走到島邊一叢暗綠色的蘆葦。他伸手抓了一株，小心將它連根拔起。

「我們吃它、睡在它上面、用它建家園、用它造家具、用它做船，我們把它當茶沖來喝，甚至拿來當燃料。」他說，一邊剝去這株六英尺長的植物底下白色的根莖。

一隻一英尺高、身體灰色帶斑點的黑頂夜鷺向我們走來，看似躊躇，一次只動一隻腳。那隻鳥年齡幼小，有雙熱切的橘黃色眼睛和黑色瞳孔，那是掠食者的眼。牠名叫馬汀，取自那種鳥的西班牙名 martin pescadero，是這家人的寵物。

「我們是在牠還是雛鳥的時候從巢裡拿出來的。」胡安告訴我。「如果你在雛鳥孵出幾天內做這件事，牠會銘記帶走牠的人，而非牠的母親。」這隻孤兒夜鷺在我們面前啄著剛割下的托托拉，尋找食物。我驚訝地看到一隻貓走向我們，大約離我們二十英尺。「我們沒有老鼠。」胡安說，每一座島都有貓，所以沒有鼠輩，他這麼解釋。當貓靠得太近，夜鷺便朝牠撲去，猛烈地啄。「牠會照顧自己。」胡安話沒說完，貓已一溜煙跑開。

胡安拿給我短短一截托托拉的根。這種根的艾馬拉語是「chullo」；那白白淨淨，像一條大蔥的尾端。我嚼了嚼。滋味微甜，口感跟嚼白蘆筍很像。我突然發現，住在托托拉蘆葦的廣大迷宮中，那裡可供應席子、屋子、繩線、船隻和家具，就好像住在貯木場中央，唯一的差別是這裡你甚至可以把木材的頂端扳下來吃。

胡安的妻子帶我看了烹飪區，大約離屋子十英尺。她所有食物都在一個高約兩英尺的土灶裡料理，那就設在一顆置於蘆葦地板的大石頭上。爐灶有個一英尺寬的凹穴生火，上頭有兩個小洞放鍋子。附近掛著一只金屬鍋，那條吊線，當然是用托托拉做的。

笑口常開的胡安之妻說，除非下雨，她每天清晨四點就起床。如果下雨，她會賴床。但通常天還沒亮艾爾莎就從家裡出來、在土灶裡生火、用乾托托拉的莖當燃料。她說，托托拉很好燒，但雨季很難找到乾的托托拉。

胡安表示，住島上需要大量維修。他們不時在修理和整建托托拉蘆葦的房舍、船和島嶼本身。話雖如此，我仍不由得想，這裡的島民不用為住家付租金、沒有房貸、有充足的免費建築材料（托托拉）、如有必要可乘托托拉船移動、腳底下有取之不盡可飲用的淡水、可獵食鴨子和鸕鷀、也抓得到豐盛的魚，用魚網撈就有。拜訪過秘魯不毛海岸的新聚落，人們用找得到的一切材料搭簡陋棚屋住，還得找工作來買食物和水等基本物資，我覺得烏羅斯島民的境遇幸福多了。他們顯然已能充分掌握這種多水的環境。

胡安帶我去我的「旅館」，基本上就是島上多的一間屋舍。他打開托托拉蘆葦做的門，點亮一盞燈。胡安已在這裡安裝電力：用一小片太陽能板和一盞低瓦數的燈泡。太陽能板是他向政府申請五年貸款購買的。我的房間擺了兩張木床，床上有床墊和厚羊毛毯。房裡乾乾淨淨，艾爾莎還用在陸地上買的紡織品裝飾牆壁。胡安帶我去一間更小的托托拉屋子，說這是浴室。他安裝了水槽和一座白得亮晶晶的坐式馬桶。島民本身則在旁邊的小「外廁」島解決，排泄物會被托托拉蘆葦的根吸收。

胡安說，客房和浴室有電，隔壁他們住的大房舍則沒電。他說，電只給觀光客用。胡安和妻子一個晚上收十美元。「我希望最後能容納二十人。」他說。胡安的旅館計畫已經進行十年，目前還有三間小「旅館」在興建。

那一晚，在胡安一家人就寢後，我在外遊蕩。漂浮的蘆葦島漆黑、靜謐；幾乎沒有居民有任何種類的照明，且大部分七、八點就上床睡覺。空氣寒冷而靜止，遠方，在蘆葦床之後，我看得到普諾燈火閃爍，一直蔓延到山丘之中，像一串寶石鑲在黑黝黝的湖邊。頭頂，延伸著一條同樣微光閃閃的銀河，星星深深烙在夜空，有些星系顯而易見，像一陣陣朦朧的煙霧。我回到我的托托拉蘆葦房間，爬到被子底下，試著入睡，但嚴寒讓我難眠。約莫一小時後，我抽出我的羽絨睡袋放在床上，鑽進去，馬上睡著。

隔天一早，胡安和我乘一艘小木船去檢查他前一晚設置的魚網。胡安站著划槳，讓船穿過蘆葦的水道。黃色翅膀的畫眉在托托拉間飛來飛去，聒噪地唱著旋律，像是麻雀大小、身披彩衣、忙亂不堪的暴君，有綠、黑、黃、藍等色，非常適合牠們。長株的水生植物，猶如一支支瓶刷，在我們底下半透明的湖水中飄盪起伏。

經過一叢叢蘆葦後，我們開始看到在水面上下快速擺動的塑膠瓶。胡安說那是跟尼龍網綁在一起的浮筒，他已將他那張半透明的綠色魚網放置在某塊托托拉附近。蘆葦床的邊緣是抓小carachi最好的地方，那是當地人愛吃的原生魚類，多刺，但鮮美。

雖然全球海洋有超過一萬五千種魚、亞馬遜河盆地有兩千多種存活，但我們正在海拔一萬兩千五百英尺滑翔的這座湖僅有二十六種原生魚。[6]大約三百萬前，一種和鱂魚（pupfish）有親戚關係的小魚不知怎麼沿著安地斯河流系統逆流而上來到的的喀喀湖。就像查爾斯·達爾文的古代雀種飛到加拉巴哥群島，最後造就十三種不同的物種，的的喀喀的第一隻有鰭的訪客也催生出這裡二十六種原生魚類中的二十四種。另外兩種是血緣相近的鯰魚。

胡安用小石頭讓他的網子沉到定位，所以從水面上看不到網子。但藉由觀察托托拉蘆葦的輪廓，他很容易就找到了，就類似城市居民在街上開車時會認地標一樣。胡安說，遇到市集日，村民會在凌晨一點收網，摸黑，不打光。胡安說他們只要判斷蘆葦的形貌，靠星光或月光就有辦法找到自己的網子。

胡安終於停船，把槳放下，伸手摸到水面下的網子邊緣，然後開始將網子一點一滴地收回，綠色細線慢慢堆入船底，偶爾會有一隻銀黃的carachi出現，鰓被卡住而不斷拍動。胡安用力把每一隻carachi拉出來，把那些僅四英寸半長、不停蠕動的小魚放進一只小陶盆。大約半小時後，他撈到大概二十隻。畫眉在附近嘎嘎爭吵。遠方，我看到其他孤單的漁民在收網，兩手交替。跟胡安一樣，他們使用木船，而非托托拉船，不過胡安說老一輩的烏羅斯島民，例如他的父親，仍會使用他們喚做「巴爾沙木」製成的小型托托拉蘆葦船。

「你想看湖中女神媽媽科恰（Mamacocha）嗎？」胡安突然問，一邊把最後一臂長的網子收進船裡。我點點頭。

於是我們展開另一段航程，這一次要通過一座天然渠道布成的迷宮：那些橫切或蜿蜒繞過蘆葦叢，直抵岸邊。我們途經其他小船，船上通常有一個男人站著划，一個戴圓頂帽的女人坐船頭，兩人之間堆放著剛割的青綠托托拉，疊到胸部高度。船員會用艾馬拉語互相喊叫，大家似乎都認識，儘管烏羅斯島上約有兩千人居住。

雖然這裡的民眾大多已停止使用小型的托托拉蘆葦船，但並未放棄建造大的。一九一二年，即發現馬丘比丘印加遺址一年後，海勒姆．賓漢前往的的喀喀湖探險。他後來寫道：

> 很久以前湖上居民學會曬乾……「托托拉蘆葦」，把它們牢固地綁成長捆，再把一捆一捆紮在一起，把尾端翻起來……如此便建造出一艘漁船，或巴爾沙……大巴爾沙是造來橫渡湖水較深處的洶湧水域，能載十二個人和他們的行李。我曾看到一個農夫帶他的牛隊搭蒲草（托托拉蘆葦）筏渡湖……住拉巴斯、善於推測的玻利維亞作家席尼奧．波斯南斯基（Señor Posnansky）相信，過去就是用巨大的巴爾沙載十噸重的巨岩橫渡湖泊，到蒂亞瓦納科（古城）。[7]

「我的祖先過去靠蘆葦船維生。」胡安一本正經地告訴我，繼續划船下渠道。「當印加人到達這個地區，我的祖先就搭船搬到湖上去了，他們就是從那時候開始住在蘆葦裡。」

「你看那裡。」他說，翹起下巴示意。遠方，一座小島隱約出現，看起來像是用灰色大圓石砌成的島。「那是弗羅巴（Foroba）。」他說。槳划了又停，划了又停，船平穩地向前滑。一隻有深褐色身體、白頸赭色頭、不會飛的鸊鷉，從我們前方的托托拉衝出來，像一枚跳躍的魚雷在湖面推進，然後沒入湖中。這種鸊鷉只在的的喀喀湖和附近湖泊生活，很久以前就失去飛行能力了。

胡安說：「我祖父以前叫弗羅巴『惡魔島』，島上有引誘人們到那裡的賽倫女妖（Siren），沒有人敢接近。」

我們接觸了那座島邊緣的陸地，下船登陸。像野口勇（Isamu Noguchi）雕塑的灰色大圓石逼近眼前。一座長長的木造碼頭從島上向岸邊伸出。因為可能由於地球暖化之故，的的喀喀湖二十幾年來已下陷近二十英尺，碼頭現在擱淺在半空，離湖邊四十英尺。

一九七八年秘魯政府宣布的的喀喀湖這一區的整片托托拉濕地為國家保護區，令烏羅斯島民大失所望。沒什麼人想要國家控制他們已經使用、照顧數百年的天然資源。

「我父親挺身反抗。」胡安說。當秘魯政府硬是設立，胡安的父親和其他島民迅速將保護區警衛逐出這裡。的的喀喀國家保護區固然印在利馬的地圖上，卻未真正存在於的的喀喀湖的蘆葦床迷宮之間。

在弗羅巴島的一側，兩棟有A字形波紋鐵皮屋頂的白色建築凸出地面，是政府為保護區建造的警衛室。我們到達的時候，兩棟都空無一人。照理要有一名來自烏羅斯島當地的警衛守在這裡，但沒人。其中一棟建築開放參觀，裡面是破舊不堪的陳列館，我們看到牆上掛著一些秘魯其他保護區的照片和海報。照片都嚴重褪色了。

胡安和我爬一條小徑達到島的最高點。從那裡，廣闊的托托拉蘆葦床一覽無遺，遠處烏羅斯島和島上黃黃綠綠的房舍也盡收眼底。西邊，普諾市沿著湖灣擴張，有些鐵皮屋頂在陽光下閃閃發亮，綿延的褐色山丘像罩子一般聳立其後。在我們身邊，兩塊灰色大圓石構成的小空間裡，有一對陶鍋、兩張小織錦，以及一小堆燒過的灰燼。

「是給媽媽科恰的祭品。」胡安說，那是大海和湖泊的女神。「在陸地上，他們會獻祭給大地之母Pachamama。」他告訴我：「這裡我們獻祭給湖中女神媽媽科恰。」

正是媽媽科恰調節海洋和湖泊的水位。也是她負責讓海水平靜或洶湧，決定魚、托托拉和水禽豐富或稀少，胡安告訴我。

「從一九八六年以來，湖水一直在降。」他說：「雨水變少，而這面湖要靠雨水。沒有雨水，托托拉會死。」

他說：「我們向媽媽科恰祈禱，這樣她才會讓托托拉再次生長。」

在附近另一塊圓石上，有人擺了好幾堆跟手差不多大的石頭。這些石堆是名喚apachetas的祭品。石堆前擱著燒過的枝條，附近則掛著一件破舊的衣服。「這是薩滿的傑作。」胡安說。

四百多年前，一個名叫伯恩納貝・寇博的耶穌會神父觀察到：

〔安地斯山的〕印第安人〔崇拜〕太陽、水、土地和其他許多他們認為具有神性的東西。他們相信那些東西都擁有創造或維持人類生活所需之物的力量，而這就是他們最關注的事[8]……這些印第安人用兩個名字來稱呼他們的神明；一是vilca，一是guaca〔huaca〕。兩個名字用法相同，不僅意指任何神明或偶像，也指所有被崇敬或進行獻祭儀式的地方。[9]

顯然，屬外露床岩的弗羅巴島是仍在使用的神廟。岩石、岩層露出地面的部分和山脈，過去是印加人的聖地，現今對許多安地斯原住民來說依舊如此。諷刺的是，秘魯政府試圖在這個古老的遺址設置公園衛哨來植入本身權威的象徵，但他們的努力幾乎無人理會。當地人繼續獻祭給媽媽科恰和其他聖靈，無視政府和其命令，就像五百年前烏羅斯島民對印加人和西班牙征服者的要求置之不理。

我們現在划回胡安的家，再次進入在蘆葦叢裡曲曲折折的渠道迷宮。蘆葦床本身就擠滿水鳥，不好熱鬧。胡安指著一隻矮胖的安地斯黑鴨，說島民很喜歡吃。儘管住在保育區裡，有些島民仍會用某個男人拿舊水管改造的獵槍打獵。島民會將硝石、炭和硫磺混在一起，找對手測試一番。胡安表示，如果那種自製火藥燃燒迅速，就很好用。

某些渠道有塑膠瓶和其他垃圾隨波擺動。胡安說島上有蒐集垃圾送往陸上的服務。他將垃圾歸咎於國家（秘魯）的觀光客。再往前，我們經過兩棟獨自立於蘆葦叢中的小A字形建物，都漆成鮮綠色，有波紋的金屬屋頂都擺了十字架。

「是獻給聖徒的。」本身是天主教徒的胡安說。

我問是哪些聖徒。

「聖地牙哥？」他說，但看來不怎麼肯定。「佩德羅？」接著他語氣誇張地問自己。他不確定地搖搖頭。就像安地斯其他地區，這裡的天主教聖徒也必須排在長長一列男神、女神和聖靈後面等。

胡安說，有個神父會在那位聖徒的紀念日從普諾過來，在每一間像這樣的小禮拜堂主持彌撒。胡安說這裡也有基督復臨論的信徒（Adventist）。

「有多少？」

「五十個。」

「其他都是天主教徒？」

「沒錯。」他回答，繼續盪槳。但烏羅斯上的天主教徒都是像他這樣的天主教徒。胡安不去彌撒，而會獻祭給「媽媽科恰」。他說烏羅斯島上大概有八個薩滿，都是師承父親，且在父親死後克紹箕裘。島上也有巫師，他說。巫師可能害你，也可能為你的島或財產招致傷害。

「如果你可以在世界擁有任何事物，你想要什麼？」我問他。

胡安想了一會兒，手仍在划，最後說：「一間小房子。」指的是在陸地上的那種。胡安說，他跟妻子只受過小學教育，他想要他兩個孩子念到大學。十三歲的李奧納多已說他想當工程師。沒有胡安所說的教育，在陸上很難找到工作。現在，他兩個孩子每天早上都划四十分鐘到岸上最近的城鎮朱魯尼（Chulluni），再搭巴士到普諾上學。他說，他們需要書本、衣服和其他東西。胡安和妻子希望能給他們安定的未來。

我明白，這就是胡安和艾爾莎開旅館的原因。蘆葦旅館也像一張網，只是要抓的不是魚，而是觀光客，胡安希望藉此能助孩子覓得良職。

胡安說：「對島上生活最滿意的人都沒上過學。」他指的是小學或小學以上的學校。胡安希望他的孩子有朝一日能在陸上擁有房子，以及陸上生活所能提供的一切優勢和舒適。

在他們的旅館生意還在打基礎的這段時間，每個星期天早上六點，胡安的妻子都會在划到岸邊、轉搭公車後抵達阿科拉區（Acora），到每週一次的市場擺攤。她在那裡賣乾魚和新鮮的托托拉，或交換馬鈴薯、小麥、大麥、藜麥和其他她需要的東西。那是烏羅斯島民已實行數百年的交易，取用湖的資源，和耕耘土壤、照顧牲畜的陸上居民交易。陸上居民會吃托托拉的根，並把吃剩的拿來餵綿羊、天竺鼠、羊駝和牛。

我們轉進主渠道，忽然見到一片碧藍的湖水，遠方天空翻騰著肌肉發達的白積雲。起風了，胡安表示島上每個人都知道風從哪裡來。他們跟水手一樣，知道風照例會怎麼在湖上轉變、最可能在何時轉變。如果一個島上的人家決定遷徙，他們會等到風向和水的流向正確，拔樁起錨，漂往新的地點。事實上，胡安也在考慮遷移他自己的島。「這一帶的人太多了。」他這麼說，雖然在我看來他的島相當偏僻。

「同一座島上的人家會起衝突嗎？」我問。

「有時候會。」他說。他繼續划，然後問我：「你聽過法官嗎？」

我搖搖頭。

他又往前划了一會兒，指給我看。在一座有幾棟房屋的島上、一把或許有十英尺長的大樹鋸，豎起來靠著一間有圓錐屋頂的倉庫放。

「那就是法官。」胡安說。

如果兩戶人家真的爭執不斷，那麼任何爭議的最終仲裁者不是陪審團，而是那把長鋸。在極短的時間內，島民就可將島嶼鋸成兩半，然後分道揚鑣。

我們經過一艘停靠在一座島旁、用托托拉蘆葦製造的巨大雙體船。最近已有不少烏羅斯島民為了載觀光客遊湖而開始打造雙體船。多數觀光客會搭較大的機動船來此，停一兩座島，買點小擺飾品、拍些照片，幾個鐘頭後便回到普諾。有些會多花點時間、搭大型蘆葦船遊湖。少數會過夜。一艘約長三十英尺、以小型舷外馬達為動力的大型雙體船沿渠道而下，乾燥的黃蘆葦用細繩緊緊捆在一起，構成狀似雪茄的巨大浮舟，牢固、闊氣、曲線優美。當胡安划著我們的船經過時，一群觀光客在給島嶼拍照，不一會兒，我們的船就在雙體船的尾浪中顛簸。

胡安說，島民審慎管理觀光生意，每名進入島區的觀光客都要收取費用。在仔細規劃好的日子，觀光客會拜訪沿渠道南緣繫泊的島，島民會販售小擺飾品，像是一英尺長的小托托拉船，或相當基本的紡織品。其他日子，觀光船會改往北側的島。當我們看著一艘船吐出一群觀光客到一座島上，我恍然大悟，現在對烏羅斯島民來說，觀光客才是真正的收成。數百年來，島民一直仰賴的的喀喀湖的資源，靠著在此維生所需的專業知識，維持獨立自主的生活。現在，觀光客才是首選的收穫，他們的到來為島上創造最大的收入來源。

「湖上還有打造托托拉蘆葦船的大師嗎？」我問，這時我們正經過另一艘雙體船，它的船首被塑造成美洲獅的頭。「能夠製造優質船隻的老師傅？」

「在玻利維亞。」胡安說。「在蘇里奎島（Suriqui Island）。蘇里奎以蘆葦造船師傅聞名。」

✣

要到位於的的喀喀湖東南區的蘇里奎，你得先經過古城蒂亞瓦納科附近，那就坐落於湖之南岸。托爾．海爾達爾相信，是蒂亞瓦納科文化從安地斯山往下傳，抵達太平洋，再透過筏船在太平洋諸島散播。海爾達爾指出，蒂亞瓦納科人最終抵達兩千五百英里外的復活節島。海爾達爾告訴我，復活島上發現的人頭巨石像，跟在安地斯高山蒂亞瓦納科發現的著名石雕十分類似。

為到達古城，我開拔到玻利維亞西部的拉巴斯。一大清早，我就搭上會停城裡多家旅館載遊客的巴士。遊客大多兩兩或三、四人成群。毛毛雨落在黑色石街，遠方，高兩萬一千英尺的伊宜馬尼峰（Mount Illimani）部分隱而未現，只顯出低處的黑色側翼，藍白冰封的山頂仍躲在陰沉的灰雲後面。

一五四六年，一小群西班牙征服者在此地北方約二十英里的玻利維亞阿爾蒂普拉諾高原上，建立「聖母的和平之城」（Nuestra Señora de La Paz）。三天後，他們發現更南邊一個有屏障的大盆地更能夠禦寒，於是在那裡重建首都。接下來四百年，拉巴斯逐漸往這個就地質而言屬侵蝕盆地的四周擴張。最後城市填滿了盆地，爬過邊緣攀上高原。今天拉巴斯的市郊仍迅速向外蔓延，遍及高原各處。

巴士嘎嘎作響，辛苦地穿越城市，上了閃亮的鵝卵石路，往濕漉漉的阿爾蒂普拉諾高原而行。大約經過半小時，我們抵達盆地邊緣，變成平路，然後開始隆隆行駛過埃爾阿托（El Alto）四、五層樓的原磚建築。埃爾阿托是鄉下移民的城市；九十萬拉巴斯居民舒服地依偎在侵蝕盆地的懷抱裡，埃爾阿托超過百萬人口卻要住在暴露無遮蔽的平坦高原。位於海拔一萬三千六百一十五英尺，埃爾阿托是世上高海拔的大城之一。

埃爾阿托也是玻利維亞成長最快速的城市；它幾條大街上幾乎每棟建築的一樓似乎都改作五金行，門開在街上，建築材料滿到溢出來。戴圓頂帽、穿長褶裙的玻利維亞女人推著手推車，上頭堆滿一捲捲藍、綠色塑料或一捆捆鐵絲之類的五金用品。一包包水泥疊在人行道上，現在用藍色帆布蓋著。因為今天下毛毛雨，有些女性的圓頂帽上套著白塑膠袋，那是十九世紀英國鐵路工人傳入的。除了帽子戴套，那些女人不遮不避地在雨中行走。

拉巴斯往北六十英里，我們來到蒂亞瓦納科的郊外。蒂亞瓦納科是西元一世紀一個突然於阿爾蒂普拉諾高原出現的文化的古都。漸漸地，在採用愈來愈密集的農業類型後，蒂亞瓦納科文化的規模、權力、勢力和複雜性都有所成長，於是文明進入黃金時期，帝國也在此期間往南北擴張到今天的智利北部和秘魯南部。在全盛時期，蒂亞瓦納科城約有十萬人口，另有三十萬居民住在附近農村。當時，它是世界的大城市之一。蒂亞瓦納科文化大約繁榮昌盛了一千年，到西元九五○年，當年肇建者辛苦打造的帝國驟然消失，只留下巨大的泥磚和岩石金字塔，高大、神祕的直立人像，以及關於該文明起源、崛起和衰亡的殘餘神話。根據西班牙編年史作者希耶薩·里昂在一五五○年代所寫：

> 蒂亞瓦納科……最負盛名的是其偉大的建築，〔以及〕真人大小和外形、五官雕刻優美，彷彿是偉大藝術家或大師之作的石像。它們大得像小巨人……有些石頭已磨損、侵蝕得非常厲害，還有很多大到令人不禁懷疑，人的雙手怎麼可能把它們帶到它們目前屹立的地方。[10]

最近才抵達新世界的西班牙人，並不了解南美洲的歷史，來到遺址的他們固然對於被自己征服的印第安人很熟悉，卻對這個古城一無所知，不知是誰建造，也不知它為什麼被拋棄。遺傳學和語言學的證據都支持這個推論：南美洲第一批居民所說的語言，在第一批歐洲人抵達的時候，已衍生出許許多多種方言（約一千五百種）。就像第一隻迂迴來到的的喀喀湖的魚，南美第一批居民的文化以及他們的語言，也逐漸演變出多到令人眼花撩亂的新類型。

大約一萬前，第一件農業的證據出現在南美的考古學紀錄。西元前三千年時（約莫和古埃及人建造第一批金字塔同時期），秘魯北岸的居民已開始建造儀式性的建築和梯形土墩。西元一○○年時，第一個國家，即莫切王國崛起（西元一○○至八○○年）。我在同托爾·海爾達爾停留秘魯北岸期間造訪的泥磚金字塔，就是高度階層化的莫切社會所建。在此同時，在海拔高兩英里的安地斯山區，沿著圍繞的的喀喀湖的高原，蒂亞瓦納科文化逐漸興起，比印加人早了大概一千年。蒂亞瓦納科人最可能說艾馬拉語，而他們在的的喀喀湖的南岸建立了一座漂亮的石頭城，有高聳的階梯金字塔、凹陷的庭院、石頭神廟和神祕難解的大型人體石像，它們的眼睛看似茫然凝視天際。但到西元九五〇年時，蒂亞瓦納科文化忽然絕跡。

五百年後，在印加人往南擴張帝國版圖之際，當地的艾馬拉農民已答不出那些巨大的遺跡是誰建的了。當西班牙編年史作者佩德羅．希耶薩．里昂在一五五〇年代來到，他也問了當地居民：

> ……我問當地人……這些建築是不是在印加人的時代建造……他們嘲笑這個問題……但他們從祖先那裡聽到的是，那些建物全是一夕出現。因為這點，也因為他們說曾在的的喀喀的島上見過那個蓄鬍的〔白〕人……我認為在印加人統治之前，這些王國可能曾有沒人知道來自哪裡的〔白〕人，是他們蓋了這些東西，而這些人數很少的白人和人數眾多的原住民，都在戰爭中死去。[11]

另一位西班牙編年史作者，約百年後來此的伯恩納貝．寇博則被告知，印加帝王圖帕．印加．尤潘基在十五世紀晚期第一次來到蒂亞瓦納科地區。

他試著透過詢問〔蒂亞瓦納科〕城裡居民來了解，那……〔廢墟城市〕的石頭是從哪裡帶來的，建造者又是誰。印第安人不是回說他們不知道，就是沒有聽說那是什麼時候建的。[12]

諸多編年史作者持續慢慢蒐集日益模糊的記憶或傳說片段，試著破解遺址的起源。例如西班牙編年史作者佩德羅・薩爾米恩托・德・甘博雅（Pedro Sarmiento de Gamboa）得知繼位的印加帝王瓦伊納・卡帕克（Huayna Capac）在一五〇〇年前後來到蒂亞瓦納科。據說那名帝王：

> 曾接獲〔印加帝國北部〕諸省叛變的消息。因此他急忙回返，來到蒂亞瓦納科，準備討伐基多人（Quitos）和卡揚貝人（Cayambis），並規定烏羅斯〔人民〕的生活方式，授予每一個烏羅斯部落在湖裡捕魚的地區。〔然後〕他拜訪太陽神廟和太陽島上造物之神「提奇・維拉科查」（Tici Viracocha）的神廟……並命令這些省分派遣軍隊參與他已宣戰的戰事。[13]

當地人所說的太陽島位於的喀喀湖的中心附近。根據這項史料，印加帝王是搭乘一支用當地托托拉蘆葦做成的筏隊造訪那座島，而船筏無疑是由已臣服印加帝國的烏羅斯印第安人駕駛。忙碌的帝王會特地造訪那座島並不意外，因為那是其領土神聖的地方之一，太陽和星星的誕生地，是造物之神提奇・維拉科查賦予形體。據另一位編年史家胡安・貝坦佐斯表示，創造是這樣發生的：

古時候……秘魯的土地和各省一片黑暗，沒有光也沒有白晝……他們說，就在這個永夜時期，一位神突然從秘魯的一面湖泊冒出來，祂名叫康提提・維拉科查（Contiti Viracocha）……在祂從〔的的喀喀〕湖裡冒出來時，祂從湖水來到湖邊今天名叫蒂亞瓦納科的地方……〔接下來〕他們說祂突然創造了太陽和白晝，並命令太陽沿著它迄今仍依循的路線運行。[14]

另一名編年史作者寫道，在太陽島上：

維拉科查……〔接著〕命令太陽、月亮和星星出現，並坐落於天空之中，帶給世界光亮……完成後，維拉科查在那個地方造了一尊聖像，做為祭拜的場所，也是祂在那裡創造一切的象徵。[15]

還有另一名作者寫道：

在蒂亞瓦納科〔城〕，造物之神〔維拉科查〕用泥土塑造了今天這片土地上的所有民族；祂為各民族畫了各自使用的衣著，也賜予各民族所說的語言、所唱的歌，以及用以維持生命的食物、種子和蔬菜。[16]

在創造人類和賦予人類文明的技藝後，維拉科查接著北行到庫斯科、沿著安地斯山脈，最後來到厄瓜多沿海，「行使奇蹟，教化祂創造的生命。」[17]那裡，以太平洋為背景，維拉科查停下來，對祂創造的人民發表最後一次戲劇性的演說。

祂告訴他們，〔有一天〕會有來人自稱是他們的創造者維拉科查，切莫信以為真；但那時祂會派遣祂的使者保護、教導他們。說完，祂就帶著兩名僕人到海上，在水面上行走而不沉沒，彷彿那是陸地似的。因為祂們看來像水上的泡沫，因此當地人稱祂們「維拉科查」，意為……海的泡沫。[18]

由此可知，根據印加神話，是維拉科查在太陽島上創造太陽和星星，也是祂在附近創造月亮。因此印加人尊敬該島的北端，他們相信奇蹟發生的地方。印加人在此蓋了一座重要的神殿，成為朝聖的中心，帝國各地的悔罪者紛至沓來。

但那些西班牙編年史作者不知道的是，早在印加人來此之前，同一座島已被蒂亞瓦納科文化視為聖地。無疑地，蒂亞瓦納科人的神話也敘述了類似的故事：這裡曾發生過某件神奇而強大的事情，說不定是世界的起源。

當印加軍隊終於在蒂亞瓦納科淪亡五百年後來到的的喀喀湖畔，他們不僅占據這塊前帝國的領土，也盜用前帝國最神聖的島嶼，將它融入他們自己的神話之中。因為雖然蒂亞瓦納科文化可能已經絕跡，但太陽島仍是當地居民心目中的聖地。藉由在實質與象徵意義上將該島納入印加文化的架構，印加人既能提高統治的正當性，也能提升他們的神話力量。

在蒂亞瓦納科的廢墟間，我和一小群遊客及我們的嚮導同行，爬上六樓高的阿卡潘納（Akapana）金字塔的石階。團裡有一對日本夫妻；約四十歲的丈夫脖子掛著一部Nikon相機，還拿著一本小筆記本。他振筆拚命記下我們玻利維亞嚮導說的每一句話，並如影隨形跟著他，深怕有所遺漏。在嚮導說話的空檔，我問那位先生他記筆記有沒有什麼特別的原因。

「我去過五十多個國家。」他用不流利的西班牙文回答我：「我試著把所有事情連起來。」

他名叫宏，堅信過去南美洲和中美洲文化曾經接觸。我們的玻利維亞嚮導同意他的說法：他跟我們保證，北美、中美、南美，全都曾經接觸過。加拿大不列顛哥倫比亞的圖騰柱看來跟蒂亞瓦納科人留下的巨石像十分類似，嚮導說。宏趕緊記下，一邊點頭。阿茲特克和蒂亞瓦納科的石雕也很類似，我們的嚮導繼續說，而那不是巧合。我想，那個推論唯一的問題是，從蒂亞瓦納科文化崩潰到阿茲特克文化崛起，相隔至少五百年。如果阿茲特克人曾到達這裡，他們必須從故鄉跋涉三千英里，結果只看到廢墟，然後就得打道回府。

不過蒂亞瓦納科確實是令人難忘的遺址，會讓不論來自地球哪個角落的遊客印象深刻。阿卡潘納金字塔有七層台階，像埃及的階梯金字塔。一千年前，遊客要穿過一道石門才能登上這座金字塔，門的兩側各有一尊蹲伏的石像，各持一顆被割下的人頭。在金字塔頂端，即昔日祭司獻祭駱馬、羊駝甚至人類之處，你可以眺望底下整座古城的格局，包括有圍牆的大院、隱密的神廟、魁偉的石門，以及巨大的直立塑像。

整個地區顯然是依天文學設計的。例如考古學家曾挖到被獻祭的人下葬的地方，恰好就是冬至日落時分，陽光穿過神廟門口照射到的位置。而埋在阿卡潘納的角落、此刻我所站的位置底下，考古學家也發現十七具無頭人骨，其中多為二十來歲的年輕男子。此外，蒂亞瓦納科的陶鍋碎片常描繪戴著美洲獅頭骨面具的戰士奮勇殺敵、高舉斬獲人頭的畫面。戰士的皮帶裝飾著更多人頭，而舌頭全被割下。

在西元六〇〇至八〇〇年的全盛時期，正當歐洲於黑暗時代倦怠乏力，蒂亞瓦納科涵跨一個綿延數英里的大型豪華建築核心。遠方，安地斯山的聖峰聳立，這裡的兩座金字塔或許就是與其遙相呼應，而城市本身則遍布石門和大雕像，兩者都刻得複雜精細，精美如中世紀的彩繪鑲嵌玻璃，呈現蒂亞瓦納科的宗教故事和象徵。

在帝國的高處，成群結隊的駱馬和羊駝在阿爾蒂普拉諾高原溜達，在城市核心之外，則延伸著點綴著花園、被熙來攘往的街道或人造渠道及池塘分隔的住宅區。在某個時候，蒂亞瓦納科的工程師設計、建造了巧妙的水利系統，讓水得以流到阿卡潘納金字塔的頂端，突然湧出，再從側邊奔騰而下。水會神奇地消失在每一層台階，再於下一層出現，或許是象徵附近山脈的瀑布和水循環。金字塔本身則被認為曾經覆蓋金屬薄片，或刺繡精細、色彩優美、富於象徵和意象的布。

在環湖的高原上，工程師挖鑿灌溉水渠、建造架高的土床，讓農民可比先前多種四成的作物。在此同時，駱馬隊從蒂亞瓦納科下安地斯山，帶回海鮮和沿海出產的其他物品。馱隊則沿安地斯山東側下山，造訪亞馬遜雨林，帶回大量古柯葉、美洲虎皮、樹脂、油和具迷幻效果的植物，如死藤水（Ayahuasca）。

事實上，最近在這裡掘出的木乃伊都有鼻煙盒陪葬，盒內曾填充磨細的迷幻植物。那些植物不僅會使吸入者恍惚，還能進入某種三度空間的靈界，足以和當前的3D立體電影媲美。祭司、天文學家、工程師、陶藝家、冶金學家、編織者、石匠、士兵、農人、道路和渠道建造者和收稅員全都聚集在這個城市。這是個高度階層化的國家級社會（state-level society），是世界僅出現過國家級社會的六個地區之一。（其他五個是中美洲、中國北部、美索不達米亞、印度河谷和埃及。）

毫無意外，到蒂亞瓦納科朝聖就像造訪另一個世界。訪客將首次目睹寓言中的城市坐臥在蔚藍的的的喀喀聖湖旁，麥加似的太陽島則像寶石嵌在中央。金色的蘆葦船會載朝聖者到聖島，而整個地區皆為白頭的山脈環繞，山頂就是神住的地方。若再加上迷幻藥推波助瀾，這將是你永生難忘、心醉神迷、無與倫比的體驗。

我們走下阿卡潘納的金字塔頂端，來到一座石頭圍繞的廣場。一部擴音器已嵌入一大塊一頭開口窄、另一頭開口寬的喇叭狀岩石裡。我們的嚮導從其中一側對我們說話，聲音隆隆作響。**所有朝聖者注意！**我可以想像祭司高喊。蒂亞瓦納科人曾用泥土製的喇叭吹奏音樂，所以說不定也曾對著這個擴音孔吹。

我們走向一尊大石像，它看不見的眼睛仍凝視遠方，遠高於我們頭頂之上。它的石身刻著各式各樣的象徵。右邊，環繞頸子的石頭有粗糙的砍劈痕跡。我們的嚮導說，西班牙神父曾試著砍下這顆頭，就像他們在征服印加帝國各地後，對許多「異教」紀念碑下的毒手。但，這尊用堅硬安山岩刻的古代神明頂住神父的摧殘，使困惑的天主教士不得不重新思考策略。於是神父改在這尊神像的右肩刻上基督十字，透過疊上自己的宗教象徵來玷汙當地人的宗教象徵。

那些來秘魯的神父是被派來根除「偽信仰」的，他們稱此過程為「拔除偶像崇拜」。他們嚴肅地以上帝的命令為己任，像是「在你當中，不可有別的神；外邦的神，你也不可下拜」（《詩篇》第八十一章第九節）；「你不可敬拜別的神，因為耶和華是忌邪的神，他名為忌邪者」（《出埃及記》第三十四章第十四節）。因此，神父盡其所能摧毀原住民的「偽偶像」，無所不用其極地消滅當地宗教。但西班牙神父難以根絕的是這個泛安地斯的信仰：強大的靈控制著當地人的資源，包括：雨、水、牲畜的繁殖和田地的肥沃、閃電、地震、日月星辰的運行，而那些靈就置身這片景致之中。蒂亞瓦納科（安地斯山著名的聖地之一）是刻意建於一片能反映天空也神似海洋的神聖水體附近。其居民刻意樹立似在模仿安地斯聖峰的金字塔，因為那些山峰的冰河供水給下面的河川、湖泊和作物。城市建造者將蒂亞瓦納科設計成神聖的中心，獻給神明來確保周圍農作和動物持續繁殖、不虞匱乏，進而確保人類的生存。對蒂亞瓦納科的後代和印加帝國的遺民來說，基督教的上帝或許強大，但他們自己的神：太陽、月亮、閃電、水、星星、山和土地之神，不遑多讓。要讓世界照常運作，就必須尊敬**所有神明**，不只是一位，如此，人類對生命不穩定的支配力才能獲得維繫和保護。

我慢慢通過太陽門，它雄偉的入口有張骷髏似的臉孔，據說是造物之神維拉科查的臉。門口有十英尺高，整個門框寬十三英尺，全是用一大塊堅硬的安山岩切割成。安山岩屬火成岩，是兩個大陸板塊，例如造就安地斯山的板塊，在海底接合時產生巨大摩擦力而形成。它也是火星地殼的主要成分。因此，雕成太陽門的那塊岩石最早是在海底形成，後來經由地質作用抬升一萬兩千五百英尺進了安地斯山，經由蒂亞瓦納科的石匠在大湖對岸、今科巴卡巴那鎮（Copacabana）附近的採石場切割，然後這些古代的工藝師，再將岩塊運送九十英里到蒂亞瓦納科。這道門重達十噸，約是兩頭成年大象的重量；它最可能是乘巨型蘆葦船渡過湖水，再拖行六英里到它目前的位置。①

我仰望維拉科查的臉；他的頭是浮雕，從光滑的石門正面凸出來：那張臉看來像人臉和美洲獅的合成品，有點像是眼窩凹陷、口鼻突出、髮雕成扭動的蛇。維拉科查的皮帶掛著敵人的人頭；身邊，其他三十二神的帶狀裝飾盤繞著，覆蓋整座門。顯然，這是一位令人畏懼的神。就像《舊約聖經》的上帝，維拉科查需要祭品，也要人們敬仰。祂是必須服從和畏懼的神，但無疑也是備受愛戴的神。

①作者注：二〇〇二年賓夕凡尼亞大學的人類學者亞力賽．弗蘭尼希（Alexei Vranich）率領一支考察隊，將九噸重的安山岩從古蒂亞瓦納科位於科巴卡巴那附近的採石場，運送到蒂亞瓦納科的近岸。為完成這項任務，他的團隊使用了玻利維亞造船師鮑林諾．艾斯特班所建造、長達十五公尺的托托拉蘆葦筏，那艘蘆葦筏大約用了一百八十萬株的托托拉蘆葦。

兩天後，巴士一早就把我放在的的喀喀湖的東南隅，華塔哈塔鎮（Huatajata）附近一條孤單的兩線道公路旁。這條路沿著湖的東岸前進，兩旁是高大的尤加利樹。我正在往蘇里奎島的路上，我要尋找海爾達爾的造船師傅，他的名字，我已經查到，叫鮑林諾・艾斯特班（Paulino Esteban）。現在他一定至少八十歲了。

我從拉巴斯搭來的巴士是地區巴士，車上都是帶著圓頂帽的婦女，和雙手因在田裡工作而粗糙、乾裂的男性。我看著巴士繼續往北，過馬路到一家白色、樸素、俯瞰湖面的小餐廳。一個女孩在前面清潔餐廳老舊的招牌。我問她什麼時候有開往蘇里奎的船。

「已經開走囉。」她說。

「還有下一班嗎？」

「如果有夠多乘客的話。」

「有其他乘客了嗎？」

「只有你。」

「今天還有船嗎？」

「我不知道。」

餐廳老闆出來，正拿著一條毛巾擦手。他沒有客人。他個子嬌小，人很親切，介紹自己叫荷西。我問荷西有沒有聽過名叫鮑林諾・艾斯特班的造船師傅。他頓時眼睛一亮。

「有啊！他就住那裡！」他說，手往後指著公路。「走路十分鐘就到了。」荷西告訴我鮑林諾在路邊有招牌，我不會錯過的。

我開始沿著公路往回走，湖在右，低矮的山丘和偶爾出現的房舍在左。走了大概五分鐘，我遇到一對正在田裡鋤馬鈴薯的老夫老妻。婆婆有一頭灰髮，穿著暗褐紫色的典型pollera長裙。兩人都握著短短的木鋤頭，身體弓得像椒鹽卷餅，慢慢地鋤地。這一幕讓我想到梵谷的《種馬鈴薯的農人和農婦》（*Peasant Man and Woman Planting Potatoes*）：描繪荷蘭一個小村子外，一對像這樣的夫妻播種新世界馬鈴薯的畫。梵谷作畫時，那種卑微的塊莖已從安地斯山傳入歐洲近四百年，最終成為不可或缺的作物。

下毛毛雨了，所以我到一棵高大的尤加利樹下躲雨。那對夫婦始終沒有停止幹活。當雨轉小，我繼續前進，留下那對年老的馬鈴薯農在他們的田裡彎著腰，慢慢拿鋤頭耙土。

雲籠罩湖頂，隙縫露出陽光，湖水銀光粼粼，浩瀚無垠。最後我來到道路右側一個白色的大招牌，上面用西班牙文寫著：

鮑林諾．艾斯特班

RA二號、底格里斯號、烏魯號

馬塔朗吉一號、二號、和三號遠征隊

專業建造師

有條泥土小徑從招牌旁邊往湖而去。岸邊，盤踞著一艘巨大的托托拉蘆葦船，上頭罩著藍色塑膠布來遮雨。小徑右側坐落一排數幢一層樓的屋舍，雖是用托托拉蘆葦搭建，但也有玻璃窗、鐵皮屋頂和木頭骨架。我往碼頭走去，一個有小圓肚、理平頭的中年玻利維亞男子向我走來。他是鮑林諾的兒子，名叫波費里歐（Porfirio），現年三十五歲。波費里歐說他的父親在附近其中一間小屋裡。幾分鐘後，鮑林諾出來了。他矮小、精瘦、英俊、八十二歲，頭髮灰白、顴骨高、穿破舊的長褲、登山涼鞋和褐色外套。他的握手動作輕柔，雙手有點腫，指甲和木船的船頭一樣厚而彎。

我告訴鮑林諾多年前我是怎麼在秘魯北岸的土庫梅（Túcume）金字塔那區碰到托爾．海爾達爾。他笑了笑，轉身，然後揮手要我跟他走。我們走到那艘蘆葦船邊，他開始把上頭蓋著的藍色帆布扯下來。這艘蘆葦筏別致而優雅；捆得很緊的船身有三十五英尺長，剛做好沒多久，正中央有一座低矮的托托拉蘆葦船艙。它看來蓄勢待發，準備橫渡海洋。

「它要去挪威。」鮑林諾告訴我，用他一隻粗厚的手掌撫摸蘆葦。

他解釋，這艘船是海爾達爾的一個親戚委託製造的。在它於這個月完成後，工人會把它搬上卡車，載下安地斯山到智利的一個港口，在那裡上船去挪威。

鮑林諾帶我到其中一間矮房子，他在屋內設了小型博物館。主廳裡有兩艘六英尺長的托托拉蘆葦筏，以及兩艘約三英尺長的縮小版，都有縮小版的桅杆和托托拉蘆葦做的帆。它們全都造得很美，跟外面那艘大船一樣煞費苦心。鮑林諾拉開一張桌子底下的抽屜，抽出一本又厚又舊的活頁夾。它會鼓起來是因為裡面的塑膠頁塞滿鮑林諾和海爾達爾在摩洛哥、埃及、伊拉克和的的喀喀湖上的照片。他用指甲輕叩一張褪色的RA二號相片，那是他和另外三個同樣來自的的喀喀湖的玻利維亞人在摩洛哥建造的。

波費里歐走進來，說他最後一次見到海爾達爾是二〇〇〇年在特內里費島（Tenerife Island）。海爾達爾去那裡挖掘他相信和埃及關係密切的神祕石頭金字塔。我問鮑林諾他是怎麼碰到那個挪威人的。

他說，四十年前，海爾達爾乘船到蘇里奎島，鮑林諾在那裡出生，當時也住島上。海爾達爾召集造船師傅，提供他們一項工作。只有一個難題：海爾達爾只找最優秀的造船師傅。所以他提議舉辦比賽：誰能造出最棒的托托拉蘆葦小船，海爾達爾就予以聘用、帶到非洲。他將委託優勝者打造一艘遠比那更大的筏，海爾達爾想駕它遠渡重洋。聽他講話的造船師傅沒有一個看過海，大多最遠只去過的的喀喀湖幾英里外。鮑林諾說，他們共有十五人。大家都想去，但贏得競賽的人是他。

「你叫什麼名字？」鮑林諾說海爾達爾這麼問他。

「鮑林諾．艾斯特班。」

「你最大可以造多大的船？」

「五、六公尺。」

「你可以造更大的船嗎？十五公尺長的船？」

「沒問題！」鮑林諾回答，雖然他從沒造過這麼大的筏。

「托爾閱歷豐富，才智過人。」鮑林諾說：「他不想帶不知道怎麼建造好的巴爾沙的人走。」

海爾達爾信守承諾，帶鮑林諾和其他三名艾馬拉造船師傅從蘇里奎飛抵摩洛哥，那裡已蒐集了大量紙莎草。他們開始造草船，運用他們在的的喀喀湖造較小筏船所用的技術。

鮑林諾說，他三名造船夥伴之中，已有一人去世。還有一個生病了。「至於我，我很好，」他說，用力抓我的手臂做為證明。

於是，一九七〇年，在摩洛哥古腓尼基人的薩非港的一座大庭院裡，鮑林諾和他的夥伴用托托拉的近親紙莎草，製造了一艘三十九英尺長的蘆葦船。不過十個月前，海爾達爾曾試著乘坐紙莎草船RA一號橫渡大西洋。那艘查德造船師傅的作品在航行兩千多英里後，因暴風雨和結構問題而沉沒。這次海爾達爾不敢冒險了。他集合了全球最頂尖的蘆葦船建造團隊，碰巧所有成員都來自的的喀喀湖。

「他們知道如何盡善盡美地建造蘆葦船，我們現代世界沒有任何工程師、模型鑄造師和考古學家能達到的境界。」海爾達爾後來這麼寫道。[19]

一九七〇年五月出海，RA二號最終航行三千兩百七十英里，來到加勒比海巴貝多島沿岸。但在船抵達的時候，鮑林諾已經回到他那座只有兩英里長的蘇里奎小島了。

「我的祖父教我怎麼做托托拉船，」鮑林諾說：「我父親早逝，所以由我祖父教我。」

「他會造非常大的船嗎？」我問。

「不會！他造長四、五公尺的，不是大船。」

「有船帆嗎？」

「沒錯，有托托拉蘆葦做的帆。」

「你的孩子知道怎麼建造大船嗎？」

「我兒子知道。就是他要去挪威教他們。」

「你呢？你要去嗎？」

「我？不，我要待在這裡！」

我們都笑了。鮑林諾說，他一腳膝蓋不好，所以不想搭飛機。他開始翻閱照片，身子前傾，仔細端詳那些褪色的拍立得照片：他在埃及三千年歷史的金字塔間、在伊拉克、在摩洛哥，在其他許許多多國家。

「你去過挪威嗎？」我問。

「我去過全世界。挪威、埃及、以色列、大馬士革、丹麥、西班牙、印度。都是去工作的。一九九二年我做了艘蘆葦船，帶去塞維亞博覽會。去年，我去了丹麥。」

「你最喜歡哪個國家？」

「丹麥。」

「挪威呢？」

「還可以。」鮑林諾說，繼續翻照片。「丹麥奢華極了，非常好的國家。」他說：「食物好，人也好。跟其他國家不一樣。」

「印度呢？」我問。那碰巧是我最喜歡的國家之一。

「不喜歡！太多（排氣的）煙了！食物很差！」他說。

鮑林諾的妻子走進來，他用艾馬拉語跟她說了什麼。不一會兒，她帶著杯子和一壺古柯葉茶回來。十年前，這家人為了離公路近一點，從蘇里奎島搬到我們目前所在的華塔哈塔。這年頭在蘇里奎，鮑林諾說，居民不再製造托托拉蘆葦船，改造木船。造木船要花錢，但可以用好多年。

老造船師傅拿出一本泛黃的《阿庫阿庫》（*Aku-Aku*），海爾達爾的著作，描寫那位挪威探險家在智利外海兩千五百英里的復活節島的挖掘經歷。

「很美的地方。」鮑林諾說，手撫過書裡一張照片。「我在那裡待過六個月。」

他說，一九九六年，有位西班牙冒險家邀請他到復活節島打造一艘巨型蘆葦筏。冒險家名叫卡汀・穆尼歐茲（Kitin Muñoz），深受海爾達爾鼓舞的他，想要搭船筏從復活節島航行到澳大利亞。最後，鮑林諾建了艘一百二十英尺的船，稱「馬塔朗吉號」（Mata Rangi），「馬塔朗吉」就是既在的的喀喀湖被發現，也在復活節島的湖泊生長的托托拉亞種。

鮑林諾說：「這裡的托托拉很差，那裡的好多了。」

結果，馬塔朗吉號在短短二十天、只在海上航行一百八十英里就沉沒了。三年後，鮑林諾為穆尼歐茲打造第二艘船：馬塔朗吉二號。那從智利北部的阿里卡港（Arica）出發，原本預定前往八千英里外的亞洲，但穆尼歐茲在太平洋失去了一半船身。最後他勉強駛進馬克薩斯群島

（Marquesas Islands，法屬玻里尼西亞）的一個港口，在那裡結束旅程。

穆尼歐茲會想試圖從復活節島搭蘆葦筏航行，當然是受托爾·海爾達爾啟發。一九五五年，海爾達爾率領一支綜合多種學科的團隊到復活節島，企圖解開是誰在島上建造巨大石雕之謎。復活節島上的石雕有些超過三十三英尺高、八十噸重。相形之下，蒂亞瓦納科最大的石像，人稱班尼特巨石（Bennett Monolith），只有二十四英尺高、二十噸重。但海爾達爾深信，是乘筏的古代南美洲人發現這座七英里寬的偏遠外島，且在此居住。只是，不是隨便哪個南美洲人都辦得到。

海爾達爾推論，率領海員航抵復活節島的不是別人，正是白皮膚、留鬍子的維拉科查，印加傳說中創造人類的神。海爾達爾相信，維拉科查在創建蒂亞瓦納科文明、從厄瓜多海岸「渡海」消失後，便與祂的追隨者乘坐用巴爾沙木或托托拉蘆葦製作的船筏航行三千五百英里，抵達復活節島。海爾達爾認為，正是維拉科查將「文明」的藝術帶到玻里尼西亞，對海爾達爾來說，「文明」意味精通農業、有階梯式金字塔、崇拜太陽神，以及擁有能夠遠渡重洋的船筏。

海爾達爾相信，古代的船員是從埃及，最古老文明的發祥地，帶著文明的餘燼橫渡大西洋來到新世界。然後那些船員或他們的後裔用某種方式來到南美洲的另一邊，攀登一萬兩千五百英尺進入安地斯山脈，把埃及文明之福傳給住在的的喀喀湖附近高原的原住民。於是，古蒂亞瓦納科人很快開始建造類似半個世界外的階梯金字塔和石頭城市。後來這些船員的後代（海爾達爾相信擁有高加索人的輪廓和白皮膚）又乘筏離開，橫渡太平洋。維拉科查和與他同行的「白皮膚神明」最後航行到太平洋上有人及無人居住的島嶼，最終將石雕、農業和造筏等知識傳播到距離的的喀喀湖岸七千多英里的紐西蘭。

因此，海爾達爾相信，維拉科查不是神，而是一群蓄鬍白人的帶頭大哥：他們早在哥倫布降臨新世界的一千多年前就已用某種方式來到玻利維亞。是他們（而非當地的艾馬拉人）引進如何切割及雕刻岩石、如何建造城市與帝國，以及如何用最纖細的蘆葦建造遠洋船筏的知識。海爾達爾在他一九七一年的著作《拉號探險記》（*The Ra Expeditions*）中這麼寫：

> 這種特殊的〔蘆葦〕船仍在〔的的喀喀湖〕這座偌大內陸海的各處大量製造……造法一如這些艾馬拉和克丘亞印第安人的父親和祖父。這也是它們在四百年前、西班牙人來到這座湖泊時的模樣。那時西班牙人也發現蒂亞瓦納科的廢墟，包括階梯式平台、金字塔和巨石像；據早期艾馬拉印第安人流傳的說法，那些廢棄的遺址並非他們祖先的作品。他們〔艾馬拉人〕堅信，這些壯觀的建築是遠古時代維拉科查人留下的。那些人被描述為蓄鬍的白人，他們的祭司兼國王叫康提基・維拉科查，是太陽在地球的代理人。最早，維拉科查一行人在的的喀喀湖的太陽島上落腳。傳說正是那些人建造了第一批蘆葦船。據說，蓄鬍的白人第一次正是乘坐蘆葦船出現在印第安人面前，而當時印第安人仍對太陽崇拜、建築和農業一無所知。這些西班牙人在四百年前寫下的傳說，迄今仍歷歷存留在湖畔印第安人的心中。我多次被稱做「維拉科查」，這個詞仍代表「白人」。[20]

雖然有少數記下印加人口述歷史的西班牙編年史作家確實寫到維拉科查是「淡」或「白」皮膚，但其他史料並未提到這個特徵。今天多數人類學者相信，「白皮膚神明」的神話較可能是十六世紀寫下這些故事的西班牙人刻意植入本身歐洲背景的加工品。安地斯山不同族群屢次喚西班牙人「維拉科查」固然是事實，但這比較可能是因為用槍砲、馬和鋼鐵征服廣大印加帝國的西班牙人，感覺像是極強悍的異人，就像原住民對維拉科查一行人的想法。此外，太陽崇拜、建築和農業在秘魯至少可追溯到八千年前，遠早於蒂亞瓦納科文化和鬍子神明的故事出現。但照海爾達爾的說法，鮑林諾．艾斯特班是古代造筏傳統的最後一批建造者之一，而那種傳統發源於埃及，後來才傳到距埃及海岸八千英里遠、的的喀喀湖中央的一座蕞爾小島。

「你認為古時候有人乘筏從秘魯到復活節島嗎？」我問鮑林諾，他仍在回味他和海爾達爾在世界不同地方拍的舊照片。

「是的。」鮑林諾說，但從他的語調，我聽得出他不敢肯定。他沉靜了一會兒，顯然在思考。他最後說：「我喜歡海，但那沒有甘甜的水。你不會喝海水，而的的喀喀湖這裡的水很乾淨。」

當鮑林諾繼續翻閱過去的照片，我不禁懷疑，為什麼對埃及藝術家大肆留在墓畫上的細節深深著迷的海爾達爾，沒有注意到這個明顯不過的特徵：儘管有些墓畫詳盡描繪了埃及的蘆葦船，連索具和槳最小的細節都不放過，為什麼對於海爾達爾深信將文明從埃及帶到新世界的白皮膚蓄鬍神明，他們完全沒有著墨呢？我個人看過相當多埃及的墓畫，每一幅都描繪著有深褐色或黑色的努比亞皮膚、深色眼睛和黑頭髮的人。

執著於他「舊世界傳入新世界」的理論，海爾達爾和他的康提基號航程已讓他不偏不倚置身這場長年人類學辯論的正中心：關於文明起源的各種理論。

例如，從十九世紀後半和二十世紀前四十年，「傳播論」的概念支配了人類學的思想。這種理論假定多數文明有共同的起源，而其極端的形式，即後來所稱的「超級傳播論」（hyperdiffusionism），甚至主張所有文明都衍生自同一個源頭：埃及。傳播論的擁護者相信透過自然的「傳播」（指文化從一地實際傳播到另一地）基本的創造發明逐漸散布到世界各地，後來才在新世界被早期歐洲探險者「重新發現」。

本身受過動物學家訓練的海爾達爾，生於一九一四年，因此他成長在廣為接受「傳播論」的歐洲。在超級傳播論於一九五〇年代晚期不再被採信之際，海爾達爾已經展開他一九四七年的康提基號航程了。不受超級傳播論瓦解所干擾，這位探險家兼業餘人類學者將用餘生企圖證明南美洲文明起源於埃及文明。一九七一年，在康提基號遠征的四分之一世紀後，海爾達爾在著作《拉號探險記》中寫道：

> 誰是對的？孤立論抑或傳播論？……從摩洛哥跳到墨西哥〔馬雅文明〕的距離，不像最遠的兩個點，埃及到秘魯那麼荒唐。〔所以〕我決定造一艘蘆葦筏〔來證明舊世界與新世界曾經接觸的可能性〕。[21]

因為海爾達爾基本上是「超級傳播論者」，對他而言，如果其他文明後來從秘魯、玻利維亞、墨西哥、中美洲、復活節島或夏威夷冒出來，那它們勢必**全都**曾以某種方式接觸過數千年前於中東崛起的文化傳統。例如在墨西哥南部雨林，有個名為帕倫克（Palenque）的考古遺址遍布馬雅的金字塔。毫無意外，海爾達爾造訪當地後立刻相信，馬雅人一定接觸過埃及人。他後來寫道：

> 這裡的〔雨〕林深處有座大金字塔。是平凡的印第安人把它〔金字塔〕立在那裡的嗎？或是有其他人（西伯利亞的原始獵人除外）和墨西哥原始林的原住民人口混居了呢？[22]

對海爾達爾來說，答案很明確：墨西哥的馬雅人和阿茲特克人、秘魯的印加人和玻利維亞的蒂亞瓦納科人，他們進步的文化都來自同一源頭：埃及。就這麼簡單。

當海爾達爾繼續搜尋支持他的理論的證據，傳播論本身已逐漸為美國的人類學流派取代：那深受演化生物學影響，而被稱為「生態人類學」（ecological anthropology）。照這個新學派的說法，一如相異的有機體常在面臨類似環境時演化出類似的適應性變化（例如北極的某種兔子、貂和老鼠都有雪白的皮毛），不同時空的人類在面臨類似的環境挑戰時也會發明類似的文化適應（服裝、建築、社會組織等等）。

這個學派主張，新世界的文明是在漫長的獨立孕育期後興起，而非源自與舊世界的接觸。如果秘魯和中東地區早期的農業社會採用類似的水力設施、社會架構和用曬乾泥磚建造的房屋，會有這些相似特徵是因為雙方採用類似的策略來解決類似的生存問題，而不是因為彼此有所接觸。

比方說，的的喀喀湖周圍的烏羅斯人，必須想出住在一座擁有豐富魚產、水禽和大量蘆葦床的湖水附近的最佳謀生之道，結果製造了蘆葦船和人工島。半個世界外、生活在非洲查德湖類似環境下的布杜馬人（Buduma），也做了一樣的東西。同樣地，如果濕熱氣候（諸如非洲中部和亞馬遜地區）的民眾習慣赤身裸體，那不代表這兩個相距遙遠的文化曾經接觸過，兩地民眾只是以類似的方式因應類似的環境挑戰。在這個例子，就是在炎熱、潮濕的環境裡不穿衣服。

儘管海爾達爾固執地堅守傳播論的信念，但他確實成功開闢一個全新的領域：實驗性地運用古式航海筏。海爾達爾也首創先河，親自針對船筏進行實際的測試，也常冒生命危險。在第一次乘坐康提基號（印加式船筏的巴爾沙木仿製品）橫渡太平洋之後，海爾達爾又先後乘RA一號和RA二號橫越或幾乎橫越大西洋，接著又於一九七八年駕駛另一艘紙莎草筏，底格里斯號（Tigris，亦由鮑林諾．艾斯特班建造）從伊拉克前往巴基斯坦。此行目標是證明兩河文明（底格里斯河及幼發拉底河）和印度河文明之間的接觸可能經由海路發生。在海爾達爾看來，海不像先前一般人的認知，足以成為文明的阻礙，反倒被視為**傳播途徑**，擁有航海船筏和所需知識的文化會加以運用。

海爾達爾的開創性探險無可避免掀起一波追隨的浪潮：至今已有多名冒險家乘坐前哥倫布風格的船筏進行超過二十場航程，一再橫渡大西洋和太平洋部分海域。這些船隻約有半數因各種因素沉沒，另外一半則頗為順利。最長的蘆葦船航程約四千英里。最長的巴爾沙木航程是一九六四年由威廉・威利斯（William Willis）獨力駕駛，從秘魯開了一萬一〇〇〇英里到澳洲。

是否有哪一次航程證明，新舊世界之間，或玻里尼西亞與南美洲之間曾經接觸呢？答案是否定的。它們只是運用當時可用的技術來試驗這樣的接觸**可不可能存在**。到今天為止，新舊世界於前哥倫布時代的接觸，唯一有確切證據的是古挪威人（維京人）在名副其實的紐芬蘭②蘭塞奧茲牧草地（L'Anse aux Meadows）建立的聚落，年代約在西元一〇〇〇年前後。

至於南美洲的太平洋岸，近年來的考古學、語言學和遺傳學證據似乎支持，玻里尼西亞和南美洲之間**的確**有過接觸，但不是托爾・海爾達爾所設想的方向。海爾達爾一直不肯相信這個傳統觀念：玻里尼西亞遙遠島嶼的人口是由西向東橫越太平洋而來，是從亞洲出發，慢慢朝南美洲方向前進。他反過來認為，因為太平洋的信風通常是從東向西吹，玻里尼西亞人不可能逆風前進。他在《康提基號：乘筏橫渡太平洋》中寫道：

> 因此，康提基航程的成功，未必能證實我的遷移論。我們確實證明的是，南美洲的巴爾沙木筏，擁有先前不為當代科學家所知的品質，以及太平洋島嶼位於史前時代秘魯工藝的可臻範圍內。早期的人類有能力進行橫越遼闊海洋的大規模航行。距離不是海洋遷徙的決定性因素，風和洋流是否終年有大致固定的方向才是。因地球自轉之故，信風和赤道洋流皆向西

② 譯者注：紐芬蘭英文名Newfoundland，意為「新找到的土地」。

> 行，而綜觀人類歷史，地球自轉未曾改變過。[23]

綜觀人類二十萬年的歷史，地球自轉或許未曾改變過③，但從東邊的南美洲越過太平洋向西吹的信風，卻經常反過來吹。這發生在俗稱「聖嬰」（El Niño）的天氣現象發生期間：這時太平洋的海水溫度較高，信風常改變方向。聖嬰現象平均三到七年出現一次，而每次持續九個月到兩年不等。所以，海爾達爾的論點：信風常年不變、因此會阻礙從西向東橫渡太平洋的遷徙，並不正確。

海爾達爾似乎也跟其他許多歐洲人一樣，低估了玻里尼西亞傳統雙體舟（double canoe）或舷外浮桿獨木舟（outrigger canoe）的能耐。他仍聚精會神於南美洲的巴爾沙木或托托拉蘆葦建造的筏。他後來在著作《早期人類與海洋》（*Early Man and the Ocean*）中寫道：

> 巴爾沙木筏康提基號在土阿莫土島的迎風面撞毀著陸，清楚顯示這種〔筏〕船較安全穩固，而作者也有足夠乘坐玻里尼西亞獨木舟的航海經驗……能證實這點：萬一在大海中央遇上風暴，或在岸邊遭遇危險，他會毫不猶豫地希望自己在〔筏〕船上。[24]

但傳統的玻里尼西亞雙體舟：將兩艘獨木舟並排牢牢捆紮在一起，形成中間有架高平台的雙體船，其實輕巧、快速又穩固，能在大洋長距離航行。事實上，在康提基號出海近兩百年前，知名的探險家、地圖繪製家和航海家詹姆斯・庫克船長（Captain James Cook）就相當欣賞玻里尼西亞能載五十到一百人的大型「航海獨木舟」。庫克也是第一位造訪夏威夷和第一位探勘太平洋許多地區並繪製地圖的歐洲人。一七七七年在東加島時，庫克寫道：

> 我前面提到斐濟位於距離〔東加〕三天的航程……因為這些人沒有其他方法來估量島與島之間的距離，只能表達乘坐其獨木舟航行所需要的時間。為了確定……這些獨木舟任何時候在疾風（moderate gale，指每秒十三點九至十七點一公尺）下能航行多遠，我上了其中一艘，多次以測程儀試驗發現，在和風下揚帆行進時，她一小時能走好幾節（knot），即好幾英里。由此我判斷，在其海域常有的風速下航行，他們每小時能走七、八英里。[25]

庫克不僅發現玻里尼西亞的獨木舟可能跑得比他自己的船還快（並且比康提基號或各種紙莎草或托托拉蘆葦筏快兩三倍，因此能縮短航行時間），也發現這些獨木舟跟歐洲船隻一樣，**無論順風或逆風皆可航行**。所以玻里尼西亞人不需等聖嬰現象才能從西向東往南美洲方向去。他們想往哪個方向去，就可以往哪個方向去。

---

③ 作者注：實際上，根據美國航太總署（NASA）的說法，在聖嬰年，因為風變強的關係，地球自轉的速度可能稍微減慢，因此讓白天的長度延長幾分之一毫秒（即千分之一秒）。

庫克另外觀察到一件比玻里尼西亞獨木舟的速度更驚人的事，與操縱獨木舟的玻里尼西亞航海者有關：

他們的航行，白天以太陽為指引，夜晚以星辰為嚮導。當日光與星光黯淡，他們就轉而讓風浪帶領船隻前進。[26]

換句話說，儘管不具備歐洲人的六分儀、羅盤和其他航海工具的知識，玻里尼西亞人不知怎麼就是能利用太陽、星辰和其他線索準確地長途航行。事實上，庫克第一次航程就帶著一名他在大溪地碰到的玻里尼西亞航海員跟他一起航渡南太平洋。航海員名叫圖帕亞（Tupaia），他利用沙灘上的小貝殼，為庫克擺設了方圓兩千英里內的玻里尼西亞群島圖。圖帕亞為庫克揭露的島嶼中，很多是當時歐洲人前所未聞。

但在庫克一七七九年在夏威夷去世後，他的發現，也就是玻里尼西亞航海者能運用一套外人完全陌生的航海系統這件事，已差不多遭到遺忘。接下來一百五十年，單船身、運用傳統航海工具的歐洲船艦稱霸海洋。但玻里尼西亞的傳統航海知識並未消失。就像的的喀喀湖的托托拉蘆葦造船師傅散居各地，傳統的玻里尼西亞航海技術也存續到二十世紀，在綿延數千英里的太平洋之中、那些蕞爾小島的個人身上。在接觸歐洲人之前，玻里尼西亞的航海者備受尊敬。事實上，他們的專業知識由祕密團體嚴密保護，代代相傳，常以歌謠的形式記誦。可惜這些團體已漸漸消失。

一九六九年，正當托爾．海爾達爾試圖搭乘他的蘆葦船RA一號橫渡大西洋，美國人也準備首次登陸月球。一位名叫麥克．麥考伊（Mike McCoy）的美國和平工作團（Peace Corps）團員來到偏遠的密克羅尼西亞薩塔瓦爾島（Satawal）。麥考伊很快和名為皮亞斯．皮艾魯格（Pius "Mau" Piailug）的玻里尼西亞人交朋友。皮艾魯格將近四十歲，屬於一條綿長的密克羅尼西亞航海者的族系。慢慢地，麥考伊發現他的新朋友不只是老式航海員，還是密克羅尼西亞唯一現存的老式航海員。簡單地說，庫克船長曾經接觸過、或許有數千年歷史的古老航海知識系統，皮艾魯格是最後一個傳人。

幾年後，在太平洋彼岸的加州聖塔芭芭拉（Santa Barbara），中年人類學教授班．芬尼（Ben Finney）剛完成一艘長四十英尺的古玻里尼西亞航海獨木舟：按照古代設計製造的複製品。專門研究玻里尼西亞的芬尼最近被麥克．麥考伊找上。麥考伊聽聞芬尼的計畫，特來告知他有個不平凡的密克羅尼西亞朋友。一九七三年芬尼成立玻里尼西亞航海協會（Polynesian Voyaging Society）、把他的雙體船運到夏威夷，再請皮亞斯．皮艾魯格搭飛機來夏威夷群島。兩年後，連同志工船員，皮艾魯格和芬尼在一九七五年三月八日搭芬尼的雙體船啟航，他們給船取名為Hokule'a號。

這個船名是對航海十分重要的「大角星」（Arcturus）的夏威夷語。此行目標是從檀香山航行兩千七百英里到大溪地，只用皮艾魯格的古老航海技術。三十三天後，Hokule'a號平安抵達大溪地首府巴比提（Papeete）。半數島民到場見證這艘他們昔日船隻的複製品到來，也迎接皮亞斯．皮艾魯格，他們玻里尼西亞航海先人的直系後裔。決定性的證據，即失蹤的船隻，以及或可解釋人們可能如何發現和定居於這些散布太平洋數千英里的小島的知識體系，終於找到了。

基於本身對這個區域的豐富經驗，庫克船長是第一個推論玻里尼西亞人最早來自亞洲的人，或許不令人意外。今天，人類學、語言學、遺傳學和考古學的綜合證據，傾向支持庫克猜想，而海爾達爾傾盡一生試圖反駁的見解：住在玻里尼西亞的是來自西邊，而非東邊的人。事實上，當前的語言學證據直指台灣島是玻里尼西亞語言的故鄉。遺傳學的證據則說明玻里尼西亞人大約在一萬年前離開東南亞，先前往巴布亞新幾內亞地區，再往東橫渡太平洋。玻里尼西亞的探險家在西元前一〇〇〇年左右先定居於斐濟、東加和薩摩亞（Samoa）等島嶼。其他探險家則約在一千三百年後，即西元三〇〇年抵達三千英里外的夏威夷。玻里尼西亞的航海者最後在西元七〇〇至一二〇〇年間抵達距南美洲兩千五百英里的復活節島。不久，復活節島上便建起巨石像，這其實是遍及密克羅尼西亞、美拉尼西亞和玻里尼西亞部分地區的傳統。

玻里尼西亞的探險家並未在復活節島中止其向東探索。如果考古學和語言學的證據正確，玻里尼西亞的探險家最終將他們揚帆前進的雙體船拖上今天南加州、厄瓜多、秘魯沿海和智利中部等地的海岸。舉例來說，南加州聖塔芭芭拉海峽的島嶼及沿海地區舒馬旭（Chumash）和加布里諾（Gabrielino）文化的溝槽和有刺貝殼魚鉤，就幾乎和玻里尼西亞某些地區及智利沿海發現的魚鉤一模一樣。加州魚鉤的年代約在西元九〇〇至一五〇〇年間，即玻里尼西亞擴張的高峰期。將木板縫合在一起做成的複雜獨木舟不只有玻里尼西亞人使用，南加州的舒馬旭和加布里諾文化，以及智利中部沿海的馬普切（Mapuche）文化亦曾使用。這個技術不大可能是各自發展的。

另外，厄瓜多椰子樹（Cocos nucifera）的DNA研究顯示這個特別的品種一定是由人類從該樹種原生的菲律賓島運送到南美洲來的。換成其他方式（例如洋流載椰子來）這種棕櫚樹似乎極不可能存活。最後，在中南美洲演化的甘藷（Ipomoea batatas），也在最遲於西元七〇〇年抵達玻里尼西亞後，在當地變得普遍。甘藷的玻里尼西亞語kumara和厄瓜多瓜亞基爾（Guayaquil）沿岸卡納里人（Canari）所用的cumar類似。目前的看法是抵達南美洲的玻里尼西亞人帶著這種有價值的根作物，乘坐他們的雙體船回到南太平洋。

由此可見，多種學科的綜合證據強烈支持，是玻里尼西亞人操縱的有帆雙體舟，而非來自新世界的筏，反覆、有系統地橫渡太平洋，特意尋找新的土地來居住和探勘。儘管南美洲人確實有可能乘著蘆葦或巴爾沙木筏駛進太平洋，但似乎沒有任何遺傳學、語言學或考古學的證據支持這樣的事情。

說來諷刺，儘管托爾．海爾達爾常斥責歷史學者和考古學者低估古代人的航海能力，當他開著康提基號撞上一座有人居住的太平洋環礁時，自己卻未能認出顯而易見、泛太平洋遷徙使用的運載工具，就算他的工具其實巧遇過那種工具。他在記錄那段航程的書中敘述道：

> 五點半，我們又觸礁了。我們已經沿著整個南岸航行，正接近島嶼的西端……海灘上，我們看到一團一動不動的黑點。忽然其中一個黑點慢慢朝水面移動，其他數個則匆匆離開，全速衝上樹林邊緣。是人！……現在我們看到一艘獨木舟下水，兩個人跳上船，在暗礁的另

一面划槳出海。再往下，他們把船頭轉出來，然後我們看到獨木舟被高舉在海面上的半空，飛快地穿過暗礁裡的通道，直直向我們而來。所以暗礁的開口在那裡；那是我們唯一的希望……獨木舟裡的兩個男人朝我們揮手。我們急切地揮手回應，他們便加快速度。那是一艘玻里尼西亞的舷外浮桿獨木舟。[27]

「玻里尼西亞人究竟如何來此定居？」這個古老謎題的解答，其實在一九四七年八月三日就來到且停靠在托爾．海爾達爾的巴爾沙木筏旁邊，但這位當時三十三歲、受傳播論訓練且為本身歐洲中心信仰蒙蔽雙眼的探險家，未能認出對南太平洋移民至關重要的船隻。以古挪威掌管航海的雷神托爾為名，海爾達爾一直蒙著頭搜尋白皮膚蓄鬍神明乘筏，而非褐色皮膚無鬍人民駕駛獨木舟的證據。雖然白皮膚神明較可能是人民憑空想像的事物，海爾達爾仍用餘生試圖拼湊證據來支持他的傳播論信念：南美洲曾以某種方式跟埃及有過接觸。他帶著他的理論進墳墓。

托爾．海爾達爾在二〇〇二年四月十八日過世，享壽八十七歲，被授予在奧斯陸天主教堂國葬的榮耀。後來他葬在他長年居住的柯拉米切利（Colla Micheri），一個俯瞰地中海的義大利濱海村落，那是希臘、羅馬和腓尼基水手都曾橫渡的地中海。在此同時，偉大的玻里尼西亞航海筏複製品Hokule'a號，繼續由玻里尼西亞航海家的後裔駕駛，在太平洋漫遊，而這些人現正忙著訓練新一代更年輕的「尋路人」（wayfinder）古老的玻里尼西亞航海技藝。

「托爾人非常好。」鮑林諾在我準備返回拉巴斯、和他握手時告訴我。的確，我個人對海爾達爾的記憶就是他親切友善，絲毫不受其國際聲譽影響。我看著鮑林諾忙著給那艘即將前往挪威的巨大托托拉蘆葦船進行一些最後的修飾。當我握著鮑林諾的模型船，走回往公路的小徑，我毫不懷疑，就是鮑林諾的祖先造了巨型蘆葦筏、載運巨石渡過的的喀喀湖到蒂亞瓦納科的古城，也是同樣一批祖先在這裡創建延續近千年的卓越文明。我也毫不懷疑，鮑林諾的祖先只需運用本身的獨創性，不需仰賴其他幫助就能切割、運送和豎起現今仍四散古城各處的巨石。不需要有鬍子的白皮膚神明或埃及人，就能創造久遠之前在海拔超過兩英里的安地斯山脈崛起的文明奇蹟。事實上，所有證據都指向鮑林諾的祖先是古早以前從亞洲經由陸路到達這裡，最終創建了一連串位於現今墨西哥、中美洲、哥倫比亞、秘魯和玻利維亞的文明。而正是同樣這些祖先的遠親（玻里尼西亞人）偶然從他們的雙體舟踏上海灘。那時他們一定驚訝地凝望有人居住的海岸，凝望遠方壯闊的山脈，最後，在太陽、星辰和浪湧的引領下，回到大海另一端的故鄉。

第七章

切・格瓦拉的終曲（玻利維亞）

我們這次的經驗真的值得挨兩顆子彈。〔如果你真的來，〕別想回去，革命不等人。這個名叫切，歷史會稱之為切的人，要給你強勁的擁抱。[1]

——切・格瓦拉，從古巴寫信給在阿根廷的朋友，一九五九年

我們充分認識到，一個人的生命價值比地球上最大富豪的所有財產高千萬倍……服務同志的驕傲，遠比優渥的收入重要；人的感激之情，遠比你所能累積的黃金來得恆久。[2]

——切・格瓦拉醫生，對古巴醫學院學生演說，一九六〇年

我已經來這裡待下，不會離開，除非我死，或越過邊界射擊。[3]

——切・格瓦拉，玻利維亞發動游擊戰前夕，一九六六年十一月

切和其他十六名游擊隊員（十個古巴人、五個玻利維亞人和一個秘魯人）在銀色月光下，跌跌撞撞地走下峽谷深處的幽暗小徑。小徑沿著一條被矮樹包夾的小溪前進。到處都有小馬鈴薯田，但只有在月光灑在上面時，游擊隊才看得到。其他時候，這群衣衫襤褸的男人只能盡其所能穿過樹影交錯的漆黑峽谷。切，三十九歲的領袖，穿著綠色長褲、迷彩上衣、戴褐色貝雷帽。他腳上捆著粗糙的破布和皮革，那是靴子在幾個月前解體後的殘留物。去年三月，即他們發動游擊戰之初，它們共有五十二人；現在，七個月後，只剩十七人，其他人不是被殺就被囚，或已經逃離。當這些形容枯槁的游擊隊員沿著曲折的小路前進，他們不知道自己已被兩百五十名最近由美國特種部隊訓練的玻利維亞士兵團團包圍。

❖

茱莉亞・寇提茲（Julia Cortez）坐在她的小客廳裡，反覆緊扣雙手，不斷扭轉，難掩焦慮。她覺得自己快瘋了。客廳裡有一張沙發、一張躺椅、一把椅子、花卉圖案的壁紙，和印花風格的陶器。六十三歲的她穿著黑裙子和剛上漿過的白上衣。她的頭髮乾淨俐落地紮成小圓髻，深色的眼睛分得很開。她的舉止開放，有點鬱鬱寡歡；她說話的聲音很輕。四十四年前，茱莉亞・寇提茲是最後幾個和切・格瓦拉說話、見到他活著的人。

「我的短期記憶有嚴重的問題。」她說，一邊拿給我一個盤子，上面擺了一顆新鮮的桃子和一把鋒利的刀。「我要去蘇克雷（Sucre）做核磁共振造影，看是哪裡出了問題。我已經去聖克魯茲看過醫生了。難以置信！難以置信！我會忘記把東西擺在哪裡！一出門就忘記自己要幹什麼！我的神經系統出了問題！」她再次緊扣雙手，說：「而且情況愈來愈糟。家母一個月前過世，而那只讓事情更明顯。因為我一直哭、一直哭。我看著她受苦四年了，現在我不曉得自己發生了什麼事。」

茱莉亞是退休的學校老師。她在巴耶格蘭德（Vallegrande）鎮外有一小塊地，種了幾棵桃樹和玉米。「這是為了維持生計。」她說。教書三十一年後，她支領的退休俸每個月只有一百五十多美元。

「家母既是我的母親也是父親，因為我的父親遺棄了我們。我們很窮，我們家有十一個人，真的一無所有。但母親鼓勵我讀書，她非常支持我，非常勤奮，也非常可靠。」有一陣子，茱莉亞說，其他家人建議她當修女，因為那樣一定能維持生計。但茱莉亞堅持要當老師。「那才是我想做的事。」

茱莉亞的第一份工作是在小村莊拉伊格拉（La Higuera，意為無花果樹）任教，那裡聚集了為數不多的泥磚房屋，人口約八百人，從她自己的普卡拉村（Pucará）走路去要兩小時。那個地區崎嶇不平，遠方一層層樹木叢生的山脈，讓景致看來像日本的木刻畫。茱莉亞在一小間泥磚教室教書，那裡地板骯髒，有木頭長凳、一塊黑板和大約二十名小學生，都是耕田農夫的孩子。這個十九歲的老師在平日教書，週末走泥土路回家。任教幾個月後，村民借給她一匹馬，讓這段路程輕鬆一點。

「那裡沒有人鎖門，村民都很好客。」茱莉亞回憶道：「每一名訪客都會被邀請進家中，分享那家人有的食物。週末如果我在那裡過，我們會在戶外的大〔泥磚〕爐子烤東西。鄰居會過來演奏音樂，大家分享一切，非常愉快。」

但在這樣的同胞愛之下，是赤貧的生活。屬聖克魯茲大區的拉伊格拉從過去到現在都是玻利維亞貧窮的地區之一，而玻利維亞仍是南半球貧窮的國家之一。一九六七年，在茱莉亞於此任教時，玻利維亞的嬰兒死亡率、不識字率和貧窮率都足以和非洲最窮的國家比爛。

阿根廷革命者切．格瓦拉正是基於這樣的原因，在一九六七年，也就是茱莉亞開始工作的那年，選玻利維亞發動游擊戰。曾協助斐代爾．卡斯楚（Fidel Castro）在古巴掌權的切．格瓦拉發展出一套理論：在玻利維亞這樣貧窮的國家，一支小游擊隊，或「核心點」，可做為引燃革命的「火星」。切．格瓦拉的游擊隊最早在拉伊格拉南方約六十英里處與玻利維亞軍隊交火。他們的目標是掀起反抗玻利維亞政府的平民暴動，再於秘魯、巴西，和切．格瓦拉的祖國阿根廷等鄰國，引燃類似的社會主義革命。

不同於茱莉亞，埃內斯托．切．格瓦拉出身自中產階級：一九二八年生於阿根廷羅薩里奧（Rosario），在五個孩子中排行老大。他是天生的運動好手，在校的體育競技表現優異，但慢性氣喘常迫使他待在家裡。他在書本中尋得慰藉，他的爸媽擁有一間藏書三千的圖書館，而終其一生，切．格瓦拉嗜書如命。他最愛讀的是阿根廷敘事詩《馬丁．菲耶羅》（*Martín Fierro*），述說一個阿根廷牛仔被警方追捕的故事；後來一名警察因折服於主角展現的非凡勇氣，決定換邊。兩人並肩同行，和原住民一起生活，希望尋得更美好的人生。

一九五一年，二十三歲、就讀醫學院的切，和一個朋友騎摩托車環遊南美洲，一心想拓展視野。這是切第一次接觸到南美由來已久的貧窮。

「我造訪了……拉丁美洲所有國家。」切後來寫道：

在我先後以學生和醫生身分造訪的旅途中，我開始近距離接觸貧窮、飢餓、疾病，以及因欠缺資源而未能治療孩童的無能為力……我開始認為這件事……對我而言似乎和成為知名研究人員或對醫學有顯著貢獻一樣重要：幫助這些人。[4]

還是醫學院學生時，切・格瓦拉就逐漸明白，把醫學帶到一些與世隔絕的貧窮村落，並無法解決這種已持續數百年的貧困。對切來說，在赤貧社會擔任醫生，就跟在該截肢的腿上貼OK繃一樣枉然。必須連根拔起的是貧窮。二十五歲時，切做出結論：要改善拉丁美洲數以百萬計民眾的生活，唯有一途，那就是改變他們國家的政治結構。他相信，在當前體制下，拉美政府正努力維護一小撮特權菁英的財富，忽視窮人。醫學絲毫改變不了這種情況。唯有由下而上的革命可以。

二十五歲在墨西哥旅遊時，切・格瓦拉遇到一個二十六歲、自我放逐的古巴律師和革命者，名叫斐代爾・卡斯楚。卡斯楚證明是切一直在尋覓的催化劑。兩人第一次見面時，卡斯楚就說他打算率領一小群游擊隊員到古巴上岸，靠他們推翻古巴獨裁者富爾亨西奧・巴蒂斯塔（Fulgencio

Batista）。打量了這位年輕的阿根廷醫生，卡斯楚問切願不願意加入他們，擔任革命軍的醫師。切．格瓦拉立刻答應。他後來寫道：

> 其實，有了漫遊拉丁美洲各地的經驗……不需要多大的誘因就能煽動我加入反暴君的革命，但斐代爾的不凡讓我印象深刻。他面對且要克服的是最不可能的事。他有股異常的信念：他對此堅信不疑：他一動身前往古巴，就會抵達；一抵達，就會戰鬥；一戰鬥，就會獲勝。我欣賞他的樂觀……是該停止〔為社會不公不義〕哭泣，挺身戰鬥〔的時候了〕。5

三年後，一九五九年，切．格瓦拉和大獲全勝的卡斯楚一同進入解放的哈瓦那：他們長期游擊戰的最終目標。實戰證明，切．格瓦拉是出色的游擊隊指揮官，即便面臨槍林彈雨也大膽無畏，因此已升任革命軍司令，後來更當上工業部長及國家銀行總裁。埃內斯托．格瓦拉也是在戰爭期間得到「切」的暱稱，這是一個阿根廷獨有的慣用語，基本上指的是「嘿，哥兒們」或「朋友」。切在對古巴同志演說時非常頻繁地使用這個詞，他們乾脆反過來這樣稱呼他。

六年後，古巴革命安穩無憂，但島卻遭到美國經濟封鎖，卡斯楚建議切．格瓦拉點燃全美洲革命的火星。他建議在玻利維亞發動戰爭，切可協助推翻最早由美國中情局扶植、且已贏得選舉的總統。卡斯楚說，一旦戰爭在玻利維亞暴發，鄰國將很快起而效尤。屆時古巴就可突破美國的封鎖。現年三十七歲的格瓦拉旋即答應，隨後便著手準備「解放」全南美洲的艱巨任務。

切・格瓦拉的母親堅定支持她已成為知名革命家的兒子，在寫給她的一封信中，切・格瓦拉坦承，他就像虛構的唐吉軻德，也是愛做夢的人：「我的腳跟又感覺到羅辛納德（Rocinante）的肋骨了。」他說，指的是唐吉軻德那匹忠實的馬。「我又舉起我的盾牌回到路上……我相信對於那些為自由奮戰不懈的人民來說，武裝鬥爭是唯一的解方……很多人將稱呼我冒險家，沒錯，我就是。只是類型不同，我是冒著生命危險證實自身信念的冒險家。」[6]

切或許自視為理想主義者，但古巴革命已揭露他堅不妥協的一面。一九五九年時，在這個明顯被資本主義和共產主義瓜分的世界，切是虔誠的馬列主義信徒，相信資本主義氣數已盡，社會主義，即當時的共產主義，勢必取而代之。他也擁有這個不可搖撼的信念：透過槍桿子，可加快整個過程。根據念醫學院時曾陪同切・格瓦拉騎摩托車遊歷南美的阿爾貝托・格拉納多（Alberto Granado）表示，當切透過紅外線瞄準器看著一名士兵，然後扣下扳機時，他是真的相信自己正藉由「將未來三萬名孩童救出飢餓的生活」來協助減輕壓迫。[7]「反觀當格拉納多透過瞄準器觀看時，他只看到一個有家室的男人。」格拉納多說，他們之間的差別是，切確信自己正在為世界引進新的秩序。

切在著作《切・格瓦拉論游擊戰》（*Guerrilla Warfare*）中總結了他的新計畫：「安地斯山脈將是拉丁美洲的〔古巴〕馬埃斯特拉山；而這塊大陸涵蓋的廣闊土地將成為對抗帝國主義的生死戰場……這表示將有一場長期抗戰；將有許多陣線；將有很長的一段時間，會付出大量鮮血和無數生命……這是預言。我們深信歷史會證明我們是對的。」[8]

格瓦拉從小是天主教徒，後為無神論者，最終卻成為真正的信徒：他現在徹徹底底相信，馬克思對於如何臻至社會烏托邦的處方不只是理論，而是事實。「我沒辦法告訴你們我是在什麼時候離開理性的道路，接受類似信仰〔共產主義〕的東西。」[9]切．格瓦拉這麼寫給他的爸媽：「……〔然而〕我不僅感覺到一股強大的內在力量，我向來能感受的力量，也感覺到……我的使命有種絕對的宿命感，而這為我剝去一切恐懼。」[10]

他警告他們：「這可能將是決定性的使命，我不會尋〔死〕，但死在合理的推測範圍內。如果會死，那麼這將是我最後的擁抱。」[11]

切也留下一封給妻子和五個孩子的信，萬一他沒有回來再讀：

如果有一天，你們必須讀這封信，那是因為我已不在你們身邊。以後你們可能幾乎不記得我，最小的幾個將什麼也不記得。你們的父親向來是個依照信仰行動的人，當然一直忠於他的信念。你們長大後，要成為優秀的革命家……最重要的是，世界任何角落任何人蒙受的任何不公不義，一定要試著感同身受。小朋友，我仍希望能再見到你們，永遠，永遠。爸爸要給你們大大的吻，大大的擁抱。[12]

✣

凌晨兩點，游擊隊停下腳步，開始在溪畔的一塊大圓石旁邊紮營。秘魯游擊隊員「中國張」（Chino Chang）晚上戴眼鏡看不清楚，所以難以再行進。切・格瓦拉的氣喘藥幾個月前就吃完了，所以他喘得厲害，肺彷彿被老虎鉗夾著一般壓縮。游擊隊員隨身帶著一部破爛的兩用無線電，可以收聽，但不能發報了。那一夜，他人生的最後幾夜，切在溪畔於靜電干擾中收聽玻利維亞新聞台發送的軍隊公報。然後，拿出他在從游擊戰暴發就在上頭寫日記的小筆記本，他寫下最後一則：

「〔一九六七年〕十月七日。我們度過游擊戰的第十一個月……毫無阻礙，直到中午十二點半，一位放羊的老婦人來到我們紮營的峽谷，我們必須捉住她。婦人沒有給我們任何關於軍隊的可信情報，說她什麼都不知道……據婦人所說，我們猜想我們距離〔拉〕伊格拉一里格（相當於三英里）、距大哈圭（Jagüey）一里格、距普卡拉兩里格。五點三十分，〔游擊隊員〕因第、安尼塞托和巴布里托前往老婦人的住處，見到她有兩個女兒，一個是侏儒，另一個是跛子。他們給她五十披索要她別向任何人透露，但對她能否守口如瓶，完全不抱希望……軍方〔那晚透過收音機〕發布一份不尋常的報告，說在塞拉諾（Serrano）已出動兩百五十個〔軍〕人阻止被包圍的〔游擊隊〕團體……逃離。他們說我們正藏身阿克羅河（Acero）和歐羅河（Oro）之間。這個消息似乎是欺敵戰略。」[13]

將筆記本放回隨身攜帶的小皮套，切躺在他的同志身邊睡著了，不知道那份公報並非欺敵戰略，而是直截了當地陳述事實。現在，不論游擊隊選擇往哪個方向前進，都一定會遭遇軍隊，他們已不知不覺成了甕中之鱉。切也渾然不知一個在地的農夫，在他們棲身的田地種馬鈴薯的農夫，已發現他們的蹤跡而向陸軍巡邏連舉報。不久後，當游擊隊員仍在熟睡中，數百名玻利維亞士兵開始步步進逼。

✣

薩邁帕塔（Samaipata）是個多采多姿的小鎮，有刷白的泥磚建築、鋪瓦的屋頂，為叢林茂密的山丘環繞。印加和瓜拉尼（Guarani）遺址散布這個地區，印加人是在十五世紀，企求征服更多領土時來到這裡。一九六七年七月六日，即最終駁火三個月前，切．格瓦拉游擊隊的六名隊員霸占一部貨車、大膽開進鎮上，亟欲覓得糧食和補給品，以及切的氣喘藥。游擊隊開槍殺了一名士兵，並短暫俘虜十人。然後他們逃之夭夭，未能找到領袖迫切需要的藥品。這段期間，切在後面等。他已不良於行，最近都騎騾子代步了。

「現在我注定要承受無盡期的氣喘之苦了。」[14]那晚切在他的筆記本裡憂鬱地寫道。現在游擊隊已吃掉他們大部分的馬，最近一直覬覦切的騾子，但他不同意。他在八月二十四日寫道：「我們仍腹背受敵。黃昏時，開路者帶著〔動物〕陷阱回來，他們抓到一隻兀鷹和一隻腐爛的貓。那些連同最後一塊食蟻獸的肉，被大夥兒吃得一乾二淨。我們只剩下豆子，未來要抓什麼吃什麼了。」[15]

如果游擊暴動的目標是持續不斷攻擊敵人，在敵人意想不到時製造傷害，那切．格瓦拉疲倦的隊員早就放棄那個策略了。多數時候，面臨愈來愈多巡邏部隊追捕，也未能贏得當地居民的支持，切的游擊隊現今一直在逃竄。當他們往北逃時，他們通常夜間移動，白天躲在林地的掩蔽處。

游擊隊很髒，一名切的手下曾短暫俘虜而後釋放的玻利維亞士兵這麼回報。他們行動緩慢，用開山刀披荊斬棘，慢慢推進。那名士兵報告，切「騎馬行進……其他人把他當神一樣服侍，幫他鋪床，奉〔茶〕給他。他抽銀色的菸斗……騎在〔隊伍〕中間」。另一名俘虜指出，切雖然因氣喘未獲治療，身體顯然孱弱不堪，但「從來沒有抱怨過」。16

在薩邁帕塔，我走下一條通往鎮外公路的泥土街道，希望找到南下往拉伊格拉的巴士，切・格瓦拉就是在那附近被捕的。一部軍用吉普車經過，然後停下。駕駛是名中士，示意要我上車。他個子矮胖、褐皮膚，穿著橄欖綠制服和擦得非常亮的黑色叢林戰鬥靴。中士人很和善但嚴肅，聖克魯茲出身，已派駐薩邁帕塔地區三年。他說他喜歡這一帶，比了比山丘。一會兒後，當他把我放在泥土公路上一座孤伶伶的收費亭。我告訴他我要追溯游擊戰革命者切・格瓦拉的最後腳步。中士揚起一邊眉毛，轉頭看我。「我們都處理妥當了，不是嗎？」說完便開走了。

收費亭裡，一個穿長裙、戴草帽的女人蹲在路邊，揮手趕走在一只籃子上頭飛舞的蒼蠅，籃裡用一塊布蓋住的是自家做的乳酪油酥糕點。叢林的葉子布滿周圍的山丘，蟬聲響亮，偶有鳥叫混雜。收費員看了看我，步出他的亭子開啟對話。他年約六十歲，來自聖克魯茲。他說，他在收費亭工作二十天，然後回聖克魯茲十天。然後他會輪調到其他窮鄉僻壤。男人指了指對街的一棟小建物。我從敞開的門看到上下鋪。「那是我家。」他說。

「我在石油公司的震測線幹過七年。」他說：「在叢林裡。我看過眼鏡熊、吃過鱷魚，還差點在馬迪迪河（Madidi River）溺死。」他用一玻利維亞諾（boliviano，玻利維亞的貨幣）跟婦人買了塊乳酪點心，一邊咯吱咯吱地嚼，一邊繼續說話，婦人則把布塞回去把她的賣品包好。「我也在查科（Chaco）跟一群瓜拉尼人共事過。他們仍講他們自己的語言，長髮及腰。」他一邊說一邊比。「他們還在用弓箭。那裡都是平地，跟這裡完全不一樣。」他說，指著我們周圍的山做對比。他吞了剩下的糕點，拍掉襯衫上的碎屑，然後熱切地望著我。我聽到遠方傳來巴士的聲音。聲音愈來愈大，我倆都轉頭往馬路看去。

「你在秘魯見過納斯卡線嗎？」

我說見過。

「外星生物在那裡登陸。」他強調：「那裡就是個大太空港。」

巴士進入視線，在塵土飛揚、好一陣嘎吱摩擦聲中停下。胳臂從打開的車窗裡彎著伸出，婦人便提起籃子，開始匆忙販售點心，髒汙的玻利維亞鈔票和油酥糕點迅速易手。我上車時，收費員跟司機說話，嗖的一聲，晃了一下，我們就上路了。我搖搖擺擺沿走道走到後座，凝視後車窗外。收費員又站回他的亭子裡，看著無人的公路，賣糕點的老婦又坐回路邊，刷著她的裙子，這時，長管一般的塵土在我們後面散開，像一條慢慢展開身體的蛇。

❖

一九六七年十月八日的破曉時分，切．格瓦拉和他的游擊隊員在朱羅峽谷（Quebrada

del Churo）底部的溪畔醒來。抬頭，一名游擊隊員發現環繞他們的其中一條山脊上，有東西在動。切馬上明白，玻利維亞軍隊已在夜裡就戰鬥位置。被困在一個長約九百英尺、寬約一百五十英尺的深谷底部，游擊隊發現他們被團團包圍。這是完美的伏擊。

下午一點十分，轟炸開始。數百名玻利維亞軍以自動武器和迫擊砲開場。不一會兒就有兩名游擊隊員陣亡，全隊四分五裂。以溪畔一塊巨礫做掩護，切·格瓦拉不斷拿步槍射擊，直到一顆子彈擊中步槍，讓它失去效用。不久，另一顆子彈將切的貝雷帽射穿一個洞，第三顆則貫穿他的左小腿。一個綽號威力（Willy）的玻利維亞游擊隊員跑過來協助，拉著切穿過緊挨著陡峭山坡的濃密矮樹叢，尋找出路。當這兩名游擊隊員蹣跚前行，一名玻利維亞巡警突然踏出掩蔽處，把槍口對準這兩個手無寸鐵的男人，叫他們別動。於是，切·格瓦拉這位古巴革命的沙場老將、前工業部長、醫師、游擊戰理論家及準全南美解放者，慢慢舉起手。

「別開槍！」擄獲他的人後來聲稱他這麼說。「我是切·格瓦拉，對你來說我活著比死更有價值！」[17]

❖

「你要去拉伊格拉嗎？」一個年輕女性問我，等候已經延誤一小時的車。

「是的，妳呢？」

「我會比較早下車。」

「哪裡下呢？」

「朱羅峽谷。」

「那次伏擊的地點？」

「沒錯！你也要去那裡嗎？」她問。

我告訴她我也要去那裡。十分鐘後，一部車來了，我們上車。她名叫露西亞，二十三歲，阿根廷人，來自布宜諾斯艾利斯。她很漂亮，有一頭烏黑長髮，穿藍色牛仔短褲、球鞋、白T恤，背著一個小背包。造訪切．格瓦拉奮戰的地區，是她多年來的夢想。職業是產品設計師的露西亞請了兩星期的假，決定過來。為什麼不呢？一如許多阿根廷人，她擁有西班牙和義大利血統。她說她的爸媽都是左翼人士，而她小時候就曾多次赴古巴旅遊。她也跟切一樣，是白人中產階級。

「阿根廷的年輕人視切為英雄。」她就事論事地說。「我們崇拜他及他信仰的理想，幫助窮人。」

她想了一會兒，接著補充：「切散發了某種東西，某種力量。」她看著我，吸了一大口菸。「**他還很帥**。」

不只露西亞一個人這麼想。切有一張一九六〇年的照片堪稱經典：他穿著時髦短上衣、留了流行的長髮和雜亂的（游擊隊）落腮鬍、八字鬍，戴著上頭有一顆星星的黑色貝雷帽，象徵他身為游擊隊司令的軍階。那時切正在哈瓦那參加一場葬禮，弔唁據說死於外國攻擊的古巴人民。一名古巴攝影師拍了那張照片，而最終在世界廣為流傳的，就是這個形象：神情堅毅、英勇、幾乎超脫塵俗的切。

「革命的概念，不僅是古巴革命的概念，現在有它的象徵了。」一名記者在西班牙的《洲日報》（*El Dominical*）裡寫道：「而且不是隨便的象徵，是**性感**、陽剛、冒險、高貴，以及符合時代精神的象徵，這非常重要。」[18]

「假如切沒有那麼上相的臉，而比較像勞爾・卡斯楚（Raúl Castro，斐代爾那位革命手段激烈，但較缺乏魅力的弟弟）。」另一個西班牙記者問：「他的影響力還會那麼大嗎？」[19]

這論點站得住腳。切不僅生對時間、生對地點、擁有一套對的技能，也碰巧生來有張電影明星的臉蛋。

「他是我見過第一個讓我覺得既俊又美的男人。」美國記者史東（J. F. Stone）寫道：「他看來像農牧之神（faun，半羊半人的羅馬神）和主日學校耶穌像的綜合體……說話卻極其冷靜，有時掩飾了他毀天滅地的憧憬。」[20]

除了長相，切還擁有某種難以言喻的特質，那是所有具群眾魅力的領袖都有的那種能激發追隨者狂熱忠誠的特質。烏拉圭記者茱莉亞・康絲坦拉・吉烏薩尼（Julia Constenla de Giussani）寫道，切・格瓦拉露面時，「會散發一股渾然天成的無垠魅力。如果他走進一個房間，房裡的一切會開始繞著他轉……他天生具有獨一無二的吸引力」。[21]

在露西亞跟我聊切在玻利維亞的策略時，車子正穿過亞熱帶的林地，偶爾經過單獨騎馬、戴黑色平沿帽的男人。有些騎士斜背著一支步槍，鞍上纏著套馬索。我們坐的這部黑色的豐田卡羅拉（Toyota Corolla）已過了風光歲月。不知為何，方向盤原本是在右側，但已被拆掉重新安裝在左邊。各種已無作用的儀表仍在右邊，悲傷地守著方向盤已不復存在的那個洞，鬆脫的線路從裡面垂懸出來。但這是那個司機的車，他呵護備至，小心行駛在深刻的車轍、穿過沿路的水坑。我們走的這條路常繞經陡峭的山稜和懸崖。

稍後，當我們穿過薄霧，經過多棵樹幹長滿毛茸茸黃綠色的地衣、像披著毛毯的樹，我們來到普卡拉村，一個沿著山坡向下拓展、像中世紀義大利村子的村落。石頭屋和泥磚屋，佇立在三三兩兩聚於街角、戴黑帽子的男人旁。他們停下來，看著我們的車子掠過身邊。

在切於玻利維亞遭遇的諸多挫敗中，最嚴重的或許是他未能將像這樣的在地玻利維亞民眾納入游擊隊的戰力。切很快發現，這個地區的農人並未將大多淺色皮膚、留鬍子的古巴人視為解放者，只把他們當外國人看：基於某種難懂的理由，已開始埋伏並殺害玻利維亞士兵和警察的外國人。

在他於古巴革命後不久完稿、一九六〇年出版的《論游擊戰》手冊中，切．格瓦拉寫到：「我們必須強調，游擊戰是民眾的戰爭、人民的戰爭。游擊隊是武裝的細胞核，人民的戰鬥先鋒。它從民眾當中汲取強大的力量。」[22]三年後，他用一句赤裸裸的警告總結他的想法：「若缺乏民眾支持而試圖發動這一類的戰爭，就是揭開無可避免潰敗的序幕。」[23]然而，切．格瓦拉面對的玻利維亞軍，那群人有些剛受過美國陸軍特種部隊的反暴動戰爭訓練，他們非常清楚當地居民有多重要。他們無疑研究過切親筆撰寫的手冊。軍方知道，得不到民眾支持，切的游擊隊就會像沒有水的植物一樣枯死。因此最重要的是，不能放任切的游擊隊如毛澤東建議的那般「在民眾之間穿梭，像魚在海裡游」。軍方的當務之急是擄獲玻利維亞農民的心，防止游擊隊贏得在地的支持。

「大多是外國人的卡斯楚共產主義團體，已經滲透我們的國家。」軍方在一九六七年四月，即戰鬥開始的一個月後，這麼警告玻利維亞民眾：「他們只有一個目標：散播混亂、阻礙國家進步、打家劫舍、攻擊私有財產……國軍深知自己確切的責任，已動員阻止並摧毀這波滿懷惡意、大肆破壞的外國侵略。」[24]此外，在這個平均年所得不到一千美元的國家，玻利維亞總統雷內・巴里恩托斯（René Barrientos）懸賞四千兩百美元買切・格瓦拉的項上人頭。

幾個月後，一九六七年六月，切在日記裡坦承他對於游擊隊和當地居民間的衝突，挫折感愈來愈深。他寫道：「欠缺農民的新血，……是個惡性循環：要徵募〔志願者〕，我們必須落腳於人口多的地區，而要落腳於人口多的地區，我們需要〔更多〕人手……軍方在軍事方面不值一哂，但他們對農人下的功夫，我們必須非常小心，因為他們可以藉由讓農民畏懼我們的目標，或用拐騙的手段，把整個社區變成線民。」[25]

但切把當地務農人口一律當成「農民」這點，卻犯了判斷錯誤，而他對風土人情的誤判，最終招致毀滅性的後果。當切和斐代爾・卡斯楚進犯古巴、躲在馬埃斯特拉山脈時，他們遇到的當地人確實是農民；也就是幫大地主工作，本身沒有土地所有權的男男女女。卡斯楚馬上答應要給農民土地，這個承諾吸引許多農民人加入革命運動。反觀一九五二年的玻利維亞，在切開戰的十五年前，改革派的政府已經上台，且迅速立法推行廣泛的土地改革。忽然之間，一大部分的玻利維亞農民搖身變成地主。這麼一來，跟古巴情況不同，切無法提出要給玻利維亞當地農人土地的承諾，因為他們已經有了。雖然農人對游擊隊的負面反應讓切倍感挫折，但其實他們既精明又務實，他們純粹是怕最近才到手的土地所有權又飛了。

漸漸地，當切和他的游擊隊員穿過偏遠的玻利維亞鄉間，軍方持續收買農人的「心」，讓游擊隊更加孤立無援，愈來愈沒有地方藏身。只有在上塞科村（Alto Seco），在切和他的游擊隊員集合困惑的村民發表政治演說後，終於有個年輕人舉手表示願意加入游擊隊。在他收拾行囊時，切的一個手下把他拉到一旁。游擊隊員提醒他：「別那麼傻，我們已經完了。」[26]這句話很可能救了那人一命。

八月，切的隊員意外分成兩路。第一路被一個在地農人出賣，軍方迅速殲滅。現在只剩十七個游擊隊員，而每再對戰一次，便再耗損幾分。「游擊戰士的基本要務是避免自己被消滅。」[27]切在一九六〇年這麼寫。但到了一九六七年底，切似乎未能避免他的團隊被消滅。

切的傳記作者強．李（Jon Lee）寫道：「你會不由得斷定，〔到這個時候〕切已奇妙地從他自己的困境抽離，成為本身無可扭轉的死亡之路的見證人，因為他〔現在〕違背了每一條神聖不可侵犯的游擊戰法則：在欠缺關於前方的精確情報、未得到農民支持，也知道軍方明白他的策略之下，於開闊地行動。」[28]

不過，若說切的個性有哪一點仍不可動搖，那就是他堅定又頑強。切來這裡是為了證明只要少數訓練有素的游擊隊員就可以釋放強而有力的社會革命。證明就算改造不了全世界，他們也可以重塑一整個國家的政治結構。因此，**失敗不是選項**。切・格瓦拉要在玻利維亞引燃成功的革命，或者，如他自己所說：「我已經來這裡待下，不會離開，除非我死。」

✣

從普卡拉開了大約二十分鐘，我們到了一條小徑的起點，從那裡往下走就是朱羅峽谷，切最後駁火的場景。我、露西亞和我們的司機開始走這段半小時的下坡，穿過如果沒路就要用開山刀砍掉的草木。天氣晴朗，陽光燦爛，這條海拔約六千英尺的小徑，偶爾穿插玉米田。一條又一條的山脊往地平線延伸，直到視線盡處。一九六〇年代，一位來訪的記者描述這一帶是「高峰環伺、深谷遍布，地獄般淒清孤寂的鄉間」，[29]只點綴著零星的村落。這裡看似是游擊隊絕佳的棲息地。我們的司機說森林裡有美洲獅，有時會出來吃野生的山羊。

在小徑兩側，橘色的槲寄生包覆著運氣不好的植物，以該植物的汁液為食，我們腳下的路則爬滿螞蟻。我們看著一列切葉蟻（leafcutter ant）在一個地洞旁邊把葉脈細緻的葉片疊成堆。接著，一隻長戟大兜蟲橫越我們的路徑，又黑又亮，宛如玻利維亞士兵的戰鬥靴。再往前，一隻小一點的黑色甲蟲停在路中央，頭朝下，腹部翹起，像是警告我們，如果受到打擾，牠可能會直接發動化學攻擊。看起來，我們正穿越的這整個地區，正如火如荼地進行本身微型版的叢林戰。

「是一個農夫出賣了游擊隊員。」我們的司機說，這時我們已抵達峽谷的底部，開始沿著溪邊的步徑穿越濃密的植物。那條溪就叫朱羅（Churo）。

「他去跟軍隊告密，軍隊才知道游擊隊員在哪裡。」

「村民不該**鄙斥**那個人嗎？」露西亞懷疑地問，沿路撿選石頭。她停下來，抽了根菸，忿忿不平。

司機聳聳肩。

「他們是**游擊隊**啊！」他說。

我們穿過一條溪畔的林中隧道。暗處不時浮現拳頭大小的切．格瓦拉的臉，像鬼一樣蒼白，彷彿死而復生似的。有人刻意把他那張代表性的頭像用噴漆轉印在隨機選的樹幹或突出石頭上。我們繼續前進，切的臉嚴厲地看著我們經過。

再走沒多遠，我們到達一處空地，空地上有塊巨石、旁邊則有一棵多節瘤的無花果樹。巨石上，有觀光客用斗大的字潦草寫著「祖國或死亡」，旁邊還畫了顆白色星星。如今這塊空地靜謐而平和。流水，和一隻鴿子呼叫的聲音迴盪在峽谷。你可以清楚見到士兵可能怎麼從上方森林濃密的山丘向下朝游擊隊射擊，士兵如何擁有制高的優勢。在激烈交火中，兩名游擊隊員和五名士兵當場斃命，然後切被逮捕。之後幾天，又有六名游擊隊員中彈身亡。在十七名那晚於這地區過夜的游擊隊員中，最後只有五名逃出生天，其中三人在黑暗的掩護下連夜奔出玻利維亞，進入智利。

爬出峽谷的那段路很熱，費時一小時。我們汗如雨下，陡峭的上坡讓我呼吸困難。切，雖蒙受氣喘之害、也無法施壓於受傷的腿，仍在兩名士兵攙扶下一拐一拐地爬完同一條坡道。底下，更多士兵跟在後面，扛著兩具古巴游擊隊員的屍體。他們一回到馬路，士兵便將切載到拉伊格拉，從這兒再往前三英里的小村落。到了那裡，在手被捆綁、腳傷未獲照顧的情況下，切被扔到一間教室的地板上，他死去同志的屍體旁。這所小學校，就是十九歲的茱莉亞・寇提茲任教之處。那天是星期天。茱莉亞人在村裡，預定隔天要教課。

「那天晚上，軍隊在慶祝切束手就擒。」現年六十三歲的茱莉亞回憶道：「軍隊警告我們，切是非常殘忍的人，殘忍、醜惡。但鄉下謠傳切被施過魔法，刀槍不入。說他是巫師。所以我很好奇，隔天天一亮我就去看他。」

門口的士兵讓年輕的老師進入。教室裡，茱莉亞看到切坐在平常她學生用的木長凳上，室內用燭光照明。他的雙手用繩索綁在前面，背靠著牆。他汙穢不堪，已經好幾個月沒洗澡了。那天稍後來探視他的一名美國中情局官員用這句話總結這位游擊隊首領的外表：「像一坨垃圾。」[30]但對這位年輕教師而言，切仍保有他的群眾魅力。

「我去看他的時候，立刻發覺他不像他們說的那個樣子，我很驚訝。」她說。切問茱莉亞她是誰。她說她是學校教師。從那一刻起，切就稱呼她「老師」。

「他很親切、世故、聰明，而且英俊瀟灑。他說我的眼睛和腿很美。我問他，他那麼英俊，那麼聰明，為什麼會淪落到如此不堪，看起來跟乞丐一樣。他說，一切都是為了理想。」

聊了一會兒，茱莉亞便離開教室。片刻後，其他軍官進來。

他的態度怎麼樣？我問。

「別人怎麼對他，他就怎麼對人。」茱莉亞說：「如果對方挑釁，他就很難搞。如果他們待他客氣，他也會**待他們客氣**。」

據茱莉亞表示，同一天上午，切又要求見她。有人跟她說他要求見「老師」。

「我十點左右回去。」茱莉亞說：「他們已經把他帶到〔教室〕門口拍了那張眾所皆知的相片、他跟那名中情局探員的合照。切希望我一起拍，但他們不允許。那是他有生之年的最後一張照片。」

「我進教室，我們又聊了一會兒。我問他有沒有妻子，他說有。他說他有孩子在古巴。」切說他不大可能再見到他們了。茱莉亞問為什麼，他告訴她，剛才有三個士兵進教室，問他最後有什麼心願。據茱莉亞的說法，切開了條件。

「他們要槍斃他。」她說：「所以他告訴他們，如果他們不殺他，古巴會保證改善這整個地區的道路、醫療和教育。他承諾給他們牽引機、車道、設備完善的學校。所有人民需要的基本公共設施。」

「他們怎麼說？」

她看著我，悲傷地連連搖頭。

「拒絕。」她說。

「切問我能否帶點吃的給他。他想吃點東西，他想要我知道他提出的條件。這樣人們才會知道。因為他說他在這地區見過太多貧窮。太多營養不良。太多人牙齒不好、有甲狀腺毛病。他說他為這些被遺忘的人感到悲哀。」

茱莉亞前往她的住處，盛了滿滿一碗花生湯就回返。切用他被縛的雙手抓著碗，把湯喝了。「他謝謝我，還說如果他真能離開這裡，會記得我的恩情。接著他問我能否幫他了解外面的情況，他們打算拿他怎麼辦。」

茱莉亞說她會去了解，然後回到住處，她的母親已經做好午餐。「當我告訴她切不像他們形容的那樣，她叫我坐下來，說我不該跟他有任何牽扯，說那很危險，隨時可能暴發另一場槍戰。然後，在我們用餐的時候，乍然聽到槍響。我們以為游擊隊發動攻擊了。」

❖

二十六歲的古巴流亡者，也是中情局探員的菲力・羅德里格茲（Felix Rodriguez）走進教室時，切・格瓦拉正站在那兒。過去四個月都跟玻利維亞軍隊共事、身穿玻軍制服的羅德里格茲剛用一部特殊的相機拍完切的兩本日記。稍早，他在跟切談話時，隔壁的第二教室傳來一聲槍響。士兵剛處決了曾於朱羅峽谷幫助切的玻利維亞游擊隊員，綽號「威利」的男人。「切不講話了。」羅德里格茲回憶道：「他沒有對槍聲發表任何意見，但他一臉悲傷，然後慢慢搖頭，從左到右，連搖好幾次。也許就在那一刻，他明白自己也在劫難逃。」[31]

羅德里格茲告訴切，玻利維亞高級指揮部已下令將他處死。切頓時臉色慘白，羅德里格茲說；然後切平靜地說：「這樣也好……我本來就不該被生擒的。」[32]羅德里格茲問切他有沒有什麼遺言交代。

「告訴斐代爾他很快會看到美洲出現勝利的革命。」切說：「也叫內人再婚，試著快樂過日子。」[33]

切面對死亡時所展現的勇氣，令這位已為反轉古巴革命奮鬥多年的中情局探員動容。他走上前，擁抱囚犯。

「那對我來說是個情感澎湃的時刻。」羅德里格茲寫道：「我不再恨他了，他的決定性時刻已至，而他表現得像個男人。他勇敢、優雅地面對死亡。」[34]

羅德里格茲離開房間。不一會兒，個子矮小的中士馬力歐・泰朗（Mario Terán）進來。他在最近的駁火中失去三名同伴，自願執行切的槍決。中士要切坐下，切拒絕。「不，我要站著。」[35]他說，瞪著中士看。喝了酒的中士猶豫了。據說，本身曾於哈瓦那多次簽署死刑令、也親自處決過一人的切，這麼告訴泰朗：「冷靜下來，開槍就是了，你只是要殺一個人罷了。」[36]

中士扣下自動武器的扳機，但他瞄準得很差。連發的子彈擊中切的兩腿和一臂。切摔倒，在地上蠕動，然後咬著手臂不讓自己叫出聲。中士又扣了扳機。這一次，一顆子彈進了切的胸腔，爆了他的心臟。

茱莉亞聽到槍響後等了一會兒，不知是不是游擊隊攻擊。但再也沒有聲音傳出。她說：「我等到我忍不住，我既緊張，又害怕。最後我決定去看看。」茱莉亞跑過泥土路到校舍。視線裡沒有士兵，行刑者已經離開。教室裡，她看到切已不在她離開時還坐著的長凳上；現在他攤開四肢躺在地上，兩臂外伸、已鬆綁，兩眼直視天花板。

「他看起來不像已經死了。」她說：「他睜著眼，凝視著。我走向他，仔細觀察他的眼睛有沒有在動。但沒有，他一動不動。」

「我不知道該做什麼。我不敢離開也不敢留下來。我兩條腿感覺好像各綁著一袋玉米。我沒辦法走路。我的腳不聽使喚。」

一會兒後，一部直升機出現，預定送切的屍體到玻軍發起行動的巴耶格蘭德。士兵將他的屍體放上擔架，用繩捆在直升機的起落架。一個神父來了。當直升機升起、載走游擊隊領袖時，他和茱莉亞一起為他的靈魂禱告。

✣

在巴耶格蘭德的馬爾他街（Malta Street），有一間小禮拜堂叫馬爾他主的禮拜堂（Capilla del Señor de Malta），正面為白色，樓塔則是焦茶色。禮拜堂的旁邊緊鄰一家醫院，再旁邊有兩間殯儀館，顯然是以防事情在教堂或醫院裡未獲解決而設立的。時近黃昏，太陽像顆柳橙掛在天際，而我正在尋找在切槍決幾天後收容和展示他的遺體的那間洗衣房。我看著一個男人攙扶一個老婆婆上樓梯到禮拜堂。堂裡，一個女人正在唱鋼琴伴奏的〈聖母頌〉（Ave Maria），甜美的歌聲飄送到街上。再往前走，有個老婦人站在一處門口。我停下來問路，然後我冷不防地問她，多年前游擊隊員切．格瓦拉到來時，她是否碰巧在這裡。她說是，打手勢要我進去，左右張望，彷彿怕被人看到似的。

老婦人名叫伊娃．巴爾加斯．尤薩．德蒙提（Eva Vargas Llosa del Monte）。她八十五歲，身材高瘦。她說她的丈夫在七年前過世。切被擺在擔架，置於水泥洗衣槽上，她說。就在醫院後面。全鎮都出來排成縱隊看他的遺體，士兵守在旁邊。

「他們把他當成石頭一樣移動。」她說：「他沒穿鞋，兩眼睜開，頭髮長到這裡。」她邊說邊比了比她的肩膀。「他的臉看起來很哀傷。可憐的傢伙，蒙受如此殘忍的死法。我哭了，因為我多愁善感。」她告訴我：「那晚我睡不著，所以我為他禱告。」

在醫院後方、俯瞰谷地的斜坡上，靠近一小座尤加利和松樹林的地方，我見到那幢曾做為洗衣房使用的刷白泥磚建築。屋子有褪色且長滿灰地衣的紅瓦，入口開在一側。屋裡有兩座高度及腰的水泥洗衣槽，就是當初擱著切的擔架，也是以往婦女一邊洗醫院的亞麻布製品，一邊閒聊的地方。那天拍的照片呈現切精瘦、耶穌般的形象，裸露上身、頭被撐起來、兩眼睜開，茫然凝視。多名士兵和軍官在他們珍貴的獵物後擺姿勢；切雪花石膏色的胸口上，有個醒目的彈孔。

水泥洗衣槽現在摸起來冰冷光滑；槽上，一個觀光客留下一花瓶的黃菊。花已枯萎，有些花瓣了無生氣地落進排水管。刻或寫在牆上的，是數百句全球觀光客的題詞。丹麥、墨西哥、古巴、阿根廷、德國、法國、巴西和波蘭等國家都有代表，寫了諸如「剎那永恆！」「永留人心！」或「你沒白死！」等訊息。

外面，夕陽已西沉，風輕柔拂過樹梢。森林山丘在遠方聳立，教堂鐘聲傳入耳際。至少對於來此的朝聖者而言，切的故事，他的希望、他的奮鬥、他的夢想，依然存活。那間曾平凡無奇的洗衣房已改造成某種聖殿：至少對這些觀光客來說，曾被一位革命英雄或聖徒增添光輝的聖殿。有人告訴我，在這整個地區，現在民眾會向「聖切」（Santo Che）禱告：「以聖父、聖子、聖靈，和切・格瓦拉之名，請在我需要時幫助我。」

那天晚餐後，我經過當地的ＭＡＳ黨部：ＭＡＳ是社會主義運動（Movimiento al Socialismo）的首字母縮寫。玻利維亞現任總統，五十二歲的胡安・埃沃・莫拉萊斯・艾瑪（Juan Evo Morales Ayma），目前在第二任內；若能順利當完，他將是玻利維亞史上第一位完成兩任的總統。莫拉萊斯出生在一個安地斯小村落的泥磚屋裡。他曾是種古柯葉的農夫，後成為自玻國在一八二五年宣布脫離西班牙獨立後，第一位說艾馬拉語的原住民總統。對美國國際政策和拉丁美洲跨國企業影響語多批判的莫拉萊斯，是社會主義者，也是委內瑞拉和古巴社會主義政府的盟友。在他位於拉巴斯的總統辦公室裡，莫拉萊斯擺設了一幅用古柯葉拼成的切・格瓦拉肖像。「切・格瓦拉的理想是無法征服的。」莫拉萊斯說，雖然他領導的這個國家曾追捕這位阿根廷的革命分子，讓他斃命。「在這麼多年後，他仍鼓舞我們繼續奮戰，不僅要改變玻利維亞，也要改變拉丁美洲和全世界。」[37]

在ＭＡＳ黨部辦公室，我挑燈夜戰，拜會三十八歲的瓦貝多・里瓦斯・貝里多（Walberto Rivas Brito），莫拉萊斯的ＭＡＳ黨在巴耶格蘭德區的主委。他個子矮壯，笑容可掬，告訴我一個不尋常的故事。

一九六七年十月，距切・格瓦拉被捕的地方僅數英里之遙，瓦貝多的爸媽住在一間小泥磚屋。他的父親在那裡飼養綿羊、山羊和幾頭乳牛。在那場最後伏擊的幾天前，軍方逮捕了切的一名游擊隊員，綽號「甘巴」的男人，臨時將他帶往瓦貝多爸媽的住處。

「軍隊在我爸媽家裡拍了他的照片。」瓦貝多說：「是黑白的，而你可以看到甘巴被綁起來，旁邊就是後來當上〔玻利維亞〕將軍的蓋瑞・普拉多（Colonel Gary Prado）上校。」

在切死後六年出生的瓦貝多表示，當時他的父母非常保守。他們被告知，游擊隊員「是惡魔」。

「這地區不識字的農人相信這句話。」他說：「所以窮歸窮，他們仍是反動派。」

不過，駐守這個地區的士兵，忽略了能贏取他爸媽芳心的一個關鍵因素。士兵抓了他們的羊，宰來吃卻沒付錢。他們告訴瓦貝多的父親日後會給他們補償，但始終沒有。後來，當他去鎮上領津貼時，他們還取笑、羞辱他。

瓦貝多說：「我父親回來後，發誓他所有孩子都要成為像切・格瓦拉那樣的革命家。我讀的第一本書就是切的《玻利維亞日記》（*Bolivian Diary*）。我父親的。還有其他有關古巴的書。我所有兄弟姐妹都讀過。後來，我們全都加入〔社會主義政黨〕。」

瓦貝多的雙親有十四個孩子，個個上大學。瓦貝多說：「因為我父母親所做的犧牲，我們一個一個成為醫生、律師、商人、會計師。」

當他十八歲時，瓦貝多獲得獎學金到古巴一所大學讀書。他在那個熱帶島嶼一待就是十四年，先後研究獸醫學和電子計算機。

「那給我非常大的鼓舞。」他說到他待在古巴的時光：「真的有團結一致的感覺。古巴的教育制度是第一流的。」

切被處決三天後，瓦貝多告訴我，被數名玻利維亞士兵和中情局官員偷偷趁夜深人靜時掩埋。切的手已經被鋸掉以利識別，隨後他無手的屍體便被扔進巴耶格蘭德機場附近，一片開闊田野中的臨時墓。[38]三十年後，一九九七年，一支古巴鑑識團隊來巴耶格蘭德，找到他的遺體。這位革命英雄的遺體被運回古巴，給予隆重的國葬，遺孀和孩子都出席了。

「我從早上六點開始排隊。」瓦貝多回憶道，他那時還住古巴。「要瞻仰他的棺材得等十個鐘頭。那讓人非常感動。切終於回家了，回到欣賞他的民眾身邊。我認為全島的人都來了。」在古巴，瓦貝多也遇到威利的兒子，威利就是那個曾試著在中伏那日協助維護切的安全、最後在切之前於隔壁教室被槍決的那個玻利維亞游擊隊員。瓦貝多說，威利的兒子也拿到獎學金，在古巴的大學念書，兩人結為莫逆。

二〇〇四年，瓦貝多一得知社會主義者埃沃・莫拉萊斯要競選總統，便返回玻利維亞。一年後，莫拉萊斯勝選，而瓦貝多角逐並獲選為MAS黨在巴耶格蘭德的主任委員。在切過世四十年後，社會主義政府終於降臨玻利維亞，不靠槍桿子，而是透過票箱。

沃貝多說：「對於像我們這樣的革命者，切〔依然〕是值得我們效法的典範。他努力營造新男人的典範，那就是他的夢想，對不對？切並非光說不練，他以身作則。那就是為什麼我們這麼崇拜他。也是為什麼所有支持埃沃・莫拉萊斯的人，都深受切的理想所啟發。他影響了我們每一個人。」

❖

在鎮的另一端，茱莉亞・寇提茲坐在她的客廳裡，雙手緊扣。四十年前切來到她位於拉伊格拉的教室這件事，也深深影響了茱莉亞，只是跟影響沃貝多的方式不一樣。

在切被處決後不久，茱莉亞說，這個地區的民眾開始竊竊私語：

「**拉伊格拉老師很危險。她是共產黨員，不該讓她教我們的孩子！**」

「只因為我給切東西吃。」茱莉亞說：「因為我跟他說話，因為我把他當人而非動物看待，因為我尊重他。」

同一年，巴耶格蘭德一份報紙刊登的報導再次散播謠言，說茱莉亞教拉伊格拉的學生共產主義。這些都不是真的，但謠言有自己的生命。教育當局把茱莉亞調去更偏遠的上塞科村。就是切和他的游擊隊員一年前曾短暫占領，並對民眾高談闊論的那個村落。沒多久，村子的牆上開始出現紅色的標語：這個老師是共產黨員。他們這麼聲稱，茱莉亞又被調職。

「我氣死了！」茱莉亞說：「誰再說那種話，我就要跟他吵架了！在那之前，我很膽小怕事。」

在切過世六年後，茱莉亞終於能見到喬昆・森提諾・安納亞將軍（Joanquín Zenteno Anaya）。他就是當年逮捕格瓦拉的第八師的師長，還曾於格瓦拉臨終那日探視這位名聲響亮的囚犯，但切拒絕跟他講話。聽了茱莉亞的處境後，將軍公開談論那件事。

「他說沒有人會再來煩擾我。說他在切被捕時去過拉伊格拉，知道真相。他跟其他軍人也在我家吃過飯。他站在我身邊，說：『別招惹她。』此後，事情就和緩下來。」

三年後，茱莉亞說，森提諾在巴黎擔任大使時遇刺。「那是切的詛咒。」她說，又握緊雙手。「逮捕切的人，都死得很淒慘。」

例如下令處決切的總統雷內・巴里恩托斯，兩年後死於一場離奇的直升機空難。有一天，茱莉亞說，他的座機就像石頭從空中直直墜下。協助逮捕切、並將切的一隻手錶據為己有的安德列斯・塞里奇（Andrés Selich）中校，死於一九七三年。他是被幫玻利維亞獨裁者雨果・班澤（Hugo Banzer）圍事的惡徒亂棒打死，而班澤還是塞里奇協助掌權的。

一九八一年，蓋瑞・普拉多上校，也就是逮捕切的玻利維亞巡警的主官，在清槍時誤射到自己，從此半身不遂，一輩子坐輪椅。

到目前為止，唯有真正槍殺切的馬力歐．泰朗逃過詛咒，但也是部分而已。他隱姓埋名多年，深怕遭到暗殺。有人說美國中情局協助保護他。後來，二〇〇六年，泰朗在玻利維亞聖克魯茲市的手術奇蹟（Operation Miracle）眼科診所現身，那是委內瑞拉出資、古巴醫師駐診的免費診所。說來諷刺，數十年前殺了切．格瓦拉的那個人，是仰賴切．格瓦拉協助建立的那個社會主義國家的醫生為他去除白內障、恢復了視力。

「在馬力歐．泰朗嘗試摧毀一個夢想、一個理念的四十年後，切回來贏得另一場戰役。」古巴《格瑪拉報》（*Granma*）讚揚道：「現在，已是老頭子的他〔泰朗〕可以再次欣賞天空和森林的顏色，享受孫子的笑靨了。」[39]

茱莉亞告訴我，拉伊格拉現在也開設了一間免費的古巴醫療診所，在這個依然赤貧的地區協助窮人。目前另有三十六名古巴醫生散布這個區域，他們全都是志工。

在切．格瓦拉人生的最後一天，有個俘虜者問他為什麼要來玻利維亞戰鬥，切回答：「你看不到農民過著什麼樣的生活嗎？他們跟野人相去不遠，活在令人心灰意冷的貧窮中，只有一個房間煮飯睡覺、沒衣服穿、像動物一樣被遺棄……玻利維亞的生活沒有希望。出生就是等死，看不到他身為人類的境況有任何改善。」[40]

四十多年後，我不由得想，還有六成的玻利維亞人過著貧窮生活、近四成極度貧窮、八成沒有電、五成沒有汙水處理系統、另有八成六沒有自來水。雖然政府換了又換，無止境地更迭，似乎什麼都沒改變。

在此同時，在他的客廳裡，茱莉亞的雙手握緊再握緊，回想四十年前發生的事，以及那些事對這麼多人造成什麼樣的影響。我離開時留了點錢給她，她說她感激不盡。

「這不是我給妳的。」我告訴她。

她盯著我看，不明白我的意思。

「是切給的。」

第八章
虎豹小霸王的末日（玻利維亞）

有犯罪過往的男人絕不安全，不論他後來變得多正直。這是他得付出的代價。他過往人生的某件事隨時可能偷襲他，奪走他的命。1

——麥特．華納（Matt Warner），與卡西迪同是亡命之徒的故友

我帶著在此安居的想法來到南美……在美國什麼都沒有，只有監獄、圈套、被民團射殺。我以為我可以改變一切，但我想時至今日，一切不可能改變了……我知道事情就要結束……我想結局該是如此。2

——布屈．卡西迪在玻利維亞寫給友人，一九〇七年

布屈，我從沒遇過比你更親切的人，也沒遇過比小子更真摯的人，但你們依然只是微不足道的亡命之徒。都結束了，你明白嗎？你們的時代結束了，你們將血淋淋地死去，而你們只能選擇葬身何處。3

——威廉．戈德曼（William Goldman），《虎豹小霸王》①編劇

星期五下午六點左右，日正西沉，兩個都是逃犯的美國佬，騎騾子翻過河谷邊緣，沿著小路往鎮上前進。玻利維亞的聖維森特是個老舊的採礦小鎮，聚集了幾棟有茅草屋頂、傾圮中的泥磚房子，和單一間教堂。鎮的後方，一面泥磚牆圍繞著一座十字架支離破碎的墓地，布滿灰色礦渣的礦井，讓附近盛產銀和錫的山丘疤痕累累。在此海拔一萬四千多英尺之地，冷冽已經來襲；到夜幕低垂時，將是天寒地凍。兩個亡命之徒已經騎了一整天，前一天的白天，和再前一天的白天晚上也在騎，都累壞了。他們的鞍袋裡有一副望遠鏡、一本英文字典、一張標示清楚的玻利維亞地圖，和數百發子彈。柯特左輪手槍（colt revolver）的藍灰鋼鐵從皮套突出來，而兩人的鞍上各綁著一把步槍。他們也在其中一個鞍袋裡裝了錢，一萬五千玻利維亞諾，大約相當於九萬美元。這些錢是兩天前才用槍從一家玻利維亞礦業公司那裡「解放」的。其中一個美國佬，比較高而安靜的那個，現年四十一歲，身高近六英尺，留了黑色的八字鬍，騎著黑色的騾子。另一人，以「布屆」之名行事的那個，現年四十二歲，個子較矮，約五英尺九英寸，有寬厚的方形下巴、黃棕色的頭髮和深邃的藍眼睛，有人說他的眼神可以在你身上燒穿一個洞。布屆騎著兩人持槍搶來的咖啡色騾子。當兩人和胯下的騾子緩慢沉重地踏進鎮郊、讓一些鎮民好奇地張望時，兩人都不知道，這裡將是最後一個他們能找到藏身處的地方。布屆．卡西迪和日舞小子，兩個在北美惡名昭彰的傢伙，都將無法活著離開這個風大的玻利維亞小鎮。

「圖皮薩、圖皮薩、圖皮薩！」巴士司機大叫，嗖的一聲打開氣壓式自動門。

✣

我搭上的這部藍色挑高雙層巴士，表面滿是塵土，因為玻利維亞的道路大多是鋪面與泥土交替，而且泥土多得多。我眼中的圖皮薩是個晴朗宜人的小農鎮，坐落於玻利維亞西南部一個安地斯山窪底部，海拔約七千英尺。在從巴士的支架取回我的行李後，我攔了一部計程車，不一會兒就被放在密特魯飯店前（Hotel Mitru），Mitru是希臘文「王冠」之意，而這間飯店是由希臘移民尼可拉斯・密特魯（Nicolás Mitru）在世紀之交設立。一開始，密特魯先生試過採礦，接著白手起家涉入飯店事業。在他那個時代，圖皮薩擁有兩家飯店，總站飯店（Términus）和國際飯店（Internacional），都在主廣場上。那兩間以今天的標準算小的飯店平常都住著出差的旅客、礦業主管、商人、勞工，偶爾也有用化名旅行的匪徒。一九〇八年十一月三日，布屈・卡西迪就是其中之一。我來圖皮薩就是要追溯布屈的最後一次搶劫和他跟日舞的最後一段時光。

在布屈和日舞騎騾進入聖維森特兩天後，這兩個亡命之徒做了最後一次持槍搶劫。在這個崎嶇、偏遠、遍布高大仙人掌的地區，他們襲擊了兩個玻利維亞男人和一個男孩，這三人有三頭騾子隨行，其中一頭載著阿拉馬優法蘭基礦業公司（Aramayo, Franke & Co）的全部薪餉。據負責看

---

① 作者注：電影《虎豹小霸王》（*Butch Cassidy and the Sundance Kid*）即以卡西迪和日舞小子的故事為藍本。

管薪餉的卡洛斯·佩洛（Carlos Peró）表示，當他們沿著騾道騎下多岩石的山坡，在騾道與一座淺山谷交會附近，兩個拿步槍的男人忽然衝出來攔住他們，槍的扳機已經扳起。佩洛後來寫給他的雇主：

在瓦卡瓦努斯卡（Huaca Huañusca）〔死牛丘〕的下坡，崎嶇的谷底，我們被兩個美國佬偷襲，他們的臉用大手帕遮著，步槍扳機已扳起，一旦我們輕舉妄動就會開火。他們以最威脅恐嚇的態度命令我的僕人……和我兒子……下騾子，看到我步行跟在後面，立刻命令我們交出我們載運的錢，因為我們根本無力抵抗，我只好答應讓他們搜，想拿多少就拿多少。他們其中一人〔較可能是布屈·卡西迪〕馬上開始搜我們的鞍袋，沒發現他要找的，就要我們卸下包袱，明確指出他們對我們的個人財物不感興趣，只要我們為〔礦業〕公司載運的錢。

那兩個美國佬穿很新的暗紅色、細條紋燈心絨西裝，戴軟邊窄帽，帽沿往下翻，大手帕綁在耳後，只露出眼睛。其中一名盜匪〔較可能是布屈〕，也就是走近我、跟我講話的那個人，比較瘦而身高中等，另外那個始終保持相當距離的〔較可能是日舞〕，體格魁梧且比較高。兩人都拿著似乎是毛瑟（Mauser，德國槍械製造商）出產的新式卡賓槍，口徑小、槍管粗……匪徒也帶著柯特左輪手槍，我相信他們裝滿步槍子彈的彈帶外面，也有白朗寧（Browning）左輪手槍。

他們知道我會說英語，所以用英語問我我們是否載了八萬玻利維亞諾〔約五十萬美

> 元〕，我回答金額沒有他們以為的那麼高。然後，雖然我認為隱瞞毫無意義，他們還是開始搜查包袱，我告訴他們只有一萬五千〔玻利維亞諾（約九萬美元）〕。我的話引發極度痛苦，立刻讓最靠近我們的那個盜匪陷入沉默。他們一看到裝現金的包袱——那放在另一個非常類似的包袱旁邊，負責搜索的盜匪就拿起來，交給他的同伴，完全沒管另一個包袱，也不再搜其他東西，這顯示他們非常清楚哪個包裹裝了現金。然後他們要我把僕人的騾子給他們——深褐色那頭「阿拉馬優」，有克奇斯拉（Quechisla）〔鎮〕烙印的——附近圖皮薩〔城〕裡所有好騎士都知道牠……眼睛緊盯我們，步槍蓄勢待發，他們帶著騾子離開了。
>
> 那兩個盜匪顯然已經在圖皮薩〔城〕待了一段時間，研究我們一行人的習性，在一切瞭如指掌後，冷靜沉著地發動奇襲……此外，他們無疑也審慎規劃了撤退路線，否則他們要嘛不會帶著我們的動物離開，要麼乾脆殺了我們來避免指控或爭取時間。[4]

布屈和日舞劫走阿拉馬優法蘭基公司的薪餉，是兩人一連串很少失手的銀行和薪餉搶劫的最後一筆：兩人的犯行可追溯至近二十年前，從一八八九年布屈在科羅拉多特柳賴德（Telluride）首次搶銀行開始。那時布屈才二十三歲。也可能涉案的日舞則二十二歲。雖然日舞已因竊馬服過十八個月的徒刑，布屈後來也因同樣的罪行服刑十八個月，但兩人從來沒有因搶銀行被捕，儘管兩人最終聯手搶了數十萬美元、且遭眾多民團追殺，這是拜取下兩人腦袋的賞金合計超過三萬美元之賜。兩人是出色的牛仔、造詣深厚的野馬馴服師、老練而冷靜的銀行搶匪，更是奇準無比的射擊手。

布屈，就大部分情況而言，親切而善於交際。一名訪問過許多布屈同時代人物的傳記作者寫道：「他從未飲酒過量、總是對女性彬彬有禮、只要有錢就很大方，而且對朋友非常忠實。所有老居民……包括追捕他的警官，異口同聲：『布屈．卡西迪是我認識最優秀的男人。』」[5] 反觀日舞就比較安靜、冷淡，甚至有人說怕羞。但兩人的友誼維持了超過十年，而雖然從事這種暴力、危險的「行業」，布屈和日舞都沒殺過人。一直到他們在玻利維亞的最後關頭為止。

❖

兩個亡命之徒騎著他們的騾子進入聖維森特，以早期西班牙基督殉教者為名的城鎮；他們不知道他們搶錢的消息是否已經傳到。隨著現代世界繼續匍匐而入，加上採礦的獲利推波助瀾，玻利維亞如今已電纜交錯。但還沒有哪一條連到聖維森特。在一條灰塵瀰漫的街，兩人在鎮長家門前詢問是否可以投宿。鎮長拒絕，但說鎮中心邦尼法西歐．卡薩索拉（Bonifacio Casasola）的屋子也許會有空房。布屈和日舞跟著鎮長去了。毫無疑問，他們外表看似輕鬆，但已準備好隨時拔槍、用靴刺踢騾子的腹部、毫不遲疑地射擊。卡薩索拉的屋子位於一個庭院內，院子被泥磚牆圍住，只有一個入口通往外面的泥土路。布屈和日舞下騾，牽行穿過入口進入庭院，卸下他們的鞍袋。然後他們進了他們的住處：一間單人房，有厚泥磚牆、一張木長凳、一只大陶甕，沒有窗。又累、又髒、又沒有衣服換，他們給卡薩索拉一些錢請他幫忙買幾個沙丁魚罐頭和兩瓶啤酒。他們不知道，不過三個鐘頭前，一支包含一位陸軍上尉、兩名士兵和一名警官在內的武裝巡邏隊已抵達鎮上。這個區域已動員部隊搜捕這對最近偷了礦工薪資的亡命之徒。鎮長留下來問了他們一些問題。他們從哪裡來？他問。阿根廷邊界，他們答。要往哪裡去？往南到阿根廷的聖卡塔莉娜鎮。但布屈和日舞卻問了相反方向，北上往烏尤尼（Uyuni）的路。烏尤尼是最靠近這裡的有火車站的鎮。他們可以從那裡搭火車消失。鎮長告訴他們怎麼找那條路，向他們道晚安，然後趕快通知士兵。

✣

「布屈和日舞原本沒打算搶礦工的薪水。」六十一歲的法官菲力．查拉爾．米蘭達（Felix Charlar Miranda）告訴我，他也是布屈．卡西迪迷。「他們原本想搶主廣場上的圖皮薩銀行。但一支騎兵團到來，決定駐紮在廣場的一家旅館。長期駐紮。所以布屈和日舞被迫擬定新計畫，但那是輕率的計畫，因此惹上麻煩。」

我在抵達圖皮薩那晚打電話給菲力，想約隔天第一次碰面。「你住哪裡？」他問。我告訴他住密特魯，他馬上回答：「我現在就過去，這樣才不會浪費時間。」菲力果然很快出現，穿著便褲和西裝外套；他頭髮灰白，留小鬍子，眉毛濃，一雙深色眼睛目光如炬。菲力在圖皮薩住了一輩子，曾擁有一家電視台（第五頻道，已停業），曾任律師，現在擔任法官。他的辦公室裡堆著一疊又一疊的離婚文件，和比較小疊的謀殺案件。菲力是當地的布屈和日舞專家，已經把住家一部分改建成某種歷史博物館。碰面不久，他建議我們出去走走。

飯店外，泥磚建築一棟連一棟，有灰泥修飾過的光滑正面，和一層層正在剝落的舊海報和塗料。當我們走在燈火朦朧的幽暗街道上，似乎每個人都認識他。我們一直停下來讓法官跟路人握手。「晚上好！」他反覆說。「他們怎麼樣？」路人停步、鞠躬、握手，然後繼續走。

菲力一邊轉向我，揚起一邊眉毛強調：「大家都很尊敬我，除了那些被我打入監牢的人。」原來菲力的父親曾是獄卒，而菲力從小就常進圖皮薩監獄。在那個年代，囚犯會出牢房工作。菲力很快跟一個因殺人服刑的秘魯囚犯交朋友，他教菲力下棋。「家父告訴我那些人為什麼會在裡面，以及司法制度如何運作，那讓我對法律感興趣。」菲力說。菲力告訴我假如布屈和日舞是被捕而非被殺，他們很可能會關進他的父親工作的監獄。

人稱布屈．卡西迪的亡命之徒原名勞勃．萊羅伊．帕克（Robert Leroy Parker），皆為摩門教徒的雙親在一八五六年從英國移居美國。一八六六年在猶他領地（Utah Territory，猶他州的前身）出生的布屈在十三個小孩排行老大，十幾歲的時候，他的父親決定舉家搬到十二英里外的小社區瑟克爾維爾（Circleville）。一家人占住一間在摩門—猶特印第安戰爭（Mormon-Ute Indian War）期間被離棄的松木小屋，很快開始在一百六十英畝雨量稀少的灌木叢林地開墾。

那裡的生活艱辛、僅夠餬口，但布屈也是在那段時間學會狩獵、騎馬、馴野馬和套牛（rope cattle）。十三歲的時候，這個親切、黃棕色頭髮的男孩就在附近一座大牧場受雇當牛仔了。在此同時，他難以讓家人溫飽的父親則開始耕種不屬於他的地。後來，當另一名農夫抱怨，摩門主教便禁止布屈的父親額外耕種土地，無視他們已投入那麼多心血。忿忿不平的布屈和父親，對教會的決定耿耿於懷。布屈的妹妹露露（Lulu）寫道，布屈從此盡他所能逃避做禮拜這件事。

十幾歲的時候，布屈與年輕的牧場雇員兼偷牛賊麥克・卡西迪（Mike Cassidy）短暫相遇，自此決定命運。卡西迪很快和青少年布屈結為好友，教他許多技能。其中一個就是怎麼從牲畜主人那裡「挪用」牛隻，也就是在未烙印的走失家畜身上打自己的烙印，藏在無人煙的峽谷，再當做自己的來賣。這是嚴冬和牛羊戰爭的時代，大規模的牧牛企業聯盟開始壓縮較小的牧場主，而流動的牛仔更難謀生。布屈非常崇拜卡西迪，因此當他開始偶爾跨到法律的另一邊，便捨棄帕克而改用卡西迪的姓。有段時間布屈以勞勃・卡西迪之名行事。但在懷俄明短暫當過屠夫後，他便改用這個將跟著他一輩子的別稱，不再更動：布屈・卡西迪。

瑟克爾維爾這一帶的老居民後來回想，布屈從青少年就是神槍手了。傳說這個年輕的摩門教牛仔花了很多時間練槍法：拔槍射紙牌，次次命中靶心。其他時間，他們說，布屈還會騎馬以最快速度繞著一棵細樹奔馳，朝那棵樹開槍，一再擊中，不管他騎得有多快。

一八八九年六月，在西部各地當牛仔兼偷牛賊、並以一天一美元的酬勞馴服野馬，混了許多年後，現年二十三歲的布屈踏出決定性的一步，就此永遠改變他的未來。六月二十四日星期一中午，布屈和其他三個男人穿著靴子、皮褲、靴刺，繫著槍帶走進科羅拉多特柳賴德的聖米蓋爾谷銀行（San Miguel Valley Bank），拔出左輪手槍，宣布：這是搶劫。布屈的工作是跳進櫃檯，掃蕩庫房裡的現金。[6] 另三人則負責確定沒有人輕舉妄動。就算有四個人分，他們兩萬一千美元的贓款仍比他們任何人在接下來五年穩定當受雇牛仔賺的還多。然而，在原本完美無瑕的逃脫途中，此四人小組運氣不佳。策馬出鎮時，他們在未蒙面之下疾馳過一個熟人，他認出他們，後來把他們的名字告訴民團。

「就因那小小的意外，我們此後的人生截然不同。」布屈的三名同夥之一麥特・華納寫道：「那給了他們線索，讓他們可以追蹤我們數千英里，追好幾年。就在那一瞬間，我們告別了半罪犯的人生，變成真正的亡命之徒，斷了後路，除了搶劫、偷竊，沒有其他謀生方式了。」[6]

布屈也可能是在那次搶銀行期間，結識了二十二歲的哈利・隆格巴（Harry Longabaugh）。哈利於賓夕凡尼亞州長大，在廉價小說中讀過牛仔和蠻荒西部，十五歲時跟著馬車隊向西而行。騎術優秀、善於馴服野馬的他，曾因偷馬在懷俄明日舞服刑過兩年，並獲得「日舞小子」的綽號。最後，他和布屈將組成一個名為「狂野幫」（Wild Bunch）的鬆散罪犯聯盟，搶西部各地的火車、銀行和礦工薪餉。而布屈這個前摩門教的牛仔，正是該聯盟極富魅力的首腦。

不過，儘管有一連串大多成功的搶案，在未來十年，「文明」逐漸開始滲入西部邊境，讓典型亡命之徒的平均壽命愈來愈短。「我們無法理解這樣的轉變已經蔓延整個舊西部。」麥特・華納後來寫道：「我們一度不明白為什麼有愈來愈多鐵路、電纜、馬車道、橋梁、農田、城市和聚落阻隔所有舊道、填滿過去的藏身處，讓法律更容易撒網涵蓋整個國家。騎馬罪犯的處境一年比一年艱難。」[7]

一九〇〇年，被布屈的狂野幫搶過太多次的聯合太平洋鐵路（Union Pacific Railroad），聘請西部最優秀的一些追蹤和射擊高手，組成一支常駐性的民團。該公司還配了一部特別的火車，能將民團和他們的馬匹迅速送往搶案發生地。他們的任務很簡單：盡可能緝捕或殺掉狂野幫的任何成員。

對布屈和日舞來說，事態昭然若揭。隨著法律逼近、懸賞出爐、民團像捕獸夾一樣等待彈起，或許是該重新思索他們所選職業的時候了。這兩人不知怎麼想到阿根廷，以及南美廣大、荒涼、適合牛仔的彭巴草原，或許是東山再起的絕佳地點。「阿根廷多的是經營大牧場和農場的機會，這種報導在一八九〇年代的美國報紙屢見不鮮，也許布屈在理髮時讀過。」[8]西部史學家丹．巴克（Dan Buck）告訴我。

不管緣由為何，決定終究是做成了。一九〇〇年八月於猶他提普頓（Tipton）犯下最後一次火車搶案後，布屈、日舞和日舞的女友艾瑟兒．普雷斯②在紐約市登上前往布宜諾斯艾利斯的汽船。那時布屈三十五歲、日舞三十四歲、艾瑟兒二十四歲。

在一九〇一至一九〇五年間，布屈和日舞盡力成為守法的農場主人，在阿根廷南部的丘布特

---

② 作者注：艾瑟兒．普雷斯（Ethel Place）的真實身分仍不得而知。因為當時日舞以「哈利．普雷斯」的化名遊走四方，艾瑟兒遂使用同樣的姓。後來，北美一名記者排字錯誤，將她留在飯店登記簿上的名字「艾瑟兒」打成「艾塔」（Etta）。於是「艾塔」一名逐漸出現在新聞和後來的警方紀錄中。但「艾瑟兒」是不是她的真實名字，仍不得而知，那或許也是她使用的化名。

省（Chubut Province）開墾「四平方里格」（約十二平方英里，或七千五百英畝）的政府土地。他們在那裡飼養牛馬，跟鄰居打交道，一起住在一間小木屋，艾瑟兒還用從北美雜誌剪下來的文章裝飾屋子。布屈以聖地牙哥．萊恩（Santiago Ryan）之名行事，日舞和艾瑟兒則自稱哈利．普雷斯夫婦。一位曾在他們家中過夜的義大利移民後來寫道，艾瑟兒穿著體面、喜歡閱讀。萊恩和普雷斯則「高高瘦瘦、談吐簡潔、神經緊張、目光炯炯有神……熟識他們的人說他們是高竿的射擊手，能射中拋向空中的錢幣」。[9]

一切堪稱順利，直到一九〇五年某日，布屈和日舞接獲一個迫使他們再次逃亡的訊息；一個熟人通風報信：平克頓偵探社（Pinkerton Detective Agency）已經找到他們，阿根廷政府準備前來逮捕。於是，三人幾乎一夕放棄他們的農場，消失在安地斯山中。幾個月後他們再次出現，搶了阿根廷北部一家銀行，他們在南美所犯的第一宗搶案，然後越過邊界到智利。布屈、日舞，這回再加上艾瑟兒，又成了亡命天涯的銀行搶匪了。

「你永遠無法體會被通緝的滋味。」麥特．華納，布屈的前犯罪同夥這麼說：「你永遠不得安眠。你得一直豎起一隻耳朵聽，睜著一隻眼睛看。不用多久你就瘋了。不能睡覺！就算你知道你安全無虞，也難以入睡。每個……（小聲音）聽來都像治安官率民團來抓你了。」[10]

可能在一九〇六年的某個時間，艾瑟兒在日舞陪同下回到美國。也許她厭倦逃離法網的日子。也許失去投入四年生命耕耘的農場，讓她悲不可抑。在此同時，布屈則轉往玻利維亞，而日舞很快回來跟他會合。這兩個在**美國和阿根廷**都被通緝的逃犯，決定保持低調，在玻利維亞首都拉巴斯東南方的康考迪亞錫礦山（Concordia Tin Mines）找工作。他們用假名擔任騾子的照顧員，較善於交際的布屈甚至和許多在那裡工作的移民打成一片。當時與他們共事的美國人波西・塞伯特（Percy Seibert）回憶道：

挖礦的美國人關係緊密，被孤寂感凝聚在一起：在那位於高山之間、被神遺棄的地方，空氣如此稀薄，我們只能使用某個特殊品種、刻苦耐勞的騾子，唯一的人類同伴是印第安人。我們必須彼此扶持；你的鄰居是歹徒、前西部神槍手，或美國哪座軍事監獄的逃犯，沒有任何差別。他就是你唯一能分享美國回憶的人，唯一能一起下西洋棋、黑白棋、玩骨牌戲，一起喝東西和幫助你慶祝耶誕、新年和七月四日的夥伴。[11]

一九〇八年十一月時，布屈和日舞都四十歲出頭、到南美七年、錢快用光了。他們來到玻利維亞南部的圖皮薩。這個城市跟科羅拉多的特柳賴德，即布屈第一次搶銀行的地方有七、八分像。兩個城市都位於礦產豐富的區域中央，兩個城市的銀行都存了滿滿提煉原礦的獲利。抵達不久，布屈和日舞就決定去搶中央廣場那間圖皮薩最重要的銀行。那將是他們從三年前在阿根廷北部以來的第一次搶劫。一如以往，兩人仔細勘查目標、規劃逃脫路線，準備好進行這項他們已駕輕就熟的工作。然後，正當他們預備行動，一支軍事部隊抵達鎮上，選擇國際飯店做指揮部。對這兩個逃犯很倒楣的是，飯店就位於銀行的正對面。

「布屈和日舞不知道該怎麼辦。」法官菲力．查拉爾解釋：「現在他們困在鎮上，身無分文，沒有銀行可搶。他們絕對逃不出一支軍團的手掌心，所以他們該怎麼辦？」

這時我已來到法官的住處，兩層樓的連棟房屋，門上刻了金屬的標誌：「菲力．查拉爾．米蘭達律師。」菲力已經在這裡住了四十五年。房子很老，是用刷白過的泥磚砌成。屋裡的門廳有水泥地板和龜裂的牆；那裡擺滿好多褪色陳舊的物品，看來跟骨董店沒兩樣。牆上掛了好幾張一九六九年電影《虎豹小霸王》的海報，還有一系列來自二十世紀初、呈現圖皮薩牛仔過往的裝飾品：生鏽的舊溫徹斯特步槍（Winchester Rifle）、左輪手槍、電報機、有凹痕的靴刺和搭配五英寸長鑰匙的超大鐵掛鎖，這些都是防範潛在盜匪的裝備，雖然他們早就死了。

菲力在數疊文件中搜索，把眼鏡挪低一點便於閱讀，然後抽出一份舊地方報紙《丘羅克報》（*Chorolque*），一九〇八年十一月四日發行。

「我想要你讀讀這個。」他說，用粗粗的食指強調他的論點。「這裡指出布屈．卡西迪住在廣場的總站飯店。」他說：「星期一，搶劫前一晚。」

我讓視線越過他的肩膀，看到一份顯然是當年這份報紙會固定公布的告示：住在鎮上兩家旅館的旅客名單。十一月三日晚上，總站飯店有十二名旅客登記。其中一位是「聖地牙哥．洛伊」（Santiago Lowe），布屈．卡西迪在玻利維亞用的化名。③在那份告示下則是住廣場正對面國際飯店的旅客名單：「阿爾巴羅亞軍團（Albaroa Regiment）的首長及官兵。」由於計畫泡湯，布屈和日舞必須另尋搶劫目標。他們很快找到替死鬼：菲力．阿拉馬優（Felix Aramayo），玻利維亞富有的人士之一，以及他的阿拉馬優法蘭基公司。

「布屈對於銀行和快運公司的想法，在早期的西部很普遍。」早期幫布屈作傳的詹姆斯・霍倫（James Horan）寫道：「在當時一般人心目中，他們代表害小民無法贖回農田和住家的大企業，小農場主人和農民恨之入骨。」[12]

「我沒有別人形容的那麼壞。」布屈曾這麼告知他在一九〇〇年接觸過的一名猶他律師。他問律師如果他保證不再搶劫，獲得赦免的機會有多大。「我一輩子沒殺過人……那是我的信條。我沒搶過個人，只搶一直在搶民眾的銀行和鐵路公司。」[13]

在律師告訴他赦免機率渺茫後，布屈無疑炯炯地凝視他說：「你懂法律，我想你是對的，但我很遺憾那無法做某種程度的修正。你不會明白一輩子都在躲避的滋味。」[14]

布屈・卡西迪或許憎恨大企業，但不論在美國和南美，他都跟市井小民處得很好。據一九〇六到一九〇八年在康考迪亞礦區斷斷續續和布屈及日舞共事的波西・塞伯特表示，布屈「在鄉下相當受歡迎，印第安孩子尤其喜歡他。只要去拉巴斯，他一定會帶糖果回來分給小孩。我到今天仍會浮現他走上到我們這裡的小路，後面跟著一群小孩嬉鬧歡笑的畫面。」[15]

---

③ 作者注：布屈在美國有時會用「詹姆士・洛伊」（James Lowe）或「吉姆・洛伊」（Jim Lowe），在玻利維亞則用「聖地牙哥・洛伊」做為化名。在西班牙語裡，「聖地牙哥」和「詹姆士」同義。譯者注：Santiago el Mayor和James the Greater都是「大雅各」，耶穌的十二門徒之一。

在和那兩個顧騾子的結為好友，也獲悉他們實為知名逃犯後，塞伯特問他們能否示範給他看，他們的槍法有多快。布屈和日舞答應，然後四處翻找，終於找到一些槍靶。塞伯特後來記錄道：

我們走到外面。布屈和小子各拿兩只啤酒瓶。他們的皮帶紮著六發式手槍，布屈點點頭，他們便冷不防把酒瓶高高拋到空中。當酒瓶開始依拋物線掉落，小子的槍迅速上手，瓶子便裂成碎片，然後卡西迪如法炮製。兩人重複了同樣的特技幾次，一次也沒失手。槍聲像砲擊迴盪在山谷，引來塞伯特太太。

「天啊，孩子們！」她說：「你們到底在幹什麼？」

布屈道歉。「我很抱歉，女士，我們只是在為波西和玻璃先生表演一點點西部射擊。」16

據塞伯特表示，到一九〇八年，現年四十二歲、從十三歲就開始工作的布屈，已經開始顯露歲月的痕跡和亡命天涯的效應了。

我……開始看到卡西迪的轉變。他看起來變老、變憔悴；過勞開始顯現。日舞小子變得更孤僻，而雖然我們是老朋友，除了噓寒問暖，他很少多說什麼。他們〔在礦山受雇〕也不再那麼受歡迎，因為軍隊意外來訪，跟老闆暗示雇用這些火車和銀行搶匪可能不怎麼明智。17

事實上，一年前，平克頓偵探社已盡量對南美洲各銀行發布通告，建議他們提防布屈・卡西迪和日舞小子。最後一則短訊則對意欲逮捕他們的執法機構提出警告：

我們提醒，官員在試圖逮捕任一名〔逃犯〕時，必須有充分的支援、全副武裝、不可冒險，因為他們在束手就擒前會搏命抵抗，如有必要，會毫不猶豫地殺人。[18]

✣

鎮長帶著意想不到的消息前來聖維森特的營區時，有兩名士兵和巡官坐在裡面。鎮長告訴他們，那兩個裝備精良的美國佬已來到鎮上。其中一個騎著阿拉馬優礦區的騾子，那些被搶的薪資，原本就是要送去礦區的。美國佬問了往北到可搭火車離開的烏尤尼的路，目前正投宿於卡薩索拉家的房間。兩人各有一把左輪手槍和步槍，以及充沛的彈藥。巡官絲毫不浪費時間，叫士兵給步槍裝上子彈，跟他前去調查。鎮長尾隨其後。

布屈和日舞正在房間裡吃東西。天已黃昏，房裡也點了蠟燭。想必是有什麼聲音或騷動走漏消息了。布屈站起來，拔槍。外頭，兩名持步槍的士兵已進入庭院，接近往他們房間的門道。巡官和鎮長遠遠站在他們後面，在街上，試著往裡窺探。布屈等到第一名士兵靠近，突然踏進門道，出槍瞄準，射擊。

拜訪法官的隔天早上，我起了大早，用完早餐，便走出飯店，看到一部豐田 Land Cruiser 在那兒等，車頂架上捆著藍色、備用的瓦斯桶。這家飯店兼營旅行社：密特魯旅遊（Mitru Tours），而接下來幾天，我已訂了這部豐田和身兼導遊的司機。我聽說，要回溯布屈和日舞到打劫地點和聖維森特的路線，得靠四輪傳動車才行。

我的司機安立奎二十八、九歲，出生在聖米蓋爾這個普魏布勒（pueblo）印第安人的小村莊，問我們能否順道載他的母親去那裡。我點頭，於是不一會兒，一個精神抖擻、穿黑長裙、牙齒稀落的女性爬進車裡。「先生，感謝您。」她說，握了我的手。我們很快出了城鎮，前往當年布屈和日舞搶礦工薪餉、名叫瓦卡瓦努斯卡的地方。

在最終行搶的六個月前，布屈和日舞已到過聖克魯茲：玻利維亞東南部叢林裡的邊境小鎮。勘查過那個地區後，布屈覺得終於找到一個可以從頭來過的地方。有人相信布屈和日舞會攔截那些薪資，就是為了籌措再試著「改邪歸正」的資金，這一次是在玻利維亞叢林飼牛。布屈很快拍了熱情洋溢的電報給他在康考迪亞錫礦的移民朋友：

> 我們大約三星期前在一趟非常愉快的旅程後來到這裡，發現這裡就是我已經找了二十年的地方……這是個人口一萬八千的鎮，其中一萬四千是女性，而其中有些是小妞。只有這樣

的地方適合像我這樣的老哥。一個男人只要有藍眼睛、臉色紅潤，看來能生個藍眼睛的小男嬰，就絕對不算老……這裡的土地很便宜，不管種什麼都長得很好……距離這裡十里格〔三十英里〕的土地，每公頃只要十分錢，而這兒有好些農場要賣，十二里格〔三十六英里〕外的那座，有充足的水源、挺好的青草，也種了些甘蔗，只賣五千玻利維亞諾〔約三萬美元〕，其他農場也一樣便宜，如果我沒失敗，不久後就會住在這裡……我們預計大概一個月後回康考迪亞。祝你們大家好運。19

我們行經乾燥、荒蕪的鄉間，穿過高大、銀色的仙人掌林，那叫 cabello pelado，意思是「裸露的毛髮」，上端結了黃色的粗短果實；我們還經過崩壞的泥磚村落，泥巴和竹籐屋頂都塌落了。有些村子，經過時間和偶爾的降雨軟化，看起來比較像慢慢陷落地上的沙堡。大約一小時後，我們停在聖米蓋爾小鎮裡，也就是我的司機出生的地方。玉米矗立在向下延伸到薩拉多河（Salado）的田裡，穗花不時在微風中發出顫聲。山脈在另一側的遠方隆起。安立奎的母親在這裡擁有幾棟小房屋，其中一棟有扇玻璃碎裂的窗，嵌在稻草和泥磚之中。一座泥窯蹲踞在附近，看來像高度及胸的巨大蜂窩；他的母親用它來烤麵包。

村民已經挖了灌溉渠道，而在石頭底下，潺潺的清澈流水中，灰色的小淡水蟹快步疾走。安立奎說那種螃蟹炸來吃很可口。他媽媽下車，走到旁邊的田裡，拔了一根毛茸茸的玉米稈，熟練地拿開山刀把莖的內層切成白色的一小塊一小塊。她用她粗糙的褐色手指拿了一塊給我，要我吸吸看。我吸了，驚訝地發現那幾乎跟甘蔗一樣甜。然後他的母親握了我的手，綻放沒有牙齒的笑，便消失在村子後面了。安立奎說他母親來這裡弄些山羊乳酪到圖皮薩的市場賣。他說，這村子沒什麼人住了，因為居民都已過世，而他們的子女已經離開去城市找工作。許多房屋的屋頂已經坍塌，建物像疲累的大象一樣慢慢陷落到地上。看起來只有老人留守，靜靜地在曬乾的磚房裡度日。

再往前進，我們來到和聖米蓋爾類似、有茅草頂小屋的薩洛村（Salo）。卡洛斯．佩洛和他的兒子、僕人及四頭騾子離開圖皮薩後的第一晚就是在此地過夜，住在礦業鉅子菲力．阿拉馬優擁有的一座泥磚莊園。那棟建物仍在那裡，不過已改建成學校，正面有座大拱門。

遠處，我們見到一個老先生在走路，拄著枴杖、有點駝背，彷彿慢動作鏡頭般行動。老先生戴著扁掉的帽子，穿灰色便褲、磨損夾克和登山涼鞋。

「我好像不認識你們。」當我們走向他、伸出手，他一邊這麼說，一邊端詳我們。他說克丘亞語和一點點西班牙語，生於一九三〇年，一生都住在這裡。他很快補充，他也會死在這裡。他的皮膚像皮革般粗韌，像龜一樣。安立奎用克丘亞語問他有沒有聽過兩個美國佬在這裡被殺的事。有啊，他說，皺起眉頭。兩個土匪被殺。很久以前的事。在瓦卡瓦努斯卡。他從哪裡聽來的？安立奎問。從他爸媽那裡，老先生回答。故事部分被竄改了。布屈和日舞是在瓦卡瓦努斯卡搶劫沒錯，但他們是死在聖維森特。話雖如此，在兩人被殺一百三十年後，布屈和日舞的故事仍朦朧地縈迴在一個八十一歲克丘亞農人的記憶中。

莊園前坐落著一間窗子破、門上鎖的小泥磚屋。那是神父在用的，老先生說。神父每年只來這裡一兩次。老先生跟我們要點銅板買喝的；我給了他五玻利維亞諾的硬幣。老先生謝過我，拘謹地鞠了躬，然後緩步離開。

從位於肥沃谷地的薩洛，我們繼續前行，穿過不同種類的仙人掌林。我們從谷地爬上泥土路，然後轉進一條較小的路，先經過一群流連仙人掌和灌木叢間的驢子，再經過一群黑的、白的和雜色的駱馬。最後，安立奎把車停下，關掉引擎。「要到他們埋伏的地點，我們得用走的。」他說。

雲朵輕觸遠方的山顛，而安立奎和我沿著一條小溪旁的小徑前進。小溪往某種淺峽谷流去。溪水平穩而清澈，流過黑色的沙，沙上有駱馬踩過的偶蹄腳印。灰中帶綠、布滿乳石英細條紋的巨石，各自孤立於溪堤旁，是從附近的懸崖落下來的。我們走過原生的Queñua樹，高約二十英尺、呈肉桂色、有鱗狀的乾樹皮和細小的綠葉。安立奎說，布屈和日舞或許就是把騾子綁在這種樹上。Ulala仙人掌從地上冒出來，比人還高，長著長長的白刺。一球一球直徑約一英尺、名為yareta的鮮綠色青苔，低矮地長在地上，看來像擱淺的腦珊瑚（brain coral）。在我們行走時，四周只有涓滴的水流聲、鳥叫聲，和我們的腳偶爾在石子上踉蹌的聲響。

再往前，我們離開溪流，沿著舊騾道爬上谷地，來到瓦卡瓦努斯卡的山脇。小道一路向上，到達山脊的最高處，我們停下腳步。前方，我們可以清楚看見騾道向前延伸繞過山側足足一英里，消失在轉彎處。身後，我們也可以俯瞰剛走上來的溪床。這顯然是個瞭望點，是布屈和日舞蜷伏的絕佳地點，等著礦工的薪餉從遠處出現，準備好發動突擊。我坐在山脊後方突出的岩石上，掃視另一邊的路，也就是卡洛斯・佩洛出現的地方。我第一次感覺卡西迪和日舞在場。毫無疑問，他們就坐在這裡。我明白，從那天之後，這個地區其實沒什麼變化。布屈和日舞一定什麼都認得。

✣

布屈的子彈從四步之外射中第一名士兵的頸部。士兵立刻回擊，才發現自己已中槍。步槍脫手，他跌到地上，慢慢爬出去。第二名士兵開了兩槍，發現自己沒有掩護，於是跑出庭園回到街上。然後他和巡官開始從庭園的門外開槍，雙方劈啪劈啪地交火。士兵用毛瑟步槍射出的子彈輕易貫穿盜匪房間的泥磚牆，製造「砰！砰！」的聲響。當布屈和日舞從門道還擊，第一名士兵爬到外面，斷氣了。這是布屈生平殺的第一個人；現在他們不只會被控搶劫，還會被控殺人了。事實上，隨著時間一分一秒過去，這兩個亡命之徒的處境愈來愈糟。兩人都受傷了——布屈手臂中彈，日舞更被射中多次。當然，他們是不可能獲得醫療協助的。當槍戰持續，鎮長開始召來鎮民幫忙，而陸軍上尉指揮帶槍前來的民眾包圍建物，防止這兩個白人匪徒鑿牆脫逃。負傷困於槍戰，唯一出口被堵住，現在武裝鎮民又湧入街道，布屈和日舞必定面面相覷。什麼都不用說，他們都知道自己四面楚歌。

✣

離開布屈和日舞在瓦卡瓦努斯卡的埋伏地點，我們轉往西北，朝聖維森特出發。泥土路蜿蜒繞過起起伏伏，長著一叢叢黃色ichu草的山丘。這整個地區，襯著遠方覆雪的山，簡直跟科羅拉多或懷俄明落磯山脈的山麓丘陵一模一樣。布屈和日舞在這裡一定覺得像家一樣自在。唯一的差別是海拔平均一萬四千英尺的阿爾蒂普拉諾高原，地勢太高無法牧牛，反倒偶有成群結隊、耳朵都有紅流蘇的駱馬四處溜達，一邊抬頭望著我們，一邊慢慢嚼東西。其後，我們經過數座砂岩孤峰，看來好似巨大黃褐色的骷髏，而雲朵像超大型幽浮飄遊在高原和山丘上，排出大片灰藍色的水。

我們只花幾個鐘頭就走完平常騎騾子要走一天的路，從薩洛越過一座山頂，看到開礦小鎮聖維森特，就在底下像碗一樣的谷地中，布屈和日舞騎了進去，有去無回的天然凹地。從上面看，那個社區跟典型採礦小鎮沒兩樣：有一排排波狀鐵皮屋頂的房舍，附近山丘上有灰色礦渣，要進鎮上得通過入口守衛盤查。那裡的銀礦和錫礦現在由總部設在不列顛哥倫比亞的加拿大公司汎美銀礦（Pan American Silver）經營。在鎮外一面山坡上，盤踞著一座老舊、泥磚牆的墓園。

我們把車停在一條流經鎮上的小溪旁，下車，沿著一排礦工的宿舍行進。那些房子後面都有牆圍起來的小院子，沿著泥土街道排列。小院子裡晾著五顏六色的衣物，也掛著小塊小塊、要曬乾的駱馬肉。牆上橫列著褪色的字跡：「Movimiento Revolucionario Nacional !」指的是一九五〇年代掌權、展開自征服者到來後玻利維亞第一次土地重分配的國家革命運動。在那次革命及礦業國有化之後，國營的玻利維亞礦業公司（Corporación Minera de Bolivia）拆了大半的舊聖維森特村，以便興建效能更高、鐵皮屋頂的員工宿舍。然後他們在不遠處建了新的泥磚村來安置迫遷的居民。我問一個穿登山涼鞋的青少年這一帶還有沒有長輩可能知道那兩個百年前在這裡喪命的盜匪的事。

他說：「去問弗羅伊蘭．瑞索（Froilán Risso），他什麼都知道。」

原來弗羅伊蘭住在新村，泥土路上的泥磚住家，與礦鎮隔著兩座足球場。這天是星期天，有兩場比賽正在進行：礦工組了球隊、穿制服。球場周圍，女人和小孩大多坐在地上，一邊吃東西、東家長西家短、一邊看比賽。她們不大的音量充塞空氣，不時穿插著球鞋和涼鞋砰砰踢球的聲音。

在新聖維森特，我們敲了幾扇木門，都沒有人回應。大家似乎不是在球賽那邊，就是去圖皮薩度週末了。我又敲了一扇，這次一個三十多歲的礦工打開了。他身材精瘦、顴骨高、穿著白色的薄T恤，他說他才來這裡住一年，沒聽過瑞索先生。最後，我們找到瑞索先生的孫子，現年三十歲的文森（Vicente）。或者該說是他找到我們，因為他聽說我們在找他的祖父。文森留著一頭黑色短髮，表情嚴厲、右眼下方抽動了一下。他說他祖父人在圖皮薩，但今天晚一點可能會回來。他知道槍戰在哪裡發生嗎？「知道，我祖父帶我去看過。」他說。他嚴肅地凝視我們，右眼又抽搐幾下。最後他表示，他可以帶我們去，但希望能得到一些報酬。我們談好數字，就尾隨他去了。

回到礦鎮裡，我們越過一座橫跨溪流的小橋，來到一間小福音派教堂旁邊，一條兩旁都是泥磚的迴廊。這條通道夾在左側的教堂和右側一棟較新的建築之間。在迴廊正中間，左手邊，聳立著一面又高又厚、用老舊泥磚砌成的牆，烘烤過的泥土裡看得到少許卵石和稻草。孫子停下腳步，手指著那面牆。

「布屈．卡西迪和日舞就是在裡面死掉的。」他加重語氣說，稱呼日舞小子為「日舞」。

「牆的另一邊嗎？」

「沒錯，牆的另一邊。他們就是在那裡自殺的。」

我爬上牆，俯瞰下面一幢老泥磚房屋的庭院。一隻小雞正蹣跚行走，腦袋搖來晃去。洗好的衣物晾在一條繩子上。一隻狗跑出來，趴下，頭靠在爪子上，瞪著我。孫子說那面牆就是布屈和日舞進行最後槍戰的那個房間的外牆。他說這棟房子曾是他姑丈的父親所有，那人姓卡薩索拉。我認得那個姓，就是租房間給布屈和日舞的那個人沒錯。幾年前，文森說他篤信宗教的姑丈拆了其餘的牆，建了福音派教堂。我又回頭看著院子，不禁想到布屈和日舞的最後一餐：子彈、啤酒、沙丁魚。

✣

隔天，破曉時分，在過了一個寒冷的夜，沒有人再開槍之後，陸軍上尉命令房屋的主人，邦尼法西歐．卡薩索拉去看看那兩個匪徒是活是死。這位已想方設法錯過所有第一線行動的尉官推想，既然邦尼法西歐是屋主，匪徒應該不會對他開槍。就在全鎮仍一片幽暗的時候，邦尼法西歐慢慢走入庭院，想必反覆思索上尉的邏輯，然後來到匪徒房間的門口，往裡面窺視。如一個目擊者後來作證：「我們所有人〔隨後〕進入，看到較矮小的美國佬〔可能是布屈〕四肢攤開躺在地上，死了，一個彈孔在太陽穴，另一個在臂膀。較高大的那個〔可能是日舞〕正抱著房裡的大陶甕。他也死了，一個彈孔在額頭。」[20]

✣

根據一些報導，較矮小的男人射了他同夥的前額，再舉槍對準自己的太陽穴，扣扳機。但槍擊四天後，圖皮薩當地的報紙報導，第二個男人是被射中「胸口」，「全身不同部位」另有七處槍傷。[21]日舞是自己傷重致死的嗎？布屈是隨後自盡的嗎？或者是布屈先讓日舞脫離苦海，再舉槍對準自己的太陽穴扣扳機呢？或者如菲力．查拉爾法官後來向我暗示的，是警察和士兵先逮捕而後斃了他們……再捏造事實呢？

亡命之徒自我了斷並非前所未聞之事。例如曾在布屈和日舞的輝煌歲月載過他們的柯瑞小子（Kid Curry），本名哈維．洛根（Harvey Logan）的他，也在四年前自盡。被民團追捕、身負重傷又在科羅拉多一座玉米田被團團包圍，柯瑞舉槍射穿自己的腦袋，而不肯束手就擒、打入監牢或被絞死。布屈和日舞也是如此嗎？

我們吃完午餐，然後走上墓園。門開著。裡面，我們發現墓地是個擁擠的大雜燴：水泥造的墳，臥於僅用簡單的木頭或金屬十字架標示的墓旁。有些十字架的中心拴著跟手差不多大的金屬片，寫著底下那個人的詳盡生平。但金屬對後代子孫並非好的選擇；就連比較新的墳上的金屬也已經生鏽，難以辨讀了。

墓園中央矗立著一道厚泥磚砌成的拱廊，兩側各有一面泥磚牆，可說將墓園一分為二。通過拱廊，我們來到一座水泥墳，汎美銀礦公司在墳上立了個標示牌，放肆地指明：「這是布屈．卡西迪的墓。」但這個標示錯了。一九九四年，文森的祖父弗羅伊蘭指示一支《新星》（*NOVA*）紀錄片團隊挖掘這座墳墓。[22]弗羅伊蘭告訴工作人員，他的父親（槍擊發生時十歲）告訴他，這是**那兩個白人匪徒**下葬的地方，但問題是，這座聖維森特墓園一直是座公墓，這麼多年來，人們一直在舊墳旁邊甚至上面挖新墳。在紀錄片團隊抵達時，聖維森特的墳墓已一團混亂，有時甚至有三層，墳墳相疊。在三層底下掘出一具顯然是白人的骨骸，團隊最後發現，那是一個倒楣德國礦工的屍骨，他在使用炸藥時不慎把自己炸死了。不見布屈或日舞的蹤影。

這時我的導遊安立奎告訴我，一個其實我已從別處聽說過的推測：**布屈和日舞並未如大家認定的那般，葬在這座墓園裡**。畢竟，當時只有一個目擊者提到土葬的事，而且他在審訊時是說，在搜了盜匪的行李、找回尚未花掉的礦工薪資後：「我們下午就把他們埋了。」**但他沒有說埋在哪裡**。

「以往，人們通常不會把自殺的人埋在墓園裡。」安立奎說：「因為大家都知道自殺的人會下地獄。」他說，布屈和日舞不僅顯然是自殺的，而且還是**盜匪**，亦即，壞蛋。「鎮上沒有人希望盜匪跟自己的親人葬在同一座墓園。」安立奎相信，那兩個亡命之徒如果有被扔去鎮外某座淺墳就不錯了。跟垃圾一樣，他說。由於這座墓園埋了兩三層，也由於布屈和日舞可能根本被埋在別處匆匆挖掘的墳，當然怎麼挖也挖不到。

在墓園流連時，我抬頭看著谷地的邊緣：那兩個亡命之徒前往小鎮之前所待的地方。在逃亡近二十年後，布屈和日舞犯了一連串複雜的錯誤，最終讓他們付出性命。假如他們是更無情的罪犯，就會把他們行搶的那三人殺了滅口，如此就不會有關於**兩個白人盜匪**的描述傳出。搶劫的消息也不會傳得那麼快。假如他們計畫得更周詳，起碼可以帶走送薪三人的所有騾子，這樣卡洛斯・佩洛、佩洛的兒子和僕人**就得用走的出去**，也可以減緩搶案傳播的速度。

同樣地，假如布屈和日舞決定**避開聖維森特**，改在山裡野營，很可能不會被人發現。最後，帶一頭搶來而有清楚烙印的騾子進聖維森特，也是招致不測的風險。歹徒是兩個武器精良的白人的消息傳開，加上被搶的騾子，再加上事發兩天後、兩人仍待在行搶的區域，這些都是最終害他們送命的疏忽。布屈和日舞魂斷之處距烏尤尼僅一天騎程，一到烏尤尼，他們就可以搭火車去智利，或北上奧魯羅（Oruro）或拉巴斯，消失在茫茫人海。但他們沒有，反而很可能消失在聖維森特的某座淺墳。兩個無名的盜匪，屍體無人認領，也永遠找不到了。[4]

入夜沒多久，弗羅伊蘭・瑞索就從圖皮薩來到鎮上。他現年七十四歲，有皺巴巴的褐色皮膚，穿便褲、登山涼鞋、戴藍色棒球帽。弗羅伊蘭邀我到他家，請我在泥磚牆邊一張木長凳坐下來。然後他拉了張椅子，褐色的眼眸直直望著我。「你想知道什麼？」他用某種誦經般的聲音問，只有句尾提高音調。然後他開門見山：「**你要付多少錢？**」我提五十玻利維亞諾。他提兩百。略為協商後，我們同意兩百。顯然，他和他的孫子都深知如何開採布屈和日舞的故事，一如其他人開採豐富的金礦。

「槍戰發生時我爸大概十歲。」弗羅伊蘭說：「他帶我去看了事發地點，也跟我講了很多次那件事。」他說他的父親在一九五七或一九五八年過世，死時六十三歲。然後他告訴我那個眾所周知的槍擊和自殺的故事。

「之後發生什麼事？」我問。

「他們進去，發現那些錢和一大堆槍，現代的槍，外加，哎唷，一大堆子彈！他們只找到一半的錢，不到一半！然後他們把〔屍體〕抬進院子，搜了他們的東西，就把他埋在墓園裡。」

「墓園裡那座墳墓是怎麼回事？他們挖的那一座？結果那不是布屈或日舞的，而是一名德國礦工的。」

「他們不想付我錢。」他說，指那支紀錄片團隊。

「所以你帶他們去挖**錯的**墓？」

---

④ 作者注：有一派人認為，布屈或日舞大難不死回到美國，最後壽終正寢。但布屈和日舞之前一直有和美國的親人朋友通信，卻在一九〇八年，也就是兩人在聖維森特死於槍戰的那年後就斷了音訊。

「是的。」

「你知道布屈和日舞埋在哪裡？」

「是的！」

「他們埋在**墓園裡面**，還是外面？」

「裡面。但你得付我**很多錢**，我才會告訴你在哪裡！」

❖

幾天後，我在圖皮薩待的最後一晚，跟法官在一家貼切地名為白楊樹（Alamo）的餐廳共進晚餐。我把弗羅伊蘭所說，他父親小時候曾目擊那場槍戰，以及他堅持兩名罪犯葬在墓園裡的事，一五一十告訴法官。

吃著一盤炒牛肉、蔬菜和薯條，法官身子前傾，對我眨眨眼說：「誰知道弗羅伊蘭・瑞索說的是真是假？」

然後他喝了一大口冰啤酒，往後靠，然後抬起一邊眉毛。

「畢竟，那是很久以前的事了。」

第九章

達爾文、最後的雅馬納人、世界的盡頭（智利、阿根廷）

但……你們該在耶路撒冷、猶太全地，和撒瑪利亞，直到地極，作我的見證。[1]

——《欽定版聖經・使徒行傳》（*Acts*, 1:18）

看這些野蠻人，有人問，他們來自何方？可能是什麼因素吸引，或何種變化迫使一族人離開北方的美好家園，沿著美洲的山脈或背脊南下，發明、建造獨木舟……而後進入地球範圍裡最不宜人居的土地？[2]

——查爾斯・達爾文，《小獵犬號航海記》（*The Voyage of the Beagle*, 1839）

真正的野蠻人是認為除了他自己的喜好和偏見外，一切都未開化的人。[3]

——威廉・哈茲列特（William Hazlitt），《特徵》（*Characteristics*, 1837）

那個老婦人住在這個海軍鎮外一間黃色的波狀鐵皮屋裡，就在一條溪旁有車輪痕跡的泥土路邊。煙從大小合宜的煙囪冉冉而升，也從群集附近的住家冒出來。這就是雅馬納（Yámana）印第安社區剩下的一切：智利納瓦里諾島（Navarino Island）威廉斯港外的寥寥幾間鐵皮屋。這裡是地球的盡頭，也是世界最南的城市。

比格爾海峽（Beagle Channel）的凜冽海水在附近永無休止地澎湃，偶有一頭露脊鯨（right/humpback whale）呼出濁氣與霜的問候。那個老婦人的姐姐，倒數第二個會說一種幾近滅絕語言的人，已在四年前過世，所以現在老婦人沒有對象可用母語交談了。她的門口有個標牌寫著「Hai Šapakuta Sean Skáe Sean Haoa Morako」，大意是「朋友，歡迎你」。在這個迎著風、有濃密山毛櫸森林和覆雪山峰的島上，克莉絲汀娜．柯德隆（Cristina Calderón），是人世間最後一個說雅馬納語的印第安人。

我敲了敲門，聽到蹣跚的腳步聲。一分鐘後，門開了，一個老婆婆站在門後，身材矮小但厚實，有深色的眼睛和灰黑參半的及肩頭髮。我自我介紹。

她看著我，躊躇了一會兒，然後用西班牙語說：「請進。」

一八三一年夏天，一輛黑色馬車穿過擁擠的倫敦街道，那是名副其實遍及全球的大英海洋帝國首都。車廂裡坐著實屬特殊的四人組合：三個巴塔哥尼亞原住民，以及二十五歲的英國船長羅伯特．費茨羅伊。一年半前，受命赴巴塔哥尼亞沿岸繪製地圖及勘察的費茨羅伊，俘虜了四個原住民，並帶回英國。其中一人抵達不久即死於天花，其餘三人則活了下來，分別是年約二十五歲的男子、約十四歲的男孩和十歲女孩，且已經上了英語、禮儀和園藝課。雖然那些原住民在巴塔哥尼亞都赤身裸體，要去哪裡不是靠雙腳就是划獨木舟，他們現在已習慣穿十九世紀的英國服飾，女孩穿連衣裙，男人穿雙排扣西裝和亮晶晶的皮鞋、戴「合宜」的英國帽。被介紹時，他們會主動呼喊：「哈囉，你好嗎？」現在三個人都會說初級英語，當然也說本身沒有歐洲人聽得懂的原住民語言。這一天，當達達的馬蹄帶他們來到泰晤士河畔，四名乘客繼續往聖詹姆士宮（St. James's Palace）前進。他們在那裡跟英國國王和王后約了用午茶。

稍後，在那座十六世紀的宮殿裡，四人被領著經過一間間裝飾華麗的會客廳：有綾羅綢緞、珍貴木材和大理石，以及其他種種能象徵這個世界最強大帝國的財產。在國家會客室裡坐著六十五歲的國王威廉四世（King William IV）和他三十八歲的王后阿德雷德（Adelaide）。王后有雙流露同情的大眼，說話帶德國腔。國王沒戴假髮，一頭白髮蓬亂，穿著長統襪。四人一抵達，侍從就介紹了那三個原住民，三個都說了：「你好嗎？」才坐下。雖然巴塔哥尼亞人的日常飲食是烤淡菜、海獅肉，偶爾也吃鯨脂，但現在被招待英式小圓餅、蛋糕和小三明治。據計畫要在年底帶俘虜前往巴塔哥尼亞的費茨羅伊船長表示，國王和王后對他們的訪客，以及訪客出身的遙遠土地十分好奇。費茨羅伊寫道：

「陛下問了許多關於他們的國度和他們自己的事，希望我被容許這麼說：就同樣的一段時間而言，沒有人針對那些火地島人（Fuegian）和他們的故鄉問過我這麼多合理又中肯的問題。王后自己失去過兩個孩子，因此對那個十歲的原住民女孩特別感興趣。英國水手給她取了『火地島籃子』（Fuegia Basket）的綽號，凡是見過她的人，無不為她頑皮的個性和笑容著迷。午茶期間，王后從她的椅子起身，短暫離開房間，帶了她自己的蕾絲帽回來。她把那戴在小姑娘的頭上，然後把她的一枚戒指套進女孩的指頭，還給她一筆錢，讓她在離開英國回故鄉時買套衣服穿。」[4]

會面結束，四人向國王和王后道別。兩百英里外，那艘即將載他們回巴塔哥尼亞的船，靜靜停泊在普利茅斯港。船全名為「女王陛下的小獵犬號」。她有九十英尺長，而船員之中，有一個二十二歲、獅子鼻、除了家鄉舒茲伯利（Shrewsbury）沒人聽過的英國博物學者。這位不久前才從大學畢業的年輕人，正是查爾斯．達爾文，他很快將和費茨羅伊船長和那三個原住民會合，航向巴塔哥尼亞，那是南美洲的最南端。

❖

出身貴族的羅伯特．費茨羅伊是英國將軍之子，也是查理二世（Charles II）的非婚生曾孫，十三歲就出海，二十三歲就首度獲派為船長，但他能獲此任命是有人自殺所賜。四個月前，在為巴塔哥尼亞崎嶇不平的海岸線繪製地圖的第二年，小獵犬號還是由普林格．史托克指揮。不時寒冷、惡劣的天氣，天生易憂鬱的體質，再加上此次任務之艱巨，對史托克是沉重的負荷。沮喪的他把自己關在小船艙，拔出手槍，抵著腦門，扣下扳機。才一眨眼，小獵犬號沒有船長了，任咆哮的風在全球最危險的海域之一迎頭痛擊。

四個月後，在順利抵達烏拉圭得到補給後，小獵犬號回到巴塔哥尼亞，這一次改由費茨羅伊掌舵。有隻鷹勾鼻、外表纖弱的費茨羅伊篤信宗教、不屈不撓，是出色的官員和製圖師，他接下繪製這條海岸線地圖的任務：一條過去三百多年有數百艘船沉沒、通常全員滅頂的海岸線。隨著探險時代逐漸演變成商業和帝國主義的時代，英國崛起為世界最大的強權。為保護其貿易路線，英國必須掌控全世界的航線。而要掌控全世界的航線，不僅要擁有大批船隊，也要有正確的航海圖和地圖領路。因此費茨羅伊的任務和他不幸的前任一樣：繼續在巴塔哥尼亞沿岸，世上錯綜複雜、海事凶險的群島之一，畫出它迷宮般的島嶼和峽灣。唯有如此，英國通過此地的船舶才會更安全。

但巴塔哥尼亞雖看似不宜人居，卻未曾嚇阻原住民部落來此居住，他們雖一絲不掛，卻能光靠小獨木舟行駛嚴寒的水域。這些在十六世紀才首次與外界接觸的部落，現在時常接近船隻或登陸分隊，以便取得歐洲豐富的貿易品和工具。不過，他們有時靠交易取得，有時則用偷竊。因此，就在執行任務的第四個月，一八三〇年二月五日凌晨，費茨羅伊船長聽到有人粗野地敲打自己的艙門。他後來寫道：

凌晨三點……我被吵醒，得知〔海岸分隊使用的〕捕鯨船被……原住民……偷走了；船的舵手和兩個人划著一艘粗陋的獨木舟來我的船；那做得像一個大籃子，蓋著幾塊帆布、填了黏土，容易滲漏而難以划槳……我立刻備船，帶著夠十一個男人吃兩星期的糧食匆忙出發……前往搜尋失竊的捕鯨船。[5]

七天後，費茨羅伊和他的船員終於堵到幾個他們相信跟竊案有關的原住民。在躡手躡腳穿過灌木林、包圍原住民的營地後，船員往前衝，試圖多抓幾個原住民。這不是簡單的任務。「部落最老的婦人孔武有力。」費茨羅伊寫道：「連我們這行人中最強壯的兩個男人都差點沒辦法把她從溪堤底下拖出來。」[6]

當孩子們紛紛尖叫地跑進森林，兩男一女試著在溪畔藏身。被費茨羅伊的一名手下逼到角落，他們只好丟石頭攻擊他，想「砸爛他的腦袋」。[7]

眼看……〔那個水手〕有危險，〔一名船員〕朝其中一個火地島人開槍，他往後踉蹌，放……〔水手〕走了；但他隨即恢復過來，從溪床撿了石塊，站他旁邊的人也拿石塊給他，用兩手以驚人的力道和準度投擲。他的第一顆石頭強有力地打中船長，擊碎了掛在他脖子上的角製火藥筒，差點震得他往後栽；另外兩顆石頭則準確砸向離他最近兩個人的頭，他們勉強低下身子保命。這種情況持續了數秒鐘，他兩手並用，動作俐落：但，可憐的傢伙，這是他最後的困獸之鬥；他已不幸身中致命傷，再扔一顆石頭，他就跌到堤岸上，斷氣了。8

雖然之後大部分的原住民順利脫逃，但一個十歲女孩留了下來。費茨羅伊的船員叫她「火地島籃子」，指的就是他的手下在捕鯨船失落期間所造的那艘，像籃子一樣的舟。往後幾天，費茨羅伊又抓到三個原住民：一個約二十五歲的男人，叫他「約克大教堂」（York Minster）：一個約二十歲的男人，叫他「船的回憶」（Boat Memory，紀念那艘失竊而費茨羅伊始終沒有找回來的捕鯨船）；還有一個約十四歲的青少年，叫他「傑米．鈕扣」（Jemmy Button）。這麼稱呼男孩是因為英國船員在慫恿他從一艘滿載原住民的獨木舟踏入他們的大艇後，扔給原住民一顆亮晶晶的鈕扣「做為報償」。

由於找不到失落的船，現在費茨羅伊得決定該拿他的俘虜怎麼辦。慢慢地，一個主意在他腦海裡成形：

我相信，只要我們繼續對火地島的語言一無所知，原住民也繼續對我們的語言一無所知，我們就永遠無法深入他們，或他們鄉土的內部情況；而且依我們判斷、他們非常低的文明發展，也沒有一絲向上提升的機會。他們的字詞似乎很短，但有很多意義，他們的發音刺耳、喉音多。9

我……〔最後〕打定主意要帶那些火地島人……回英國；我相信，熟悉我們的習慣和語言，能給他們帶來莫大的好處，彌補他們與故鄉暫時的分離……我開始思考盡可能實際地教育他們，再把他們帶回火地島，或許能帶給他們、他們的同胞，以及我們哪些好處。[10]

於是，那四個原住民這會兒成了一項即興社會實驗的對象：這些赤裸裸的居民，費茨羅伊和船員眼中的「野蠻人」，有可能經由移居歐洲社會一年半載，再「帶著鐵、工具、衣服和或許可在同胞間傳播的知識回歸故鄉」，變得「文明」嗎？[11]換句話說，巴塔哥尼亞原住民有可能在短短幾年之內，從狩獵採集、信仰異教的生活方式，躍入農業和基督教嗎？

三年後，實驗第一部分完成。在「船的回憶」染上天花客死英國後，其餘三個原住民花了一年多的時間學習英文和「規矩」。然後又花了八個月的時間，在小獵犬號的第二次航程，跟著費茨羅伊回到巴塔哥尼亞。表面上，他們改變得很徹底。三人現在平常都穿衣服，說基礎英語，傑米．鈕扣尤其愛穿漂亮的西裝、背心和戴手套。

現在，當這三個人從船頭凝視暴風雨的天氣，三年來第一次重返故鄉，年輕的查爾斯．達爾文在船頭跟他們一起眺望。二十八年後，即一八五九年，他將出版《物種起源》，徹底改變世人對於自己身在自然界哪個位置的認知。但現在，身為才剛踏上漫長的環遊世界之旅，經驗尚淺、還常暈船的博物學家，達爾文滿足於觀察萬物和在日誌中記錄他的心得，包括描述那三個曾同船生活過的巴塔哥尼亞人。

前一次航程……小獵犬號……船長費茨羅伊抓了一批原住民做失落一艘船的人質……帶走兩個男人、一個男孩和一個女孩，其中一個男人得了天花死在英國：於是我們現在船上有約克大教堂、傑米．鈕扣（他的名字透露了他的買價），以及火地島籃子。

傑米．鈕扣人見人愛，但性情也挺暴躁；他的心情完完全全寫在臉上。他快快樂樂，笑口常開，非常同情處在痛苦中的人：當海水洶湧，我常會有點暈船，他都會走向我，用哀傷的聲音說：「可憐啊，可憐的朋友！」但對早已習慣（獨木舟上的）水上生活的他來說，男人會暈船實在荒謬，他常不由得撇過頭去偷笑，然後回頭再說一次「可憐啊，可憐的朋友！」他也有愛國情操，喜歡讚揚他的部落和故土……

傑米個子矮胖，但對於他的外表挺自負的；他老是戴著手套，頭髮理得整整齊齊，而如果他擦亮的鞋子髒了，他會很沮喪。他喜歡照鏡子欣賞自己……[12]

火地島籃子是個善良、端莊、含蓄的小姑娘……學什麼都很快，特別是語言。當她被短暫留在里約熱內盧（Rio de Janeiro）和蒙特維多（Monte Video，今烏拉圭首都）的岸上時，她很快就學會一些葡萄牙語和西班牙語，而她對英語的了解也是如此。不管誰注意她，約克大教堂都會吃醋，因為他已打定主意，等他們在岸上安頓下來，他就要娶她為妻。[13]

最後，一八三三年一月，前一次造訪三年後，小獵犬號又停泊在巴塔哥尼亞的西南岸。費茨羅伊船長馬上派出四艘小艇沿比格爾海峽而上，意在將約克大教堂、傑米．鈕扣和火地島籃子送回家鄉。達爾文與他們同行，後來寫道：

這個費茨羅伊船長在前一次航程發現的海峽，是這個區域，或說任何其他國家最顯著的地理特色：那一串湖泊與峽灣，或可和蘇格蘭尼斯湖（Loch Ness）谷地媲美。那大概有一百二十英里長，寬度平均約兩英里而沒有太大的變化；它非常筆直地貫穿廣大的地區，放眼望去，夾在兩岸的山脈之中，遠方逐漸變得朦朧……傑米．鈕扣的部落和家人就住這裡。[14]

費茨羅伊起初以為四個原住民屬於同一個部落，後來才漸漸明白，他們其實分屬兩個不同的族群。進一步詢問他的俘虜後，費茨羅伊得知巴塔哥尼亞南端和火地島上住著為數眾多的部落，各有各的語言和習俗。約克大教堂和火地島籃子說一樣的語言、都來自阿卡魯夫（Akalufe）部落。傑米．鈕扣則說不一樣的語言，來自自稱雅馬納的部落。因為天氣惡劣，無法再往東走、將約克大教堂和火地島籃子送回他們原本的島嶼，費茨羅伊決定將三人一同送至傑米．鈕扣的家鄉；約克大教堂和火地島籃子要船長放心，他們有辦法順利乘獨木舟回家。當費茨羅伊和達爾文沿納瓦里諾島（Navarino Island）航行時，不一會兒就在岸邊看到原住民的蹤影。達爾文寫道：

晚上，〔我們到達的〕消息迅速傳開，一大早……一……群屬於〔雅馬納〕，即傑米部落的〔原住民〕就來了。他們之中好幾個人急速奔跑，跑到鼻子流血，嘴巴也因話講得太快而吐白沫；他們赤裸的身體全都塗著黑、白、紅色，看來像許多著了魔而不停戰鬥的人。然後我們（在十二艘每艘都坐了四、五個人的〔原住民〕獨木舟陪同下）繼續沿著龐森比峽灣（Ponsonby Sound）前往可憐的傑米希望能找到母親和親人的地點〔烏萊亞灣（Wulaia Bay）〕。他已經聽說他的父親死了；但因為他「夢到過了」，他似乎不以為意，且反覆以這個非常自然的想法安慰自己說：「我幫不上忙。」因為親人絕口不提，他沒辦法得知有關父親過世的詳情。15

在從英國返鄉的航程上，傑米有天確實透露他做了一個夢，夢中有個訪客告訴他，他父親已經死了。從那一刻起，傑米就深信他的父親已於他不在時過世，而他一回到家便證實了這件事。達爾文不了解的是，在雅馬納人之間，親人不會說死者的事，那是禁忌。不過他們會精心籌備葬禮，表達對死者的哀慟。既不了解他們的文化，也不了解他們的語言，達爾文把雅馬納人低調的迎送風俗，錯解成缺乏同理心的證據。他後來這麼寫：

隔天早上我們到達後……火地島人開始蜂擁而至，傑米的母親和兄弟也來了……他們的重逢比一匹馬重回原野還無趣。沒有人表露情感；他們僅只短暫相視一會兒，母親便回去顧她的獨木舟了。16

那一家人看似毫無感情的團圓場面，令達爾文和費茨羅伊大為震驚，也讓兩人認定，這又是「野蠻」的證據。怪的是船長似乎從來沒想過，把一個青少年抓走、用船載他到遙遠異鄉那麼多年會不會給人家帶來困擾，況且當然未徵求那家人的同意。達爾文很快從約克大教堂那裡得知，傑米的母親「一直為失去兒子傷心欲絕……而且到處找他，認為他在被帶上〔英國〕船後，說不定會被留在〔某個地方〕」。[17]換句話說，對於孩子失蹤之事，傑米的母親和世上任何母親一樣急得快瘋了。但她無能為力。

反觀火地島籃子，就真的是在至少一個同行的成年人被槍殺後，被抓去當人質。雖然費茨羅伊和他的船員認為船是雅馬納人偷的，但他們不了解的是，雅馬納人什麼都和眾人分享。某個人積聚財富卻讓同伴一貧如洗，是匪夷所思的事。對雅馬納人來說，發現一艘被遺棄而裝備齊全的船，相當於發現一頭擱淺的鯨。那艘船上的東西，想必不用多久就被瓜分殆盡了。

在抵達一星期、協助搭建兩間「棚屋」（wigwam）、挖了菜園、放置大批英國貨品做交易後，費茨羅伊和他的船員向三個原住民俘虜道別，留下一位年輕的英國國教傳教士理查·馬修斯（Richard Matthews）。馬修斯自願陪伴這三個巴塔哥尼亞人，好讓他們的同胞「皈依基督」。雖然達爾文對於把一名才二十一歲的傳教士遺棄在這種荒郊野外抱持疑慮，但費茨羅伊決心要在納瓦里諾島建立「文明」的灘頭堡。他希望能在此建立新的社區，成員包括那名傳教士、三個「部分開化」的原住民，或許還有傑米·鈕扣的一些家人，耕作數座已種植蕪菁、馬鈴薯、洋蔥和甜菜的菜園。那名年輕的傳教士是「非神職的傳道師」（lay catechist），被英國國教教會委以在世界各地「播種」新會眾的責任。因此，當馬修斯協助種菜時，他也保持同樣決心栽種基督教，同時傳播英語，希望它成為當地新的通用語言。

然而，又勘探了一個星期後，費茲羅伊決定在小獵犬起碼要離開整整一年之前，最後一次造訪新的聚落。他很訝異地得知，他的傳教計畫已迅速陷入嚴重的混亂。如達爾文後來寫道：

> 我們一離開，習慣性的劫掠就開始了。原住民一再成群結隊前來：約克和傑米失去很多東西，〔傳教士〕馬修斯更是幾乎失去所有沒有藏到地下的一切。每一件物品似乎都被原住民拆毀、瓜分了。馬修斯描述他不得不做的看守惱人至極；夜以繼日都有原住民圍著他，試著在他耳邊發出持續不斷的噪音使他筋疲力竭。一天，馬修斯要一個老人離開他的棚屋，老人離開一下就回來，手裡拿著一顆大石頭；還有一天，一大群人帶著石塊和棍棒前來，有些較年輕的男人和傑米的哥哥不斷吼叫。[18]

還有一次，一群原住民清楚表示他們想剝掉年輕傳教士身上的衣服，並拔光他身上的毛。他們打算用淡菜殼做成的鑷子拔，彷彿傳教士是鴨子或海鳥什麼的。不過，這很可能只是要讓馬修斯看起來比較像他們，助他融入。但馬修斯已經受夠了。原住民已經蹂躪菜園，已經奪走、重新分配他的生活用品。擔心小命不保、無疑也受到嚴重文化衝擊的馬修斯，要費茲羅伊載他回去。於是，歷經一年多的準備和七天的宣教，他在巴塔哥尼亞的傳教志業就此結束。

同樣就此結束，或看似結束的，是費茨羅伊為期三年、「開化」這個地區的實驗。雖然失望，費茨羅伊仍希望「他把〔傑米、約克大教堂和火地島籃子〕帶回英國的動機，能得到〔原住民〕的諒解和感激」，而納瓦里諾島上的土壤不僅播種了歐洲菜園的植物，也扎下「文明」的根基。

但並未在這場社會實驗投入心血，因此觀察較謹慎的達爾文，則這麼寫道：

把我們的火地島人留在他們未開化的同胞那裡，是相當可悲的事……可憐的傑米看來頗哀傷，他一定比較想跟我們回去吧。我擔心不管他們的英國之行還會產生什麼影響，都無助於他們的快樂。他們絕對聰明得不至於看不出文明的習慣遠比不文明優越……我怕他們會故態復萌……我擔心他們〔到英國〕的旅行對他們毫無用處。[19]

大約一年後，一八三四年三月五日，達爾文的預感成真，費茨羅伊的希望破滅。兩人回到烏萊亞灣，最後一次尋找他們三個原住民朋友。費茨羅伊在上岸後寫道：

我留給約克、傑米和火地島住的棚屋雖完好無缺，但已空無一人：菜園已被踐踏，但我們拔了並吃了一些中等大小的蕪菁和馬鈴薯，表示它們仍在這個地區生長。放眼望去，看不到半個人影……令人焦慮的一兩個小時過去，在船繫泊後，三艘獨木舟出現……從現在稱鈕扣島（Button Island）的地方快速朝我們划過來。透過玻璃我看到……一張我認得但叫不出名字的臉。「我一定見過那個人。」我說……〔然後〕他銳利的眼神看到我，突然把手放到頭上（像水手摸帽子），這個動作立刻告訴我，他是傑米・鈕扣。[20]

費茨羅伊十三個月前最後一次見到傑米時，傑米穿著長褲、襯衫和鞋子，勤奮地在菜園裡工作。現在船長驚訝地看到，他的得意門生傑米・鈕扣，就在那坐滿兩艘獨木舟，頭髮纏結、身體塗滿海豹油脂的裸體「野蠻人」之中。費茨羅伊後來寫道：

多大的變化啊！我無法按捺我的感覺，而我當然不是唯一為他骯髒可鄙的外貌震驚的人。他跟他的同伴一樣赤身裸體，只有腰部圍了點毛皮；他的頭髮也跟他們一樣長而糾結；他瘦得皮包骨，兩眼被煙燻黑。我們趕過去，立刻幫他穿上衣服，半小時後，他已和我坐在艙房裡用晚餐，恰當地使用刀叉，每一個舉動都非常正確，彷彿未曾離開我們似的。他會說的英文跟以前一樣多，而令我們吃驚的是，他的同伴、妻子、兄弟和兄弟的妻子，跟他說話時都會夾雜蹩腳的英文詞語……我以為他生病了，但他出乎意料地說他「身強體壯，先生，好得不得了」，說他一天也沒生過病，快樂又滿足，不希望改變他的生活方式。他說他有「充足的果實」、「充足的鳥」、「雪〔冬〕季有十隻原駝」和「吃不完的魚」。[21]

達爾文也提到，雖然傑米外表看似「汙穢不堪」，但是他告訴我們：

他有「太多」（意思是夠多）東西吃、不會冷、親戚都是好人，所以他不想回英國……現在我毫不懷疑，假如他未曾離開自己的家鄉，他會跟現在一樣快樂，或許更快樂。[22]

傑米接著解釋，前一年在費茨羅伊和達爾文離開不久後，約克大教堂就在某天晚上偷走傑米大部分的東西，包括衣服，然後跟火地島籃子偷偷乘坐大獨木舟去他們自己的島了。傑米說，他每天都在照顧花園裡長出來的豌豆、豆子和其他蔬菜，但那些都被他的同胞踐踏了。另外，歐洲人蓋的棚屋太高，冬天無法禦寒，他們只好拋棄，再蓋傳統的。當費茨羅伊看著傑米微笑、滿足地用完餐，他一定不由得想起他為這項實驗投入的龐大心血，或許也想到「船的回憶」在英國得天花病死的事。無疑想補救什麼，他寫道：

我仍不禁希望，傑米、約克和火地島等人及火地島其他原住民的來往或許能帶來一些好處，不管多微不足道。也許日後某個發生船難的海員能得到傑米．鈕扣子女的幫助和善待；這是因為他們想必已耳聞其他土地的傳統，也知道（就算只是略知）他們對上帝和鄰居的責任。[23]

隔天，當小獵犬號準備離開這個地區，傑米回到岸上，但在那之前已留了禮物給他的英國朋友。在水手張開船帆之際，達爾文看到傑米「點了烽火，煙冉冉而升，向我們訣別，目送船駛進開闊的海域。」[24]

達爾文和費茨羅伊就此離開，不再回來，開啟各自的命運：一邊是永垂不朽的遺產，一邊是無可挽回的悲劇。雖然費茨羅伊和達爾文都是英國國教徒，但在小獵犬號航行期間，費茨羅伊愈來愈虔誠。反觀達爾文，因為無法把他在旅途中觀察到的化石紀錄，與《聖經》訴說的造物故事兜攏起來，慢慢開始懷疑《創世記》一卷，進而懷疑整部《聖經》。他後來寫道：

雖然我在小獵犬號上時仍十分傳統，記得有一次曾因引述《聖經》為無可反駁的權威而被數名軍官（雖然他們自己也很傳統）恣意嘲笑……但我已逐漸覺得……《舊約》，從那顯然不真實的世界史……從它將暴君的復仇念頭歸因於上帝，並不比印度人的聖書，或任何野蠻人的信仰可信……

進一步反省：要讓神志正常的人相信那些支撐基督教的奇蹟，需要最明確的證據，而我們愈了解自然的不變法則，那些奇蹟就愈站不住腳……我愈來愈不相信基督教是神示了。

我非常不願割捨我的信仰……但我發現，即便給我無限的想像空間，也愈來愈難杜撰足以說服我的證據了。因此，「不信」開始在我身上蔓延，雖然速度非常緩慢，但終究蔓延全身。[25]

在此同時，跟達爾文一起吃飯的費茨羅伊船長仍堅信《聖經》不僅該當做宗教文本來讀，也是史實。費茨羅伊相信，像傑米和雅馬納人這樣的巴塔哥尼亞人，最早一定是從中東遷徙過去的，因為他們無疑是亞當和夏娃的孩子。他們的皮膚之所以比英國人黑，費茨羅伊推論，是因為如同非洲黑人，巴塔哥尼亞人一定也是該隱（Cain，亞當夏娃的長子，殺了弟弟亞伯）的子孫。這兩個族群皮膚較黑，是他們不名譽的祖先行惡留下的「汙跡」所致。慢慢地，當巴塔哥尼亞人的祖先遷出聖地，這樣的族群必已忘卻他們來自何處，忘了書寫、農業、硬幣和衣服，直到抵達南美洲最底下的時候，他們已經變成「不折不扣的野蠻人，任憑自己多努力，也無法從如此低等的情況提升一步」。[26]

費茨羅伊在一八三九年出版的著作《冒險號及小獵犬號勘測航海記》（*Narrative of the Surveying Voyages of His Majesty's Ships Adventure and Beagle*）其中一章發表了他的巴塔哥尼亞人起源論。[27]達爾文則要到二十年後，才於《物種起源》發表他思索的結果。達爾文這本著作，當然徹頭徹尾改寫了《創世記》：人不是上帝依祂自個兒的形象創造，**而是從其他動物演化而成**。在拿到達爾文送他的書後，費茨羅伊提筆寫了回信：「我親愛的老友，你認為人類是最古老猿猴的後代，而我在你這種想法中，找不到任何『高尚』之處。」[28]讀了達爾文的書，這位已退休的船長顯然嚇到魂都飛了。

✣

一八六〇年六月三十日星期三，牛津大學。將近一千人，包含學生、教授、科學家和新聞記者，魚貫進入自然史博物館，表面是要聆聽一份關於植物性徵的報告，但真正的誘因是可望在報告後就查爾斯．達爾文最近發表的演化論，以及他顯然牴觸《聖經》若干段落的觀點辯論一番。大家也知道，牛津主教塞繆爾．威爾伯福斯（Samuel Wilberforce，知名雄辯家，也是英國上議院議員）也在這群盛裝打扮、戴帽穿靴繫領帶的維多利亞時代觀眾之中，且將於報告後發言。威爾伯福斯參與了牛津自然史博物館最近的營造，為了研究他口中「上帝創造的奇蹟」。大家都知道他一定會猛烈抨擊達爾文激進的新理論。達爾文已稱病缺席。不過仍有幾個他最忠實的支持者與會，例如寫過多篇評論肯定達爾文著作的知名動物學家湯瑪斯．亨利．赫胥黎（Thomas Henry Huxley），以及知名植物學家兼達爾文最好的朋友約瑟夫．道爾頓．胡克（Joseph Dalton Hooker）。也在現場，就坐在觀眾席中央、手上抓著一大本《聖經》的，是現年五十四歲的羅伯特．費茨羅伊。這位前海軍船長已發表聲明，當年他有那麼多人可選，偏偏挑了那位年輕博物學家陪他度過小獵犬號的航程，如今他深感羞愧。讓他加倍困窘的是，他在無意間協助催生了達爾文褻瀆神的理論。認識他的人都看得出來，這點讓他「苦不堪言」。[29]

在一個半小時雜亂無章、某位觀眾後來形容為「空洞」的植物演說後，觀眾終於感覺到他們等待已久的攤牌開始了。身穿飄垂的議員長袍、頸掛十字架的威爾伯福斯上台。緩慢而戲劇性地，主教不出所料，開始譴責達爾文「怪誕」的理論，廣大而悶熱的房間頓時熱鬧起來。主教指出，達爾文的理論，依據《牛津期刊》（*Oxford Journal*）的紀錄：「這並非建立於哲學原理，而是幻想之上，他〔威爾伯福斯〕否認世上曾經發生過達爾文先生所提出的那種，從一個物種演變成另一個物種的例子……並在歡呼聲中做了結論，譴責這種理論對人類是種侮辱，且是建立於幻想，而非事實上。」[30]

威爾伯福斯的職業正是擔任神與人之間的媒介，他轉向動物學家湯瑪斯・赫胥黎，以一句嘲弄和羞辱總結他的演說，期刊記者寫道：「（威爾伯福斯）很想知道，他〔赫胥黎〕是不是從他的祖父或祖母那兒得知自己是猿猴後代的？」[31]

據說這時三十五歲的赫胥黎靠向身邊的朋友，低聲道：「主把他交到我手上了。」[32]深色頭髮、留了長鬢角、才華橫溢、主要靠自學的赫胥黎，現在上台了。他後來寫道：「我上台講話的大意是：我原本聚精會神地聆聽主教的演說，卻聽不到其中有新的事實或論點，只聽到對我個人就祖先這件事的偏好所提出的問題。我原本沒想到要提出這樣的主題來討論，但我已準備好就這領域一會主教大人〔威爾伯福斯〕，如果他問我的問題是，我比較希望有可悲的猿猴當祖父，還是一個得天獨厚，擁有各種絕佳的影響途徑，卻僅僅為了將嘲弄帶入嚴肅的科學問題，就濫用那些才能與影響力的人，我會毫不猶豫選擇猿猴。」[33]

在擁擠的房間裡，一位女士一聽到赫胥黎反唇相稽就暈倒了，得抬到外面去。現在觀眾紛紛吼叫、大笑，陷入騷動。在混亂之中，一位身著海軍少將制服的灰髮男士站起來，將一大本《聖經》高舉過頭，試著讓大家聽到他說話。他是羅伯特・費茨羅伊，現任倫敦氣象部部長，已不再意氣風發。達爾文的書令人深惡痛絕，這位前海軍船長大叫；達爾文的概念牴觸《創世記》。一名觀眾寫道：「他先用兩隻手，後改用一隻手把《聖經》舉到頭頂上，〔他〕莊重地懇求觀眾相信神，別相信人。」[34]

但在那麼大的騷亂中，沒什麼人聽到前船長說話。沮喪的費茨只好默默離開。五年後，五十九歲的費茨羅伊變得更容易憂鬱。一天早上，這位前海軍船長走進自家浴室，劃開他的喉嚨。女王陛下的小獵犬號的第二任船長也自殺了。

✣

我在四月，巴塔哥尼亞的初秋抵達烏蘇懷亞（Ushuaia）。烏蘇懷亞位於比格爾海峽的阿根廷側，火地島的最南緣。這是個港口鎮，依偎在重重覆雪山脈底下的U型海灣上。這些山脈本身是安地斯山最南的延伸，一條逐漸變細、不連續的灰色花崗岩山脊，看來跟鯊魚從下頷骨突出的牙齒一樣裸露而參差。

烏蘇懷亞是雅馬納語，意思是「向西的內港」。這裡有各式各樣的A字形屋頂住家和鐵皮屋頂建築，也像滑雪度假村。我走下主街聖馬丁大道（Avenida San Martín），街上簇擁著玻璃外觀的餐廳。很多餐廳擺出在火上烤的羊排串。行人慢慢經過，裹緊夾克，有些往港口而去，那兒有船開往南極洲。我停在一家麵包店前，買了一根塞滿甜「manjar blanco」（白巧克力混合物）的熱西班牙油條（churro），然後經過比格爾魚市場（Pesquera del Beagle）。魚市場的前窗畫了一大隻南帝王蟹（southern red king）那樣五英尺長的龐然大物，看來比較像外星生物而非地球上的東西。帝王蟹可以在深達兩千英尺的黑暗中快步走。鎮的上方聳立著一座濃密的山毛櫸和常綠樹林，一路綿延到山脇。既是秋天，樹木換上一身赭紅、芥末或淡黃；有些被北風吹到永遠彎折，曾有船員拿那種樹幹做搭船用的彎曲支架。在樹木線的後方，是遼闊的赤裸黑色岩石，再後面則是皚皚的冰雪。因為烏蘇懷亞在最南，這裡的雪線從一千五百英尺就開始了。

這個城市的街道從吃水線一路陡直地爬到山丘，像巴塔哥尼亞版的舊金山；街角處處裝飾著寫了「羅伯多・費茨羅伊」（Roberto Fitz Roy）、「卡洛斯・達爾文」（Carlos Darwin），甚至「火地島籃子」的路標。一八三三年一月中旬，達爾文、費茨羅伊、傑米・鈕扣、約克大教堂和火地島籃子在乘坐四艘小船前往比格爾海峽另一端、納瓦里諾島的途中，經過這個尚無人居住的海灣；那是他們把傑米等人從英國送回故鄉的最後一段航程。達爾文寫下：

當我們沿著比格爾海峽前進，景色愈見獨特而壯麗……這裡〔烏蘇懷亞灣周圍的〕山脈約高三千英尺，山頭嶙峋而參差。它們從海邊一路綿亙攀升，覆蓋著黝黑的森林到一千四、五百英尺高。[35]

傑米的部落雅馬納居住在比格爾海峽的兩側，會一家人乘樹皮做的獨木舟橫渡遼闊的水域，住在岸邊許多臨時的營地。毫不意外，在費茨羅伊和達爾文於一八三四年最後一次離開後，幾乎沒有人在講那三個原住民去過英國的事了。但在接下來五十年，偶有外國船員見到傑米或火地島籃子：他們想必大出意外地看到一艘樹皮獨木舟從某個荒涼的岸邊駛進他們的船，而一個赤身裸體、長髮纏結的「野蠻人」用英語跟他們打招呼。一個曾於一八五五年來到烏萊亞灣、在費茨羅伊離開超過二十年後巧遇傑米·鈕扣的英國船員寫道：

噢，太驚人了！好怪異的東西！嚇死人了！有個眼睛混濁、外表骯髒、赤身裸體的野蠻人跟船長說話，說得跟我們一樣清楚；如果他沒有像在客廳長大，而像在這個鬼地方出生那樣斯文，我就不得好死。真的太詭異了，整件事都是如此……好多野蠻人對我們彬彬有禮，而現在其中一個說話跟我們一樣清楚！真的嚇壞我了！[36]

十四年後，一八六九年，倫敦南美傳道會（South American Missionary Society）在烏蘇懷亞設立聖公會（Anglican，即英國國教）佈道團，包括在周圍數間雅馬納小屋之中，建了一間二十英尺長、十英尺寬的金屬屋。兩年後，一位年輕的英國傳教士湯瑪斯·布里奇斯來此接任團長。他二十九歲、身高超過五英尺半，有一頭捲曲黑髮、深色眼睛和高額頭。結縭兩年的英國妻子瑪麗（Mary）也跟他一起來。兩人很快生了兒子路卡斯（Lucas）：史上第一個在烏蘇懷亞出生的非原住民。多年後，路卡斯寫到他爸媽初來乍到時可能見到的情景：

他們往岸邊划……這烏蘇懷亞，她〔布里奇斯的妻子瑪麗〕耳聞已久的地方，陌生、奇特，有點令人害怕。在〔小卵石〕海灘後面，草地綿延到距岸邊不及四分之一英里之處，就碰上突然陡直起來的〔山丘〕。在海岸和山丘之間散布著棚屋，一半埋在地下、用樹枝搭建、草皮和牧草鋪頂的茅舍，氣味刺鼻……煙味、腐壞的鯨脂或扔在屋旁的垃圾所散發的氣味。棚屋四周有些黑色人影，有些披著水獺的毛皮，其他則幾乎一絲不掛，他們或站或蹲，好奇地凝視小船接近海灘。

有些獨木舟被拉著靠在〔岸邊〕……另一些則有女性坐著捕魚，或緊挨著縱帆船划槳，試著拿魚或帽貝交換刀子或外國人引進的美味佳餚，餅乾、糖等等。這些……〔人〕四處漫遊，想來看看白人要到烏蘇懷亞做什麼。37

湯瑪斯・布里奇斯嬰兒時遭遺棄，被放進籃子留在英國布利斯托的一座橋上（故姓Bridges），為傳教士收養。他的繼父母後來搬到阿根廷南部外海三百英里的福克蘭群島（Falklands）。一八五〇年代晚期，福克蘭的傳教士已開始從巴塔哥尼亞載運少數雅馬納印第安人到克佩爾島（Keppel Island）的福克蘭佈道團，以便學習他們的語言並讓他們皈依基督。和那些雅馬納人及其子女一起長大的布里奇斯，最終成為第一個能說一口流利雅馬納語的非本地人。布里奇斯也是在克佩爾島開始寫下雅馬納的字詞，而這個一輩子的興趣最後成就了世上唯一一部雅馬納字典。而在學習雅馬納語的同時，布里奇斯也慢慢了解，許多知名的探險家完全誤解了雅馬納人，包括達爾文，他相信這些短小精幹的原住民曾是食人族。如其子路卡斯後來在經典著作《地球極遠處》（*The Uttermost Part of the Earth*）中所述：

相信火地島人是食人族並非查爾斯．達爾文對他們唯一的誤解。〔達爾文〕聽他們說話，以為他們一再重複同樣的詞彙，因此推論整個雅馬納語只包含約一百個單字。我們這些從小學〔雅馬納語〕的人就知道，雅馬納語固然有其限制，卻絕對比英語和西班牙語來得豐富而生動。我父親的……字典……收錄了不下於三萬兩千個〔雅馬納〕單字和詞形變化，而且這個數字或許還可大幅增加，而不背離正確的語法。[38]

例如，英語只有一個單字「snow」代表「雪」，雅馬納語卻有五個不同的單字；英語關於親屬關係大約有十七個單字，雅馬納語則約有五十個，諸如此類。

布里奇斯對雅馬納人了解得愈多，就愈敬重他們在一個先前歐洲人無法生存的地區欣欣向榮的能力。例如二十年前，一群聖公會傳教士試著在比格爾海峽的皮克頓島設立佈道團。那七個人不會講當地語言，也沒有在巴塔哥尼亞打獵捕魚的經驗，就慢慢餓死了。在領導該團的牧師屍體旁，發現了他在精神錯亂下所寫的一封信的碎片，提到一名團員的死：

我們另一個小同伴也蒙主寵召了。我們親愛的死去弟兄在星期二下午離開〔拖上岸的〕

船，一去不返。他必定已在他的救贖者面前，他夜以繼日……就算沒有食物……也忠實服事的救贖者，上了天堂。39

數百年來，同樣的戲碼反覆在別處上演，就從一五八三年西班牙試圖殖民這個地區開始。那一年，西班牙派出二十四艘船前往巴塔哥尼亞。其中八艘陸續在激烈暴風雨中沉沒，隨後又有十二艘放棄遠征。碩果僅存的四艘進入麥哲倫海峽，讓三百名西班牙殖民者在海峽北岸的某個海灣下船。結果三百人全部餓死，於是這個地區後來貼切地命名為飢餓港（Port Famine）。在湯瑪斯．布里奇斯抵達烏蘇懷亞之際，歐洲探險家已經幫巴塔哥尼亞的崎嶇地形取了好幾個名字，來描述他們與自然力的生死搏鬥：飢餓港、荒蕪之島（Desolation Island）、狂暴港（Fury Harbor）、無用灣（Useless Bay）、悲慘峰（Mount Misery）等等。

反觀雅馬納人和他們的祖先在巴塔哥尼亞的島嶼和海峽間好端端地活了至少六千年。一如其他許多原住民族群，他們用名稱描述這片土地的生態，這也反映了他們對這片土地的了解。例如「Tushcapalan」意為「會飛大頭鴨的海草島」；「Lapa-yusha」意為「海螺殼的海岸」；「Tuwujlumbiwaia」是「黑鷺港」等等。他們賴以為生的食物，例如海豹、鸕鷀（cormorant）、企鵝、魚、鳥、蛋、淡菜和貝類都充足無虞，如果你知道在什麼時候上哪兒找的話。烏萊亞灣據說是生物學的仙境，那是雅馬納人在納瓦里諾島地盤的中心，也是達爾文和費茨羅伊送回傑米．鈕扣的地方。這個海灣有遮蔽、水淺，擁有數不清的生態利基，為深諳如何採收的人提供豐富多樣的食物。正如傑米・鈕扣在和費茨羅伊最後一次見面時對震驚的船長所言，他「身強體壯，先生，好得不得了。」而且有「充足的果實」、「充足的鳥」、「雪（冬）季有十隻（約兩百磅重）的原駝」和「吃不完的魚」。

的確，布里奇斯逐漸了解，雅馬納人不只知道怎麼捕魚，也知道怎麼叉海豹和海獅、潛水採集淡菜和貝類、造獨木舟、搭屋子、嫻熟地在巴塔哥尼亞難以捉摸的海域航行、進行重要的儀式、講述神話、嫁娶、養育子女，而且樂在其中。就連對人類學一無所知、而將雅馬納人視為「野蠻人」的查爾斯・達爾文，也看出傑米「不想回英國」。但達爾文固然憎惡纏結的頭髮和海豹油，卻也能夠了解問題的癥結：「野蠻人」在他的自然環境裡是否心滿意足。達爾文寫道：「現在我毫不懷疑，假如（傑米）從未離開他的家鄉，他會跟現在一樣快樂，或許更快樂。」[40]

到頭來，雅馬納人的致命弱點不是巴塔哥尼亞「不宜人居」的自然環境，而是他們「擁有」兩種令外國人垂涎的資源。首先是新發現的聯繫歐亞兩洲的航道：雅馬納人不巧住在沿線上。再來是豐富的海洋生態：在附近海域生意盎然的企鵝、鯨、海獅和其他海生動物。比方說，歐洲人和美國人都覬覦鯨（特別是抹香鯨）的油脂，也想要海豹的毛皮。事實上，費茨羅伊在一八二八至一八三〇年的第一次巴塔哥尼亞航程中，就對當地豐富的野生動物驚嘆不已：

> 在漲潮時的狹窄水道，海裡有滿滿的魚；海上盤桓著……鸕鶿和其他海鳥，貪婪地捕食閃來躲去的小魚；還有鼠海豚和海豹，成千上萬隻，我們經過時看到牠們四處嬉戲玩耍。鯨

在這一帶也不少，或許是因為這裡盛產牠們的主食小紅蝦〔磷蝦〕的關係。[41]

值得嘉許的是，費茨羅伊非常清楚自己看到了一條食物鏈。確實，巴塔哥尼亞沿海地區坐擁世上物產最豐饒的海洋湧升流。和雨林一般錯綜複雜的完整食物鏈在此蓬勃繁盛，最底層是微小的浮游生物，頂層有烏賊、圓鱈、海豹、信天翁、鯨，以及數千年來在比格爾海峽一帶，揮舞魚叉的雅馬納原住民。這裡的海水或許冷，甚至冰，卻充滿可以獵取的野生生物。

在小獵犬號最後一次造訪的十一年後，未來將成為作家的二十二歲水手赫爾曼．梅爾維爾在一八四四年繞過合恩角、穿越雅馬納人的地盤。梅爾維爾的船隸屬一支名副其實的歐美捕鯨獵海豹艦隊。在梅爾維爾最著名的小說《白鯨記》（*Moby Dick*）中，主人翁以實瑪利（Ishmael）解釋，他為什麼要在世界如此遙遠的角落尋鯨：

> 最主要的動機是那頭一想到就無法按捺的大鯨。如此不祥又神祕的巨獸激起我旺盛的好奇……這些，加上巴塔哥尼亞一千種令人驚嘆的景象和聲音，助我燃起欲望。對其他人來說，這樣的事物也許構不成誘因，但我卻長久渴望遙遠的事物，為此受盡折磨。我熱愛航行禁忌的海域、登上原始的海岸……〔雖然〕要跟這地方所有居住者保持友好並不容易。[42]

就在梅爾維爾到訪前幾年，另一艘美國捕鯨船、可能期望與當地「居住者」保持友好的船員，驚訝地看到一名裸女划樹皮獨木舟向他們而來，還用英語跟他們打招呼。那正是從英國回來十二年的火地島籃子，那位巴塔哥尼亞唯一會講英語的女人。據船員表示，火地島籃子高喊：「你好嗎？我去過普利茅斯和倫敦！」後來，她用英語和船長對話，並「待了幾天」。然後，一如來時突然，她爬回她的獨木舟，迅速消失在崎嶇不平、海水圍繞的陸岬之間。43

✣

在烏蘇懷亞，我沿著一個伸入海灣、形成港口一岸的半島漫步。這座迎風的半島覆蓋著黃色長草，提供眺望比格爾海峽的絕佳視野。遠處，隱約可見納瓦里諾島，一抹有白色山脈的綠；東邊則是城市所在，沿著港口的北岸延伸。我在半島流連，尋找昔日聖公會佈道團和湯瑪斯・布里奇斯住所的遺跡，刺骨寒風逼得我拉緊夾克的拉鍊。烏蘇懷亞已經沒有聖公會教堂，但有一座天主教的慈母教堂（Nuestra Señora de La Merced）。聖公會佈道團在一九一〇年關門大吉。我經過幾棟老舊的海軍建築，白色油漆剝落，數支生鏽的大錨遺棄門前；然後我爬過一道金屬柵欄，在峭壁頂端，終於發現一座約五英尺高的三角形紀念碑，標明是布里奇斯住所的遺址。紀念碑上釘了琳琅滿目的小銅牌，其中一個在一九九八年拴上的寫道：

紀念百年前在此逝世的聖公教會傳教士：

湯瑪斯・布里奇斯，一八九八年七月十五日

全場只有這一小塊匾額告訴我們，這裡是英國人在烏蘇懷亞最早的殖民點。畢竟，英國人在此地不受歡迎，碼頭有座大得多的紀念碑寫著「Las Malvinas son Nuestras」，意思是「福克蘭是我們的」。那是在福克蘭戰爭後立的碑，「福克蘭」用的是該群島的西班牙名「Las Malvinas」。

布里奇斯在這座半島住了十二年，慢慢教導一批定居的雅馬納人歐洲農業的技藝，以及如何飼養綿羊和乳牛。某種意義上，他們是在巴塔哥尼亞沿岸狹長的荒地複製歐洲的生業模式。一八八二年，即布里奇斯抵達十年後，法國醫師保羅．希亞德斯（Paul Hyades）拜訪佈道團。醫師隸屬一支待在附近奧斯特島（Hoste Island）的法國科學考察隊，對佈道團的居民感到好奇。他後來寫道：

> 乍看這寥寥無幾的英國房舍，不禁令人心生憂鬱，屋子的材料都是從歐洲運來的，設在這陰鬱的環境，彷彿遺落在世界的盡頭……當你上岸，看到那些當地人……穿著衣服、擁有頗舒適的小屋，有的甚至擁有維護良好的菜園……但沒有一個看來比我們剛離開的（奧斯特島上的）火地島人快樂，他們赤身裸體划著獨木舟尋找日常糧食，想去哪裡就去哪裡。[44]

後來，人類學家發現對雅馬納人來說，光著身子是實用的策略。因為常下雨、常濺水花，衣服很快會濕，而且沒辦法乾，所以雅馬納人乾脆不穿。反之，他們會在身上塗海豹油或鯨油做為防護性的隔離，且不管去哪裡都會帶著火。潛入冰冷的水裡撿淡菜和貝類是女性的工作，男人則負責生火、造獨木舟、獵海豹和其他動物。如果身體濕了，雅馬納人會到最近的火旁烘乾。反觀在巴塔哥尼亞弄濕衣服的歐洲人，就常死於肺炎或失溫。當傳教士開始堅決要求原住民穿衣服，許多雅馬納人隨即喪命。傳教士也太晚才知道就連雅馬納人纏結的長髮，傳教士鼓勵他們剪掉的長髮，也有禦寒之用。更糟的是，常去佈道團報到、因此試著改穿濕答答的衣服、理短髮、採用定居生活方式的雅馬納人，也染上歐洲人帶來的疾病。法國醫生希亞德斯後來寫道：

> 不只一個在……〔烏蘇懷亞〕度過一兩年，藉由工作和良好行為取得小房子和一小塊耕地的〔雅馬納人〕，忽然了無遺憾地離開他們所有財產，重返獨木舟生活。這些野蠻人明白定居在……〔烏蘇懷亞〕的人，都會迅速喪失用傳統方式滿足自身需求的習性。他們的兒子不再懂得怎麼打造獨木舟，或獵捕……〔水獺〕或海豹用的魚叉，而且他們發現自己得仰賴英國人的恩賜才有東西吃。他們逃離〔烏蘇懷亞〕……也是因為那裡的疾病，不論是肺癆或其他外來疾病，比其他地方來得要命。45

除了逐漸失去自身文化和暴露於外來疾病，還有一件同樣危險的事情隱隱浮現：喪失本地原生的食物。

「海豹及海獅群棲地的破壞，開啟了雅馬納人和其他海岸游牧民族的覆滅。」人類學家厄內斯多・皮亞納（Ernesto Piana）表示。體格精瘦、頭髮灰白的他已在烏蘇懷亞一帶工作三十年，身為阿根廷老菸槍，他對巴塔哥尼亞列島和它狂野、風大的海域充滿熱情。他為南方島嶼科學研究中心（Centro Austral de Investigaciones Científicas）工作，該機構坐落的建築像一艘擱淺的赭石色海軍船艦，就在布里奇斯過去佈道地點的西側。

皮亞納告訴我，雅馬納人的祖先大概在六千年前最後一次冰河後退後抵達。在那之前，比格爾海峽和麥哲倫海峽都覆著冰；只有地球變溫暖時，海峽才會淹水，火地島才會變成島。接下來六千年，雅馬納人和他們的祖先過得相當平順，直到第一批歐洲人到來。

「歐洲人駕著他們的帆船過來，開始在動物的群棲地恣意宰殺。」皮亞納說：「雅馬納人從不會這樣。歐洲人不僅摧毀了當地的鯨群，也大肆捕殺企鵝、海豹和海獅。」

「雅馬納人在這些島嶼和海岸住了好幾千年。」他把一些菸灰彈進小玻璃容器繼續說：「沿岸有數千個貝塚，**數千個呢！**」

皮亞納解釋，貝塚是被採食而後丟棄的淡菜和其他貝類，經年累月堆成的墩。只要用火加熱，雙殼貝類便會鬆弛肌肉，打開殼，這時就可大快朵頤熱騰騰的貝肉。然後雅馬納人會把殼丟到屋外堆起來。Ondagumakona是雅馬納的詞語，意思是把獨木舟裡的那堆淡菜一個一個撿起來。

皮亞納吸了一口菸，用深色的眼眸熱切注視我。他的祖先是義大利人。他說：「雅馬納人的食物供給崩壞了，開始有人餓死。在十九世紀傳教士開始把他們集合起來之際，他們的身體已經變虛弱了。然後，流行病來了。」

碰巧，傑米．鈕扣就是第一批病死的。一八三三年在英國接種天花疫苗後，傑米最後一次在烏萊亞灣被看見是一八六三年的事。看到他的是一群來訪的聖公會傳教士，而在他們離開幾個月後，一場流行病疫情席捲納瓦里諾島。數十個雅馬納人病故，包括當時五十多歲的傑米。一位在傑米死後不久遇到傑米妻子的傳教士寫道：「她一臉哀戚，手指著天。她為什麼悲傷，有多悲傷，她的神情說明一切，不需言語。」[46]傑米的家人按照習俗，用柴堆火化了他的遺體。

所以，那個曾在十四歲時被外國人從他的獨木舟劫走、帶往英國、還覲見過國王及王后的男人，最後被外國人的其中一種疾病擊倒，生命到此終結。無疑是被捕海狗和捕鯨的人帶來這個地區的流行病，迅速變得普遍。結核病在一八八二年襲擊烏蘇懷亞的佈道團，奪走數十位原住民的性命，他們全都沒有對這種細菌疾病的抵抗力。兩年後，換成痲疹重創烏蘇懷亞和附近地區。湯瑪斯．布里奇斯的兒子路卡斯回憶道：「原住民死亡的速度快到來不及挖墳。在邊遠地區，死者多被棄置在棚屋外，或……搬或拖到最近的灌木叢裡。」[47]緊接著疾病再次襲擊納瓦里諾島，原住民的臨時小屋很快堆滿屍體。一觀當地雅馬納族的人口普查紀錄，可看到傳統的人口金字塔完全倒過來了：

一八三三年：三千名雅馬納人
一九〇八年：一百七十名雅馬納人
一九四七年：四十三名雅馬納人
二〇一四年：一名雅馬納人

烏蘇懷亞的非原住民人口則恰恰相反：

一八七一年：三名英國居民（湯瑪斯・布里奇斯、他的妻子和他們的女兒）
一九一四年：一千五百五十八名居民
一九四七年：兩千一百八十二名居民
二〇一四年：六萬五千名居民

布里奇斯一家盡其所能試圖減緩雅馬納人的迅速凋零，但由於無法控制疫情，他們無能為力。不過，布里奇斯確實開始思考是否該讓家人，以及一些雅馬納人，搬到更與世隔絕，海豹船、捕鯨船和阿根廷殖民者鞭長莫及的地區。最後，他看上烏蘇懷亞東方六十英里的小海灣旁，一個尚無人跡的地區。他後來叫它哈爾伯頓（Harberton）。

✣

開車到位於火地島南端、比格爾海峽湛藍水畔的哈爾伯頓農場要兩小時。泥土路蜿蜒經過低矮的覆雪山頭、穿過白樺和南美櫻桃林，繞過被外來的加拿大河狸築了壩的小溪流，渡過好幾條小木橋。一路上時有A字形屋頂的房子映入眼簾，一棟一棟，孤伶伶地躲在樹林裡。慢慢地，房子愈來愈少，直到完全消失。冬季時，這條路上都是凝結的雪塊，唯有穿雪靴或開四輪傳動車才有辦法通過。

我在上午十點前後抵達農場邊緣，一批紅瓦白牆的老建築坐落在比格爾海峽的一個灣畔，長草及膝、森林散布的起伏山丘間。農場叫哈爾伯頓是依瑪麗・布里奇斯出生的英國城鎮命名。一八八四年，當流行病肆虐烏蘇懷亞，阿根廷海軍又到那裡設立準行政區，最終占領那個地區，布里奇斯明白大勢已去。降下佈道團的英國國旗，升上阿根廷國旗後，布里奇斯隨即向阿根廷政府申請土地來建立綿羊牧場。在這之前，阿根廷花了五十年時間才把特維爾切印第安人（Tehuelche）掃出北方的彭巴草原，他們原本住在偌大的草原間，獵捕原駝。顯然，這回政府覺得該寬大為懷，最終讓了五萬畝土地給布里奇斯。幾年後，現年四十四歲的牧師從佈道團辭職，帶著家人和一大群雅馬納人離開，投入飼養綿羊的事業。

雖是布里奇斯首開先例，但其他殖民者隨即開始把面積相當於愛爾蘭的火地島劃分成多個綿羊農場，不顧島嶼多數地區已有靠獵原駝維生的塞爾克南印第安人（Selknam），即奧納人（Ona）居住的事實。儘管布里奇斯強調會幫原住民找工作，其他農場主人卻竭盡所能把原住民趕出他們世居的島嶼，因為有些原住民眼看原駝數目驟減、轉而獵捕綿羊。一些殖民者甚至雇用殺手到原住民的營地裡屠殺，不留活口。

少數倖存者則被強制帶往麥哲倫海峽道森島（Dawson Island）上的慈幼會（Salesian）佈道團。在那裡，這些原本獨立自主的原住民很快歸順於定居的生活方式：園藝、裁縫、木工和禱告。然而，這最後一批人為集中的人口，馬上面臨流行病來襲。一位名叫法尼亞諾（Fagnano）

的義大利神父親眼目睹原住民人口凋零，竟在最後一次拜訪道森佈道團時哭了；佈道團墓園裡的十字架比剩餘人口還多的事實，他無法視而不見。另一名慈幼會教徒則在總結教會於巴塔哥尼亞的傳教成績時寫道：「（有時）一項需要（教會做出這麼大）犧牲的行動，也不保證成功。」[48] 一八八九至一八九八年，有一千名印第安人進入道森佈道團，到一九一一年佈道團關閉之際，只剩二十五人。其他的都死了。

會說雅馬納語和奧納語的路卡斯．布里奇斯，這麼描述他在一八九〇年代晚期道森佈道團全盛時期的一次造訪經過：

> 我坐一艘小汽船，抵達……據說幽禁了七百個奧納人的道森島。女性被雇用在（慈幼會）姐妹的訓練下製作毯子和編織成衣，一票男人則在鋸木廠工作，切割主要運往蓬塔阿雷納斯（Punta Arenas）的木材。當我走進鋸木廠，用奧納語跟那些朋友說話時，他們紛紛圍過來。
>
> ……這些印第安工人「像樣地穿著」別人丟棄或有汙損，對他們通常太小的衣服。看著他們，我不由得想起他們驕傲地站在他們的故土上、塗油彩、拿弓箭，穿戴昔日的頭飾、長袍和鹿皮軟鞋的模樣。
>
> 有些人一眼認出我，再告知其他人。我怕工作停擺，俗人修士（lay brother）也對我的打擾顯出不耐，所以我出去了。但之後，趁他們休息時，我能和赫克特里歐（Hektliohlh）

〔布里奇斯認識的原住民〕聊上幾句。他似乎對他受到的待遇毫無怨言，唯獨囚禁之事令他非常悲傷。他難掩思慕地望著遠方他生長的山脈，說：

「思念要我的命。」

確實如此，因為他沒有活得很久。自由，對白人來說極其珍貴；對荒野中不羈的流浪者來說，更是必不可少。[49]

路卡斯的父親湯瑪斯・布里奇斯在一八九八年死於胃癌，享年五十六。他的母親瑪麗在哈爾伯頓又待了幾年才回英國，約二十年後過世。這對夫婦的三個兒子德斯帕德（Despard）、路卡斯和威爾後來都有娶妻，且繼續經營日漸昌盛的哈爾伯頓綿羊農場。今天，農場還在那裡，由湯瑪斯・布里奇斯的曾姪甥湯瑪斯・古達爾（Thomas Goodall）及他美國出生的妻子娜塔莉（Natalie）經營。農場不再飼養綿羊，而成了觀光勝地：提供飲食給想拜訪火地島最古老農場的觀光客。

農場的主屋是一百多年前建於英國德文郡（Devon），然後拆解、運送到這裡組裝的，屋裡有間茶室有一面能眺望海灣的玻璃窗。來此的觀光客可以點烤餅、咖啡、茶和果醬。長在山腰上的山毛櫸，掛滿淡綠色的地衣。有些樹枝鑲著一種可食用的橙色菌類，因而呈現大理石般的紋路；那是達爾文發現的生物，因此現在名為達爾文菇（Cyttaria darwinii）。舊時遺留的淡菜殼貝塚也比比皆是。我四處溜達，在布里奇斯家族墓園旁找到一座貝塚。那墩與膝同高，直徑約六英尺，由墨色的淡菜殼堆成。我撈了一些起來；它們已隨時間軟化，指尖一捏就碎。很久很久以前，或許是一百年？或一千年？曾有一個原住民女子潛入海中，奮力將這些淡菜從海床挖出來，然後游回她的獨木舟，把淡菜放上去。有些貝塚還埋了原住民的骨骸：這墩有幾個幼兒，那墩有一位成年女子。如今，這些墳塚成了原住民曾在此生活唯一看得見的記號。

主屋裡，湯瑪斯·古達爾站在一間木造茶室的櫃檯後方。他七十多歲，穿著一身藍，有一口釘狀的黃牙，說著帶有獨特腔調的西班牙語，包括英語發音的「r」，而他直率地告訴我，他不「做」訪問。他的妻子，七十五歲的娜塔莉，就和藹可親多了。她是科學家，坦承她的丈夫可能粗魯了些。

「一九六二年我第一次來這裡玩的時候，他就那個樣子了。」她告訴我。娜塔莉來自俄亥俄州，畢業於肯特州立大學（Kent State University），有生物學碩士學位，在學校教過書。她有雙藍色的眼睛和灰色的捲髮，剛動完膝蓋手術，目前臥床休養。她的臥房擺滿木製家具、親朋好友的照片和她正在處理的文件堆，主要是各種科學報告。

當她年輕、還待在內陸時，娜塔莉夢想逃離中西部、四處冒險。她偶然在火地島極南讀到路卡斯·布里奇斯的生平。就在字裡行間，**她知道她必須一訪烏蘇懷亞**，以及布里奇斯一家在哈爾伯頓的農場。

「當時沒有路（到哈爾伯頓）。」她說：「沒有觀光客。我搭道格拉斯DC-3飛機抵達烏蘇懷亞。我一到那裡，就用無線電請求拜訪哈爾伯頓。當時農場就由湯姆（即湯瑪斯）管理，而他拒絕了。」她笑著說：「他不想跟我有任何牽扯！」但娜塔莉堅持到底，最後自己想辦法到了農場，還待了三個星期。她說：「湯姆不怎麼友好，但他的母親很和善。」當時是一九六二年十二月。不知怎麼地，在那三個星期，兩人頗為投緣，湯姆這座冰山融化了些。後來他去俄亥俄找娜塔莉。一個月後，兩人結婚了。此後，娜塔莉就一直住在巴塔哥尼亞尖端的火地島。

她說：「一開始我研究植物，在此同時，我也注意到被沖上岸的骨頭和頭骨，所以我開始蒐集。海豚的頭骨、鯨的頭骨，諸如此類的。」

一九七三年，一群隸屬美國南極洲探險隊、肩負研究鯨豚任務的科學家，訪問哈爾伯頓。「你們想看頭骨嗎？」娜塔莉問他們。他們點點頭，她說：「但你們可能會覺得無聊。」十五分鐘後，科學家互相拍了拍背。原來，他們在娜塔莉的蒐集品中，發現了極罕見的眼斑海豚（spectacled porpoise），一種外觀像迷你版殺人鯨的海豚。在那之前，世界只有八件標本。娜塔莉一人就發現三十五隻。「如果你們想要更多，我可以再去找，」她滿不在乎地說，說完就真的去找。

不久，娜塔莉陸續拿到國家科學基金會（National Science Foundation）和國家地理學會的資金，後者的刊物曾在一九七一年寫過她的傳略。現在娜塔莉經營設在哈爾伯頓的「阿卡圖勳世界極南海洋鳥類及哺乳類博物館」（Southernmost Marine Bird and Mammal Museum, Acatushún）。這間博物館兼研究中心裡滿是重組的骨骼，包括眼斑海豚、康氏矮海豚（Commerson's dolphin）、喙鯨、南方海狗、豹斑海豹和其他在南方海域發現的生物。截至目前，娜塔莉和她的助理已經蒐集了三百隻眼斑海豚的頭骨和兩千七百多隻海洋哺乳類的骨骸。一九九八年，肯特州立大學授予她榮譽博士。

當我準備離開時，娜塔莉告訴我，平常一年只會有一兩隻海豹被沖上岸，去年卻大概有四十五隻之多。「可能是因為海水愈來愈溫暖、地球暖化的緣故。」溫度變高可能會使磷蝦大量死亡，而沒有磷蝦，海豹和其他海洋生物可能會餓死。她說：「一切都與生態有關。」

我問她博物館名字阿卡圖動的典故。「那是雅馬納文，」她說：「但我不知道確切的意思。他們這樣稱呼這一帶的海岸。」

「還有原住民會說雅馬納語嗎？」

「只剩一個了。」她說：「在納瓦里諾島上。威廉斯港。」

她伸手扶著腿上的石膏，重新調整在床上的姿勢。

「她的名字叫克莉絲汀娜．柯德隆。」

❖

三天後，我搭乘佐迪雅客充氣船越過比格爾海峽，從阿根廷的烏蘇懷亞港到智利的納瓦里諾島。充氣船有低矮的塑膠頂抵禦海浪。天灰灰，海色似板岩，波濤洶湧。船長站在後面露天之處，一身壞天氣的裝備，包括滑雪面罩、護目鏡和棒球帽。他在我們出發前直言：「天氣很壞。」海鳥俯衝又飛起，我們則飛快地跟在波峰後頭，有時掉進波谷。船會震動幾下，隨即乘上另一道浪。大約來到半途時，我們看到一頭鯨的尾鰭。

「座頭鯨！」船長大叫。

回頭望向比格爾海峽的對岸，我看得到新月形的烏蘇懷亞港，以及像條龍在港的背後伸展的安地斯山脈尾段，那宏偉而嶙峋，最終在合恩角潛入海中。北方則聳立著兩座白頭的山峰，被雲遮得朦朧。其中一座是達爾文山，再往北兩百英里是費茨羅伊山，兩座安地斯山峰聯袂向曾同桌用餐的博物學家和船長致意，他們穿越此地的航程最終改變了世界。

到了納瓦里諾島，我們在一個小小的港口上岸，那兒只有一個小灣和單一座木造碼頭。然後我們轉搭一路濺泥的運動休旅車，往南順著沿岸一條繞過森林邊緣的泥土路前進，顛顛簸簸，車內悶熱，而海看起來好藍、好涼爽、好誘人。往南開了大概一個鐘頭，一個女人揮手要我們停下，我們停車，讓她進來。她穿著長格子外套，約六十歲，已在納瓦里諾島住了十五年。她飽經風霜的臉猶如被冰河沖刷過的花崗岩。這裡的樹也扭曲了，被終年不斷的風吹得永遠彎向南方。女人告訴我們她是出來劈柴，幾天後再回來撿。

「過冬用。」她說。

又往南開了一小時，我們抵達威廉斯港，一個居民兩千兩百的城鎮。住在這裡的人，可以自誇住在世界最南的城市，如果你給「城市」訂的標準是有數千居民的話。如果不是，那麼這個頭銜當屬於住在寬三十英里的比格爾海峽對岸、阿根廷烏蘇懷亞的那六萬人。

這天下午天氣晴朗，雨沖洗過的空氣格外清新。我走下一條街，鎮上三角牆的房子全都燈火輝煌，波浪狀的鐵皮屋頂是許許多多淡綠色、藍色、黑色或紅色的矩形或方形。每一間屋子旁邊或前面都堆著木柴，那是南美櫻桃和南方山毛櫸的遺骸。威廉斯港的所有熱能都來自這些斧頭劈下、丟到金屬火爐裡燒的木片。外頭，又小又圓的金屬煙囪從屋頂冒出來，不時呼出一縷縷黑色和乳色的煙，籠罩城鎮。

在我找到一間兼營民宿、提供床和早餐的漁夫家時，時刻已近黃昏。主人名叫尼爾森。褐皮膚、深色眼睛的他帶我看了一間用熱水管暖和的房間。那間臥室唯一的窗戶已經結霜。尼爾森出身自智利北岸的康塞普西翁（Concepción），現年四十二歲，已當了一輩子的漁夫。十年前，他冒險將捕蟹屋（crab pot）放置在環境險惡、沒有漁夫敢去捉蟹的地方。尼爾森賭對了，抓到好多南方帝王蟹，賺了好多錢，多到能用現金買下他目前的房子。尼爾森以那個讓他發財的海峽，給他的新家取名為帕索麥金雷民宿（Hostal Paso McKinlay）。

「那些螃蟹足足有這麼大。」他說，一邊用他粗厚而布滿皺紋的雙手比了四英尺寬。我問他，依他一生在海上度過的經驗，最險惡的海域在哪裡。他想了一分鐘，回答：「福克蘭群島」。他慢慢搖著頭。Es lo peor（那裡最惡劣），他說。

威廉斯港西南六十英里，在納瓦里諾島的後側，坐落著烏萊亞灣。我幾天後到達那裡。因為島上幾乎沒有道路，烏萊亞仍要乘船進出。這裡就是一八三三年達爾文和費茨羅伊放下傑米．鈕扣、約克大教堂和火地島籃子的那個海灣。海灣三面環山，都是森林覆蓋、斜降入海的高丘；海灣本身也遍布樹木叢生、低於水平面、像是船身翻覆的小島。我沿著一條小徑上山，路面蓋滿細小、秋紅的山毛櫸落葉，然後倏然登上一座可眺望海灣壯麗風光的懸崖。不久前下過雨，所以地面又濕又冷。水不斷從樹梢滴落。

烏萊亞曾是雅馬納領土的中心，而這一帶至今仍遍地貝塚。一百七十八年前，小獵犬號曾繫泊於此，馬上被數十艘獨木舟包圍，舟舟載滿興奮的雅馬納印第安人。灣外還有其他獨木舟，女人捕魚、潛水，孩子呼喊，煙從舟裡擺在濕黏土上面的火堆竄出，裊裊升入天際。現在海灣靜得詭異。除了在林中鳴叫的鳥，或風裡窸窣的樹，沒有其他生命跡象。傑米和小獵犬號的船員曾開闢菜園的地方，如今長著及膝的黃草。遠處，雲朵改變形狀，緩緩沿海面飄飛。往北，我勉強看見翠綠、有樹林的鈕扣島，也就是傑米生前居住、死後火葬的地方。現在，島上沒有半個人住。

一八七三年，傑米死後九年，一艘獨木舟在烏蘇懷亞出現，橫渡比格爾海峽。船上是好幾年沒被人看見的火地島籃子。湯瑪斯．布里奇斯雖然一年前才到烏蘇懷亞定居，但當然耳聞過她。如路卡斯．布里奇斯所述：

這是我父親第一次和她碰面。他發現她身強體健；個子矮壯，有張就連火地島人都算大的嘴，缺了很多牙。他試著探究她的記憶，她回想起倫敦和當時特別照顧她的簡金斯小姐（Miss Jenkins）。她也留有對費茨羅伊船長和漂亮的小獵犬號的印象，還記得刀、叉、珠子之類的詞語。當我媽把兩個孩子帶來給她看……她顯得相當高興，說：「小男孩，小姑娘。」其他一切她似乎都忘了，包括椅子怎麼坐，因為當爸媽請她坐時，她在椅子旁邊蹲下來。[50]

原來，據火地島籃子表示，她的丈夫約克大教堂已在幾年前被殺，因殺害另一個男人而遭到報復。火地島改嫁，現在五十歲出頭。雖然布里奇斯努力喚回她對宗教訓練的記憶，但「記憶已完全從她的腦海褪去」。[51]

十年後，一八八三年，即達爾文死後兩年，湯瑪斯．布里奇斯在比格爾海峽北端，今名庫克島（Cook Island）的島上，最後一次遇見火地島籃子。「她大概六十二歲。」路卡斯．布里奇斯寫道：「快走到人生盡頭了。他發現她身體非常虛弱，心情也不快樂，於是盡他所能，用他自己堅信不疑的優美《聖經》應許來鼓勵她。」[52]他說，這是火地島籃子（曾造訪英國的原住民中唯一還活著的）最後一次被看到了。

在拜訪烏萊亞灣幾天後，我往南走出威廉斯港，沿著通往雅馬納人烏奇卡（Ukika）聚落的道路前進。十九世紀初，這個地區僅存的聖公會傳教士威廉斯牧師（Reverend Williams），請求智利政府撥土地給雅馬納人。政府授予梅希約內斯（Mejillones）的地，西班牙語「淡菜」之意。梅西約內斯是位於納瓦里諾島西北岸的小海灣，也是雅馬納人唯一獲得的土地。長久以來，許多雅馬納人家住在灣邊，鋅屋頂的木造房子裡，潛水撿淡菜、照料小羊群，偶爾也受雇於各類農場當工人。一九五八年智利海軍將剩餘的雅馬納人遷往威廉斯港東方烏奇卡河（Ukika River）上的小聚落。海軍在山毛櫸樹叢中蓋了寥寥幾棟木造房子，每棟都有波浪狀的金屬牆板和金屬斜屋頂。我走到其中一棟黃色牆壁、屋頂混了鐵鏽和綠油漆的小屋。煙從火爐管蒸蒸而上。我敲了敲門，聽到裡面傳來腳步聲。門開了，克莉絲汀娜・柯德隆，地表最後一位會說雅馬納語的人，站在我面前。「請進。」她用西班牙語說。

克莉絲汀娜身高不足五英尺半高，有一頭及肩、中分的灰黑色長髮、一雙寬距的褐色眼睛，以及堅決、嚴肅的神情。她八十三歲，一九二八年生於納瓦里諾島上的一座綿羊農場。

「我媽，我哥和我姐，都是在家說雅馬納語長大的。」她告訴我，把她四歲大的甥孫女塔瑪拉（Tamara）放在膝上保持平衡。

「以前會講的人比較多，但他們都死了。我最後一個能用我的語言交談的對象是我的姐姐鄔舒拉（Úrsula）。她四年前過世了。」

她說，鄔舒拉喜愛梅希約內斯灣，或淡菜灣。她生病的時候，一直說她想回那裡去。克莉絲汀娜說：「最後她的女兒帶她去了，在她臨死之前。」

現在沒有人住在那個海灣了。只剩下雅馬納人的墓園，立在路邊一片草原上，有各式各樣的木十字架，周圍有枝條編成的籬笆，後方則是眺望比格爾海峽的樹林。

克莉絲汀娜說，她的父親在她出生不久就失蹤了，母親則在她五歲過世。母親的姐姐和舅舅撫養她和六個兄弟姐妹長大。她說她從來沒上過學，因為她們住的地方沒有學校。

克莉絲汀娜十六歲時在一座綿羊農場找到工作：在廚房幫忙和照顧主人的小孩。後來，她嫁給一個說西班牙語的智利人。一九五〇年代，她和丈夫在哈爾伯頓農場替古達爾一家，即湯瑪斯・布里奇斯的後代工作。「是在湯瑪斯・古達爾結婚之前。」她說。她在哈爾伯頓農場裡的一間農舍住了十年，對那裡有甜蜜的回憶。克莉絲汀娜最後生了六個小孩，五個當漁夫，一個在遊輪工作。沒有一個會說雅馬納語。

她告訴我「我沒有嫁給雅馬納人，所以沒辦法教我的孩子說，他們是說西班牙語長大的。」一百年前，智利各地還有人說的原住民語言共有十六種，現在已有七種絕跡。在更廣大的世界，今天有人說的七千多種語言之中，約有半數會說的人不及三千。語言學家預估，地球現存的語言中，約有五成到九成會在未來五十年消失。

「語言不只是字彙表或文法規則。」人類學家韋德．戴維斯認為，語言更是「心智的原始森林」。語言是獨特文化的產物，他說，這是反映「不同生存、思考和認知方式」的文化，當一種語言滅亡，「全體人類的想像空間就又縮小了一些」。[53]

「雅馬納語未來會怎麼樣呢？」我問克莉絲汀娜：「既然妳是最後一個會講的？有其他人在學嗎？」

「我外甥女在學，」克莉絲汀娜告訴我。她的外甥女是老師，嫁給德國人，她和丈夫都認得一點雅馬納文字。「我外甥女幫我寫了我的書，」她說。

克莉絲汀娜抓來一本薄薄的紅色平裝書，給我看了它的書名「Hai Kur Mamašu Shis」，雅馬納語的意思是「我想告訴你一個故事」。這本書蒐集了她和姐姐鄔舒拉成長期間從雅馬納長輩那裡聽來的神話。雖然取了這個名字，書卻是她的孫女克莉絲汀娜．佐拉加（Cristina Zórraga）用西班牙文譯寫的。

克莉絲汀娜告訴我，她小時候曾親眼目睹最後一次雅馬納啟蒙儀式，雅馬納人稱作「Chexaus」。她說，長輩會搭一座橢圓形的大棚子，有些長輩會戴白色信天翁羽毛的頭帶，象徵大海的浮沫。其他長輩會打扮得像精靈，例如凶猛的「wineflkar」或「yetaite」。眾人不停唱歌跳舞。棚子裡會點燃篝火，而兩三個被稱作「ushwaala」的青少年，被帶入場中學習雅馬納的神話、神聖的儀式和歌曲，也就是學習做為雅馬納人的意義。「Chexaus」可說是某種「學校」，克莉絲汀娜說，通常會持續好幾個星期，甚至幾個月。以往，如果發現擱淺的鯨，雅馬納人會集合起來，把那頭鯨當做舉辦「Chexaus」的藉口，因為那表示有充足的食物允許他們休假。最後一次Chexaus舉行時，克莉絲汀娜還太小，不到啟蒙的時候。「那是我們最後一次舉辦了。」她說：「那好美。」

我買了一本她的書，不假思索請她簽名。克莉絲汀娜小心打開，翻了幾頁，然後，在題詞獻給姐姐鄔舒拉的扉頁，她仔細用粗陋的字母寫下crlstlna。字母各自分開，彷彿用小刀雕刻似的。

當她草草塗出她的名字，我這才恍然，克莉絲汀娜，最後一個會說雅馬納語的人，從來沒學過閱讀和寫字。

❖

兩天後我登上遊輪Via Australis號，前往烏蘇懷亞。晚上了，船滑過比格爾海峽直往合恩角：南美洲最南端的島嶼，也是雅馬納人住過最南端的島嶼。如今在合恩角上只有一座燈塔，由智利政府和單一戶年年更替的智利人家管理。該島的岸上是船員長久畏懼的地方，遍布貝塚沉默的遺骸。對雅馬納人來說，在安地斯山的最後一次噴發前這個崎嶇、荒涼的窮鄉僻讓是他們的家。

一早，天還沒亮，我就沿著上甲板散步，看到一頭座頭鯨揚起牠的尾鰭，然後潛入，慢慢游向南極洲外的冬季覓食地，也許正對著深海的其他鯨魚歌唱。

克莉絲汀娜先前告訴我，她的兒子在這裡，在這艘船的廚房工作。這艘船反覆從烏蘇懷亞開到合恩角再到蓬塔阿雷納斯，然後折返，沿途停靠多個港口。在我們這段航程，它經過數條照例在陽光下「爆裂」、把內含物驟然卸入海中的藍綠色冰河。

我請服務員幫我安排會面，於是，一晚在廚房外，門開了。一個男人踏出來。克莉絲汀娜的兒子身高不足五英尺半高，穿黑便褲、深色襯衫和白圍裙。他有灰白夾雜的濃眉、褐皮膚，一臉困惑。將近兩個世紀前，小獵犬號曾行駛同樣的海域，把一個母語名歐倫岱立科（Orundellico），但說其他語言的人叫他「傑米．鈕扣」的雅馬納男孩拉上船。現在，將近兩百年後，我在跟最後一個說雅馬納語的人的兒子聊天，而他工作的地方，是一艘招待世界各地富有旅客的船隻。他叫大衛（David），現年五十五歲，告訴我他是幫廚。

「我從沒學過我母親的語言，因為我父親只說西班牙語。」他有些感傷地說。他一邊在圍裙上擦手，一邊說：「而現在，恐怕來不及了。」

誌謝

在我研究、撰寫這本書的這些年，我無可避免地欠了許多人深厚的恩情。以各種方式幫助過我的人不下數百位，所以我想在此向其中一些人聊表謝意。

首先，非常感謝西蒙與舒斯特出版公司（Simon & Schuster）的編輯鮑勃・班德（Bob Bender），鮑勃從以前到現在都是大家可以期盼的可靠編輯，從我推銷本書理念的那刻起，他就充滿熱情，到最後仍熱情洋溢；也非常感謝優秀的編輯助理喬安娜・李（Johanna Li）和我的經紀人莎拉・拉辛（Sarah Lazin）。

許多專家和讀者都非常親切地撥冗校閱本書的部分章節，並提供極具洞察力的評論。非常感謝喬安・萊恩哈特博士（Dr Johan Reinhard）、丹・巴克（Dan Buck）、巴特・路易斯（Bart Lewis）、喬安・麥奎利（Joanne MacQuarrie）和亨利・巴特菲德・萊恩（Henry Butterfield Ryan）的高見。如果原稿仍有錯誤，只能歸咎於我。

在我縱走安地斯山脈期間，一路都有很多人提供門路、參考資料、建議和其他協助。有人大方接受採訪，並樂於分享他們那些令人嘖嘖稱奇的故事。我感激他們每一個人。

在哥倫比亞，我要感謝雨果．馬丁尼茲將軍、卡里佐薩（Maria Ines Carrizosa）、史崔菲德（Dominic Streatfield）、普拉特（Tim Pratt）、赫曼及瑪利亞．范迪芬夫婦、阿瑞茲曼迪（Jose Vicente Arizmendi）和羅貝托．艾斯科巴。

在秘魯，我要感謝已故的托爾．海爾達爾，謝謝他在挖掘土庫梅的莫切遺址時邀我加入；也要感謝費瑞羅斯（Alfredo Ferreyros）、澤姆斯泰（Stefan Zumsteg）、雷卡（Luz Maria Lores Garrido Lecca）、赫南德茲（Max Hernández）、巴爾西（Andre Baertschi）、史丹（José Koechlin von Stein）、幫我安排印加古道之旅的亞馬遜探索者公司的克利普斯（Paul Cripps）、艾胥修夫（Nick Asheshov）、祖尼加（Eleanor Griffis de Zúniga）、已故的吉布森（Enrique Zileri Gibson）、塔瓦拉（Francisco Diez Canseco Távara）、波爾登（Keefe Borden，我跟他一起進坎托格蘭德監獄探訪光輝道路游擊隊）、戈瑞提（Gustavo Gorriti）、桑契斯（Victor Tipe Sánchez）、巴卡（Benedicto Jiménez Bacca）、瑪麗莎．蓋瑞多．雷卡、艾瓦瑞茲（Nilda Callañaupa Alvarez）威爾斯（Tim Wells）、已故的克莉絲．佛朗柯孟、艾比．佛朗柯孟、胡安曼、杜伊爾（Jenevieve Doerr）、柯洛斯比（Judith Crosbie）、萊恩哈特博士、派泰（François Patthey）、傳統編織中心和坎諾（Walter Bustamante Cano）。

在玻利維亞，我要感謝烏羅斯島的魯雅諾夫婦（Juan and Elsa Lujano）、米蘭達法官、巴克、密特魯和圖皮薩旅遊）、瑞索、吉歐蓋達（Mario Giorgetta）、魯伊茲（Waldo Barahona Ruiz）、艾斯特班夫婦、寇提茲、貝里多和普瑞斯塔（Lucía Presta）。

在智利，我想要感謝克莉絲汀娜與大衛・柯德隆、切瓦雷（Denis Chevallay）、賈德納（Simon Gardner），以及納瓦里諾島威廉斯港馬丁古辛德人類學博物館（Martin Gusinde Anthropological Museum）熱心的工作人員。

在阿根廷，我要感謝皮亞納、古達爾，以及蓬塔阿雷納斯慈幼會地區博物館（Museo Regional Salesiano）和烏蘇懷亞雅馬納世界博物館（Museo Mundo Yámana）的工作人員。

最後，我要向在我一抵達巴塔哥尼亞就與我同行的席亞拉・拜恩（Ciara Byrne）表達愛與感謝，謝謝她再一次鼎力協助我讓本書成真。

注釋

前言

1 *All men dream*: Thomas Edward Lawrence, *Seven Pillars of Wisdom* (Anchor Books: New York, 1991), 24.

2 *O most serene and gracious Lord*: Pedro de Cieza de León, *The Travels of Pedro de Cieza de León* (London: Hakluyt Society, 1864), 2.

第一章　尋找巴布羅・艾斯科巴與黃金國王（哥倫比亞）

1 "*He stated that* [*Colombia*]": John Hemming, "*The Search for El Dorado*" (New York: Dutton, 1979), 101.

2 "*Sometimes I am God*": Elizabeth Mora-Mass, "*De Medallo a 'Metrallo'* " (Bogotá: 1986), 16.

3 "*Someday, and that day may never come*": Mario Puzo and Francis Ford Coppola, in Jenny M. Jones, *The Annotated* Godfather: *The Complete Screenplay* (New York: Black Dog & Leventhal Publishers, 2009), 26.

4 "*They came to our town*": Roberto Escobar, *The Accountant's Story: Inside the Violent World of the Medellín Cartel* (New York: Grand Central Publishing, 2009), 7.

5 "*My mother was crying*": Ibid., 7–8.

6 *"Our road was illuminated"* : Ibid., 8.

7 *"The immeasurable violence and pain"* : Sture Allén, *Nobel Lectures, Literature 1981– 1990* (Singapore: World Scientific Publishing Company, 1993), 23.

8 *"When the Spaniards set their eyes"* : Carmen Millán de Benavides, in J. Michael Francis, *Invading Colombia: Spanish Accounts of the Gonzalo Jiménez de Quesada Expedition of Conquest* (Pennsylvania: Pennsylvania State University Press, 2007), 68.

9 *"Marching along on the campaign"* : Juan de San Martín and Antonio de Lebrija, in J. Michael Francis, *Invading Colombia*, 59–61.

10 *"The men who went on these ventures"* : John Hemming, *El Dorado*, 50.

11 *"The next day they continued"* : Anonymous, in J. Michael Francis, *Invading Colombia*, 64–65.

12 *"[The captured chief] Sagipa responded"* : Ibid., 110.

13 *As the guests lounged in their chairs*: Mark Bowden, *Killing Pablo* (New York: Atlantic Monthly Press, 2001), 30.

14 *"Then I stood before the mirror"* : Hugo Martínez, interview with the author, March 2013.

15 *"I liked to read stories"* : Ibid.

16 *"When you first become a cadet"* : Ibid.

17 *"If you love this girl"* : Ibid.

18 *"In all parts of the Indies"* : Pedro Cieza de León, *The Travels of Pedro Cieza de León, AD 1532–50, Contained in the First Part of His Chronicles in Peru* (London: Haklyut Society, 1864), 352–53.

19 *"El Dorado," the Englishman said quietly*: anonymous, *New York Times*, Oct. 27, 1912, 58.

20 *"The lake is drained as dry"* : Ibid.

21 *"Escobar was a criminal"* : Hugo Martínez, interview.

22 *"Pablo promised"* : Roberto Escobar, *The Accountant's Story*, 38.

23 *"Cocaine's popularity has spread"* : Richard Steele, "The Cocaine Scene," *Newsweek*, May 30, 1977, 20–21.

24 *"Escobar wanted it both ways"* : Hugo Martínez, interview.

25 *"I was constantly attending funerals"* : Ibid.

26 *"One of the radios"* : Roberto Escobar, *The Accountant's Story*, 146–47.

27 *"Colonel, I'm going to kill you"* : Mark Bowden, *Killing Pablo*, 205.

28 *"I'm here, but I don't* see *it"* : Hugo Martínez, interview.

29 *"The question," Pablo Escobar*: Ibid.

30 *"If I fail"* : Ibid.

31 *"It's just too dangerous"* : Ibid.

31 *"Pablo made phone calls"* : Roberto Escobar, *The Accountant's Story*, 245.

33 *"I've got him located!"* : Hugo Martínez, interview.

34 "Momento, momento" : Ibid.

35 *Between 2006 and 2015*: Claire Schaeffer-Duffy, "Counting Mexico's Drug Victims Is a Murky Business," *National Catholic Reporter*, March 1, 2014.

第二章　加拉巴哥群島的演化與背離（厄瓜多）

1 *"And God made the beasts of the earth"* : *The Bible: Authorized King James Version* (London: Oxford University Press, 2008), 2. Note: most contemporary scholars believe that what is now known as the book of Genesis was written during the time of King Solomon in Israel (970–931 BC).

2 *"The main conclusion arrived"* : Charles Darwin, *The Descent of Man* (New York: Penguin, 2004), 676.

3 *"I was fascinated"* : Phillip Johnson, "How the Evolution Debate Can Be Won," *Revival Times*, 6, issue 11 (London: Kensington Temple London City Church, Nov. 2004), 1.

4 *"What you see depends"* : Eugene Taurman, personal conversation, April 2015.

5 *"It is the fate of every voyager"* : Edward J. Larson, *Evolution's Workshop: God and Science on the Galapagos Islands* (New York: Basic Books, 2001), 75.

6 *"Take five and twenty heaps"* : Herman Melville, *The Encantadas and Other Stories* (Mineola, NY: Dover Publications, 2005), 21.

7 *"On land they were not able"* : Fray Tomás de Berlanga, *Letter to His Majesty . . . describing his Voyage from Panamá to Puerto Viejo,* In *Colección de Documentos Inéditos relativos al Descubrimiento, Conquista y Organización de las Antiguas Posesiones Españolas de América y Oceania*, tomo XLI, cuaderno II (Madrid: Imprenta de Manuel G. Hernandez, 1884), 540.

8 *"On Passion Sunday"* : Ibid., 541.

9 *"Little but reptile life"* : Herman Melville, *The Encantadas*, 22.

10 *"Early in my school-days"* : Charles Darwin, *The Life and Letters of Charles Darwin* (London: John Murray, 1887), 33.

11 *"You care for nothing but shooting"* : Ibid., 32.

12 *"a burning zeal"* : Ibid., 68.

13 *"If an organized body"* : James Hutton, *An Investigation of the Principles of Knowledge and of the Progress of Reason, from Sense to Science and Philosophy*, Vol. 2 (Edinburgh: Strahan & Cadell, 1794), 500.

14 *"I trust I shall make my"* : Terry Mortenson, *The Great Turning Point: The Church's Catastrophic Mistake on Geology* (Green Forest, AZ: Master Books, 2004), 225–26.

15 *"In crossing the Cordillera"* : Robert FitzRoy, *Narrative of the Surveying Voyages of His Majesty's Ships* Adventure *and* Beagle, *Between the Years 1826 and 1836, Describing Their Examination of the Southern Shores of South America, and the* Beagle*'s Circumnavigation of the*

Globe, Vol. II (London: Henry Colburn, 1839), 667–68.

16 *"My own mind is convinced"* : Ibid., 666.

17 *"From my ignorance in botany"* : Charles Darwin, *Narrative of the Surveying Voyages of His Majesty's Ships* Adventure *and* Beagle, *Between the Years 1826 and 1836*, Vol. III, 629.

18 *"I probably collected second"* : Ibid.

19 *"All the small birds"* : Robert FitzRoy, *Narrative*, Vol. II, 503.

20 *"After dinner a party"* : Ibid., 353.

21 *"I industriously collected"* : Charles Darwin, *Charles Darwin's* Beagle *Diary* (New York: Cambridge University Press, 1988), 356.

22 *"Monday the fourteenth"* : Benjamin Morrell, *A Narrative of Four Voyages to the South Sea* (New York: J & J Harper, 1832), 192–93.

23 *"On passing the currents"* : Ibid., 194–95.

24 *"The next day, a light breeze"* : Charles Darwin, Beagle *Diary*, 405.

25 *"the fragments of Lava"* : Ibid., 399.

26 *"I have [mockingbird] specimens"* : Richard Keynes, *Fossils, Finches and Fuegians: Charles Darwin's Adventures and Discoveries on the Beagle* (London: HarperCollins, 2002), 371–72 (italics mine).

27 *"These islands appear paradises"* : Charles Darwin, Beagle *Diary*, 353.

28 *"The houses are very simple"* : Ibid., 356.

29 *"ZOOLOGICAL SOCIETY"* : Edward J. Larson, *Evolution's Workshop: God and Science on the Galápagos Islands* (New York: Basic Books, 2001), 76.

30 *"I never dreamed that islands"* : Charles Darwin, *The Voyage of the* Beagle (New York: Signet Classic, 1988), 341.

31 *"The most striking and important"* : Charles Darwin, *On the Origin of Species by Means of Natural Selection, or the Preservation of Favored*

Races in the Struggle for Life (London: John Murray, 1902), 357–58.

32 *"It is interesting to contemplate"*: Ibid., 440–41.

33 *"I just skimmed"*: Charles Darwin, *The Life and Letters of Charles Darwin*, Vol. II (New York: D. Appleton and Co, 1898), 411–12.

34 *"The mystery of the beginning"*: Charles Darwin, *Life and Letters*, Vol. I, 282.

第三章　安地斯山之死：光輝道路領導人阿維馬埃爾・古茲曼被捕（秘魯）

1 *"Their burning conviction"*: Eric Hoffer, *The True Believer: Thoughts on the Nature of Mass Movements* (New York: Harper, 2010), 74.

2 *"The philosophers"*: Karl Marx, "Theses on Feuerbach," in Karl Marx and Lawrence H. Simon, *Selected Writings* (New York: Hackett, 1994), 101.

3 *"Revolution is not a dinner party"*: Mao Tse-tung, quoted in Lee Feignon, *Mao: A Reinterpretation* (Chicago: Ivan R. Dee, 2002), 41.

4 *"From the moment"*: Abimael Guzmán, *Presidente Gonzalo Rompe el Silencio* (Lima: El Diario, July 24, 1988), 26 (author's translation).

5 *"unfurling the dawn"*: Gustavo Gorriti, *The Shining Path: A History of the Millenarian War in Peru* (Chapel Hill: University of North Carolina Press, 1999), 28.

6 *"My son, take care"*: Elena Iparraguirre, quoted in Santiago Roncagliolo, *La Cuarta Espada* (Barcelona: Debate, 2007), 243 (author's translation).

7 *"When I met him"*: Susana Guzmán, *En Mi Noche Sin Fortuna* (Barcelona: Montesinos, 1999), 201 (author's translation). Note: although Ms. Guzmán's book is a novel, the Peruvian writer Santiago Roncagliolo, in his book *La Cuarta Espada: La Historia de Abimael Guzmán y Sendero Luminoso* (Barcelona: Debate, 2007), reproduces a letter from Ms. Guzmán, who told him that the account of a particular character (Manuel) in her novel was actually nonfiction, or true, and was based on her half brother, Abimael

(Santiago Roncagliolo, *La Cuarta Espada*, 28).

8 *"A lot of blood was shed"* : Abimael Guzmán, *Presidente Gonzalo Rompe el Silencio*, 46 (author's translation).

9 *"I don't know exactly what happened"* : Santiago Roncagliolo, *La Cuarta Espada*, 39 (author's translation).

10 *"This girl . . . a ctually decided"* : Susana Guzmán, *En Mi Noche Sin Fortuna*, 151–52 (author's translation).

11 *"He was one of the best students"* : Miguel Ángel Rodrígez Rivas, quoted in Abimael Guzmán, *De Puno y Letra* (Lima: Manoalzada, 2009), 23 (author's translation).

12 *"Their reality opened my eyes"* : Abimael Guzmán, quoted in "Exclusive Comments by Abimael Guzmán," *World Affairs* (Summer 1993), 156, issue 1, Heldref Publications, p. 54. Note: these are "Transcribed excerpts" of an "exclusive" tape recording of Shining Path leader Abimael Guzmán from a Dincote, Counterterrorism Directorate, cell in Lima, September 1993.

13 *"Let's remember, that"* : Abimael Guzmán, *Presidente Gonzalo Rompe el Silencio*, 40 (author's translation).

14 *"The intellectuals"* : Abimael Guzmán, quoted in "Exclusive Comments by Abimael Guzmán," p. 53.

15 *"Comrades, we are entering"* : Abimael Guzmán, quoted in "We Are the Initiators," in Orin Starn, et al., *The Peru Reader: History, Culture, Politics* (Durham, NC: Duke University Press, 1995), 314.

16 *"Amid the smoke and pestilence"* : Mario Vargas Llosa, *The Real Life of Alejandro Mayta* (New York: Farrar, Straus and Giroux, 1986), 200–201.

17 *"Chief, what are you watching?"* : Víctor Tipe Sánchez, *El Olor de la Retama: La Historia Escondida Sobre la Captura de Abimael Guzmán* (Lima: Grupo Siete, 2007), 133–34 (author's translation).

18 *"I can't believe what my eyes are seeing"* : Ibid., 289 (author's translation).

19 *"Halt! We're police!"* : Ibid., 308 (author's translation).

20 *"Shut up, God dammit!"* : Ibid., 309 (author's translation).

21 "Tenemos el cachetón!" : Ibid., 310 (author's translation).

22 *"You had to know quite a bit"* : Francesca Ralea, *Así Cayó Abimael Guzmán* (Buenos Aires: *Página 12*, June 24, 2001), 23.

23 *"Doctor," the minister asked*: Benedicto Jiménez Baca, interview with the author, January 2011.

24 *"The armed insurrection"* : Nelson Manrique, "Notas Sobre Las Condiciones Sociales De La Violencia Politica En El Peru," *Revista de Neuro-Psiquiatria*, 56: 235–240, 1993; 239.

25 "Doctor, *it's time to go"* : Víctor Tipe Sánchez, *El Olor de la Retama*, 323.

第四章 馬丘比丘發現者海勒姆・賓漢的起落（秘魯）

1 *"Yesterday I had a glorious flight"* : Alfred M. Bingham, *Explorer of Machu Picchu: Portrait of Hiram Bingham* (Greenwich, CT: Triune Books, 2000), 317.

2 *"I warn you"* : Ovid, Mary Innes, translator, *The Metamorphoses of Ovid* (London, Penguin Books, 1955), 96.

3 *Lizarraga, 1902*: Alfred M. Bingham, *Explorer*, 13.

4 *"Something hidden!"* : Rudyard Kipling, "The Explorer," in *Rudyard Kipling's Verse, Inclusive Edition* (Garden City: Doubleday, 1920), 120.

5 *"Agustín Lizarraga is the discoverer"* : Alfred M. Bingham, *Explorer of Machu Picchu*, 19.

6 *"From a crude scrawl"* : Hiram Bingham, *Inca Land* (Boston: Houghton Mifflin, 1922), 324.

7 *"I found it."* : Hiram Bingham, *Lost City of the Incas* (London: Weidenfeld & Nicolson, 2002), 23.

8 *"The Incas were, undeniably"* : Hiram Bingham, "In the Wonderland of Peru," *National Geographic* 24, no. 4 (1913), 473, 477.

9 *The Criminal Excavation*: Alfred M. Bingham, *Explorer*, 307 (author's translation).

10 *"considerable amount of mental depression."* : Christopher Heaney, *Cradle of Gold: The Story of Hiram Bingham, A Real-life Indiana Jones, and the Search for Machu Picchu* (New York: Palgrave Macmillan, 2010), 237.

11 *"It seems to me a strange thing"* : Ibid., 243.

12 *"The most thrilling moment"* : Hiram Bingham, *Further Explorations in the Land of the Incas, National Geographic* 29, no. 5 (May 1916), 445.

13 *"Not far from Patallacta"* : Ibid., 446.

14 *"I suppose that in the same sense"* : Alfred M. Bingham, *Explorer*, 26.

15 *"All the ruins were cleaned"* : Christopher Heaney, *Cradle of Gold*, 219.

16 *"to the sharp iron edge I came"* : Mark Eisner, *The Essential Neruda: Selected Poems* (San Francisco: City Lights Books, 2004), 71.

第五章　冰姑娘、火山與印加人（秘魯）

1 *"These children [to be sacrificed"* : Johan Reinhard, *The Ice Maiden: Inca Mummies, Mountain Gods, and Sacred Sites in the Andes* (Washington, DC: National Geographic Society, 2005), 77.

2 *"Some females included in the sacrifices"* : Father Bernabé Cobo, *Inca Religion and Customs* (Austin: University of Texas Press, 1990), 112.

3 *"Human nature would not allow"* : Ibid., 8.

4 *"We settled in Chinchero"* : Ed and Chris Franquemont, "Learning to Weave in Chinchero," *The Textile Museum Journal* 26 (1988), 55.

5 *"I'd been really really sick"* : Abby Franquemont, interview with the author, November 27, 2012.

6 *"As a child I'd seen pictures"* : Ibid.

7 *"Her spinning was so fine"* : Nilda Callañaupa Alvarez, *Weaving in the Peruvian Highlands* (Cusco: Centro de Textiles Tradicionales del Cusco, 2007), 15.

8 *"When I was growing up"* : Ibid., 14.

9 *"the art and wisdom of a people"* : Jose Maria Arguedas, *The Fox from Up Above and the Fox from Down Below* (Pittsburgh: University of

Pittsburgh Press, 2000), 268.

10 *"the route followed"*: Ibid., 269.

11 *"There were vast numbers"*: Pedro Pizarro, in John Hemming, *The Conquest of the Incas* (New York: Harcourt, Brace, Jovanovich, 1970), 135–36.

12 *The [Inca] king*: Father Bernabé Cobo, *Inca Religion and Customs*, 244–45.

13 *"My father was insistent"*: Nilda Callañaupa Alvarez, *Weaving in the Peruvian Highlands*, 16.

14 *"I continued learning to weave"*: Nilda Callañaupa Alvarez, interview with the author, November 2010.

15 *"You would think the grandmothers"*: Ibid.

16 *"A week later"*: Ibid.

17 *"O Sun . . . [our] father"*: Father Bernabé Cobo, *Inca Religion and Customs*, 120.

18 *"Young people were not learning"*: Nilda Callañaupa Alvarez, interview with the author, November 2010.

19 *"Creating a cooperative"*: Ibid.

20 *"So for the three days"*: Tim Wells, interview with the author, November 2010.

21 *"I had been going out"*: Nilda Callañaupa Alvarez, *Weaving in the Peruvian Highlands* (Cusco: Center for Traditional Textiles; 2007), 101.

22 *"It's not an 'apprenticeship' "*: Tim Wells, interview with the author, November 2010.

23 *"[An Inca] mummy bundle"*: Johan Reinhard, *The Ice Maiden*, 24.

24 *"Some of the women"*: Cieza de León, *The Travels of Pedro de Cieza de León, A.D. 1532–50* (New York: Haklyut Society, 1964), 146.

25 *"My mind raced"*: Johan Reinhard, *The Ice Maiden*, 30.

26 *"I couldn't hoist"*: Ibid., 32–33.

27 *"According to the chroniclers"*: Ibid., 28–29.

28 *"She was the age of Shakespeare's Juliet"*: Ibid., 208.

29 *"On behalf of the people of Peru"*: Ibid., 152–53.

第六章　康提基號航程、白皮膚神明、的的喀喀湖的漂流島嶼（秘魯、玻利維亞）

1 *"I asked the Indians"*: Juan de Betanzos, in Roland Hamilton, *Narrative of the Incas* (Austin: University of Texas, 1996), 10.

2 *"I was no longer in doubt"*: Thor Heyerdahl, *Kon-Tiki: Across the Pacific by Raft* (New York: Rand McNally, 1967), 25–26.

3 *"Once in a while"*: Ibid., 13.

4 *"These Uros are barbarous"*: Antonio de Calancha, *Crónica Moralizada de Antonio de la Calancha*, Vol. 1 (Barcelona: Pedro Lacavalleria, 1639), 650.

5 *"They raise a large amount of reeds"*: Jose de Acosta, *Natural and Moral History of the Indies* (Durham, NC: Duke University Press, 2002), 83.

6 *has a mere twenty-six native species*: Ben Orlove, *Lines in the Water: Nature and Culture at Lake Titicaca* (Berkeley: University of California Press, 2002), 118.

7 *"Ages ago"*: Hiram Bingham, *Inca Land* (Boston: Houghton Mifflin, 1922), 68.

8 *"The [Andean] Indians, [worshipped]"*: Father Bernabé Cobo, *Inca Religion and Customs* (Austin: University of Texas Press, 1990), 6.

9 *"These Indians used two names"*: Ibid., 10.

10 *"Tihuanaco . . . i s famous"*: Pedro Cieza de León, in Alan Kolata, *Valley of the Spirits: A Journey into the Lost Realm of the Aymara* (New York: Wiley, 1996), 64.

11 *"[When] . . . I asked the natives"*: Ibid.

12 *"he tried to find out"*: Father Bernabé Cobo, *Inca Religion and Customs*, 145.

13 *"received news that"*: Pedro Sarmiento de Gamboa, *Narrative of the Voyages of Pedro Sarmiento de Gamboa* (London: Haklyut Society, 1907), 159.

14 *"In ancient times"*: Roland Hamilton, *Narrative of the Incas*, 8.

15 *"Viracocha . . . [then] ordered"*: Pedro Sarmiento de Gamboa, *Narrative*, 33.

16 *"In [the city of] Tiaguanaco"*: Father Bernabé Cobo, *Inca Religion and Customs*, 13.

17 *"working his miracles"*: Pedro Sarmiento de Gamboa, *Narrative*, 36.

18 *"He told them that people"*: Ibid.

19 *"They knew how to build reed boats"*: Thor Heyerdahl, *The Ra Expeditions* (Garden City, NY: Doubleday, 1971), 297.

20 *"[Reed] boats of this distinctive type"*: Ibid., 29–30.

21 *"Who were right, the isolationists"*: Ibid., 31.

22 *"Here was a large pyramid"*: Ibid., 115.

23 *"My migration theory"*: Thor Heyerdahl, *Kon-Tiki*, 297.

24 *"The crash landing"*: Thor Heyerdahl, *Early Man and the Ocean* (Garden City, NY: Doubleday, 1979), 32.

25 *"I have mentioned that Feejee"*: Captain James Cook, *A Voyage to the Pacific Ocean*, Vol. 1 (London: G. Nicol, 1785), 376.

26 *"In these navigations"*: Ibid.

27 *"At half-past five"*: Thor Heyerdahl, *Kon-Tiki*, 167.

第七章　切・格瓦拉的終曲（玻利維亞）

1 *"This experience of ours"*: Jon Lee Anderson, *Che: A Revolutionary Life* (New York: Grove Press, 1997), 424.

2 *"We learned perfectly"*: Che Guevara, *The Motorcycle Diaries* (Melbourne: Centro de Estudios Che Guevara, 2003), 173.

3 *"I've come to stay"* : Jon Lee Anderson, *Che*, 702.

4 *"I have visited"* : Che Guevara, *The Motorcycle Diaries*, 84 (photo caption).

5 *"The truth is"* : Jon Lee Anderson, *Che*, 309.

6 *"Once again I feel below my heels"* : Richard L. Harris, *Death of a Revolutionary: Che Guevara's Last Mission* (New York: Norton, 1970), 49.

7 *"saving 30,000 future children"* : Jon Lee Anderson, *Che*, 571.

8 *"the cordilleras of the Andes"* : Che Guevara, *Guerilla Warfare*, Brian Loveman, ed. (Lincoln: University of Nebraska Press, 1985), 193.

9 *"At which point I left the path"* : Ibid., 165–66.

10 *"I feel not just a powerful internal strength"* : Ibid., 434.

11 *"It could be that this will be the definitive one"* : Ibid., 633.

12 *"If one day you must read"* : Ibid., 634.

13 *"Oct 7 [1967]"* : Che Guevara, *The Bolivian Diary: Authorized Edition* (New York: Ocean Press, 2006), 223.

14 *"Now I am doomed"* : Jon Lee Anderson, *Che*, 725.

15 *"We remained in ambush"* : Che Guevara, *The Bolivian Diary*, 216.

16 *"travels by horse"* : Jon Lee Anderson, *Che*, 729.

17 *"Don't shoot!"* : Ibid., 733.

18 *"The idea of revolution"* : Albert Garrido, "Los Últimos Lugares de Che: Tras la Huella de un Mito," *El Periódico Dominical* (Madrid, June 14–15, 2003), 55 (author's translation).

19 *"Would Che have had the same impact,"* : Guillermo Cabrera Infante, "Entre el Fracaso y El Error," *El Periódico Dominical* (Madrid, June 14–15, 2003), 52 (author's translation).

20 *"He was the first man I ever met"* : Christopher Hitchens, "Goodbye to All That," *New York Review of Books*, July 17, 1997.

21 *"He had an incalculable enchantment"*: Jon Lee Anderson, *Che*, 516.

22 *"It is important to emphasize"*: Che Guevara, *Guerrilla Warfare*, 49–50.

23 *"[any] attempt to carry out this type of war"*: Ibid., 183.

24 *"Groups of Castro-Communist tendency"*: Jon Lee Anderson, *Che*, 729.

25 *"The lack of peasant recruits"*: Che Guevara, *The Bolivian Diary*, 182.

26 *"Don't be silly"*: Henry Butterfield Ryan, *The Fall of Che Guevara* (New York: Oxford University Press, 1997), 122.

27 *"The essential task of the guerrilla fighter"*: Che Guevara, *Guerrilla Warfare*, 55.

28 *"one can't help but conclude"*: Jon Lee Anderson, *Che*, 730.

29 *"an infernal, desolate countryside"*: Henry Butterfield Ryan, *The Fall of Che Guevara*, 128.

30 *"like a piece of trash"*: Jon Lee Anderson, *Che*, 736.

31 *"Che stopped talking"*: Felix Rodriguez, *Shadow Warrior* (New York: Simon and Schuster, 1989), 168.

32 *"It is better like this"*: Ibid., 169.

33 *"Tell Fidel"*: Ibid.

34 *"It was a tremendously emotional moment"*: Ibid.

35 *"No, I will stand for this"*: Henry Butterfield Ryan, *The Fall of Che Guevara*, 154.

36 *"Calm yourself and shoot"*: Jon Lee Anderson, *Che*, 738.

37 *"Guevara is invincible in his ideals"*: "Bolivian Leader Joins in Tribute to Che Guevara," *Seattle Times*, Oct. 8, 2009.

38 *After Che's execution*: Note: Walberto's story appears confirmed by Richard Gott's account, "On the Ribs of Rocinante," *London Review of Books* 19, no. 16, Aug. 29, 1997, 5.

39 *"Four decades after Mario Terán"*: Rory Carroll, "Cuban Doctors Restore Eyesight of Che's Killer," *Guardian*, Oct. 1, 2007.

40 *"Can't you see the state"*: Jon Lee Anderson, *Che*, 735.

第八章　虎豹小霸王的末日（玻利維亞）

1 *"A man who has had an outlaw past"*: Matt Warner, *Last of the Bandit Riders: Revisited* (Salt Lake City, UT: Big Moon Traders, 2000), 114.

2 *"I came down to South America"*: James David Horan, *The Authentic Wild West: The Outlaws* (New York: Crown Publishers, 1977), 281–82.

3 *"I never met a soul more affable"*: William Goldman, *Four Screenplays with Essays* (New York: Applause Books, 1995), 68.

4 *"On the descent of Huaca Huañusca"*: Anne Meadows, *Digging Up Butch and Sundance* (New York: St. Martin's Press, 1995), 230–32.

5 *"He never drank to excess"*: Charles Kelly, Anne Meadows, and Dan Buck, *The Outlaw Trail: A History of Butch Cassidy and His Wild Bunch* (Lincoln: University of Nebraska, 1996), 4.

6 *"Just that little accident"*: Matt Warner, *Last of the Bandit Riders*, 46.

7 *"It was hard for us"*: Ibid., 88.

8 *"Stories about ranching and homesteading"*: Dan Buck, personal communication, December 2013.

9 *"tall, slender, laconic, and nervous"*: Anne Meadows, *Digging Up Butch and Sundance*, 5.

10 *"You'll never know what it means to be hunted"*: Charles Kelly, Anne Meadows, and Dan Buck, *The Outlaw Trail*, 311.

11 *"The tightly knit group of Americans"*: James David Horan, *The Authentic Wild West*, 286.

12 *"Butch's philosophy about banks"*: Ibid., 235.

13 *"I'm not as bad as I'm painted"*: Charles Kelly, Anne Meadows, and Dan Buck, *The Outlaw Trail*, 167–68.

14 *"You know the law"*: Ibid., 169.

15 *"was quite popular in the countryside"*: James David Horan, *The Authentic Wild West*, 281.

16 *"We walked outside"* : Ibid., 283.

17 *"I . . . b egan to see a change in Cassidy"* : Ibid., 286.

18 *"When attempting to arrest"* : Ibid., 273.

19 *"We arrived here about 3 weeks ago"* : Anne Meadows, *Digging Up Butch and Sundance*, 98–99.

20 *"all of us [then] entered"* : Ibid., 264–65.

21 *"in the chest"* : "El Chorolque" Año III, no. 99 (Tupiza, Bolivia, November 11, 1908), page 1, reprinted in Max Reynaga Farfán, *Turismo Adventure* (Tupiza: Tupac Katari Printers, Oct. 2006), 13 (author's translation).

22 "NOVA *documentary crew"* : *NOVA*, "Wanted—Butch and Sundance," PBS documentary, Oct. 12, 1993.

第九章　達爾文、最後的雅馬納人、世界的盡頭（智利、阿根廷）

1 *"But . . . ye shall be witnesses"* : *The Bible: Authorized King James Version* (London: Oxford University Press, 2008), 147.

2 *"Whilst beholding these savages"* : Charles Darwin, *Narrative of the Surveying Voyages of His Majesty's Ships* Adventure *and* Beagle, *Between the Years 1826 and 1836, Describing Their Examination of the Southern Shores of South America, and the* Beagle*'s Circumnavigation of the Globe*, Vol. III (London: Henry Colburn, 1839), 236.

3 *"The true barbarian"* : William Hazlitt, *Characteristics: In the Manner of Rochefoucault's Maxims* (London: J. Templeman, 1837), 119.

4 *"His Majesty asked a great deal"* : Nick Hazelwood, *Savage: The Life and Times of Jemmy Button* (New York: St. Martin's Press, 2001), 94.

5 *"At three this morning"* : Captain Robert FitzRoy, *Narrative of the Surveying Voyages*, Vol. I, 391–92.

6 *"The oldest woman of the tribe"* : Ibid., 399.

7 *"beat out his brains"* : Ibid., 398.

8 *"Seeing the . . . [sailor's] danger"* : Ibid.

9 *"I became convinced"* : Ibid., 405.

10 *"I . . . [eventually] made up my mind"* : Ibid., 458–59.

11 *"to their country at a future time"* : Ibid., 459.

12 *"During the former voyage of the . . .* Beagle" : Charles Darwin, *The Voyage of the* Beagle (New York: P. F. Collier & Son, 1909), 211–12.

13 *"Fuegia Basket was a nice, modest, reserved young girl"* : Ibid., 213.

14 *"This channel"* : Ibid., 222.

15 *"During the night the news"* : Ibid., 226.

16 *"The next morning after our arrival"* : Ibid., 226–27.

17 *"mother had been inconsolable"* : Ibid., 227.

18 *"From the time of our leaving"* : Ibid., 230.

19 *"It was quite melancholy"* : Ibid., 231.

20 *"The wigwams in which I had left York"* : Captain Robert FitzRoy, *Narrative*, Vol. II, 323–24.

21 *"But how altered!"* : Ibid., 324.

22 *"told us he had 'too much' "* : Charles Darwin, *Voyage*, 234.

23 *"I cannot help still hoping"* : Captain Robert FitzRoy, *Narrative*, Vol. II, 327.

24 *"lighted a signal fire"* : Charles Darwin, *Voyage*, 234.

25 *"Whilst on board the* Beagle": Peter Nicols, *Evolution's Captain: The Dark Fate of the Man Who Sailed Darwin Around the World* (New York: Harper Collins, 2003), 293–94.

26 *"savages in the fullest sense of the word"* : Captain Robert FitzRoy, *Narrative*, Vol. II, 649.

27 *FitzRoy published his theory of the origin of Patagonians*: Ibid.

28 *"My dear old friend"* : Peter Nicols, *Evolution's Captain*, 311.

29 *"acutest pain"* : Adrian Desmond, *Darwin: The Life of a Tormented Evolutionist* (New York: Warner Books, 1991), 495.

30 *"not on philosophical principles"* : Edward Caudill, *Darwinian Myths: The Legends and Misuses of a Theory* (Knoxville: University of Tennessee Press, 1997), 44.

31 *"he begged to know"* : Leonard Huxley, *Life and Letters of Thomas Henry Huxley*, Vol. 1 (New York: D. Appleton & Company, 1901), 197.

32 *"the Lord hath delivered him"* : Ibid.

33 *"When I got up"* : Adrian Desmond, *Darwin*, 497.

34 *"Lifting an immense Bible"* : Ibid., 495.

35 *"As we proceeded along"* : Charles Darwin, *Voyage*, 225.

36 *"Well, I'm blowed!"* : Nick Hazelwood, *Savage: The Life and Times of Jemmy Button*, 174.

37 *"As they were rowed ashore"* : Lucas Bridges, *The Uttermost Part of the Earth* (New York: Dover, 1988), 59.

38 *"The belief that the Fuegians were cannibals"* : Ibid., 34.

39 *"The Lord has seen fit"* : Charles Dickens, *The Household Register of Current Events, for the Year 1852* (London: Bradbury and Evans, 1852), 110.

40 *"I do not now doubt"* : Charles Darwin, *Voyage*, 234.

41 *"In the tideway"* : Captain Robert FitzRoy, *Narrative*, Vol. I, 139.

42 *"Chief among these motives"* : Herman Melville, *Moby Dick* (Boston: St. Botolph Society, 1922), 11.

43 *"How do?"* : Nick Hazelwood, *Savage*, 326.

44 *"An impression of melancholy"* : Ann Chapman, *European Encounters with the Yamana People of Cape Horn* (New York: Cambridge University Press, 2010), 519.

45 *"More than one of those . . . [Yámanas]"*: Ibid., 522.

46 *"Her face was visibly impressed with sorrow"*: Ibid., 407.

47 *"the natives were dying"*: Ibid., 538.

48 "[*Sometimes*] *an action that requires*": Placard in the Museo Regional Salesiano in Punta Arenas, Chile, April 2011.

49 *"I was on a little steamer"*: Lucas Bridges, *The Uttermost Part of the Earth*, 266–67.

50 *"It was my father's first meeting"*: Ibid., 83–84.

51 *"all recollection of it had faded"*: Ibid., 84.

52 *"She was about sixty-two years of age"*: Ibid.

53 *"Languages are not simply vocabulary lists"*: Wade Davis, *The Wayfinders: Why Ancient Wisdom Matters in the Modern World* (Toronto: House of Anansi Press, 2009), 3.

【Eureka文庫版】ME2090

大盜、英雄與革命者之路：安地斯山脈的傳奇故事

Life and Death in the Andes: On the Trail of Bandits, Heroes, and Revolutionaries

作　　者❖金恩・麥奎利（Kim MacQuarrie）
譯　　者❖洪世民
封面設計❖兒　日
排　　版❖張彩梅
校　　對❖魏秋綢
總 編 輯❖郭寶秀
特約編輯❖孟　節
責任編輯❖邱建智
行銷業務❖力宏勳

發 行 人❖凃玉雲
出　　版❖馬可孛羅文化
104台北市中山區民生東路二段141號5樓
電話：02-25007696
發　　行❖英屬蓋曼群島商家庭傳媒股份有限公司城邦分公司
104台北市中山區民生東路二段141號11樓
客服服務專線：(886) 2-25007718；25007719
24小時傳真專線：(886) 2-25001990；25001991
服務時間：週一至週五9:00～12:00；13:00～17:00
劃撥帳號：19863813　戶名：書虫股份有限公司
讀者服務信箱：service@readingclub.com.tw
香港發行所❖城邦（香港）出版集團有限公司
香港灣仔駱克道193號東超商業中心1樓
電話：(852) 25086231　傳真：(852) 25789337
E-mail：hkcite@biznetvigator.com
馬新發行所❖城邦（馬新）出版集團Cite (M) Sdn. Bhd.(458372U)
41, Jalan Radin Anum, Bandar Baru Seri Petaling,
57000 Kuala Lumpur, Malaysia
電話：(603) 90578822　傳真：(603) 90576622
E-mail：services@cite.com.my
輸出印刷❖中原造像股份有限公司
初版一刷❖2018年9月
定　　價❖600元

ISBN：978-957-8759-24-4

城邦讀書花園
www.cite.com.tw

國家圖書館出版品預行編目資料

大盜、英雄與革命者之路：安地斯山脈的傳奇故事／金恩・麥奎利（Kim MacQuarrie）作；洪世民譯. -- 初版. -- 臺北市：馬可孛羅文化出版：家庭傳媒城邦分公司發行, 2018.09
面；　公分. --（Eureka文庫版；ME2090）
譯自：Life and death in the Andes: on the trail of bandits, heroes, and revolutionaries
ISBN 978-957-8759-24-4（平裝）

1.南美洲　2.歷史　3.安地斯山脈

756　　107013868